François-Xavier
de Villemagne

Pèlerin d'Occident

À pied jusqu'à Rome

TRANSBORÉAL

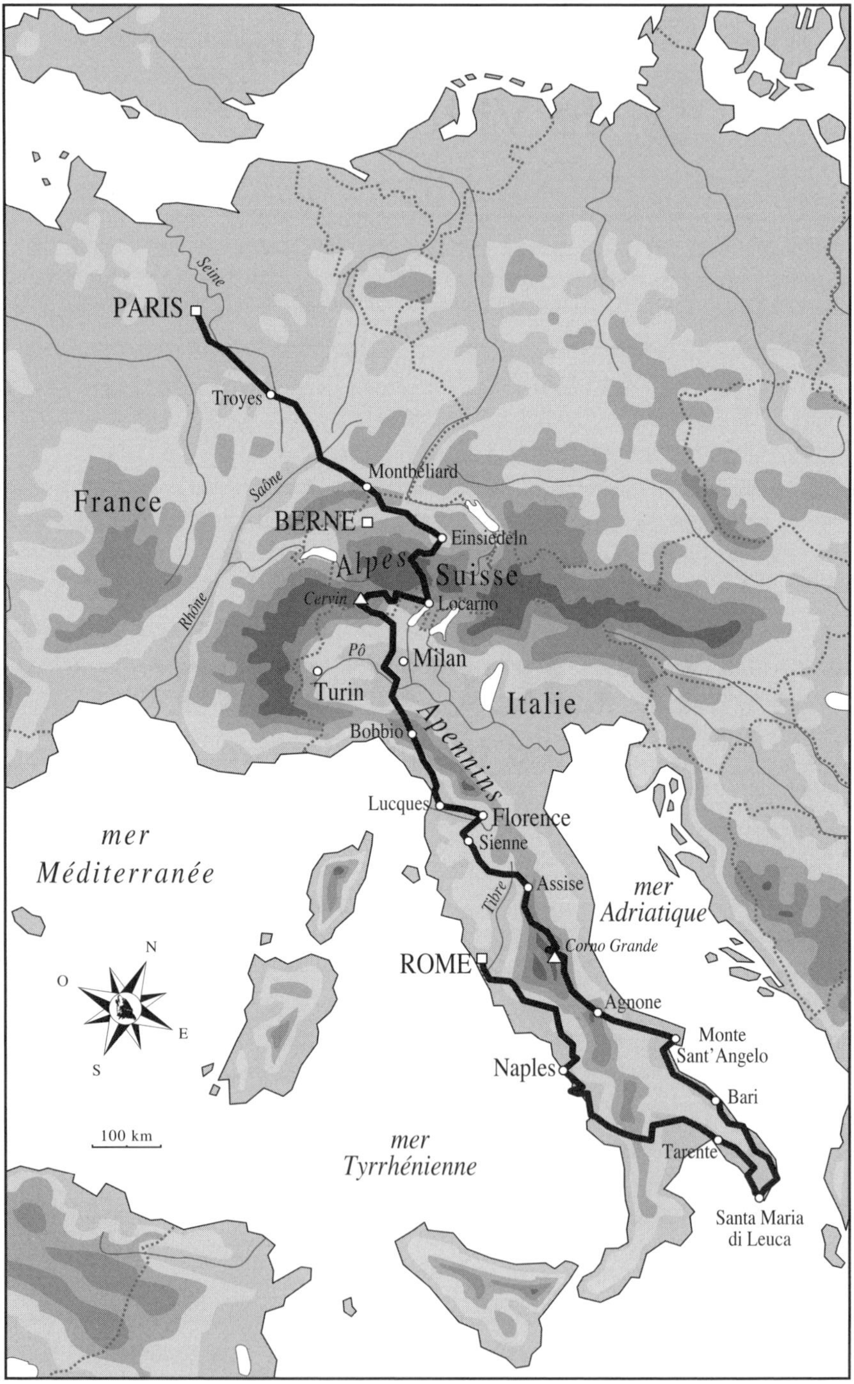

De Paris à Rome

juin-décembre 2007

Pour Peggy.

1.

Un passant du clair de lune

— POUR VOUS, ce sera ?

– Juste un verre d'eau…

– C'est tout ?

– …et je vous raconterai une histoire.

J'ai craint que le cafetier moustachu et ventripotent ne bougonne, mais non : il pose aimablement un verre sur le zinc pendant que je me déleste de mon sac à dos.

– Sale temps, hein ? Pour la mi-juin ! Vous venez de loin ?

– Paris. Je suis parti il y a trois jours.

Dehors, sous le ciel gris, le vent malmène les tables en plastique de la terrasse et les parasols aux marques de bière. J'ai remis une chaise sur ses pieds avant d'entrer.

– Vous venez quand même pas de là-bas à pied ? Pour venir jusqu'ici, à Donnemarie, ça doit faire…

– Environ 100 kilomètres. Si, à pied. Puis-je avoir un café ?

– T'entends ça, Jeannine ? Et vous allez jusqu'où, comme ça ?

– Rome.

– Ben dites donc ! C'est ça votre histoire ?

Non. Mon histoire c'est… J'aimerais la raconter un soir à un petit bout de chou avant qu'il ne s'endorme. À cette fillette blonde, par exemple, une nièce qui a des yeux d'un bleu si clair, cerclé d'outre-mer, que j'ai donné son regard troublant à Roxane, princesse de Sogdiane, dans le roman historique sur Alexandre le Grand dont je viens d'achever l'écriture. Mon histoire, c'est seulement essayer d'offrir parfois à la vie une allure de conte de fées. Alors voilà : « Il était une fois… », il y a sept ans, un marcheur qui venait à pied de Paris. Après trois journées harassantes, il s'est arrêté à Donnemarie. En ce mois de mai, la chaleur était accablante et, comme il avait fort soif, il est entré dans un café pour demander de l'eau. Il n'y avait personne, hormis une jeune femme oisive derrière le comptoir. Elle a refusé tout net : « J'suis pas faite pour remplir les bouteilles d'eau. Y'a des fontaines pour ça ! » Tu te rends compte, Princesse ? Refuser de l'eau à un passant !

– J'ai souvent pensé à la serveuse revêche durant ces sept années. Je me disais que ce n'était pas possible de la laisser avec son regard mauvais, murée dans une rancœur stupide. C'était injuste de ne garder d'elle que ce souvenir. J'avais envie, non, j'avais besoin de savoir qu'elle pouvait offrir, elle aussi, une chose simple, avec le sourire. Ce bar, c'était le vôtre. Voilà pourquoi j'ai été si heureux, tout à l'heure, quand vous m'avez offert le verre d'eau !

Un bon génie qui revient sept ans plus tard pour donner une occasion de se racheter.

– Vous alliez où, l'autre fois ?

J'hésite à répondre, et puis, comme j'ai commencé…

– Jérusalem.

J'explique très vite : huit mois de voyage, l'Europe de l'Est, la Turquie, le Proche-Orient, 6 400 kilomètres à pied. Je n'aurais peut-être pas dû en parler car l'aventure de Jérusalem écrase aux yeux des autres celle dans laquelle je m'engage aujourd'hui. En un sens, elle la dévalorise : « Rome, à présent ? Pfff… Facile ! Pour vous, ce n'est rien. » Eh bien, pas du tout : « J'aimerais vous y voir ! » Ça, c'est la réponse du marcheur excédé à la fin d'une journée de pluie, de froid, de solitude, d'incertitude sur le logement du soir, de kilomètres inutiles parce qu'il s'est perdu. « Vous savez, ce n'est pas toujours simple… » Ça, c'est la réponse policée dans une conversation de salon lorsque tout est fini. D'habitude, les sédentaires ne comprennent pas la première : ils vous trouvent vraiment un sale caractère. Dans les yeux de certains, quand ce n'est pas sur leurs lèvres, on lit : « Après tout, vous l'avez bien voulu. »

Le cafetier m'épargne cette brutalité. Au moment de régler ma consommation, je le remercie, tout guilleret d'avoir su donner vie à un joli conte. Jeannine me rend la monnaie :

– Ce bar-tabac, vous savez, nous l'avons acheté il y a six ans.

– Alors ce n'était pas…

Elle me gratifie d'un sourire et me tend ma bouteille d'eau qu'elle vient de remplir.

– Bon voyage !

Dehors, le vent a de nouveau renversé une chaise. Je la remets sur ses pieds avant de reprendre la route. Ainsi, le personnage du conte s'était envolé, mais avais-je vraiment besoin de la vérité ? Malgré les années qui passent, je ne peux m'empêcher de rêver le monde, même quand la réalité s'obstine. En arrivant sur la place du village, tout à l'heure, j'ai cherché le café de la serveuse revêche. Il n'y en a pas tant que cela dans la France déserte des campagnes. Un seul ici : « Au bon coin ». Pourtant, mes souvenirs ne reconnaissaient pas les murs. Alors peut-être me suis-je aussi trompé de lieu. Est-ce que cela valait la peine de risquer son rêve ?

L'Italie, c'est un peu la même chose : un rêve qui court du pont du Garigliano aux sérénades napolitaines, du château Saint-Ange où se joue le drame de la *Tosca* de Puccini à Fiesole où se sont retranchés les conteurs du *Décaméron* de Boccace pour fuir la peste de Florence, des flancs du Vésuve où s'est réfugié Spartacus à la douce lumière de Toscane, des ruines de Pompéi aux amours romantiques de la *Graziella* de Lamartine. *Rome, Naples et Florence*, avait résumé Stendhal. Un pays qui n'est pas une nation et que l'on conquiert avec le panache de Bonaparte au pont d'Arcole.

Et puis Rome, le Siège de Pierre, tête de l'Église. Rome : je n'y suis jamais allé.

– Pas possible ! s'exclamèrent mes amis quand je leur parlai de mon projet. Tu as voyagé jusqu'au bout du monde et tu ne connais pas Rome !

– À 43 ans ?

– Justement : n'est-ce pas une chance inouïe de découvrir Rome à cet âge ? de n'avoir encore usé ses yeux sur aucun des chefs-d'œuvre de la Ville éternelle ? Je donnerais tant pour pouvoir assister aux *Noces de Figaro* pour la première fois !

L'italien, je l'ai appris en lisant les livrets d'opéra. Un engouement né à 20 ans qui m'a fait courir les scènes parisiennes. Étudiant fauché, j'ai attendu des heures innombrables sur les marches du palais Garnier pour obtenir les places bon marché qui s'arrachaient deux semaines avant la représentation. Il fallait arriver vers 7 heures, parfois 5 heures ou avant – de préférence avant le premier métro. Si l'on était parmi les premiers, on repartait peu après 11 heures du matin, les traits tirés, avec une place au poulailler pour une centaine de francs ou dans un fond de loge de côté où l'on voyait convenablement à condition de passer la soirée debout. De Monteverdi à Janácek, en passant par Glück et Wagner, mais surtout les opéras italiens de Haendel et Mozart, Rossini, Bellini, Verdi, Puccini… En ce temps-là, l'Opéra de Paris proposait un abonnement « habillé » – tenue de soirée de rigueur – et le *diktat* populaire ne lui avait pas encore imposé les surtitrages. Alors, pour tromper l'ennui et préparer le spectacle, je lisais les livrets en version bilingue sur les marches du palais.

À force d'écumer les files d'attente à Garnier, au Châtelet, au théâtre des Champs-Élysées, on retrouve à chaque fois le même noyau de passionnés, du jeune musicien ébouriffé à la petite vieille venue avec son pliant et sa Thermos de café. On s'échange les plans et les rumeurs sur les dernières divas.

– Vous n'avez pas encore vu *Così* au Châtelet ? Une Fiordiligi merveilleuse…

– Et moi, je suis allée la semaine dernière à Milan pour *Lucia.* Elle était passable, mais le ténor, épouvantable !

Personne n'aurait eu l'idée de parler de *Così fan tutte* ou de *Lucia di Lamermoor.*

– Il faut absolument assister aux spectacles représentés aux arènes de Vérone. *Aïda*, par exemple. L'ambiance, les *mamma* italiennes qui s'installent avec le pique-nique, les gradins illuminés à la bougie, et puis le chant… J'essaie de m'y rendre chaque année.

Un soir d'hiver, j'arrive à 20 heures sur le parvis de l'Opéra : une nuit entière dehors en perspective, à grelotter dans l'espoir d'entendre Pavarotti dans *L'Élixir d'amour* de Donizetti. À l'aube, plusieurs centaines de personnes partagent la même interrogation :

– Viendra, viendra pas ?

Le ténor est connu pour ses défections de dernière minute. Alors, attendre quinze heures pour un remplaçant ? Le soir venu, le roi des ténors est bien sur scène. Quelques minutes avant le lever du rideau, Renata Tebaldi, l'éternelle rivale de la Callas, est apparue dans la loge d'honneur, suscitant une ovation reconnaissante et admirative. *L'Élixir d'amour*, ce n'est pas de la grande musique. En vérité, il n'y a dans cet opéra qu'un air : *Una furtiva lagrima.* Mais quel air, chanté par une telle voix ! Pavarotti triomphe, déchaînant un tonnerre de vivats. Et ce soir-là, essuyant une seconde fois la larme furtive, il bissa son air, cadeau rarissime en cours de spectacle.

Pour moi, l'Italie, c'est aussi cela : pas seulement *l'amore*, mais la représentation permanente, le charme et ce cabotinage sans vergogne de Pavarotti qui emporte le cœur du public devant la légendaire Tebaldi et le détourne d'elle : « L'opéra, aujourd'hui, c'est moi ! »

Un pays violent où les peintres ne se contentent pas de leur atelier, où le Caravage passait plus de temps dans les tavernes mal famées que devant ses toiles et dut se résoudre à l'exil pour avoir tué un homme au cours d'une rixe. Un pays où les carabiniers arrivent toujours en retard et où les mauvaises langues prétendent reconnaître les chars d'assaut à leur unique marche avant et leurs quatre marches arrière. Si les carabiniers ont du retard, les Italiens ne s'en plaignent pas toujours, car les bandits bénéficient d'une étrange bienveillance de leur part. Ils infestaient la campagne et les forêts à l'époque où les Romantiques mirent à la mode le Voyage en Italie.

J'ai feuilleté un Guide bleu des années 1930 avant de partir. Austère et truffé de vers de Virgile ou d'Horace, de plaidoiries de Cicéron et de citations de Pline et de Tite-Live. Depuis Madame de Staël jusqu'aux années 1950, chacun y reconnaissait sans peine les versions latines sur lesquelles il avait transpiré à l'école. Parcourir l'Italie, c'était revisiter son enfance. Aujourd'hui, les classiques ont disparu pour laisser la place à des photos en quadrichromie.

La découverte de l'Antiquité *in situ*, les trésors artistiques et la poésie des ruines exaltée par Goethe, Chateaubriand et leurs successeurs, la nécessité d'achever le Grand Tour comme on pouvait « faire ses humanités », voilà aussi ce qui m'attire vers ce pays troussé comme une botte de spadassin.

Sur les chemins de la Brie, les spadassins semblent encore bien ph. 2
loin. Quant à leurs bottes, je les ai délaissées au profit de simples sandales. Non pas pour ressembler à un frère prêcheur, mais par souci de légèreté. Hier, un promeneur me mettait en garde :

– Pour un tel trajet, vous aurez besoin de vraies chaussures de marche ! Moi, j'ai un cousin qui est allé à Compostelle et…

Oui, je sais. Traîner au moins 800 grammes au bout de chaque jambe, sans compter la paire plus légère dans le sac pour soulager, le soir, les pieds fatigués et meurtris. Transpirer, patauger des heures dans l'humidité à cause de la traversée d'une prairie gorgée de rosée, ou d'une averse violente qui a transpercé le tissu prétendument imperméable et respirant. Tant de marcheurs sont dupes des promesses des équipementiers, comme si l'habit suffisait à faire le moine !

– Vous êtes allé à Compostelle en sandales ? demanda-t-il.

– Je ne suis pas allé à Compostelle.

Le promeneur me trouva condescendant à l'égard des pèlerins de Saint-Jacques.

– Détrompez-vous. Je cherche uniquement à m'affranchir de l'inutile.

D'ailleurs, la dernière fois, je n'avais pas osé, et j'avais marché comme tout le monde, avec de grosses chaussures.

– De toute façon, dans les montagnes, vous serez obligé. En sandales, ce serait de la folie.

J'espère que non. Et des montagnes, j'en ai de nombreuses au programme, à commencer par les Alpes. La route la plus directe me ferait franchir le col du Grand Saint-Bernard. Environ 1 500 kilomètres jusqu'à Rome. Sur une carte d'Europe, le trajet ressemble à un segment de droite, désespérément efficace et trop court. Si je voulais, je m'en tirerais en deux mois de marche. S'il n'était question que d'arriver, je pourrais aussi atterrir à Rome moins de deux heures après avoir décollé d'Orly. Mais le but n'est ni de « s'en tirer » le plus vite possible, ni de « faire Rome » comme d'autres font le tour du monde en quatre-vingts jours.

La facilité avec laquelle l'*Homo interneticus* papillonne en fonction des promotions « avion+hôtel », entre une escapade de trois jours à Séville, un séjour « dans les pas des tsars » à Saint-Pétersbourg et un week-end de rêve à Istanbul me déconcerte. À quoi bon rétrécir ainsi le monde ? J'ai besoin que les merveilles soient lointaines et difficiles à atteindre. Parce que posséder m'intéresse moins que conquérir.

Pourquoi emprunterais-je la route la plus courte ? Si je cherchais la facilité, je ne la trouverais même pas sur les chemins balisés car il n'existe pas vers Rome de voie comparable à celles de Compostelle, le long desquelles on profite à la fois de la commodité des gîtes d'étape et du compagnonnage des marcheurs. La *Via Francigena*, ersatz de *Camino Francès*, n'arrive pas à la cheville de son modèle. Peu de pèlerins la parcourent, et l'on m'a prévenu qu'en Italie elle emprunte souvent des routes encombrées de circulation. De toute façon, je n'ai jamais eu l'instinct grégaire.

Quelle route alors ? Je ne l'ai pas prévue dans le détail. Je sais simplement que je veux arpenter les Alpes suisses et que je veux voir Naples. « Sans cela, je ne pourrai pas découvrir Rome sereinement », me suis-je dit. Un coup d'œil à la carte suffit à confirmer l'idée que je me faisais de la géographie italienne : Naples est située à environ 250 kilomètres au sud de Rome.

– En arrivant du Nord…

– Je vous avais bien dit que le plus court n'était pas le plus important !

Naples, donc. Mais la ville doit rester une étape sur la route de la Ville éternelle. Alors, je vais descendre plus loin dans le Sud avant de remonter. Où tourner ? Quoique j'aie mon idée, je demeure évasif avec ceux qui m'interrogent car j'ignore combien de mois va prendre cette équipée, et je crains de manquer de temps : bien que je ne me sois pas fixé de délai, la vie et le travail m'attendent à Paris. Je ne peux pas marcher éternellement sur les routes. Arrivé dans le Mezzogiorno, il sera bien temps de m'expliquer.

Pour l'instant, j'enchaîne des étapes d'une trentaine de kilomètres à travers d'immenses champs de céréales, de colza et de betteraves. Parfois, en raison du vallonnement, on ne voit sur 180° qu'une seule étendue de blé jusqu'à l'horizon, plus uniformément verte et pas encore dorée, d'un jaune verdi et acide qui sent l'inaccompli, une couleur de vieille fille sèche. Dans les rares parcelles mûres pour la récolte, des moissonneuses s'activent avant l'orage : des machines et non des hommes, car la taille des champs est proprement inhumaine. Les seuls êtres vivants qu'on y remarque sont les chevreuils qui bondissent au milieu des épis. Ils ont plus l'habitude que moi, qui souffre encore d'un début de parcours éprouvant pour des pieds peu habitués. Pas d'ampoule, pas de plaie, mais des tiraillements et des crispations qui ressemblent à une crampe. La douleur m'oblige parfois à m'arrêter au bout de 30 mètres. À ce rythme-là…

Le soir du passage au café de la serveuse revêche, j'atteins Saint-Maurice-aux-Riches-Hommes. Rien que pour le nom merveilleux du hameau, j'ai ajouté plusieurs kilomètres à l'étape. Quand j'arrive aux premières maisons, une vieille femme sort de la 4L qu'elle vient de garer devant un long mur.

– Savez-vous où je pourrais trouver près d'ici un lieu pour dormir ce soir ?

– Au village ? Oh, il n'y a rien. Il faudrait aller à…

– Je suis à pied et j'ai marché près de 40 kilomètres aujourd'hui. Je n'irai pas plus loin. N'y a-t-il pas une ferme où je pourrais demander un abri ?

Elle me regarde cette fois d'un air soupçonneux. Me détaille depuis la casquette jusqu'à mes pieds boueux. Puis, après un silence :

– De l'autre côté de Saint-Maurice. Par là-bas. Mais ces gens-là, vous savez…

Non, je ne sais pas. Dans la bouche de la vieille femme, ce que j'ignore a l'air redoutable. Elle lâche un nom qui ressemble à Ysengremel et j'ai l'impression d'être arrivé au pays du *Roman de Renart*. Des gouttes commencent à tomber. Mon informatrice sort de son coffre une binette et un arrosoir, me souhaite bonne chance puis se dirige vers la grille qui coupe le long mur en deux. Je n'ose pas lui demander si chez elle…

– Toute ma famille est là, me dit-elle sur un ton d'excuse.

Là, c'est le cimetière. Comme la pluie forcit, je m'engouffre derrière la binette et l'arrosoir et me réfugie sous un abri maçonné, près de l'entrée. L'averse dure. La vieille femme repart après avoir bichonné trois tombes. À force de les regarder, les sépultures me semblent presque familières, noires, grises, mais pas tellement plus que les nuages qui enveloppent les alentours et continuent de vider le ciel. La nuit tombera dans une heure et je n'ai pas très envie d'aller me casser le nez sous la pluie chez « ces gens-là, vous savez… » Dans ma chasse au poids inutile, j'ai choisi de ne pas emporter de tente ; pour dormir : un matelas étriqué et un sac de couchage qui pèse à peine 500 grammes. Le minimum pour une nuit, c'est un toit contre les intempéries, et de l'eau pour boire et me laver. Pourquoi chercher plus loin ? Ici, j'ai un toit et, à défaut d'invitation chez les vivants, dormir chez les morts ne me gêne guère. Le voisinage est calme ; une fois le portail fermé, on n'a plus à craindre les chiens errants. Et puis, les cimetières, c'est merveilleux : on y trouve toujours un point d'eau pour les fleurs.

J'attends le crépuscule avant d'installer mon couchage afin de ne pas attirer l'attention d'une visiteuse du soir : je préfère éviter que l'on apprenne au village qu'un vagabond passe la nuit au quartier du silence. Quand la pluie cessera, j'irai laver mon *tee-shirt* dans le broc de zinc qui sert d'arrosoir. Que voulez-vous ? Il faut bien vivre, même au cimetière.

Et les riches hommes ? Le matin, après un sommeil en pointillé sur le ciment, leur souvenir me fait frissonner : l'eau glacée de la douche doit serpenter entre leurs squelettes blanchis avant de jaillir du robinet aux fleurs. Dans le village, un ancien professeur passionné d'histoire locale satisfait ma curiosité toponymique :

– Selon une tradition, le nom viendrait des *ricos hombres*, gentilshommes espagnols installés au début du XIIIe siècle par le comte de Champagne et sa femme, Blanche de Navarre.

– Des colons ?

– En quelque sorte. Mais pas des gueux : ces *ricos hombres* formaient le haut du panier de l'aristocratie aragonaise. Charles-Quint changera leur titre en grands d'Espagne. J'ai retrouvé la trace d'un certain Don Pedro Gonzalo d'Ulloa, grand d'Espagne de première classe, commandeur de l'ordre de Calatrava... Mais tout cela est bien fini à présent.

Comme la noblesse et la sainteté donnaient de l'urticaire aux révolutionnaires, ceux-ci décapitèrent Maurice et lui ôtèrent ses falbalas en renommant – on n'ose pas dire « en rebaptisant » – le village en Maurice-les-Sans-Culottes aux plus beaux jours de 1793. Heureusement, on ne guillotine plus aujourd'hui les ci-devant sur la place du marché, et le professeur se lamente :

– Ah ! si j'avais su, je ne vous aurais pas laissé dormir au cimetière. Vous auriez dû venir chez moi !

Ça se passe souvent ainsi : partout, il y a des gens charmants qui seraient prêts à m'accueillir pour la nuit. Le problème, c'est de tomber sur eux au bon moment ! Des coïncidences heureuses qui arrivent de temps à autre. Au Mesnil-Saint-Loup par exemple, autre village champenois où je sonne le lendemain chez les parents de François. Quoique nous ne nous connaissions pas, ils m'ouvrent grand la porte quand ils apprennent ma destination.

– Et vous avez de la chance : notre fils est de passage !

Le jeune homme d'une vingtaine d'années m'avait contacté deux ans auparavant pour l'aider à préparer un voyage à pied vers la Terre sainte. Nous n'avions échangé que par courriel et je ne savais pas grand-chose de lui, sinon que sa famille habitait dans ce village de 500 habitants qui se situait sur ma route. Quant à ses projets, il avait provisoirement restreint ses ambitions à un périple jusqu'à Czestochowa, en compagnie d'un âne.

– Mais cette fois, c'est décidé, je pars à pied pour Jérusalem cet été. Au départ de Rome.

La bouille rieuse et la jeunesse conquérante, François évoque ses démêlés avec Darius – l'âne du voyage en Pologne – et le trajet qu'il envisage à travers les Balkans et la Turquie. Alors que nous partons chacun seul sur des routes où nous ne rencontrerons guère de pèlerins, cette fraternité de projets nous réconforte. D'autres voyageurs au long cours sont en chemin. Si je ne les connais pas tous, j'ai rencontré Édouard et Mathilde la veille de mon départ. Jeunes mariés, ils devaient quitter Paris deux jours plus tard vers Jérusalem, à pied et sans argent.

– Puisque tu pars d'Italie au mois d'août, François, tu pourrais peut-être les retrouver en Turquie ? Voici leurs coordonnées.

Ainsi se bâtit la communauté improbable des marcheurs devant l'Éternel.

– Et vous ? m'interroge François, avez-vous prévu de vous revoir en chemin ?

Il serait illusoire de marier des projets que chacun a mûris à sa façon, mais se revoir de loin en loin, oui, ça ferait plaisir. Édouard et Mathilde comptent saluer le Cervin, et j'ai bien envie aussi de découvrir cette montagne mythique, au fond de la vallée de Zermatt.

– Tu sais, le sommet triangulaire stylisé sur les boîtes de chocolat suisse.

Alors, sans date précise, nous nous sommes fixé un rendez-vous à Zermatt.

– Le premier qui y arrivera laissera de ses nouvelles au revers du panneau d'entrée de la ville. Il n'y en a sûrement qu'un seul car la vallée se termine en cul-de-sac.

Ce dernier ne laisse d'ailleurs pas de m'inquiéter car, pour entrer en Italie, je devrai franchir, au pied du Cervin, un col à 3 300 mètres d'altitude, fermé par un glacier, et ne suis pas sûr que mes sandales y suffiront.

Avec François, la conversation se poursuit, émaillée d'anecdotes sur les voyages passés et de projets sur ceux à venir. Ses parents m'invitent à dîner et me proposent de coucher chez eux, mais j'ai déjà organisé ma nuit chez de vieilles connaissances de l'autre côté de la rue : les bénédictins du monastère de la Sainte-Espérance. Quand je suis arrivé chez eux à l'improviste en fin d'après-midi, ils m'ont accueilli avec autant de bienveillance que sept ans auparavant. Deux offres d'hébergement le même soir : voici un luxe dont je ne disposerai sûrement pas souvent !

Lorsque j'ai esquissé mon itinéraire, l'évidence géographique m'a forcé à constater que les routes vers Rome et Jérusalem commençaient de manière identique, ce qui ne m'a guère enthousiasmé car je n'avais aucune envie de remettre mes pas dans ceux d'il y a sept ans. Ce devait être une histoire différente, et rien ne m'exaspère comme la nostalgie du bon temps d'autrefois. J'aime les terres inconnues et les pages blanches à noircir. Un moment, j'ai envisagé de prendre une route détournée pour éviter de cocher les mêmes étapes, jusqu'à ce que le ridicule du projet m'apparaisse et me rappelle à la raison. Comme je marche au même rythme que l'autre fois, le Mesnil-Saint-Loup est arrivé naturellement au bout de mes sandales au soir de ce cinquième jour. J'y ai retrouvé une chambre modeste dans la maison qui héberge les retraitants de passage. Un seul candidat ces jours-ci : Franck, la trentaine, avec qui je partage un broc de café au petit-déjeuner, en attendant la fin de la pluie qui tombe à verse et fouette les carreaux de la fenêtre de la cuisine. La nuit dernière, il ronflait comme une tronçonneuse, ce qui ne m'a pas empêché de sombrer rapidement dans le sommeil. Petit, la tête ronde et le cheveu rare, un teint qui virera au rubicond dans quelques années, Franck est marchand de bois dans la Meuse, et il est venu se mettre au vert pendant trois jours avant de rejoindre des clients dans le Bordelais.

– Au vert ! Et les forêts ?

Depuis dix années, Franck arpente les futaies et les sous-bois, quand il ne sillonne pas la France pour vendre ses billes et en récupérer d'autres. D'après lui, l'ONF, qu'il appelle simplement « l'Office » – sa *Lucia* à lui –, surexploite les réserves.

– Je croyais pourtant que la surface boisée augmentait régulièrement en France depuis cinquante ans ?

– C'est vrai : moitié de plus qu'en 1945, et la superficie couverte continue d'augmenter, alors que la France possède déjà la plus vaste surface boisée d'Europe. Mais je vois moins de beaux arbres qu'à mes débuts. Regardez les diamètres. Pensez qu'il faut plus de deux cents ans à un chêne pour devenir un bel arbre.

Franck parle de son métier avec amour.

– La meilleure saison pour abattre les arbres commence en octobre, ou plus précisément, à partir du moment où les feuilles sont tombées, car le bois contient alors le minimum de sève. Il séchera plus vite et mieux, et sera plus résistant aux attaques des champignons et des parasites. L'idéal, c'est de couper à la lune descendante.

La sève est alors concentrée dans les racines.

– Mais ces traditions qui garantissent un bois de qualité tendent à disparaître sous la pression de la demande. Il faut toujours aller plus vite, air connu… Heureusement, il y en a qui résistent, comme vous ! Pourquoi êtes-vous parti à pied ?

J'aimerais pouvoir lui donner une réponse simple, peut-être pour ne pas devoir creuser et expliquer. « J'ai perdu mon boulot », « Ma femme m'a plaqué », « Je veux faire comme les vrais pèlerins » : paradoxalement, ce serait bien commode si c'était vrai ! Or, rien de tout ça. Je ne pars ni sur un coup de tête, ni après un drame. Quant aux « vrais pèlerins », l'expression me hérisse le poil. Ce périple, voilà près de deux ans que j'y songe.

– …et je suis parti parce que c'était le moment favorable.

Ma famille a peut-être moins besoin de ma présence durant ces quelques mois. Affranchi pour l'instant des exigences de la vie salariée, je dispose en outre d'un temps que je ne suis pas obligé de mesurer en jours de congé. Et la coupure me permettra de prendre un recul utile à mon travail.

– C'est quoi votre travail ? s'enquiert le marchand de bois.

– En ce moment, j'écris des livres.

– Ah ! c'est intéressant… Sinon, votre vrai travail, c'est quoi ?

Franck m'amuse. Les livres évidemment, comme il les lit pendant ses heures de loisir, il a du mal à imaginer que leur rédaction puisse relever d'autre chose que du passe-temps. De toute façon, un véritable écrivain est inspiré et il écrit avec facilité…

– Le "vrai travail", je l'ai pratiqué pendant quinze ans dans une banque : des chiffres, de la finance, des voyages aux quatre coins du monde, des projets tellement pointus et dérisoires dans l'immense machine à broyer d'une multinationale que je n'arrivais même plus à expliquer ce qui composait l'essentiel de mes journées. Alors, il y a dix-huit mois, comme j'ai toujours aimé écrire, j'ai décidé de prendre du champ pour retrouver chaque matin la page blanche à noircir. J'ai pris un congé sans solde… et me voilà.

– Votre dernier livre ?

– Un roman historique sur Alexandre le Grand. C'était une raison supplémentaire de partir : prendre du temps, découvrir des merveilles, rencontrer des inconnus après plusieurs mois de travail solitaire, oublier Alexandre, Roxane, Chandragupta, les cent mille hommes et les éléphants de Paurava qui ont vécu sous mes yeux pendant plus d'une année entre la Sogdiane et l'Inde. Oublier afin de revenir avec un œil neuf et critique qui me permettra de peaufiner le récit.

– Mais pourquoi Rome ?

Je cite le voyage en Italie, devenu le rite obligé des Anglais que Thomas Cook envoyait en *tour* depuis le milieu du XIXe siècle. Cependant, les Romantiques et le ciel pur de Toscane n'expliquent pas tout :

– S'il n'y avait pas au bout de la route le siège de l'Église, le *Saint-Siège*, je ne me serais probablement pas remis en chemin. Il ne s'agit pas de rejoindre le quartier général d'une multinationale religieuse, mais de cheminer chaque jour vers un but intimement lié à la foi qui m'anime. Et puis j'aime bien saint Pierre : un homme entier, qui abandonne tout pour l'essentiel dès qu'il a trouvé "le chemin, la vérité, la vie". Un homme prêt à s'engager jusqu'au martyre, mais qui trébuche aussi, qui tombe, renie son Sauveur, et puis se relève, commet des erreurs et ne désespère jamais.

Des saints, il y en a toute une assemblée là-haut, depuis les petits saints jusqu'aux grands, en passant par les saints patrons, les saints du jour, les saintes-nitouches et ceux que le peuple proclamait à l'applaudimètre – *Vox populi, vox Dei* – avant que l'Église n'y mette bon ordre. De grands mystiques, des rois et des bergères en cotte de maille. Mais pour moi, aucun ne témoigne mieux de l'espérance divine au cœur de la condition humaine que saint Pierre, cet homme pétri de foi, transfiguré par elle, et qui assuma la tâche redoutable de conduire la première Église à travers les vicissitudes du monde.

– Alors, c'est un pèlerinage ?

Une appellation commode dans la bouche de Franck, qui ne suffit à résumer ni l'affaire ni le choix du moment. L'appel d'une Italie rêvée, la conjonction de désirs et de nécessités, voilà ce qui a permis l'éclosion du moment favorable. *Kairos*, disaient les Grecs, l'instant opportun, par opposition à *Chronos*, le temps qui passe. Savoir saisir le moment favorable. « Le diable, disait Jean Cassien au Ve siècle, est celui qui nous vole l'instant présent, c'est-à-dire l'instant favorable. » Or, « c'est maintenant l'instant favorable, c'est aujourd'hui le jour du Salut », déclare saint Paul dans sa seconde lettre aux Corinthiens. Sans prétendre aucunement gagner le Salut en marchant jusqu'à Rome – je ne crois guère à cette mesquine comptabilité humaine –, je suis parti parce que j'avais l'intime conviction que le moment en était venu.

À l'extérieur, la pluie a cessé de tambouriner.

– N'est-ce pas cela aussi, le moment favorable ?

J'enfile ma veste, endosse mon sac et m'apprête à prendre congé de Franck.

– Vous coucherez où ce soir ? me demande-t-il.

– Je ne sais pas. Dans un rayon d'une trentaine de kilomètres vers l'est.

– Ne rien prévoir, s'en remettre à l'inconnu : j'admire, mais moi, je ne pourrais jamais… Et vous n'emportez même pas de téléphone portable !

Ce dernier abandon lui semble hors de portée, même durant ses trois jours au monastère. Tout à l'heure, je l'ai vu brancher le chargeur de son téléphone sur la prise de la cafetière. De toute façon, comme il travaille à son compte, il ne pourrait planter là ni ses fournisseurs ni ses clients. Mon périple restera pour lui la belle histoire d'un autre. Il continuera à rouler 100 000 kilomètres par an et couchera demain soir à Cognac :

– On a besoin de chêne là-bas pour les barriques.

Comme je boucle la ceinture de mon sac, Franck se lève.

– Ça m'a fait plaisir de vous rencontrer, me dit-il. Tenez, voici mon adresse. Vous pourriez m'envoyer une carte postale quand vous arriverez à Rome ?

– Bien sûr.

Il fouille dans la poche de son blouson et en extirpe un billet qu'il me tend :

– Et prenez ça, vous en aurez sûrement besoin.

Comme je refuse, il insiste :

– Si, ça me fait plaisir, prenez…

Comment refuser ? Je glisse le billet dans ma poche et quitte Franck sur le pas de la porte. Il a l'air « encore svelte », comme on dit d'une femme avec ironie et un brin de cruauté qu'elle est « encore jeune ». Dans une vingtaine d'années, je l'imagine aussi rond que les barriques dont il fournit aujourd'hui le bois. Et aussi généreux. En traversant le cloître pour aller saluer les moines, je triture dans ma poche le billet de Franck. Je ne suis pas un miséreux, et cela me fait tout drôle d'avoir reçu cet argent. En ai-je besoin ? Pas vraiment. Ne serait-il pas plus juste de le glisser dans le tronc des pauvres ? L'offrir aux moines, tout simplement ? Quand je les remercie de leur accueil, ils me répondent : « Priez pour nous à Rome » ; et je repars avec mon billet froissé au fond de la poche.

Après tout, cela vaut mieux ainsi : refiler au plus vite cet argent comme s'il me brûlait les mains, c'était une autre façon de refuser la générosité du marchand de bois. Je l'emploierai pour acheter de la nourriture, une gâterie que je ne me serais jamais offerte autrement.

Oui, c'est ça : une tartelette succulente dans la prochaine pâtisserie, afin que le geste extraordinaire du marchand de bois ne se perde pas dans le tout-venant des dépenses quotidiennes.

Je n'en ai pas encore fini avec la bonté de ce village champenois car, lorsque je me rends chez les parents de François, ils me comblent de victuailles : du pâté, du saucisson, deux parts de clafoutis aux cerises. Bien que je ne souhaite pas trop alourdir mon sac, j'en prends plus que je ne voudrais en voyant à quel point ils se réjouissent de pouvoir rendre un peu de la générosité dont leur fils a si souvent bénéficié sur son chemin vers la Vierge noire de Czestochowa et dont il aura encore tant besoin pendant ses mois de marche vers Jérusalem.

– Prenez aussi des fruits. Du pain, vous en voulez ? Il n'y a plus de boulanger ici.

– Non merci : j'en ai acheté hier à Palis.

J'avais profité de la présence inespérée d'un commerce dans le village voisin pour me ravitailler. La vendeuse s'était excusée de son inexpérience :

– La boulangère, c'est ma fille, mais elle est épuisée et je suis venue la remplacer quelques jours.

Quand je quitte le Mesnil-Saint-Loup après la pluie, la camionnette du boulanger de Palis en tournée s'arrête devant moi. L'homme, la petite quarantaine et une calvitie naissante, saisit deux pains dans son coffre pour un client de la maison d'à côté. J'hésite à lui réclamer des nouvelles de sa femme, puis me ravise en songeant à la stupéfaction du mari, à ses soupçons envers le vagabond inconnu inexplicablement familier avec la boulangère, à moins que...

> *Ah ! te voilà, toi ? Regarde, la voilà la Pomponnette... Et le pauvre Pompon, dis, qui s'est fait un mauvais sang d'encre pendant ces trois jours ! Il tournait, il virait, il cherchait dans tous les coins... Et elle, pendant ce temps-là avec son chat de gouttière... Un inconnu, un bon à rien... Un passant du clair de lune...*

2.

Bouquets

TROYES, BAR-SUR-AUBE… L'été ne montre toujours pas le bout de son nez. Il pleut souvent. Ma cheville droite a doublé de volume puis retrouvé des proportions acceptables après plusieurs jours d'application scrupuleuse de pommade à l'arnica et de kilomètres parcourus sans mollir. Il ne s'agit pas de marcher coûte que coûte, mais comment atteindrai-je le but si je n'avance pas ? De toute façon, je n'ai guère envie de me morfondre dans une chambre triste en attendant que ça passe, et préfère admirer l'ondulation des blés bientôt mûrs, le foisonnement fauve des champs d'orge dont les barbes chuintent dans le vent. Bientôt, les céréales s'espacent : moins de parcelles et des épis qui poussent moins serrés, signe d'une terre plus chiche. Des forêts, des pâturages à ph. 1
travers lesquels je tente de trouver mon chemin. Au lieu d'utiliser les cartes de randonnée IGN au 1/25 000, je me contente de celles au 1/100 000. Elles m'avaient semblé parfaites il y a sept ans, et je les juge maintenant à peine passables. Probablement parce que je suis plus exigeant qu'alors et parce que je guette la moindre échappatoire pour abandonner l'asphalte, quitte à me perdre et à maudire les cartographes. Sur les feuilles colorées, pas une route ne manque, c'est déjà ça, mais les chemins de campagne et les limites des bois sont aléatoires. Au mépris du cadastre et de la propriété commune, nombre de chemins vicinaux ont été agrégés aux parcelles,

des layons ont disparu au gré des reboisements. J'erre trois heures dans la forêt avant d'atteindre Lignol-le-Château où m'attendent les cousins d'un ami.

– Vous devriez renommer le village : Lignol-le-Château-de-la-Belle-au-bois-dormant, tant il est difficile de trouver son chemin pour parvenir jusqu'à vous !

Bernard et Maÿlis m'accueillent aimablement. Ils doivent avoir mon âge ; cinq ou six enfants, je ne sais pas très bien. En tout cas, trois d'entre eux écoutent ce soir, ébahis, les histoires du drôle de voyageur au long cours qui s'invite pour la nuit. Quand je suis entré dans la cuisine tout à l'heure, après avoir frappé au carreau, leur mère m'a tendu la main avec circonspection avant de se montrer plus chaleureuse. À entendre ses compliments sur ma coupe de cheveux – « Court, c'est bien ! » –, j'imagine qu'elle s'attendait à recevoir un vagabond hirsute et que l'allure du visiteur l'a rassurée. Bernard, qui s'occupe de l'exploitation de céréales et d'un élevage de moutons, est aussi maire, et s'inquiète de la réputation de sa commune, autrefois écornée :

– Tu as peut-être entendu parler d'une femme qui s'est rendue à pied à Jérusalem dans les années 1960, en remerciement à Dieu d'avoir sauvé son fils de la maladie. Une certaine Geneviève Duboscq, accompagnée d'un âne. Elle a souhaité s'arrêter ici, et il semble que personne ne lui ait ouvert sa porte. Dans son livre, elle s'en plaint. Quelle réputation ! Je ne comprends pas : nous ne sommes pas si inhospitaliers, d'habitude. Dis, si tu écris un livre, toi, tu diras du bien de Lignol, j'espère ?

Mes hôtes m'accablent de questions durant la soirée et ne me permettent guère de leur retourner la pareille, mais le décor parle à leur place : une grande maison dont les baies s'ouvrent sur les prairies où broutent les moutons, piano à queue dans le salon, meubles de style, rideaux en toile de Jouy dans la chambre des filles que l'on a mise à ma disposition pour la nuit. Des crucifix et des images pieuses dans toutes les pièces. Le matin, quand je mets mon bol dans le micro-ondes, mes yeux s'arrêtent sur un livre posé négligemment à côté d'une pile de recettes de cuisine : *Guide du
ph. 4 protocole et des usages*. Sur la table, entre la boîte de cacao et un pot de confiture maison orange-pamplemousse, une note griffonnée à la hâte : « N'hésitez pas à vous servir dans le frigo et les placards. »

Bernard et Maÿlis sont partis à l'aube avec leurs enfants pour une fête d'école à trois heures de route.

– Dormez tout votre saoul, m'ont-ils exhorté hier. Faites comme chez vous, restez aussi longtemps que vous voulez et enclenchez l'alarme avant de quitter la maison. Venez, je vais vous montrer…

Décidément, je ne peux que me louer de l'hospitalité à Lignol. Ne vous inquiétez pas, Monsieur le maire, j'en dirai du bien ! Et puisque l'on me propose de faire comme chez moi, je passe une partie de la matinée à jouer sur le piano du salon. Ah ! quel bonheur, ph. 3
ce demi-queue Pleyel ! Quoiqu'il mérite un meilleur concertiste, je ne boude pas mon plaisir dans la vaste demeure vide et sonore.

Ce n'est pas seulement moi qui joue, mais le vagabond. Celui de Knut Hamsun qui promène sa poésie et son idéal au milieu de la nature intacte du Nord scandinave, alternant travaux de la terre et des bois chez les fermiers qui consentent à l'embaucher pour quelques jours ou quelques semaines. Journalier qui regarde de loin avec respect et un brin de désir la jeune fille de la maison, et repart un soir d'été guérir sa mélancolie dans ses chères forêts parce qu'il vient d'entendre une mélodie poignante sous les doigts de la jeune fille. Qui lit encore Knut Hamsun ? *Sous l'étoile d'automne*, *Un vagabond joue en sourdine*. Prix Nobel 1920, pour ceux que les étiquettes rassurent. Je ne me suis jamais lassé de cette poésie et, aujourd'hui, le vagabond romantique qui entre sur la pointe des pieds dans l'intérieur bourgeois des maîtres et s'essaie sur les touches du piano qu'ont effleurées les doigts délicats de la jeune fille, c'est moi.

Sans l'imaginaire peuplé par les personnages des lectures anciennes, la solitude de certains jours deviendrait insupportable.

Sur la table de la cuisine, j'ai assemblé les cartes de la Haute-Marne et de la Haute-Saône, puis j'ai posé un balai entre Lignol ph. 5
et Montbéliard, et tracé une ligne droite le long du manche. Une méthode rudimentaire et barbare d'indiquer la route, mais j'ai besoin d'avancer rapidement en ces premières semaines. Les Romains agissaient-ils autrement ? Hier, avant d'arriver à Bar-sur-Aube, j'ai suivi l'une des voies qu'ils ont tracées, droite comme un *pilum* et longue de plusieurs kilomètres. Sur les bas-côtés, des cerisiers sauvages ployaient sous les fruits, et je me régalai en pensant aux légionnaires de César qui s'étaient arrêtés pour grappiller, eux aussi, une petite douceur.

– Troisième cohorte, deuxième manipule, serrez les rangs ! hurle le centurion en fustigeant les retardataires.

Choisir ma route relève d'une alchimie byzantine qui s'accommode rarement de la raideur du manche à balai. Cela commence souvent par une ville située à 700 ou 800 kilomètres, soit trois ou quatre semaines de marche, pour fixer l'orientation générale. But intermédiaire choisi la plupart du temps pour une raison symbolique et qui me servira de bouée, comme celles que l'on vire en régate avant de prendre le bord suivant. La première sera Einsiedeln, en Suisse, à 50 kilomètres à l'est de Lucerne. Il y aura également Florence, Naples et d'autres. Entre deux bouées, d'autres points de passage : un lac qui vaut le détour, un village pittoresque, l'ami de l'ami d'un ami qui pourrait m'héberger, un parc naturel, une agglomération importante où j'espère me procurer les cartes de la province suivante… Ensuite vient le relief, qui m'oblige parfois à abandonner certaines étapes et à en inventer d'autres, la configuration des routes et des chemins. Si des sentiers pédestres s'offrent à moi tant mieux mais, comme ils sont souvent conçus pour de brèves excursions au détriment d'une randonnée au long cours – il faut bien revenir à la voiture ! –, je ne peux jamais les suivre très longtemps. Le matin, je n'ai qu'une idée approximative de mon trajet, je ne connais pas toujours la halte du soir ni le nombre de kilomètres car je dois compter avec les culs-de-sac, les chemins qui s'arrêtent en plein champ, les riverains qui ne connaissent pas leur pays et vous indiquent la route de contournement parce qu'elle est plus rapide en voiture – j'avais pourtant insisté : « le plus court à pied » ! Et puis il y a aussi les rencontres, les jolies rives d'un canal, la fatigue, les intempéries, qui modifient le programme le mieux établi.

Alors, route ou chemin ? À Nogent-le-Bas, à 20 kilomètres à l'est de Chaumont, je pousse la porte d'un bar-restaurant pour m'enquérir d'une boulangerie, s'il y en a une au village. Derrière le zinc, une femme de 45 ans environ, courte, grassouillette et les cheveux teints en roux me lance un regard horrifié :

– Une boulangerie ? Oulah ! Il faut aller à Nogent-le-Haut pour ça.

Ce doit être à 300 mètres. Et comme elle me prend en pitié, la gérante va chercher pour moi une baguette dans son arrière-cuisine. En alignant mes piécettes sur le comptoir, je demande le chemin – pas la route ! – pour le village suivant.

– Pourquoi pas la route ? Des voitures, d'toute façon, y'en a une tous les tremblements de terre… Vous venez d'où, d'abord ?

– J'ai couché à Biesles hier.

C'est à 10 kilomètres.

– Oulah, ils sont spéciaux là-bas !

– Spéciaux… c'est-à-dire ?

– Ça, j'peux pas vous dire, mais ils sont spéciaux.

Elle se penche au-dessus du zinc et me glisse en confidence :

– J'peux vous confier tout de même une chose, mon beau Monsieur, c'est que jamais de la vie, j'pourrais habiter là-bas !

Je n'en saurai pas davantage et dois à mon tour satisfaire sa curiosité. En mentionnant le but de mon périple, j'ai l'impression de pointer l'autre bout de la galaxie.

– Rome ? Misère !… Moi, j'pourrais jamais, j'suis ben trop péteuse pour ça.

J'imagine qu'elle veut dire pétocharde. Au moment de partir, je demande par acquit de conscience :

– Et des tremblements de terre, vous en avez souvent ?

– Jamais.

De telles rencontres, je voudrais les rassembler en un bouquet de fleurs des champs, comme ceux que je dépose à la croisée des chemins sur le piédestal des calvaires que plus aucun passant ne fleurit. Ces fleurs, il y en a des courtes et des exubérantes, certaines qui s'épanouissent au soleil et d'autres qui se fanent comme un coquelicot, des miraculeuses et des piquantes comme une ortie, des ordinaires sans lesquelles le bouquet manquerait de vie et de vérité, une pleine brassée que l'on moissonne au bord des routes et jusqu'entre les pavés des places de village.

À Biesles, par exemple, chez les *gens spéciaux*, ce fut une rose de Chiraz. Comme il n'y avait pas de prêtre, on m'avait envoyé chez Michèle, un des piliers de la paroisse, « coordinatrice de secteur » dans cette campagne où les commerces et les bureaux de poste ne sont pas les seuls services publics à se raréfier, et où les curés desservent huit, dix, parfois quinze clochers. Une septuagénaire pimpante ouvre la porte. Je m'explique en trois phrases.

– …alors pourriez-vous m'aider à trouver un gîte pour la nuit ?

Michèle hésite, se dandine, bat en retraite. J'entends un conciliabule dans la pièce d'à côté, émaillé de quintes de toux et de raclements de gorge, puis la voix d'un homme âgé :

– Demande-lui au moins des références, quelque chose…

Par chance, je m'étais procuré à Paris une lettre de recommandation.

Je recommande, etc. Me souvenant qu'Abraham a accueilli trois messagers de Dieu en donnant l'hospitalité à trois passants, je veux bénir Dieu et lui rendre grâce pour l'accueil que vous lui réserverez et l'aide que vous pourriez lui dispenser selon ses besoins... Signé : Père... Curé de...

Michèle lit en diagonale et murmure : « Qu'est-ce que cela signifierait d'aller à l'église et de ne pas ouvrir sa porte ? »

– Allez, entrez... Nous avons une chambre au premier. Excusez mon mari : il est malade. Mais entrez !

Claude, qui se remet d'une mauvaise bronchite, m'accueille en moustache et robe de chambre, et m'entreprend sur la passion de sa vie : l'entreprise de coutellerie qu'il a héritée de son père et transmise à un neveu. Deux pièces de la maison sont consacrées aux vitrines de ses chefs-d'œuvre.

– Regardez : un couteau de sacrifice à pigeons, commandé par des Juifs de Tunisie.

Des échantillons d'acier aux diverses étapes de fabrication, des viroles décorées, des ciseaux de dentellière.

– Et ici, des lames pour un service destiné au chah d'Iran. Oui : Pahlavi ! Celui qui a été couronné à Persépolis et chassé par les ayatollahs. C'était pour un banquet à Chiraz, je crois. J'ai gardé ces prototypes en souvenir.

Claude est intarissable, et il aiguise encore mon couteau de poche quand Michèle dépose dans mon assiette une double portion de petit salé.

– Vous aurez assez ? Il faut manger... Tiens, Claude, ouvre une bouteille !... Il parle, il parle... Que voulez-vous ? À 75 ans, on a surtout des souvenirs !

Cette nuit, je dormirai dans la chambre d'un des fils, grâce à une lettre et à ma bonne mine : qui a dit que la générosité n'existe plus ?

D'autres fleurs du bouquet ? Une vieille femme en lisière de forêt, appuyée sur un bâton : on aurait dit une sorcière avec son mauvais manteau, son fichu crasseux et déchiré, son dos voûté et son nez crochu. « Je cherche des escargots », se justifia-t-elle en me regardant par en dessous et en découvrant ses dents gâtées. Un paysan bedonnant et couperosé, le nez bouffi, qui m'interpelle au bord de son champ : « À Rome ? T'es-t'y pas un peu fou, non ? » La boulangère qui appelle chacun de ses clients « Beau Monsieur » ou « Belle Dame », « car nous sommes tous aussi beaux les uns que les autres, venant au monde et en repartant tout nus». Claudette, qui a posé sur la table du petit-déjeuner une motte de beurre fraîchement baratté à la ferme: ah! quel bonheur de voir sourdre une larme de lait quand le couteau tranche finement la motte jaune pâle... Cathy, agricultrice reconvertie dans la location de gîtes, qui affirme avoir été guérie miraculeusement à Lourdes et qui veut à tout prix me charger d'une grosse tranche de comté:

– Ne partez pas sans le fromage: ça me ferait regret.

Les parents d'une amie qui m'accueillent dans un château près de Vesoul et me servent de la cancoillotte avec le café du matin. Monsieur, très «vieille France», me vante ses cartes d'état-major: le mot sonne comme une trompette de cavalerie, et je découvre sur les feuillets minutieusement colorés des indications hors d'âge. Sœur Anne, novice de 20 ans qui peine à dissimuler son exubérance sous son habit de clarisse. Alors que son visage lisse n'exprime que mysticisme et béatitude pendant le chant des psaumes, je vois son gros orteil battre impatiemment la mesure sous la courroie de la sandale, avec un soupçon d'avance sur le *tempo* des vieilles sœurs. «Bienheureux les cœurs purs car ils verront Dieu.» Ou cet agent des Voies navigables de France qui me confie avec un sourire en coin devant une passerelle de service qui enjambe la Saône près de Vesoul:

– Je n'ai pas le droit de vous dire qu'en franchissant cette passerelle puis le déversoir que vous voyez là-bas, vous atteindrez l'autre rive et vous éviterez ainsi un détour de 12 kilomètres. Non: ça, je ne peux vraiment pas vous le dire!

– Je m'en doute, car j'ai vu le panneau "interdit au public" et donc, je ne vous le demande pas. Expliquez-moi juste le danger que courrait une personne autorisée si... les précautions qu'elle devrait prendre au cas où...

Dix minutes plus tard, l'agent détourne obligeamment les yeux pendant que je grimpe sur le praticable. Le déversoir se révèle plus dangereux: environ 30 mètres d'un muret large d'un pied, moussu, glissant, à 20 cm sous la surface de l'eau que le courant entraîne en travers. Si je trébuche, je serai précipité plusieurs mètres en contrebas dans le lit du bras secondaire, et je ne tomberai pas dans de la plume d'oie!

Un pas après l'autre. Se concentrer et oublier les trombes qui dévalent le pan incliné sur ma droite et risquent de m'emporter. Écraser en soi l'attirance irrationnelle pour le désastre. Le vertige: est-ce autre chose? À 17 ans, j'ai voulu savoir si je savais maîtriser cette peur. Le pensionnat où j'achevais mon année de terminale fut couvert d'échafaudages pendant plusieurs mois afin de permettre la réfection de la toiture. Aux beaux jours, mes camarades et moi, logés au quatrième étage, allions prendre le soleil sur le rebord extérieur des fenêtres, large d'une trentaine de centimètres et prolongé par les passerelles des ouvriers. Nous circulions d'une chambre à l'autre par-dehors, sans plus y prêter attention que si nous empruntions un couloir. Au mois de juin, les travaux achevés, l'échafaudage fut démonté. Plus de lecture au soleil et de promenades sur la corniche.

« Ce n'est que dans la tête, prétendait l'adolescent. Il n'y a aucune raison que je trébuche aujourd'hui puisque j'ai tant de fois marché sur ce rebord quand l'échafaudage masquait le vide. » Alors, un après-midi de révisions, entre l'écrit et l'oral du bac, j'enjambai la fenêtre et m'engageai sur la corniche. À gauche : le toit et des chiens-assis tous les 5 mètres ; à droite : le vide et le goudron de la cour, 15 mètres en contrebas. « Il n'y a aucune raison… » Un pas après l'autre. Atteindre l'extrémité de la première façade, tourner le coin, marcher le long du petit côté, un autre coin, la grande longueur à nouveau, j'espère que personne ne m'a vu d'en bas car je me ferais sûrement étriller par les surveillants, troisième coin et petit côté, « n'avais-je pas raison ? n'était-ce pas seulement dans la tête ? », dernier tournant, rester concentré et ne pas s'affoler, encore deux chambres, une : voilà, je rentre. Ouf ! J'ai réussi… Presque 200 mètres au bord du vide. Aucun témoin et c'est tant mieux : il s'agissait moins d'épater la galerie que de me prouver mes capacités. D'ailleurs, je mettrai dix ans avant d'avouer l'escapade à mes parents qui en ont encore une peur rétrospective.

– Tu as eu de la chance que ton ange gardien n'ait pas replié ses ailes ! m'ont-ils dit.

Au bord du vide, une pensée me rassurait : je me disais que je ne pouvais pas tomber parce que j'avais « quelque chose » à accomplir sur terre. Les grandiloquents traduiraient : « une mission » ou « un destin ». En vérité, ce n'était peut-être qu'un défi stupide d'adolescent qui cherche ses limites.

Je place aujourd'hui avec précaution un pied après l'autre sur le muret glissant du déversoir. Ai-je grandi depuis l'internat ? Il ne s'agit plus maintenant de prouver quoi que ce soit ; juste d'éviter 12 kilomètres. Pourtant, je sais que si je glisse et suis emporté dans le courant, je me dirai que le jeu n'en valait pas la chandelle. Quant au destin, on se rend mieux compte au fil des années à quel point il est ridicule de le suspendre à un faux pas. Cinq mètres, 2 mètres, une dernière enjambée et voilà enfin la terre ferme. Ouf ! Je suis passé. En tournant la tête vers la rive d'en face, je croise le regard lointain de l'agent des Voies navigables qui, l'air de rien, m'avait suivi des yeux pour s'assurer qu'il ne m'arrivait pas d'accident. Merci, Monsieur l'agent ! Un geste amical de la main, puis il retourne à ses occupations, et je pars de mon côté avec les pieds qui glissent dans mes sandales trempées.

Rien prouver ? Voire. Pour être honnête jusqu'au bout, je devrais avouer que, l'air de rien, j'étalonne mes étapes sur celles d'il y a sept ans. Je marchais vite alors. Depuis, la quarantaine est arrivée, et je n'aurais pas très envie de constater un déclin de mes capacités physiques. Alors, dès les premiers jours, comme la route est identique, il faut que j'arrive chaque soir au moins à la hauteur des haltes de l'autre fois. Si possible, je mets même un point d'honneur à les dépasser de quelques kilomètres. Absurde vanité ou tentative désespérée de nier la fuite du temps. Toute la perfidie des deuxièmes fois.

Jusqu'à présent, sans effort démesuré, j'ai tenu un rythme comparable et cela me revigore, même si je triche encore un peu : mon équipement pèse moins lourd sur le dos que lors du précédent départ. À peine plus de 8 kilos sans la nourriture, au lieu de 10 ou 11. Dans le sac de 25 litres, un matelas et un mini-sac de couchage, une moustiquaire pour les nuits d'été à la belle étoile, une veste pour la pluie, une polaire sans manches et une autre avec manches, un *tee-shirt* et un caleçon de rechange, une pharmacie qui se résume à des vitamines et quelques cachets d'aspirine. Des affaires de toilette, un fond de lessive. En guise de serviette, un gant de toilette : moins luxueux qu'un drap de bain et presque aussi efficace ; en tout cas, un rapport poids/utilité inégalable ! Pas de tente ni de réchaud, pas de chaussettes – corvée quotidienne de lavage en moins grâce aux sandales –, pas de poncho mais un parapluie télescopique, accessoire indispensable que je ne sacrifierais sous aucun prétexte. Le plus lourd, ce sont les cartes, le nécessaire à écriture, les livres. Ah ! les livres… Je n'arrive pas à m'en passer. Et pourtant, je connais la difficulté de lire au cours d'un tel voyage : les paysages, les rencontres, les découvertes de chaque jour, sans compter les innombrables heures de marche, rien n'incite à se plonger dans les pages d'un autre quand le monde offre son grand livre ouvert. Peine perdue. J'ai emporté les *Promenades dans Rome* de Stendhal, un pavé de plus de 600 pages, pour flâner à distance dans la Ville éternelle.

> *Plus une sensation est inaccoutumée, plus vite on s'en fatigue. C'est ce qu'on lit dans les yeux ennuyés de la plupart des étrangers qui courent les rues de Rome un mois après leur arrivée. Dans la ville qu'ils habitent, ils voyaient un objet d'art huit ou dix fois par an ; à Rome, il leur faut voir chaque jour huit ou dix choses qui ne sont nullement utiles pour faire gagner de l'argent, et nullement plaisantes ; elles ne sont que belles.*

Et Stendhal de recommander une accoutumance progressive dès avant le départ :

> *À Paris, dès l'instant qu'on est décidé à entreprendre le voyage de Rome, il faudrait s'imposer la loi d'aller au musée de deux jours l'un ; on accoutumerait son âme à la sensation du beau.*

À défaut d'avoir pris le temps d'arpenter les salles du Louvre, je m'en remets en chemin au cicérone romantique :

> *Le plus beau reste de l'antiquité romaine, c'est sans doute le Panthéon ; ce temple a si peu souffert, qu'il nous apparaît comme aux Romains. En 608, l'empereur Phocas, celui-là même à qui les fouilles de 1813 ont rendu la colonne du Forum, donna le Panthéon au pape Boniface IV, qui en fit une église. Le Panthéon a ce grand avantage : deux instants suffisent pour être pénétré de sa beauté. On s'arrête devant le portique ; on fait quelques pas, on voit l'église, et tout est fini... Je crois n'avoir jamais rencontré d'être absolument sans émotion à la vue du Panthéon... N'est-ce pas là le sublime ?*
>
> *On voit à Berlin une jolie petite église qui en est la miniature, etc.*

Mélange d'érudition, d'impressions, de sentiments, de décomptes fastidieux, d'emportements, d'affirmations péremptoires sur le caractère des peuples et d'anecdotes sur les personnages célèbres ou la société romaine de son temps, les *Promenades* constituent non seulement un guide à l'exhaustivité irremplaçable, mais également un reflet passionnant de l'idéal et du beau en vigueur au temps du Grand Tour. S'érigeant sans complexe en arbitre du goût, Stendhal n'hésite pas à afficher des opinions tranchées :

> *Le* rococo, *mis à la mode par le Bernin, est surtout exécrable dans le genre colossal [...]. Après les trois grands peintres, Raphaël, le Corrège et le Titien, je ne vois pas qui peut le disputer au Dominiquin.*

Il y a dans cette assurance comme un reste du despotisme éclairé du siècle précédent. Un parti pris bien éloigné de celui des anonymes qui rédigent les Guides bleus, verts, rouges ou multicolores qui l'ont remplacé par une sécheresse toute démocratique sans pour autant renoncer à la dictature du beau officiel et de ce qu'il faut voir.

Lire chaque jour quelques pages des *Promenades*, c'est transformer une randonnée en voyage, déjà habiter Rome, arpenter le *Corso*, visiter la galerie Borghèse et le palais Barberini, admirer le Forum depuis le Capitole, franchir le Tibre vers le château Saint-Ange et le Vatican... Et envier le vieil habitué qui n'a plus à se préoccuper chaque soir de dénicher un nouveau gîte :

> *Montez chez Madama Giacinta et demandez une chambre. Vous y serez à deux pas du Corso, du libraire Cracas, où on lit les journaux, et de la* Trattoria dell'Armellino *(de la Belette), où je me réfugie quelquefois pour éviter la fatuité française et les Anglais porteurs de grandes moustaches, qui peuplent les environs de la place d'Espagne.*

Les *Promenades* pèsent plus lourd que ma réserve d'eau : à peine un demi-litre dans une bouteille en plastique. Ce déséquilibre ne trahit-il pas la hiérarchie de mes valeurs ? L'esprit avant le corps...

En fait, je voudrais bien vivre l'esprit *avec* le corps. Avec l'âme aussi : voilà pourquoi le but sacré est essentiel, et pourquoi un livre de prières se glisse à côté du Stendhal. L'unité, afin qu'aucun fragment de la personne ne soit oublié. Le périple vers Jérusalem m'a enseigné là-dessus ce que l'on n'apprend que lorsqu'on va jusqu'au bout de soi-même. Il m'a aussi enrichi d'une expérience toute prosaïque : apprendre à manger même quand on n'a pas faim, à boire quand on n'a pas soif, pour la seule raison que les provisions sont disponibles maintenant et qu'on ignore ce que l'avenir offrira. À ce régime, un demi-litre d'eau dans le sac suffit. Quant à l'équipement, je prétends qu'il conviendra jusqu'à 3 000 mètres en été, et plus bas jusqu'à la fin de l'automne.

Pour l'instant, en ces premiers jours d'été désespérément maussades et pluvieux, je porte sur moi un *tee-shirt*, un pantalon mi-court, léger à la chaleur et qui permet d'entrer dans une église sans le scrupule d'y arborer une tenue indécente. Sur la tête, une casquette, et un bandana autour du cou, petit linge aux multiples usages qui pourrait même servir – qui sait ? – à m'écharper le bras en cas de fracture.

« Mercredi 27 juin. Paysage vallonné de la Haute-Saône. Les prairies et les bois remplacent depuis plusieurs jours les céréales d'Île-de-France. Beaucoup de vaches, davantage de moutons et, dans les forêts, les hêtres prennent le pas sur les chênes. Vu de loin, hier, la citadelle de Langres et les remparts édifiés par Vauban. Pensée amicale pour Diderot et ses *Lettres à Sophie Volland*. Ce matin, j'ai longé un canal dans l'odeur enivrante des tilleuls, décuplée par l'humidité. Deux heures plus tard, j'ai surpris un renard en plein déjeuner, au milieu du chemin. Il était tellement absorbé par sa proie que j'ai pu l'approcher à vingt pas avant qu'il ne me remarque et s'enfuie. Brin de causette avec une vieille femme courbée en deux dans son potager :

– Il faudrait que cette pluie s'arrête, dit-elle. Sans ça, on pourra jamais finir les foins !

A-t-on déjà entendu un paysan satisfait des caprices du ciel ?

– En revanche, les pommes de terre n'ont jamais été aussi belles. »

ph. 29 Chaque soir, je consacre près d'une heure à noircir les pages d'un carnet avec des notes que je m'efforce de garder aussi colorées que le ciel et la terre, odorantes comme le lilas qui fleurit derrière les murets, acérées comme le bec des buses qui planent au-dessus de ma tête, râpeuses comme le coup de gnôle offert sur la table de Formica. Ah non : pour la gnôle, il faudra attendre… Je voudrais qu'elles résonnent de l'accent traînant du marguillier : « T'nez… J'vous dônne la clè d'la sâlle dès faîtes » ; des pétarades noirâtres d'un tracteur hors d'âge et des premiers tintements de cloche au cou des vaches. Durant la journée, je conserve à portée de main, dans la poche gauche du pantalon, à côté de la carte, un bloc-notes minuscule pour inscrire trois mots à la volée et ne pas laisser disparaître une repartie ou un parfum évanescent. Il ne s'agit pas d'écrire pour ne pas oublier. Au contraire : pour oublier et s'ouvrir à nouveau totalement au monde extérieur, rassuré de savoir que le plus précieux gît en sécurité au sein des pages noircies d'une écriture fine et chaotique.

Ouvrir un regard neuf sur le monde, c'est un luxe quotidien de vagabond. Dans cette existence dépourvue de repères familiers, où je rencontre chacun pour la première fois, la Création retrouve une virginité à laquelle j'étais devenu aveugle. Oubliées, les pesanteurs et la mauvaise humeur de la veille, oubliés, les remords pour des bagatelles. Je peux recommencer à zéro chaque matin. Par nature, je me sens poussé à accorder d'emblée une confiance absolue à mes interlocuteurs. J'ai envie de voir le monde beau. « Comme il devrait être » plutôt que « comme il est ». Corneille plutôt que Racine. Idéalisme naïf ? Pourquoi pas ?

« Si tu es prêt à tout recommencer… tu seras un homme, mon fils », écrit Rudyard Kipling. Sauf qu'à la différence de Kipling, je choisis la remise en cause au lieu de m'y résoudre. Pourquoi se précipiter ainsi dans l'adversité ?

J'essaie de devenir un homme, mon père.

C'est étrange, cette préférence affichée pour Corneille car, au fond, j'aime la vie « comme elle est », profonde, compliquée, dense, tortueuse, avec ses êtres insaisissables et son vocabulaire toujours imparfait. Tenez, prenez un mot simple pour signifier « j'accepte, je suis d'accord, je le veux ». Pourquoi le réduire au seul « oui » des hommes quand une femme dispose de deux adverbes dans son lexique ?

– Tu m'avais dit non, se plaint-il quelques mois plus tard.

– Tu es sûr ?… J'ai peut-être dit “non”, mais ce n'était qu'un mot, ce n'était pas le plus important. Comment n'as-tu pas compris que tout mon être te criait “oui” ?

Ce « non » qui n'était pas un mensonge et qui n'était pas tout à fait vrai, ce « oui » qu'il faut sentir, écouter, deviner, voir, comprendre au lieu de seulement l'entendre… J'aime cette vie-là parce qu'elle est plus riche que les lignes épurées de la perfection, mais j'ai besoin de l'idéal et me reprends à rêver chaque matin devant les promesses du jour.

3.

Matin de Noël

Ce luxe de vagabond, il faut être prêt à le payer d'une nuit dehors. Désormais, au lieu de prévoir les étapes dans des villes où je trouverais à coup sûr un hôtel en dernier recours, je choisis de préférence un village, un hameau où j'espère ne pas même trouver un gîte rural, avec la ferme intention de me faire ouvrir les portes habituellement closes. Souvent, je ne choisis rien et pars le matin sans savoir jusqu'où me porteront mes pas. Depuis que j'ai réussi à m'affranchir de l'obsession du lit du soir, j'en ai éprouvé un immense sentiment de liberté. J'y pense toute la journée, bien sûr, à cet hypothétique hébergement, mais je m'en remets avec plus de confiance à mes semblables. La Providence, diront certains. En arrivant au bout d'une rude journée à Vellechevreux, tête d'épingle franc-comtoise, mon regard fouille les alentours en quête d'un toit. Je repère un Abribus, puis deux maisons en ruine à l'écart, que j'inspecte à tout hasard. Bien qu'il y manque l'eau courante, je suis tenté de m'y installer, mais je résiste à la paresse pour tenter ma chance auprès des vivants.

– Le maire ? Sonnez à la maison blanche, en face de l'église.

Madame ouvre.

– Je voudrais parler à Monsieur le maire, s'il vous plaît.

– C'est moi, dit-elle.

La cinquantaine environ, comme Monsieur qui vient de rentrer du chantier et dont j'aperçois la silhouette courtaude engoncée dans un bleu de travail couvert de poussière. La camionnette stationnée devant la maison doit lui appartenir. Avant de sonner, j'y ai lu : « Plâtre, rénovation, chauffage ». Avec les précautions habituelles, je sollicite de l'aide pour la nuit. Pas de but en blanc : « Dring !... Puis-je coucher chez vous ? » Il vaut mieux tenter un ricochet : « Connaîtriez-vous quelqu'un qui pourrait m'aider ? »

Madame réfléchit, tourne en rond, bien embêtée, et interroge Monsieur :

– T'as pas une idée, Pascal ?

– J'sais pas. C'est toi qu'es maire, non ? bougonne Monsieur dans le fond.

– Et il n'y a pas un gîte à moins de 10 kilomètres.

Je le sais bien : j'ai fait exprès ! Mais je ne peux quand même pas le leur dire, alors je hasarde les lieux habituels de repli :

– Une salle des fêtes, peut-être ?

– Il y aurait bien celle qui sert pour le loto, dans l'ancienne école.

– Oui, voilà... parfait : du moment que j'ai un toit.

Mais la clé est chez Marcel, et le vieux Marcel n'est sûrement pas encore rentré de sa partie de pêche du vendredi.

– De toute façon, vous ne seriez pas bien là-bas. Pour la toilette, et tout... Allez, entrez : notre fils est absent cette semaine. Sa chambre est vide, là-haut.

Du gâteau, pour une fois. Si ça pouvait se régler ainsi chaque soir ! Pas si facile, pourtant, de « dormir chez l'habitant ». D'abord parce que l'habitant se méfie – comment le lui reprocher « avec tout ce qui arrive de nos jours, mon bon Monsieur, et hier encore, à la télé... » – et que ça le dérange dans ses habitudes ; ensuite parce que je dois combattre à chaque fois ma timidité pour oser cette requête incongrue qui fait passer pour un miséreux. Et les miséreux, trop souvent, c'est sale, ça pue, ça va vous semer des puces sur la moquette et peut-être vous dévaliser avant de s'enfuir. Bienheureux si ça n'a pas trucidé au passage ! Comme c'est parfois vrai, je dois bien accepter d'être considéré d'emblée à travers ce prisme déformant.

En l'occurrence, il ne s'agit pas d'économiser le prix d'une chambre d'hôtel, même si, sur ce plan-là, l'hospitalité m'arrange. D'autant plus que mon appartement parisien, dont la location devait financer le voyage, demeure inoccupé. L'agent immobilier m'avait juré :

– J'en fais mon affaire ! Ne vous inquiétez pas.

Et son affaire reste désespérément blanche, ce qui ne fait pas la mienne. Pendant ce temps, la tirelire fuit comme un tuyau percé.

Il s'agit moins d'argent que d'humanité. La civilisation de la bagnole a vidé les routes de toute carcasse circulant à moins de 50 km/h, celle du tracteur a vidé les champs, et celle de la télévision a barricadé les portes, transformant les villages en décors fantomatiques pour *desperados* de la Vieille Europe. Dans sa journée occupée à mettre un pied devant l'autre et à recommencer, le marcheur solitaire a parfois l'impression de traverser un pays frappé par la peste. La halte du soir devient donc un moment privilégié pour renouer avec la société des hommes. À l'hôtel, le dialogue avec l'employé se limite souvent au numéro de la chambre et à une « Bonne nuit » de circonstance. Même dans un gîte rural, le discours reste convenu : l'hôtesse en a tant vu, des vacanciers de passage et des campagnards du dimanche qui posent toujours les mêmes questions sur les horaires du loueur de canoës, le village typique d'à côté et les produits du terroir ! Y compris chez Cathy, la sympathique miraculée de Lourdes, j'ai reconnu les intonations mécaniques d'un discours sincère, mais trop souvent répété. Rien ne vaut « l'habitant », quoique ce mot résonne un peu trop comme « l'indigène » de *Tintin au Congo*. Une fois dépassée la crainte de l'étranger, « l'habitant » jubile au moins autant que moi du cadeau que le Ciel lui a envoyé.

Madame le maire sort d'un buffet une terrine de rillettes maison, tandis que son mari fricote une omelette plantureuse et m'entreprend sur l'aménagement de sa maison et ses derniers chantiers. Il ne me laisse rien ignorer de l'épaisseur du Placo ni du diamètre des tuyaux de cuivre.

– J'ai commencé à travailler à 14 ans, comme maçon. Construire, j'aimais bien.

Depuis cinq ans, il s'est rabattu sur la rénovation parce que son dos a trinqué.

– On ne fait pas assez attention à son corps quand on est jeune. Jusqu'à 45 ans, ça va, mais après…

Encore un peu de répit : pour l'instant, je reste dans les clous des années où « ça va ». Plus tard, je me repentirai peut-être des efforts violents que je consens durant ces voyages au long cours.

Pascal ne se montre pas très curieux à mon égard et j'apprécie car, si je me prête toujours de bonne grâce aux questions, leur liste se déroule de manière immuable : « Pourquoi faites-vous ça ? Par où êtes-vous passé ? Combien de kilomètres par jour ? Et pour dormir ?, etc. » Comment s'en plaindre : ce sont les plus naturelles et je m'efforce d'y répondre avec autant de spontanéité que si on ne me les avait jamais posées, mais je préfère de loin écouter les passions des autres, même quand il s'agit de tuyaux de cuivre ! J'apprends aussi que le hameau compte 176 habitants et que Nicolas, l'ex-copain de la petite-fille de Marcel, a marché sur le chemin de Saint-Jacques.

– C'est un peu ce que vous faites, non ?

Hier, j'ai suivi pendant deux heures une portion de GR de pays estampillé « route de Saint-Jacques ». Tous les 300 mètres, un panonceau orné de la coquille : quel luxe ! Et dire que, la semaine dernière près de Troyes, j'ai traversé 15 kilomètres de la forêt de l'Étoile à la boussole, sans une seule indication. Même si ce n'était pas la jungle de Papouasie, il y avait cependant de quoi se perdre à chaque patte-d'oie.

– ... et vraiment personne pour me remettre sur la bonne voie. Remarquez, hier, je n'ai pas rencontré un seul pèlerin sur le chemin de Compostelle.

Ça m'a manqué.

– Nico racontait qu'on trouve des auberges tout le long du chemin, en Espagne.

– Elles ne valent sûrement pas l'accueil de Madame le maire !

– Oh ! vous savez... Ça nous fait plaisir... Quelqu'un comme vous, on n'en voit pas souvent par ici.

La soirée avance et le plâtreur-rénovateur-chauffagiste se met à bâiller. Demain, sa journée commence tôt et la mienne aussi. On me conduit à mes appartements. Il me reste encore les pages d'écriture, une douche, la lessive quotidienne, un coup d'œil à jeter sur les cartes pour l'étape du lendemain, et puis enfin le bonheur de me glisser sous une couette quand j'ai failli installer un bivouac au milieu des gravats d'une maison en ruine.

Le lendemain, au petit-déjeuner, Pascal me demande d'une voix bourrue si j'ai passé une bonne nuit. Il est comme ça, l'ancien maçon : accueillant, mais bourru, carré, un peu ours, taillé comme un boxeur qui a remisé ses gants et gagné de la bedaine à force de raconter ses matches avec les copains autour d'un verre.

– Oui, très bien dormi ! Merci.

Je n'allais quand même pas lui avouer la vérité, et que j'ai été réveillé par une explosion nucléaire ! Même si la corolle mortelle s'est muée en arc-en-ciel. Pourquoi diable le champignon d'Hiroshima s'est-il insinué dans mes rêves en cette paisible nuit dans un hameau franc-comtois ? Est-ce le souvenir de l'omelette aux morilles, ou à cause du *poster* géant de Johnny qui occupait un mur entier dans la chambre du fils, derrière le cheval de bois à bascule et une splendide longue-vue de cuivre montée sur un trépied ?

– Ce soir, vous couchez où ?

– Montbéliard.

– Ah ! "Monbéyare".

Oui, ce doit être ça, l'accent du cru en plus.

« Monbéyare », dernière étape française, où je suis venu acheter des sandales neuves dans une chaîne nationale de magasins de sport. Comme celles que je porte ont fait leurs preuves, je voudrais les mêmes : pas le *nec plus ultra* d'un équipementier élitiste, mais une paire à 40 euros de la marque du distributeur.

En cherchant la zone commerciale, je traverse ce que d'aucuns appellent pudiquement « les quartiers ». Après quinze jours dans la campagne profonde, la vue du premier Noir ne manque pas de surprendre. Tiens, retour dans une France multicolore ! Ici, les paraboles au balcon pointent directement sur les satellites du Maghreb, et on est tutoyé dès la première phrase.

– N'allez pas écrire ça, vous ne vous rendez pas compte !

Si je réussis à rendre compte tout court, ce ne sera déjà pas si mal.

Plus conventionnels en apparence, Thomas et Anne-Carole, la trentaine, rencontrés sur le parvis de l'église à l'issue de la messe dominicale, me proposent de les accompagner au pique-nique de la fête des scouts où ils conduisent leurs trois enfants.

Ils seront ma dernière fleur française dans ce bouquet de rencontres disparates qui émaillent mon parcours. Une fleur tendance rêveurs écolo-citadins, drôle, folle, tendre comme une belle des champs égarée au milieu d'un monde de brutes.

La famille se déplace le plus souvent possible à bicyclette.

– À chaque sortie, c'est 50 centimes d'essence économisés et une croix pour Irénée – 5 ans et demi. Au bout de cent croix, on lui achètera un vélo avec des vitesses pour lui faciliter les montées. N'est-ce pas, Irénée ? Allez, pédale…

Comme souvent, l'apprivoisement est progressif : après deux heures de pique-nique, de stands de pêche à la ligne et de chants scouts, Anne-Carole m'invite à dormir chez eux. Bien que j'aie prévu de repartir dans l'après-midi vers la Suisse, je ne laisse pas filer l'aubaine, car je me rappelle un déjeuner sottement refusé il y a dix jours, au motif de « la route qui m'attend ». En continuant cette route solitaire, je n'avais pas mis cinq minutes à maudire mon refus. Que valent 15 kilomètres « perdus » à côté d'une réunion de famille chaleureuse ? Stakhanovisme imbécile !

Cette fois-ci, j'accepte sans me faire prier et, après leur avoir faussé compagnie deux heures pour ne pas trop empiéter sur leur dimanche après-midi familial, je rejoins mes hôtes en fin de journée dans leur maisonnette au-delà du passage à niveau et de la caserne de pompiers. Quand j'arrive, Anne-Carole surveille le travail de l'aîné, Augustin, 8 ans.

– Il termine son CE1. Je lui fais l'école à la maison parce qu'ici l'école publique ne vaut rien et l'école privée guère mieux. Encore, s'il ne s'agissait que de les instruire, mais on prétend les éduquer, alors que ça, c'est d'abord le devoir des parents. L'année prochaine, je commence l'apprentissage de la lecture avec Irénée.

Malgré les apparences, Anne-Carole ne plane pas complètement au-dessus de sa planète. Elle sait qu'un jour ou l'autre ses enfants rejoindront l'école de la République, mais elle estime être plus capable de les préparer à cette étape que la maîtresse de l'école du coin.

Pendant ce temps, Thomas prépare le dîner en jonglant avec un prodigieux assortiment de légumes, de fruits et de graines diverses. Ici, tout est bio. Même la cuisine semble refléter la vitalité d'une nature non domestiquée et en explosion : le désordre y est ahurissant. Propre, mais un véritable capharnaüm.

– Ici, du millet ; là, du quinoa, du petit épeautre – 100 grammes contiennent autant de calcium que deux verres de lait –, des graines d'alfalfa, très riches en provitamine A et en phosphore. À côté : du boulgour de sarrasin, excellent pour ses glucides lents.

Thomas est incollable sur les ingrédients et leurs vertus curatives.

– Évidemment, une alimentation saine nécessite d'y mettre le prix : nous y consacrons environ un tiers de mon salaire.

Un rêveur qui assume ses choix.

– Tu veux peut-être prendre une douche avant le repas ?

– Je crois qu'on n'a pas fait l'eau ! interrompt Anne-Carole depuis le salon.

– Vous "faites" de l'eau ?

– L'eau chaude, oui. Il faut mettre en route la chaudière à bois pour en avoir. Nous nous chauffons au bois parce que c'est plus écologique et plus économique. En hiver, pas de problème pour les bains mais, en été, nous ne faisons notre eau que tous les trois jours.

Manque de chance, ce sera demain et, sous la pomme de douche, les restes tiédasses du ballon virent rapidement au glacé.

L'appétit creusé par cette dégelée, je rejoins la famille pour le dîner. On se nourrit donc ici exclusivement bio, selon les conseils diététiques du docteur Kousmine.

– Comment ! Tu n'as jamais entendu parler du fameux docteur Kousmine ?

– Euh… non.

C'est une femme médecin née en Russie au début du XXe siècle et qui plaida en faveur du retour à une alimentation saine et naturelle.

En dessert, l'incontournable crème Budwig, à ingurgiter également au petit-déjeuner : mélange de fromage blanc, d'huile de noix pressée à froid, de fruits secs ou de fruits frais de saison et de farine de sarrasin fraîchement moulue dans un moulin à café.

– Pas dans un moulin électrique, déclare Thomas sur un ton péremptoire, car les machines produisent une poudre trop fine.

– Sûrement.

Après le dîner, profitant de la clarté tardive du soir d'été, Thomas m'entraîne au jardin pour une cueillette de cerises que je classerais au registre « écologie expérimentale ». La méthode peut surprendre : armé d'une scie, Thomas grimpe dans le cerisier et coupe une à une les branches maîtresses. À terre, Augustin et moi ramassons les fruits désormais à portée de main, ou du moins les rares cerises qu'ont laissées les merles.

– Tu es sûr que c'était la meilleure méthode ?

– De toute façon, l'arbre avait besoin d'être taillé. J'ignore si c'est la saison, mais tant pis !

Pauvre marchand de bois du Mesnil-Saint-Loup ! S'il savait quelles tortures on inflige à ses arbres bien-aimés… J'évoque avec un brin d'ironie envers l'apprenti bûcheron-cueilleur la jeune science que j'ai acquise auprès de Franck sur les poussées de sève et les subtilités de la coupe au gré de la lune. Je plaisante, je me moque gentiment de Thomas et d'Anne-Carole, mais au fond, si je les charrie, c'est parce que je me suis senti tout de suite en phase avec ces trentenaires atypiques. Nous avons chacun nos lubies et en partageons certaines. Ici, par exemple, pas de télévision :

– Avec cet argent, on peut acheter 800 livres chez Emmaüs !

Je n'en ai jamais voulu non plus, ce qui m'avait valu un jour une question ahurie du quinquagénaire dont j'avais repris l'emploi à la banque il y a quelques années :

– Tu n'as pas de télé ! Mais alors, comment occupes-tu tes soirées ?

Quand nous rentrons, après la cueillette, Anne-Carole lit des passages de l'Écriture sainte à Joseph et Irénée en guise d'histoires pour s'endormir.

La douceur d'une soirée en famille... Je connais le prix de m'y abandonner sans frein : la douleur causée par l'arrachement du lendemain. Il y a sept ans, j'en ai beaucoup souffert au début, et je craignais de m'attacher, puis j'ai appris à boire de toutes mes forces cette douceur offerte pour rien, à en goûter tout le suc parce que j'essuierai demain des rebuffades sur la route, parce que personne ne m'ouvrira sa porte avant trois jours et que je ne goûterai peut-être pas de la semaine une atmosphère aussi chaleureuse. C'est une provision d'amour que je serais fou de négliger. Alors j'embrasse le petit Irénée et joue avec lui comme un matin de Noël après l'ouverture des cadeaux ; je blague avec ses parents comme si nous nous connaissions depuis une éternité.

Si je brossais une caricature de mes hôtes d'un soir, je chausserais Anne-Carole de sabots de bois et placerais des pinceaux dans les mains d'un Thomas en cheveux longs et catogan pour qu'il puisse décorer sa production artisanale de potiches qu'il vendrait en fin de semaine sur les marchés de la région. Mais non : Anne-Carole porte de classiques sandales de saison et Thomas, le cheveu court et la barbe rase, embauche chaque matin chez Peugeot, à Sochaux. Pourtant, l'ingénieur en automobile ne rêve que de devenir menuisier. La pièce du grenier où l'on m'a installé un matelas au sol sert d'atelier, et je dormirai au pied du tour, parmi les marteaux, les vilebrequins, les ciseaux et les gouges.

Thomas franchira-t-il un jour le pas ? Je n'en suis pas sûr. En l'entendant me parler de ses débuts à l'établi, des voliges et du parquet qu'il a posés, des meubles qu'il envisage de fabriquer, je perçois derrière la passion et le plaisir sensuel de façonner le bois un mélange d'apprentissage appliqué, de naïveté et d'irréalité, comme s'il n'y croyait pas complètement. Comme s'il regardait encore de l'extérieur une image de menuisier qu'il aimerait bien donner de lui, ou simplement se donner à lui-même. Et puis, il y a la famille à nourrir, les enfants à élever… Pas si facile de recommencer à zéro au milieu du gué de la vie !

– Et toi ? demande Thomas.

Pour l'instant, je me contente de recommencer à zéro chaque matin. L'avenir immédiat se nomme la Suisse et je ne peux me défendre d'une certaine appréhension : comment y sera accueilli le marcheur solitaire ? Je redoute le regard pincé et la réserve de Suisses peu réputés pour leur ouverture à l'égard des étrangers dépourvus de liquidités.

Au lieu d'entrer dans le pays en douce, je m'astreins à un détour par le poste-frontière, à Boncourt. On m'y arrête, naturellement, alors que les véhicules ralentissent à peine, juste le temps d'un signe amical au douanier. Mais un piéton, c'est forcément suspect. « Vos papiers. Où allez-vous ? D'où venez-vous ? » Le fonctionnaire se replie dans sa guérite pour numériser ma carte d'identité et vraisemblablement vérifier que je ne figure pas au fichier des indésirables. Les autorités ne faisaient pas tant de chichis lorsque j'arrivais en costume sombre de banquier à l'aéroport de Zürich, mallette d'ordinateur à la main, pour rejoindre la filiale de gestion de fortune dans le centre cossu de la capitale financière du pays ! Pendant ce temps, les voitures roulent. Si j'étais méchant, je dirais que les douaniers ressemblent aux chiens : impassibles devant les autos, ils aboient au passage des piétons. Mais d'abord, je n'ai personne avec qui partager cette vacherie, et ensuite je suis plutôt content d'avoir mis derrière moi un premier pays.

Excepté les brèves tracasseries douanières, la transition s'effectue en douceur puisque je ne quitte ni le monde francophone ni le Jura qui a donné son nom au canton. C'est un des plus petits et le dernier-né de la Confédération, issu en 1979 de la sécession de trois districts francophones du canton de Berne.

Le vent souffle avec violence sur les champs de maïs encore ph. 9
vert et emplit la campagne vallonnée d'un bruissement ininterrompu de pages que l'on froisse ; il souffle sur les cerisiers, retournant leurs feuilles en une multitude de virgules mates, et pousse des nuages plombés au-dessus de ma tête. Pluie intermittente. Au loin, l'orage menace et ajoute à mes appréhensions pour cette première nuit dans un pays neuf.

À Montignez, premier village depuis la frontière, dissimulé dans un vallon au milieu de la verdure et des forêts, je demande mon chemin à un couple qui décharge le coffre d'une voiture. Comme la pluie forcit, je m'abrite sous l'auvent de la grange d'en face et la conversation s'engage au-dessus de la route étroite.

– Paris !

Au lieu des regards pincés de « provinciaux » que j'ai essuyés pendant trois semaines, je me sens enveloppé et soulevé par le prestige de la capitale française à l'étranger. Cela valait bien un douanier soupçonneux.

– ... et vous coucherez où ce soir ?

Les questions habituelles. L'homme, la soixantaine grisonnante et barbue, évoque un gîte 10 kilomètres plus loin.

– Je vais les appeler pour savoir s'il y a de la place.

– Entrez en attendant ; venez prendre une tasse de thé ! ajoute sa femme avec un sourire avenant.

Le gîte est complet. Celui de Montignez aussi. Peu importe : le thé est délicieusement réconfortant, et Isabelle, la cinquantaine sportive et le visage lisse et doux, aux petits soins :

– Tenez, voici des gâteaux. Dis-moi, Claude, n'y a-t-il pas un hébergement à Cœuve ?

– Tu as raison, un agriculteur : "L'aventure sur la paille".

Une sorte de gîte à la ferme où l'on dort sur une litière.

– Mais de la paille propre, je vous assure !

Oh ! pour ça je fais confiance à Claude. C'est sûrement de la paille impeccable, bien nette et changée chaque matin. Suisse, en somme ! De l'aventure en chocolat...

Nouvel appel. « Il n'est pas là. Réessayez dans une demi-heure. » Pendant ce temps, la conversation se poursuit autour d'une autre tasse de thé. J'apprends que Montignez, 250 habitants, est connu sur les cinq continents grâce à son usine de pinces à épiler, et que la commune est organisée sous forme de groupes d'activité nommés « dicastères ».

– Le mot qui désigne au Vatican les "ministères" de l'Église !

Je ne m'imaginais pas si proche de Rome. Quoiqu'il reste encore quelque distance entre le dicastère des Forêts et la secrétairerie d'État, celui des Travaux publics et la congrégation pour l'Évangélisation des peuples.

– À défaut de propager la bonne parole, je m'efforce au moins de propager la belle musique, dit Claude.

Il l'enseigne dans les écoles et les conservatoires du canton. Sauf cette année où il a pris un congé sabbatique pour naviguer en Grèce. Et il ne devait pas être à Montignez ces jours-ci.

– La semaine dernière, je croisais en mer Ionienne sur le voilier que j'ai construit, un 35 pieds.

Sa femme, institutrice, le rejoint aux vacances. Ils devaient se revoir dans un mois, mais Isabelle vient d'apprendre que son contrat ne sera pas renouvelé à l'école du village l'année prochaine, «pour donner sa chance à une jeune». Alors Claude a interrompu ses vagabondages nautiques pour épauler sa femme durant ce passage difficile.

Toujours pas de nouvelles de «L'aventure sur la paille».

– Et si vous passiez la nuit ici? suggère Isabelle.

Voilà un moment que, sans y compter, j'espérais cette proposition et que je buvais à petites gorgées pour ne pas atteindre trop vite le fond de la tasse qui aurait donné le signal du départ alors que nous partageons des instants agréables. Seul, j'aurais poursuivi jusqu'à Cœuve, mais ici ou là-bas, quelle importance? Ce ne seront pas 10 kilomètres de moins dans ma journée qui changeront grand-chose à la durée du périple. Et j'accepte d'autant plus volontiers l'invitation que les centres d'intérêt de Claude et d'Isabelle me passionnent plus que le diamètre des tuyaux de cuivre du maçon de Vellechevreux ou la coutellerie du chah d'Iran. Un musicien et un navigateur: que rêver de mieux? Quand Claude parle de ses classes de musique, je relate mes années de conservatoire et l'apprentissage du violon, les cours de chant et mes quelques apparitions sur des scènes d'opérette. Quand il raconte ses cabotages en Grèce, j'évoque mes croisières à la voile dans les Cyclades, en Bretagne ou aux Antilles, les deux océans que j'ai traversés à bord d'un bateau de la Marine où j'ai servi en tant qu'officier de navigation. Mais surtout, je m'efforce de me taire, car Claude a besoin de temps et de silence pour s'exprimer.

Ainsi s'envole la soirée à parler passionnément voilure, mouillages, *meltem*, trinquette et triples croches. La maison est meublée avec sobriété, presque parcimonie, de meubles en bois clair aux lignes simples et de facture récente. Comme si l'habitude de vivre en bateau avec peu de chose avait permis d'épurer l'intérieur du fatras inutile. Dans un coin du salon, un xylophone et un piano électrique. Cependant, l'instrument de prédilection de Claude est la flûte.

– Accepteriez-vous de jouer un air ? S'il vous plaît : pour le voyageur…

Il se fait tirer l'oreille, un brin cabotin.

– S'il te plaît, renchérit Isabelle, cela fait si longtemps que je ne t'ai pas entendu !

Claude finit par se laisser convaincre, part chercher son instrument et revient avec une grosse boîte dans une main et un paquet de partitions dans l'autre. Puis il apporte le pupitre qui s'ennuyait depuis de longs mois dans un coin de la pièce, ouvre la boîte et emmanche les trois morceaux de sa flûte à bec alto, choisit une partition, hésite, s'excuse, préfère une autre, lance quelques gammes en triolets pour redonner de l'agilité aux doigts engourdis à force de border l'écoute de grand-voile.

– Tant que l'instrument n'est pas chaud…

Du coin de l'œil, je regarde Isabelle et reconnais sur ses traits l'impatience joyeuse que j'éprouve, celle des spectateurs à quelques minutes du lever de rideau lorsqu'ils entendent l'orchestre s'accorder dans la fosse en un long brouhaha dysharmonique. C'est curieux : le temps d'un concert impromptu, notre trio qui ne se connaissait pas la veille est devenu « Isabelle et moi » d'un côté et « l'artiste » de l'autre.

Enfin, le silence, l'immobilité et puis les premières notes, les premières mesures. Claude a choisi une sonate de Telemann, son musicien préféré. Les mouvements se suivent : prélude, allemande, courante et, pour finir, sarabande. Trop heureux de ce récital, nous en redemandons, et Claude enchaîne avec une sonate de Bach, puis une fantaisie de Telemann. Pendant le solo, je continue à observer Isabelle à la dérobée. Son visage rayonne d'une joie probablement d'autant plus vive qu'elle était inattendue.

– Cela faisait huit mois que je ne t'avais pas entendu jouer ! répète-t-elle, les yeux brillants.

Comme si, au milieu de ses soucis professionnels et de sa peur du chômage, elle avait goûté encore plus goulûment ce moment miraculeux qui la revigorait. Une soirée de bonheur suspendue au milieu des difficultés du parcours de chacun. Non pas un bonheur sans mélange, mais un bonheur conscient des soucis que l'on retrouvera le lendemain, et qui refuse de se laisser étouffer par eux. Un avenir précaire pour Isabelle, un projet menacé pour Claude, un quotidien incertain pour moi. Si nous avons sympathisé aussi vite, ce n'est pas simplement à cause du bateau ou de la musique, mais parce que chacun s'est livré, avec ses doutes, ses espoirs et ses inquiétudes.

À l'issue du concert, Isabelle, qui partira demain à l'aube, me conduit jusqu'à ma chambre, à l'étage. Au moment de la quitter, je lui promets une carte postale de Rome, « mais pas avant le mois d'octobre », et ajoute :

– J'ignore si vous êtes croyante. En tout cas, je prierai pour vous sur la route.

Un instant d'hésitation dans ses yeux clairs, puis elle me confie :

– J'ai essayé plusieurs fois de croire, vous savez… et je n'ai jamais réussi.

Il flotte dans ses paroles une sorte de regret. Peut-être aussi l'envie devant ceux qui ont reçu la grâce de croire. Un peu embarrassée, comme si elle regrettait de s'être découverte, elle me serre la main, me souhaite bonne chance, puis disparaît au bout du couloir sombre. Voilà le plus beau privilège du voyageur : plonger l'espace d'une soirée jusqu'au tréfonds d'une âme. Et dire que je redoutais de rencontrer des Suisses inhospitaliers !

Bref soubresaut montagneux avant les Alpes, le Jura me fait passer en quelques jours en Suisse alémanique. Les sommets n'excèdent pas 1 500 mètres ; des vallons profonds entaillent de hauts plateaux dans un paysage de pâturages, de forêts sombres et de hameaux isolés. Les nuages gris et bas gomment l'horizon, noient les vallées. Sur le sentier de crête au-dessus de Solothurn, un panneau jailli de la brume indique : « Chemin des Pyrénées au lac Balaton » ; enfin un trajet à la mesure de mon entreprise ! J'ai l'impression d'avoir trouvé mon rythme : ni le pas des flâneurs, ni la course des marathoniens, mais plutôt la régularité d'un cheval au trot. À cette allure, n'importe quelle monture irait jusqu'au bout du monde, et je commence sérieusement à envisager de toucher au sud de l'Italie certain *Finibus terræ* de mon idée avant de rejoindre Rome.

Ah ! si tous les sentiers étaient aussi bien indiqués qu'en Suisse ! ph. 14
Ils sont incroyablement nombreux et fléchés avec une précision horlogère sur des panneaux à fond jaune. « Col de Weissenstein : 45 mn » et, un quart d'heure plus tard, « Col de Weissenstein : 30 mn ». On pourrait presque s'affranchir des cartes, ce qui serait dommage tant elles sont belles, claires et précises. J'entame la collection au 1/60 000 de Kümmerly & Frey dans les montagnes et constate, ravi, qu'elles indiquent aussi de nombreux sentiers sur le plateau que j'arpente en direction de Lucerne.

Heureusement car, dans cette bande qui s'étire du lac Léman au lac de Constance à une altitude moyenne de 600 mètres et où bat le cœur économique de la Suisse, se concentrent les principales agglomérations, industries et voies de communication : tous les ennemis du marcheur en quête de tranquillité et d'air pur. Évitant autant que possible les villes, j'égrène les bourgs pittoresques. Il y en a tellement que je finis par les confondre : façades peintes, vieilles maisons à colombages, toits de tuile rouge, une fontaine sur la place pavée du *Stadthaus*, l'hôtel du Cerf, du Bœuf ou du Cheval blanc, ses jardinières de géraniums et son enseigne dorée à l'or fin, comme l'aiguille et les chiffres qui se détachent sur le fond rouge de ph. 12 la pendule du clocher. L'inévitable colonne surmontée d'un soldat barbu en costume de mercenaire du XVIe siècle, prenant la pose du Doryphore. Non, pas le coléoptère, mais le soldat porte-lance de l'Antiquité grecque dont Polyclète a sculpté au Ve siècle avant J.-C. une statue qui résuma longtemps les proportions idéales du corps humain et qui représente un jeune homme portant une lance dans sa main gauche et dont seule la jambe droite porte le poids du corps, tandis que l'autre, au repos, est légèrement repliée et en retrait. Alors que le bassin est incliné dans un sens, les épaules le sont dans l'autre pour former un équilibre qui exprime avec un naturel parfait un état de repos qui demeure dynamique et vivant. Si le bronze original a disparu, plusieurs copies romaines sont parvenues jusqu'à nous, et j'espère admirer la plus belle au musée de Naples dans quelques mois. En attendant, je dois me contenter de ses lointains avatars helvètes en armure, étendard du canton à la main, dorés à la feuille et peinturlurés comme des maquettes d'adolescent.

Ces conquistadors d'opérette veillent sur un pays dont la densité de population me surprend et, si je ne rencontre plus aucun souci d'approvisionnement, j'ai parfois l'impression d'étouffer. Finalement, je m'étais bien accoutumé au désert français. Ici, à peine quitte-t-on une ville que la suivante se profile déjà ; les villages se touchent presque, dans une succession de collines et de champs cultivés entrecoupés par un dense réseau routier. Jamais de monoculture à perte de vue comme en Île-de-France. Tout n'en semble pas moins organisé et soigneusement ordonné en une mosaïque aux multiples nuances de vert, formée de prairies, de bois et de parcelles bientôt prêtes pour la récolte.

Que reste-t-il de la nature dans cette campagne où les trois quarts des rivières sont endiguées et 90 % des marais asséchés ?

En attendant la majesté des Alpes dont les flancs enneigés apparaissent dans le lointain, il faut la chercher dans le petit et l'obscur. Fermer les yeux, peut-être, pour mieux écouter. Dix minutes y suffisent sur un banc installé à l'orée d'un bois, avec le secours des trop longues années de solfège au conservatoire où, à force de dictées musicales, on apprend à discerner en parallèle les multiples mélodies du piano, les accords, les contrepoints et les harmoniques : d'abord les pépiements d'oiseaux, puis le bourdonnement des mouches, bientôt supplanté par le ronflement grave d'un bourdon, une brusque risée dans les feuilles des hêtre et des noisetiers, une volée de cloches – serait-ce le mariage dont j'ai vu entrer le cortège à l'abbaye cistercienne de Saint-Urban ? Je n'entends plus rien. Vraiment ? Si : le tintement d'une feuille morte sur une branche brisée, bientôt éclipsé par le vrombissement lointain d'un avion de tourisme, un coup de feu et son écho ; à nouveau le tintement de la feuille morte sur la branche brisée, un roucoulement de tourterelles, puis la pétarade d'un tracteur qui me force à ouvrir les yeux, et je vois sa remorque rouge et jaune bringuebaler à sa suite dans le champ où l'on vient d'aérer les foins. Derrière moi, un cône d'épicéa chute sur le sol avec un bruit mat…

En dix minutes, donner une profondeur à l'espace, écouter la vie, et, surtout, goûter les choses telles qu'elles se présentent. Certains diront *Carpe diem* ; pour moi, cela ressemble plutôt au fruit d'un mystère : « la recherche de Dieu en toute chose ».

4.

Le désir et la nécessité

TOUT JOYEUX que l'on soit, on n'en demeure pas moins humain : allez chercher Dieu dans un pied blessé ! La semaine dernière, en descendant les 900 mètres de dénivelé de Weissenstein à Solothurn au bout d'une journée de dix heures sous une pluie battante, mes pieds ont fini par s'écorcher à force de frotter contre les lanières des sandales trempées. Des blessures superficielles qui saignent un peu et piquent, sur lesquelles aucun pansement ne tient plus de dix pas car, justement, la lanière frotte à cet endroit : c'est un des rares inconvénients des sandales. Malgré une journée d'arrêt à Solothurn – la première fois depuis près de trois semaines que je couchais deux nuits d'affilée dans le même lit : au monastère des capucines du *Namen Jesu*, sœur Maria-Anna m'avait attribué « la chambre des pèlerins d'Einsiedeln » –, il m'en a coûté plusieurs jours de marche douloureuse. Veux-je aller trop vite ? À 100 kilomètres de Paris, déjà, un premier coup de semonce : au milieu d'un dîner chez les parents d'un ami, je m'étais absenté quelques instants pour aller m'étendre sur le carrelage de la cuisine en prévision de l'évanouissement que je sentais venir. Ça n'avait pas manqué, et mon hôte, décontenancé et vaguement inquiet du prolongement de mon absence m'avait retrouvé sur le carreau en train de reprendre lentement mes esprits. La tablée m'avait regardé d'un drôle d'œil lorsque j'étais revenu à la salle à manger quelques minutes plus tard, livide, le pas hésitant.

– Vous êtes sûr que ça va ?

– Oui, oui… Ce n'est rien… Je reprendrais volontiers un bout de fromage.

La fatigue de la journée, un passage trop brusque du grand air à un intérieur étouffant, une nourriture trop vite avalée, et voilà… Sans vouloir nier ces faiblesses du corps, je ne souhaite pas y attacher trop d'importance, et les mentionne à peine dans les courriers que j'envoie à ma famille. Je ne les dissimule pas non plus. En fait, elles importent peu car je me sens attiré par le chemin et j'ai besoin d'avancer. Et puis je me sens bien, en voyage. J'y goûte un mélange de jouissance de l'instant présent et d'appétit pour ce qui m'attend au bout de la route.

Dans ma vie de banquier, les projets m'ont souvent propulsé de France vers les capitales financières d'Asie et d'Amérique. Les déplacements couronnaient plusieurs mois d'efforts à Paris et nécessitaient en outre un intense travail sur place. Contrairement à mes collègues, que ces voyages assommaient, j'ai certainement passé plusieurs des meilleurs moments de ma vie professionnelle dans les avions qui survolaient l'Atlantique vers New York ou les steppes du Kazakhstan vers Hong Kong, Singapour ou Tokyo. À 15 000 pieds se concentraient pendant quelques heures la satisfaction du travail bien fait et l'espoir d'emporter le succès par un ultime effort. Et le sourire des hôtesses de *business class* chez Singapore Airlines ne gâchait sûrement rien à l'affaire.

En somme, ce que j'aime dans le voyage, c'est la promesse. Arriver, à la rigueur, il le faut bien quand on est parti. « Être arrivé », c'est probablement le pire. Et si je préfère le voyage, c'est sans doute parce que, sur terre, les promesses sont rarement tenues.

J'aurais pu citer cela comme une des raisons de partir pour Rome. J'en ai mentionné beaucoup d'autres, depuis Pavarotti jusqu'à saint Pierre, en passant par Goethe et Virgile. Mais au fond, je sais qu'une seule les résumerait toutes et, si l'on ne m'accordait qu'un mot, je lâcherais : « Peggy ».

Peggy, c'était une Américaine d'une trentaine d'années, au visage lumineux et tendre, que je rencontrai deux semaines après la fin de mon périple vers Jérusalem, dans la tente d'un Bédouin, au sommet du mont Sinaï. Ce soir-là, dans la glaciale et claire nuit de janvier, la Terre éclipsa totalement la Lune. Au milieu de la nuit, nous étions sortis, le Bédouin et les quelques étrangers, pour admirer le spectacle. Bientôt, Peggy et moi nous blottîmes côte à côte sous quatre couvertures, adossés à la chapelle de Moïse, les yeux écarquillés devant les splendeurs de la Création. Chacun se confia. Je découvrais à peine le prix et les leçons de mon voyage, et Peggy en fut la première confidente. Elle évoqua sa propre quête d'absolu. Dans le ciel de plus en plus sombre, les étoiles de la Voie lactée s'allumaient peu à peu. L'ombre de la Terre avait fini de grignoter la Lune. Au lieu de disparaître, celle-ci prit une couleur orangée d'une nouveauté stupéfiante. Comme si, dans le ciel redevenu noir, brillait une boule de magma pas encore refroidi au lendemain de la création du monde.

Plonger jusqu'au fond d'un cœur. *Se goûter au bord des lèvres l'âme ?* Peut-être. Lorsque la lune fut redevenue un astre brillant, nous nous engageâmes sur le chemin qui descend en lacet vers le monastère Sainte-Catherine, au pied de la montagne, prolongeant avec délices le dialogue des âmes et une intimité inattendue entre deux étrangers qui s'ignoraient la veille. Le lendemain, je reprenais le chemin d'Israël pour embarquer sur le cargo qui me reconduirait en Europe. Je ne vis plus jamais Peggy. La vie brasse tant de monde : je ne prétends pas rester dans la mémoire de chacun. Aussi, lorsque je lui écrivis quelque temps plus tard pour lui donner de mes nouvelles, j'assortis mon message d'un « Je ne sais pas si tu te souviens de moi, etc. » qui me valut en retour :

– *Forget you !* Comment pourrais-je oublier ton regard ?

Peggy sut trouver des mots attentionnés et justes. Le reproche était tendre et Peggy avait raison. D'autres personnes me l'avaient dit. C'est vrai, mon regard avait été lavé par huit mois de marche qui avaient malmené l'âme autant que le corps et l'avaient débarrassé de tout le superflu. Simple, clair, posé, dense, profond. On y lisait la vérité, je le sais.

C'était il y a sept ans, et depuis, un voile est revenu progressivement obscurcir ce regard qui avait été le mien. Alors la seule, la vraie, l'unique raison à laquelle je pourrais résumer le nouveau périple, c'est le désir de retrouver les yeux clairs qui avaient tant ému Peggy. La splendeur des Alpes suisses et la perfection de la baie de Naples, Raphaël et le Bernin ne sont que des moyens pour y parvenir.

Le retour, on en parle rarement parce qu'il est moins flatteur et exaltant que l'aventure. Combien de temps le quidam s'intéresse-t-il au plongeon dans la vie ordinaire ? À peine celui de poser une question, toujours la même, énoncée invariablement avec les mêmes mots, dans le même ordre :

– Et alors, le retour… c'est pas trop dur ?

Ne pas oublier le bref silence après « retour », où l'on sent grossir la menace comme de lourds nuages d'orage. Chez certains, on perçoit de la compassion ; chez d'autres, le soulagement de voir l'excentrique revenu au bercail ; de temps à autre un sourire goguenard, parfois une jubilation revancharde de rond-de-cuir qui se mesure à l'allongement disproportionné des trois points de suspension. Mais la phrase, elle, ne change pas. Il arrive qu'on ne laisse même pas le temps d'y répondre.

Évidemment, c'est difficile. Tellement qu'il faut des années avant d'oser repartir. Le temps, probablement, d'oublier à quel point c'était dur de remettre ses pas dans le prolongement de « la vie d'avant ». Certains ne repartent jamais. Quant à ceux qui bouclent leur sac au bout de quelques mois pour une nouvelle aventure, ils ne sont sans doute jamais sortis de la précédente. Non, moi je parle de reprendre le cours de la vie que je nomme « habituelle » à défaut de la qualifier de « normale ».

Au retour de Jérusalem, j'ai essayé de conserver dans mon existence redevenue semblable à celle des autres cette sorte de sérénité qui s'était établie presque à mon insu. Plus prosaïquement, j'ai repris mon travail à la banque une semaine après avoir posé le pied en France.

– Une semaine !

– Que devais-je faire ? Me morfondre dans un appartement vide et pleurer sur une aventure évanouie ? Plutôt foncer tête baissée dans la difficulté.

Après huit mois sac au dos sur les routes du monde, j'ignorais si je serais capable de redevenir le cadre compétent, performant, apprécié de ses chefs que j'étais avant de partir. Qui sait ? Aussi bien étais-je désormais perdu pour ce monde-là ? J'avais envie de savoir, et envie de prouver. J'avais aussi besoin de payer l'emprunt de l'appartement : bienfaisante nécessité !

Mon chef, Bruce, un Australien, m'avait gardé une place au chaud pendant mon absence. Il avait même refusé d'embaucher quelqu'un parce qu'il tenait à moi : un chef en or ! Le premier jour, j'arrivai, tout sourire et encore bronzé de ces longs mois au grand air. Après quelques échanges anodins, Bruce me prit à part :

– Tu sais, ça ne rigole pas trop ici.

Non, pas franchement, et je ne mis pas trois semaines à me rendre compte qu'il m'était impossible de reprendre le poste prévu : les mêmes sujets que l'année précédente, les mêmes interlocuteurs qui ronronnent, les mêmes blocages, rien n'avait avancé d'un pouce depuis mon départ.

– Désolé, Bruce, je ne peux pas.

Compréhensif et intelligent, l'Australien ne me retint pas. En six semaines, je trouvai un poste dans un autre département. Têtes nouvelles et sujet intéressant, à défaut d'être passionnant. Pas suffisant cependant pour m'empêcher de rejoindre une banque concurrente lorsque celle-ci me débaucha six mois plus tard. Refaire ses preuves, reconstruire à partir de zéro un réseau de relations professionnelles. *From scratch*, comme on dit dans le sabir prétentieux des multinationales. Trois postes en moins d'une année : cette versatilité m'inquiétait. Saurais-je réussir ma réinsertion dans le monde salarié ? Quoique le nouveau travail ne tînt pas les promesses que l'on m'avait fait miroiter, j'étais coincé : il fallait bien renouer avec la stabilité, alors je restai et passai mes journées à plancher sur des projets ardus et vains. Voilà comment se voile progressivement le regard.

Le retour à la vie sociale ne s'est pas révélé plus simple. Au début, je ne voyais dans les sorties, les dîners, les discussions entre copains ou collègues que le cirque ridicule de la *Foire aux vanités.* Une superficialité qui me choquait, un ronronnement permanent et insupportable après une longue cure de silence. Économe, par force, de mes mots durant des mois, je les employais pour l'essentiel. Avec des personnes que j'avais côtoyées une seule soirée et que j'étais certain de ne jamais revoir, il m'était arrivé de plonger au plus profond des raisons de vivre, et de toucher le cœur. Tandis que, de retour au pays, je m'enfonçais avec perplexité dans une logorrhée sans fin où l'essentiel disparaissait sous une montagne de futilités.

– Si l'on n'ouvrait la bouche que pour exprimer des vérités profondes !

Je ne le prétends pas, et ne regarde pas de haut une fourmilière que je mépriserais. Je tente seulement d'expliquer la transition entre deux manières de vivre. Réapprendre à utiliser le langage pour vivre en société au lieu de le cantonner au sens des mots et des idées. Il m'a fallu du temps pour accepter de me joindre au babillage général. Du temps aussi pour réintégrer mon appartement. Habitué à changer chaque soir de gîte, j'avais appris à exister sans les murs qui m'entouraient : cela m'avait permis de passer plus facilement d'un palais à un taudis, d'une cellule de moine à une maison cossue ou à la voûte étoilée. Même aux jours les plus précaires, je n'ai jamais rêvé de mon « chez moi » confortable, et l'idée de le retrouver ne me procurait pas de plaisir particulier. De plus, avant de m'y réinstaller, il fallait consolider certains murs, réparer les fissures des plafonds et les repeindre, renouveler le papier peint. Je sais faire tout cela, mais ces travaux m'assomment et je les différais sans cesse. Pendant ce temps, j'habitais chez Luc, un frère célibataire, celui qui m'a apporté un si précieux soutien logistique durant le périple. Au début, cela ne devait durer que quelques jours, puis les semaines passèrent et mes travaux n'avançaient pas, puis des mois : il me fallut près d'un an avant d'emménager dans l'appartement remis à neuf, et davantage encore pour accrocher les cadres au mur. Puisque j'ai appris à vivre sans les murs, pourquoi les décorer ? Le détachement qui perdure, c'est aussi cela. Et si je raccrochai enfin les tableaux, ce fut surtout pour les amis de passage.

Il ne s'agit pas de revenir au cours antérieur comme si de rien n'était. J'en serais incapable, et d'ailleurs, certaines choses ont changé définitivement. L'affirmation tranquille de ma foi, par exemple. Bien que je ne l'aie jamais dissimulée, je consentais à passer sous les fourches caudines du laïcisme à la française. Dans la sphère publique et le monde du travail en particulier, où Dieu et la foi sont devenus des sujets plus tabous que les frasques les plus sordides, l'anticléricalisme virulent du tournant du XXe siècle a laissé la place à une forme plus sournoise, notamment de la part de ceux qui, effrayés par le nombre croissant de musulmans en France et qui n'osent pas le dire aussi crûment, s'efforcent d'évacuer toute religion de la sphère publique en espérant que l'islam qui leur fait si peur sera ainsi contenu à défaut de passer à la trappe. La politique de l'autruche, en somme. Et comme les chrétiens n'opposent souvent qu'un ventre mou et consensuel, ils pâtissent en premier de cet enfouissement imposé par la bien-pensance à la mode.

Si les huit mois de marche vers la Ville sainte ne m'ont pas transformé en prosélyte enflammé, ils me permettent de parler plus librement car « s'il a marché jusque là-bas, c'est qu'il y croit vraiment ». Or, après avoir renié toute vérité révélée, la société contemporaine se raccroche à une nouvelle religion de la sincérité. « Peu importe ses croyances : du moment qu'il ne fait pas de mal et qu'il est sincère… » Une employée à la DRH de la banque s'en souvient sûrement encore.

Au moment de changer d'entreprise, j'ai passé des entretiens, comme tout le monde. Sur mon C. V. figurait le périple en termes neutres : « 6 400 kilomètres à pied : de Paris à Jérusalem en huit mois (congé sabbatique) ». Comme l'épisode sort de l'ordinaire des candidatures, l'entretien y fut presque entièrement consacré. À la fin, on me demande :

– Qu'est-ce qui vous a le plus marqué durant ce voyage ? Quelles leçons en tirez-vous ?

Questions peu originales, certes. J'ai des wagons d'arguments en réserve, de la langue de bois brut à la langue de bois poli. En face de moi, une femme de 35 ans environ, ni laide ni jolie, professionnelle, qui griffonne de temps à autre des notes sur le dossier qui décidera de mon avenir, et dont les sondages m'assurent qu'elle a plus de chances de croire aux pierres qui flottent que de croire en Dieu. Je devine ce que l'on attend de moi : une extravagance désormais rangée et un sérieux de bon aloi. Mais pourquoi me cantonnerais-je aux réponses convenues ? Alors, avec un petit sourire amusé, d'un ton posé et calme, je me lance et lui parle pendant un quart d'heure de la résurrection de la chair.

– De la…

– Oui.

– Quoi ? Mais tu es dingue !

– On ne prend pas des risques pareils. En tout cas, moi, je ne ferais jamais ça.

Mes amis sont quasi unanimes lorsque je leur raconte la scène. Oui, je sais, on ne parle pas de cela, surtout lors d'un entretien d'embauche. Je me souviens aussi de la jeune femme derrière son bureau, interloquée au début, bien sûr ; puis, au fur et à mesure que je parlais, je l'ai vue changer : je n'avais plus seulement en face de moi une recruteuse de multinationale, mais une femme, tout simplement, touchée, authentiquement intéressée par ce que je lui racontais, quoiqu'elle ne m'ait laissé à aucun moment supposer qu'elle partageait mes convictions, et je lisais dans ses yeux une curiosité qui ne trompe pas. N'en déplaise aux Cassandres, je reçus mon contrat d'embauche ferme la semaine suivante. J'avais même réussi à négocier la suppression de la période d'essai. À ce moment-là, mon regard conservait probablement encore beaucoup de cette vérité lumineuse qui avait tant marqué Peggy.

Les années ont passé. J'ai creusé une place au milieu de mes semblables. À la banque mes supérieurs appréciaient mon travail, bien que je ne comprenne pas toujours pourquoi. J'avais su revenir : la preuve était faite, mais le gigantisme de l'entreprise m'écrasait. Une routine stérile m'engluait dans un présent sans avenir, mes yeux s'obscurcissaient et j'avais besoin de repartir.

Le désir et la nécessité : voilà ce qui pousse les pèlerins depuis des millénaires sur les routes des sanctuaires. Pour qualifier mon voyage, je renâcle devant le terme de pèlerinage parce qu'il sous-entend trop de motivations ou d'attitudes étrangères à ma démarche : je ne suis parti ni pour accomplir un vœu, ni pour expier un gros péché, ni pour gagner mon Ciel, ni pour mettre mes pas dans ceux des « vrais pèlerins, ceux d'avant », que sais-je encore... Je n'ai aucune prédilection pour les amulettes, la cape et le bâton – je me refuse toujours à m'encombrer d'un tel accessoire –, mais rien n'y fait. Quand je détaille mes raisons, on m'écoute poliment et, à la fin, on me rétorque avec un sourire :

– Raconte ce que tu veux, c'est un pèlerinage *quand même* !

ph. 8

Alors je ne perds plus mon temps à tenter de détromper mes interlocuteurs. D'autant que je sollicite davantage qu'il y a sept ans l'hébergement auprès des religieux : bénédictins au Mesnil-Saint-Loup, carmélites à Troyes, clarisses à Roôcourt-la-Côte, capucines à Solothurn, une paroisse à Delémont, la communauté des Béatitudes plus loin à Zug. En un sens, tous ces hommes et ces femmes de Dieu qui m'offrent l'hospitalité et me nomment « pèlerin », parce que je suis tel pour eux, me forcent à le devenir. Ou alors, si je persiste dans mon refus, il faudra payer une chambre d'hôtel, n'est-ce pas ? Entre voyage en Italie et avancée vers un lieu saint, ce périple est un mélange, une pâte, une glaise à sculpter et pas encore figée. Il y a deux semaines, lors de la messe matinale au carmel qui m'avait hébergé pour la nuit, les religieuses avaient ajouté à leurs litanies des intentions de prière pour « notre pèlerin » : non seulement j'en étais un, mais en plus j'étais devenu « le leur » ! Allais-je lever la main : « Objection, Madame la présidente » ?

À défaut de me sentir pèlerin moi-même, j'apprends peu à peu à devenir le pèlerin des autres.

Au sanctuaire d'Einsiedeln, haut lieu de la piété mariale en Suisse, c'est à ce titre que me recevra le père Matthäus, dans trois jours.

– Il te fera visiter l'abbaye de fond en comble : un joyau du baroque, me dit Małgorzata.

À une vingtaine de kilomètres au nord de Lucerne, dans le village de Tannmünster, je viens de faire connaissance avec des amis d'amis d'amis qui m'ouvrent leur maison avec une gentillesse déconcertante.

– Tu verras, m'avait prévenu Isabelle, la vie ne les a pas ménagés. Et avec ça, un courage !

Maurus et Małgorzata ont mon âge, cinq enfants, et ils habitent une maison du XVIIe siècle en face de l'église Saint-Michel, dans un ensemble harmonieux et propret qui rappelle un béguinage. Des chanoines occupent encore certaines des maisons voisines. Férus d'art, le Suisse et la Polonaise se sont rencontrés il y a une quinzaine d'années sur le chantier de restauration de l'église d'Einsiedeln, que le père Matthäus a supervisé vingt-deux ans durant.

– Małgorzata n'avait pas son pareil pour reconstituer des stucs, rendre la grâce d'un mouvement à une statue au bras brisé ou à des *putti* mutilés par le temps.

Ils racontent leur passion à grandes envolées lyriques au milieu de l'agitation des plus jeunes, de la confection des bagages et de la préparation du pique-nique, car la famille part cette nuit pour une semaine de vacances en Italie.

– Nous voulons absolument montrer aux enfants les mosaïques de Ravenne !

À mon arrivée, tous les petits sont venus me saluer, sauf un : Matthäus, qui est resté là-haut, dans sa chambre. Il ne dînera pas avec nous et n'ira pas non plus à Ravenne.

– Oh non, il n'est pas puni. C'est compliqué, mais tu le verras tout à l'heure…

Peu avant le repas, profitant d'un moment de répit, Małgorzata me fait signe de la suivre et me conduit jusqu'à lui. Dans la vieille demeure, les marches de bois craquent sous nos pas. Au dernier étage, en haut d'un escalier étroit, derrière une porte que la prudence oblige à maintenir close, s'ouvre le royaume de Matthäus.

– Bonjour, Matthäus…

Le garçonnet de 9 ans – « Bientôt 10 ! » ajoute sa mère – ne semble pas avoir entendu. A-t-il compris ? Sait-il même que nous sommes là ? Son royaume est un monde où les autres ne sont plus sûrs d'exister tant ils paraissent transparents. Nous demeurons à peine quelques minutes avant de redescendre et de rejoindre le reste de la famille.

– Ce qu'il a ? Les mots sont pauvres pour expliquer : cela ressemble à une forme très sévère d'autisme, qui s'est ajoutée à de violentes crises d'épilepsie depuis l'âge de 2 ans. En ce moment, il va un peu mieux. Est-ce qu'il comprend ? On ne sait pas précisément ce qu'il perçoit. Pourtant, il a fait de gros progrès… L'équilibre est fragile ; Matthäus a besoin de beaucoup de régularité, d'une nourriture spéciale.

Il a besoin d'attention, d'une surveillance constante. La vieille dame polonaise que j'ai croisée tout à l'heure dans la cuisine, c'est pour lui. Nounou, dame de compagnie, gouvernante, cuisinière, aide-soignante : un peu de tout cela pour cette femme aux cheveux blancs qui habite à longueur d'année avec la famille. Elle s'occupera de Matthäus durant l'absence de ses parents. Quant à me tenir compagnie demain pendant la journée de repos que je me suis accordée, je ne dois pas y compter car elle ne parle que le polonais et je n'en connais pas un traître mot. Ici, les langues foisonnent. À table, c'est la tour de Babel : Małgorzata parle polonais à ses enfants, Maurus leur parle suisse allemand – le dialecte alémanique –, et mari et femme se parlent en français. Quant au *Hochdeutsch*, le « bon allemand » enseigné en classe, il s'invite désormais aussi à la maison.

– Mais à part à l'école et dans les médias, tout le monde, en Suisse alémanique, parle le *Schwiizerdütsch* ou plutôt l'une de ses déclinaisons locales. Quoique tous les Suisses allemands se comprennent plus ou moins, les dialectes diffèrent suffisamment pour que l'on puisse déterminer l'origine de l'interlocuteur. Les plus difficiles à comprendre sont ceux que l'on pratique dans certaines vallées reculées du canton du Valais.

Pour un étranger, même germanophone, le *Schwiizerdütsch* ressemble à du chinois, et j'ai rendu les armes bien avant le Valais sur cette question, me contentant de réanimer le « bon allemand » appris au collège il y a de nombreuses années. Heureusement, on me concède ce soir l'usage du français. Au milieu d'une tablée joyeuse, Małgorzata revient sur la maladie de Matthäus, sans aigreur ni révolte, mais avec le cœur à vif. La mort côtoyée cent fois, la quête infructueuse des diagnostics et des traitements, la vie quotidienne avec ce garçon qui vit dans un monde à part et ne semble pas communiquer, l'angoisse à l'idée de l'adolescence qui approche : tout cela a profondément chamboulé la vie de ses parents, et singulièrement celle de sa mère.

Si sa voix ne tremble pas autant, Maurus n'en partage pas moins les épreuves de sa femme :

– Tu vois, je le tenais comme cela, me dit-il en formant un berceau de ses bras, je le voyais souffrir atrocement. Je courais dans les couloirs de l'hôpital, le cœur battant : "Va-t-il mourir dans mes bras ?" Combien de fois n'est-ce pas arrivé !

Le plus étonnant est de voir comment, au lieu de se recroqueviller sur leurs soucis, les parents se sont peut-être davantage ouverts aux autres, comme si le drame leur ouvrait le cœur au lieu de le refermer. La manière qu'ils ont eue de se mettre en quatre pour moi est symptomatique. Dès qu'ils ont appris mon projet, ils ont déployé une incroyable énergie pour m'obtenir des hébergements sur le chemin, alors qu'ils ne me connaissaient même pas. Solothurn, Zofingen, Zug, Einsiedeln, c'est grâce à eux. Et je les soupçonne d'avoir retardé leur départ d'une journée pour pouvoir m'accueillir en personne.

Entraînée par ses confidences, Małgorzata évoque sa famille qui habite en Pologne. Sa mère qui a fui la région de Lviv en 1944 devant les exactions des Ukrainiens et des soldats de l'armée Rouge.

– Elle s'est enfuie à pied à 15 ans, avec son frère, vers l'ouest. S'ils étaient restés sur place, ils auraient été massacrés. Un calvaire dans le froid et la neige. Il fallait se protéger, se cacher, trouver à manger au milieu d'un pays ravagé par la guerre. Depuis, toute la vie de ma mère tourne autour de ces semaines dramatiques.

On me raconte cela, à moi, l'inconnu, l'étranger de passage, et ce qui est le plus poignant, c'est la joie de vivre qui demeure dans cette famille bouleversée où Matthäus semble avoir sa juste place et pas seulement la place unique. Il est le deuxième enfant du couple : il faut avoir une sacrée confiance en la vie et une sacrée générosité pour avoir trois enfants ensuite !

Les heures filent dans une intimité étonnante et je prends congé de mes hôtes peu avant minuit, alors qu'ils n'ont pas encore achevé leurs préparatifs de voyage. La chambre que l'on m'a attribuée au premier étage sert habituellement de chapelle à la famille. Sur un pan de mur, un crucifix en bois polychrome, grandeur nature. Même dans les couvents, je n'en ai jamais eu un aussi grand !

La journée de repos que je m'accorde à Tannmünster se révèle bien ardue. Le moral ne vole pas haut. Après deux jours raisonnablement ensoleillés, la pluie a repris. Il fait froid. Entre la mi-juin et ce 9 juillet, je n'ai eu que six jours sans pluie ! Et puis je suis seul dans la maison immense et désertée, avec la vieille dame polonaise incompréhensible qui vaque à ses occupations ménagères et Matthäus, là-haut, qui vit presque en secret et dont je sens la présence un peu inquiétante. J'erre à travers les pièces aux plafonds sombres, plaquées de boiseries sinistres du XVIIe siècle. Comme l'extérieur du bâtiment, l'intérieur est classé aux Monuments historiques. Un intérieur pour peintres flamands avec des fenêtres trop petites pour laisser entrer la lumière. Impossible probablement d'y ajouter une prise de courant sans des années de négociation. La chaleur exubérante du dîner d'hier a disparu avec Maurus et Małgorzata. Où puisent-ils l'énergie pour porter le poids de leur existence et rendre plus légère celle des autres ? Quelle vie facile je mène, en comparaison ! Et pourtant, j'ai droit à mon lot… Mais j'ai appris à composer au fil des années. Le temps dilue certaines difficultés, tandis qu'hier j'ai pris en pleine figure, entre le hors-d'œuvre et le dessert, l'enfant autiste, les crises d'épilepsie à répétition qui conduisent au bord de la mort, la sauvagerie des corps-francs ukrainiens en 1944… Et me voilà seul aujourd'hui, avec le mauvais temps qui me confine à l'intérieur de cette grande maison sombre des siècles passés et Matthäus, là-haut, dont je crois entendre par moments les pas au-dessus du plafond sinistre.

Hier, je les trouvais tous extraordinairement attachants, d'autant plus qu'ils m'avaient confié leurs soucis les plus intimes. Aujourd'hui ne subsiste que l'amertume de leurs épreuves à laquelle viennent s'ajouter mes tracas futiles.

L'appartement parisien pas encore loué, du courrier en retard. Je n'ai même pas pu avancer dans la lecture de Stendhal. Étendu sur le tapis, au pied du crucifix, je compulse les cartes du trajet alpin, essayant d'échafauder un itinéraire raisonnable et beau. Après Einsiedeln, je prévois de tracer plein sud à travers les Alpes bernoises en direction des lacs italiens. Ce devrait être magnifique, mais rude. Impossible de compter les cols qui dépassent 2 000 mètres car il y en a trop. Pourvu que le beau temps arrive enfin ! Sinon je risque d'être coincé par les intempéries. Sur le papier, dix jours devraient suffire pour traverser la sauvagerie alpine et rejoindre la douceur des rives du lac Majeur. Je n'arrive pas à y croire. Toute cette pluie en bas, c'est de la neige là-haut. Comment pourrai-je franchir les cols ? Je me suis délibérément avancé sur une voie que le mauvais temps risque de transformer en impasse. À pied, il faudrait des jours, voire des semaines pour contourner l'obstacle. En France, la famille et les amis ont beau penser à moi avec sollicitude, personne ne peut se rendre compte de l'incertitude, du froid qui revient, des pieds qui se fatiguent et que je risque de blesser sur un seul faux pas. Cette idée de traverser les montagnes, c'était justement ça : une idée. Et je dois maintenant l'affronter dans la réalité. Je vais sûrement passer beaucoup plus de temps que prévu à franchir les Alpes. Mon voyage s'étirera en longueur. Jusqu'à quand ? « Notre-Dame des Neiges, priez pour nous », implore le pèlerin.

Einsiedeln. Pour simplifier, c'est le Lourdes helvétique, qui draine des multitudes de croyants depuis l'an mil. Aucune apparition, mais une Vierge noire vénérée, selon la légende, depuis l'époque où Meinrad, un ermite du IXe siècle, se retira en ce lieu alors isolé au cœur d'une forêt. En quelques années, l'oratoire se transforma en église, puis des bénédictins bâtirent un monastère, plusieurs fois détruit par le feu et reconstruit à chaque fois avec plus de magnificence grâce une affluence qui ne se démentit pas jusqu'à l'orée du XXe siècle.

– En 1465, explique le père Matthäus, un incendie emporta la voûte. L'année suivante, 130 000 pèlerins assistèrent à la journée de dédicace qui suivit la reconstruction. Aujourd'hui, on en compte encore 200 000 dans l'année.

Einsiedeln fut à la fois une destination et un point de passage sur la route de Compostelle pour les pèlerins de Suisse ou d'Europe centrale. Dans son guide de 1495, le moine Hermann Künig von Vach conseille au jacquet : « Pour commencer ton pèlerinage la joie au cœur, rends-toi en premier lieu à Einsiedeln. Tu y trouveras la grâce de Rome en abondance. De là, tu t'engageras sur la "voie supérieure", où tu rencontreras quantité de lieux saints, etc. » Comme le monastère, l'église actuelle de grès vert dont les deux tours se détachent sur les montagnes couvertes de forêts date du début du XVIIIe siècle, reliquaire somptueux pour la chapelle des Grâces qui abrite la statue de la Mère de Dieu, vêtue d'un manteau étincelant sur fond de gloire et de nuages dorés.

– Pourquoi la Vierge est-elle noire ?

– Les versions diffèrent. Pour certains, c'est à cause de la fumée des cierges, de l'encens ou des incendies. Pour d'autres, il s'agirait d'oxydation : les statues étaient parfois couvertes de lames d'argent. Durant les périodes troublées, on les enterrait et l'argent s'oxydait.

Les dernières avanies remontent à 1798, quand la soldatesque française pilla le monastère. Là où priaient les pèlerins, des révolutionnaires traînaient, jouant aux dés, buvant et se battant au milieu de la poussière de paille pour une ration de biscuit au lard, dans l'odeur du fumier, de la poudre à canon, du soufre et de la gnôle. Le Directoire voulait anéantir la communauté et son pèlerinage : il ordonna de raser la chapelle des Grâces. Là où autrefois les moines chantaient la gloire de Dieu résonnaient des bruits de chevaux, des jurons, des hurlements, des « À vos ordres ! » À coups de marteaux et de pics, les soldats détruisirent le sanctuaire, mais la Madone avait été emportée par les moines en fuite, cachée dans une étable, puis enterrée dans la montagne, au-dessus de Schwyz.

– Et quand on l'a déterrée, elle était noire ?

– Non, elle l'était bien avant votre Révolution, et je préfère puiser l'explication dans l'Écriture : *Nigra sum, sed formosa*, chante le Cantique des cantiques. “Je suis noire, mais je suis belle, filles de Jérusalem, comme les tentes de Qédar, comme les pavillons de Salomon. C'est le soleil qui m'a brûlée.” Le soleil qui brûle, c'est le jour, c'est la vie avec ses souffrances et ses épreuves. Qui les a endurées plus que Marie ?

Les pèlerins venaient lui confier leurs faiblesses et leur espérance. Autrefois, un pèlerinage à Notre-Dame-des-Ermites, ce devait être un souvenir qu'on n'oublierait jamais. L'hiver, à la veillée, on ferait revivre les péripéties du voyage. Tout serait rappelé, l'itinéraire, les paysages variés, les rencontres, les fatigues, les pieds meurtris et saignants, les nuits dans les granges ou bien à l'hospice de Saint-Jost, les averses intempestives, les matins radieux, Lucerne et son lac enchanteur, Brunnen surmonté par les pyramides rocheuses du Großer et du Kleiner Mythen, les églises innombrables qu'on avait visitées durant le parcours, les rosaires qu'on avait égrenés, les cantiques, l'émotion éprouvée quand les tours de Notre-Dame étaient apparues entre les prairies, au creux du vallon. Et puis, l'arrivée sur l'esplanade, la fontaine aux quatorze goulots, où l'on allait se désaltérer, et enfin l'entrée dans l'église splendide, la vision de la Vierge noire.

J'avoue que cette arrivée ne me transporte pas au septième ciel. Est-ce par manque de foi ? Parce que les touristes ont remplacé les pèlerins ? Ou parce que ma connaissance d'Einsiedeln est trop neuve… Il doit y avoir de ça : j'avoue que j'ignorais l'existence du sanctuaire trois mois avant mon départ et ne l'ai découverte qu'au moment de tracer les grandes lignes de l'itinéraire. Mi-curieux, mi-consentant, je l'avais choisi pour marquer ma bifurcation vers le sud et, pendant plusieurs semaines, Einsiedeln m'a servi de but intermédiaire, mais c'était un attachement qui n'avait pas d'histoire, une dévotion trop fraîche pour être solide.

Le saisissement demeure, en revanche, devant l'architecture intérieure et la décoration de la basilique bénédictine qui passe pour l'un des plus beaux édifices baroques au nord des Alpes. Afin de permettre aux processions de circuler librement autour de la chapelle des Grâces, posée dès l'entrée comme l'arche du Salut sur un lac de marbre clair, l'architecte a élargi le bas de la nef pour lui donner une forme octogonale qui dégage un espace prodigieux jusqu'aux voûtes, et réussit à équilibrer en deux pôles la dévotion populaire autour de la Vierge noire et la prière monastique dans le chœur. Un équilibre instable, cependant, car l'œil saute continuellement d'un émerveillement à l'autre dans une profusion de stucs, de dorures, de marbres, de tableaux, de gloires, de fresques, d'angelots, de candélabres en argent et de reliquaires en vermeil. Nulle répétition fastidieuse d'ornements, cependant. Nulle part l'impression de reconnaître l'emploi de recettes empruntées ailleurs. Nulle satiété non plus. Une Nativité qui se déploie au ciel, les délicates arabesques de la grille de chœur, la grâce espiègle des allégories au-dessus de la chaire, le bas-relief d'un saint sculpté sur le dossier d'une stalle… Une profusion, une exubérance et une inventivité inouïes. Où que se pose l'œil dans ce foisonnement, il s'agit d'un chef-d'œuvre. Comme si la source de toute création jaillissait de là, tout simplement.

Le père Matthäus me guide à travers cet enchantement comme nul autre. Âgé de plus de 80 ans et marchant avec quelque difficulté, le bénédictin en robe noire m'ouvre les parties habituellement fermées au public et néglige la liste fastidieuse des artistes et des dates pour me raconter les anecdotes du chantier de restauration dont il s'est si longtemps occupé.

– Vous voyez cet autel en marbre polychrome : on le croirait du pur XVIIIe. Eh bien, détrompez-vous. Quand le concile Vatican II a favorisé la messe "face au peuple" et que nous avons dû abandonner l'autel ancien, je me refusai catégoriquement à une pièce contemporaine. Alors, après avoir fouillé les archives et identifié l'origine des matériaux utilisés par les artistes d'il y a trois siècles, je me suis rendu moi-même en Italie pour retrouver dans les carrières de marbre les teintes de rouge, de vert, de noir et d'ivoire qui s'intègrent aujourd'hui si harmonieusement à l'ensemble du chœur.

À nouvel autel, nouvelle consécration, tâche qui revint au pape Jean-Paul II lors d'une visite au sanctuaire il y a une dizaine d'années.

– J'étais très ennuyé, poursuit le moine, l'air faussement contrit, car l'usage veut que l'on célèbre le sacrifice de la messe au-dessus des reliques majeures du sanctuaire. Voilà des siècles que le crâne de saint Meinrad reposait sous le maître-autel et on avait décidé de le transférer. Même si certains prétendent que l'habitude sanctifie, j'avais des scrupules à faire consacrer le crâne d'un quidam par le pape.

Alors le moine – « avec l'accord de la communauté », précise-t-il – confia le crâne du vénérable ermite putatif à un laboratoire d'analyse scientifique réputé.

– Quel fut le verdict ?

– À la suite des examens, rien ne permet d'infirmer l'authenticité des reliques, acheva le père Matthäus d'un air gourmand.

Et le pape consacra avec la révérence et la pompe nécessaires.

– Pour la restauration, je supervisais tout : l'organisation des travaux, les relations avec les corps de métier, les différents artisans – voilà comment j'ai rencontré Maurus et Małgorzata. Je m'occupais également de la collecte des dons. Moi qui avais fait vœu de pauvreté et ne voulais plus me préoccuper d'argent quand je suis rentré au monastère, j'ai vu passer 54 millions de francs suisses entre mes mains !

– Dans le pays, l'argent ne manque pas…

– Vous savez, les plus riches ne sont pas toujours les plus généreux : un jour, des banquiers d'UBS nous sollicitèrent pour organiser ici un séminaire de travail. Le directeur me demanda "Combien vous doit-on ?" et je lui répondis "Voyez les chantiers en cours ; je m'en remets à votre générosité." Le dîner de chaque participant avait coûté 350 francs suisses payés à un chef cuisinier renommé ; il me laissa royalement 10 francs suisses par invité !

Si le père Matthäus savait que j'ai été banquier ! Je pourrais croire à un appel du pied, ou plutôt un appel de fonds, en contrepartie de l'hospitalité offerte. Mais c'est le monde à l'envers : comme il n'y a plus de place à l'hôtellerie du monastère, le moine m'a mis de force dans la main une enveloppe avec le prix de deux nuitées à l'auberge de jeunesse. J'ai voulu refuser : peine perdue.

Pourtant, la somme excède largement les 10 euros du marchand de bois, et je me sens aussi à l'aise que si l'on m'avait glissé dans le cou une poignée de poil à gratter. Il faut accepter, apprendre à recevoir, et aussi à écouter l'évangile à la messe du soir : « Vous avez reçu gratuitement : donnez gratuitement », rappelle opportunément saint Matthieu, et je glisse dans le tronc des pèlerins une offrande anonyme que j'espère adéquate.

– Va voir la statue de sainte Anne, m'avait suggéré Maurus. C'est Małgorzata qui a réinventé son bras mutilé.

Un geste délié, empreint de grâce. Une douceur qui suggère que l'idéal peut être naturel, et un mouvement qui oblige à tourner autour de la représentation pour en saisir toute la vie. Le baroque : cette révolution sans fin qui enivre, élève et transporte jusqu'à la perfection du Ciel. Accrochés à la voûte, des chérubins veillent sur Marie et sa mère. Sur leurs lèvres flotte le sourire d'un petit prince au royaume étrange, celui que j'ai vu affiché au revers d'une porte dans la grande maison sombre de Tannmünster : là, sur une photo grossièrement imprimée, un bébé rit aux éclats en regardant le ciel. Au-dessous, griffonné à la hâte, cette simple légende qui résume un être : « *Putti* Matthäus ». Comme si ce fils emprisonné dans son monde inaccessible devait rester éternellement semblable aux angelots que sa mère avait façonnés avec tant d'art et de délicatesse.

5.

Cabrioles

EN QUITTANT EINSIEDELN après une journée de repos qui n'a pas suffi à dissiper la fatigue des étapes qui s'enchaînent, la route est simple : c'est le *Jakobsweg*, plein sud en direction de Schwyz, sur lequel se croisaient les pèlerins de Saint-Jacques-de-Compostelle et ceux de Notre-Dame-des-Ermites. Point n'était besoin alors de marques et de panneaux – ceux d'aujourd'hui ont un fond brun comme une bure de moine. On se parlait entre marcheurs de Dieu :

– Tu vois ces deux pics jumeaux qui ressemblent à des dents d'ogre ? On les appelle le Großer et le Kleiner Mythen. Tu les contournes par la droite. Ensuite, la descente est raide et rapide jusqu'à Schwyz où tu pourras dormir. D'ailleurs, si tu es trop fatigué, il y a une auberge à Hagenegg, près du col.

Le *Gasthaus* d'aujourd'hui à Hagenegg s'enorgueillit de loger les pèlerins sans interruption depuis 1453. Je m'y arrête à peine, dépasse Schwyz et pousse jusqu'à Altdorf, 35 kilomètres et 2 500 mètres de dénivelé plus loin, avalant en une seule journée deux étapes de pèlerin car je ne veux pas gaspiller le beau temps miraculeusement revenu. Sur le bord des chemins, l'herbe coupée qui jonche les prés dégage une odeur enivrante. Les scieries aussi, et même les camions de bois qui laissent traîner derrière eux une odeur sucrée. Au flanc de montagnes si pentues qu'aucun engin motorisé ne pourrait y progresser, des paysans ratissent le foin en famille. ph. 19

Le soleil me donne des ailes, et mes nouvelles sandales aussi, étrennées il y a trois jours. Achetées à Montbéliard, je les portais depuis lors dans le sac, préférant user les vieilles jusqu'à la corde dans les cantons de basse altitude afin de préserver les crampons neufs pour la montagne. La veille de l'arrivée à Einsiedeln, les vénérables tatanes ont rendu l'âme. Si je ne discutais pas l'utilité de chaque dizaine de grammes qui pèse sur mes épaules, je les aurais peut-être conservées vingt-quatre heures afin de les offrir en ex-voto à Notre-Dame-des-Ermites, pour les accrocher à côté du boulet de forçat qui pend au bout de sa chaîne en face de la chapelle des Grâces. Au lieu de cette fin prestigieuse, elles achevèrent leur existence dans une poubelle publique à deux pas du lieu où elles avaient rendu l'âme, sur les rives du lac d'Oberägeri. Ces sandales qui m'ont porté dans l'Hindu Kush jusqu'à 4500 mètres d'altitude et qui ont foulé au Pakistan et en Inde les champs de bataille d'Alexandre le Grand !

Pas de regrets excessifs néanmoins, parce que le sac s'allège d'autant. Il me tarde aussi d'achever les *Promenades dans Rome* car, depuis Vesoul, un volume s'est ajouté au pavé de Stendhal et voisine avec les cinquante premières pages de l'Assimil d'italien tome II : *La Divine Comédie.* Des idées grandioses – « imposantes par la taille et la majesté », précise le dictionnaire –, j'en ai à revendre. Vouloir franchir les montagnes au plus haut, c'en était une ; lire Dante, c'en est une autre. Y a-t-il meilleur moyen de s'approprier l'Italie éternelle que de cheminer aux côtés de Dante, la main dans celle de Virgile, depuis les terrasses de « L'Enfer » jusqu'à celles du « Paradis » ? Cette transfiguration qui est aussi un voyage concret dans l'Italie des années 1300, dont les stances imprègnent autant l'âme des Italiens que les répliques de Molière parlent au souvenir des Français.

Seulement voilà : Stendhal n'a pas encore fini de me décrire les merveilles de la Ville éternelle et Dante sommeille inutilement entre une polaire usagée et la dernière livraison du courrier de France. Alors, en grimpant sur les versants boisés qui dominent le lac d'Uri et ouvrent par endroits des panoramas époustouflants sur le lac des Quatre-Cantons et les cimes enneigées, je porte sur mes épaules Rome, l'Enfer, le Purgatoire et le Paradis. D'autres se prendraient pour Hercule pour moins que ça !

En cette journée de soleil radieux entre Einsiedeln et Altdorf, je traverse le cœur historique du pays, ou plutôt de la Confédération, car les quatre langues nationales et la juxtaposition de cantons jaloux de leurs particularismes font douter plus d'un habitant de la réalité de la « suissitude ». Pour tous, néanmoins, la source de l'unité gît dans ces parages de la Suisse centrale où se noua en 1291 un pacte d'assistance mutuelle entre les trois communautés de Schwyz, Uri et Unterwald contre les velléités hégémoniques des Habsbourg. Et c'est justement contre un méchant bailli de la maison des Habsbourg que Guillaume Tell se révolta, fut mis au défi de percer d'un carreau d'arbalète la pomme placée sur la tête de son fils et se vengea en tuant le bailli qui menaçait les libertés concédées auparavant aux populations locales. ph. 11

À l'aube du XIXe siècle, Schiller tira de ce drame un *Guillaume Tell* de portée universelle qui servit d'argument à l'opéra de Rossini. En ces années d'un tourisme balbutiant réservé à quelques privilégiés fortunés, le *Tell* de Schiller procura une immense popularité au lac des Quatre-Cantons et à ses alentours. De tous les pays d'Europe, on vint chercher sur ces rives romantiques une nature sauvage et indomptable, le pittoresque, le folklore d'un peuple simple et fier. À la manière de l'engouement que susciterait plus tard Tahiti, on se pressait pour aller voir dans les fils et les filles de Tell de bons sauvages. Tocqueville scruta ici les prémices de la démocratie. Les peintres installaient leur chevalet, et les étrangers déclamaient les reparties du drame sur le lac et dans les chemins creux :

> *Nous avons conquis ce sol par le travail de nos mains ; nous avons transformé en habitations humaines les antiques forêts qui servaient seulement de repaire aux ours féroces ; nous avons exterminé les dragons venimeux que nourrissaient les marécages ; nous avons dissipé les brouillards qui jadis étaient toujours tristement répandus sur ces solitudes ; nous avons brisé les rochers et tracé près des abîmes des sentiers pour les voyageurs : enfin, ce sol, nous le possédons depuis mille années. Et des vassaux étrangers oseraient essayer de nous soumettre à leurs chaînes et de répandre l'opprobre sur notre patrie ! N'est-il donc aucune ressource contre une telle oppression ?*

Que reste-t-il de l'idéal de beauté et de liberté que recherchaient les Romantiques sur ces rives ? Une nature encore étonnamment préservée, à défaut d'être vierge, et le souvenir d'une belle légende. La scène de la pomme se serait déroulée au village d'Altdorf, à l'extrémité méridionale du lac d'Uri.

Lorsque j'y parviens, point de méchant bailli, mais un capucin aveugle au couvent recommandé par une vieille dame à qui je réclamais l'adresse d'un hôtel bon marché. Quand j'ai débité mon compliment et ma requête au moine rondouillard en robe brune, il me répond :

– Un endroit pour dormir ? Non… C'est difficile ici pour les pèlerins, vous savez. Je ne vois pas à qui vous pourriez demander. Non, je ne vois pas.

Et il referme la porte sur mon étonnement. « Il ne voit pas » : du moins, il m'a fait rire, le moine aveugle, comme ce paysan français il y a trois semaines, un quadragénaire bronzé à qui je ne demandais qu'un abri pour étendre mon sac de couchage.

– Non, je ne vois pas.

Il ne voyait pas, dans sa cour, trois immenses bâtiments qui servaient de réserves et de garage à machines agricoles. Je m'en serais volontiers contenté pour éviter une nuit dehors. Ce soir, devant la porte close du couvent inhospitalier, je jauge l'auvent qui protège l'entrée : un excellent abri qui me donne envie de dormir sur le paillasson des capucins. Pas pour me venger, simplement parce que le coin est tranquille et que je serais protégé des intempéries. En attendant, j'engage la conversation avec trois retraités qui viennent d'assister à la messe du soir. J'explique la cécité du moine. Dix minutes plus tard, Günther m'invite chez lui, à l'autre extrémité du village.

Veuf depuis six ans, Günther habite un appartement modeste dans un immeuble de quatre étages en bordure des champs, à quelques centaines de mètres en retrait des pentes boisées qui s'élèvent brutalement à 2 000 mètres au-dessus de nos têtes et que je veux gravir demain. Ancien chef d'atelier dans l'industrie automobile, Günther a eu du mal à surmonter la mort de sa femme.

– Mais ça va mieux maintenant.

Il profite de la retraite pour apprendre l'anglais qu'il avait toujours rêvé de parler. Et comme il ne veut pas vivre pour lui tout seul, il aide une famille pauvre qui mène des vaches à l'alpage durant l'été.

– Ils ne possèdent que trois vaches et regroupent celles des voisins. En tout, une vingtaine. L'hiver, ils vivent à 1 000 mètres ; au printemps ils montent à 1 500 mètres, puis 1 800. Deux semaines au-delà de 2 000 mètres, au meilleur de l'été. Là-haut, il n'y a qu'un abri sommaire pour dormir.

Günther monte souvent à l'alpage pour aider son ami à fabriquer le fromage. Il doit probablement à ces excursions régulières une taille svelte et un air de robustesse qui démentent ses 64 ans.

– Les fromages, on doit les retourner chaque jour. Sinon, ils noircissent et collent aux planches sur lesquelles on les dispose. Des centaines de fromages…

Guillaume Tell, les fromages : je taquine mon hôte sur les gloires nationales.

– Nous, les Suisses, n'aimons pas beaucoup les héros. On aime bien Tell par ici parce que le drame s'est déroulé à deux pas, mais à Lugano ou à Genève, qu'est-ce que cela peut signifier ? En Suisse, on est d'abord « chez soi » avant d'être « chez nous ».

En tout cas, chez Günther, je me trouve bien. Bien mieux que sur le paillasson des capucins. Mon hôte me parle de son petit-fils Andreas dont la photo est épinglée sur un mur et à qui il aimerait bien montrer comment on fabrique les fromages, là-haut, dans l'alpage. Il me montre aussi un portrait de sa femme :

– Graziella : elle venait du Tessin. En trente-trois ans, il nous est arrivé de nous disputer, bien sûr, mais c'était une femme aimante et très bonne.

Son regard s'attarde quelques secondes, puis Günther repose le cadre sur le bureau et m'entraîne vers la cuisine. De son réfrigérateur de célibataire malgré lui, il extrait à peine de quoi préparer un dîner pour deux. Quelques légumes, trois œufs et un fond de yaourt aux fruits que nous dégustons sur le balcon. Peu importe. Je lis dans ses yeux le plaisir que lui procure la visite impromptue d'un voyageur hors du commun. Il me rappelle Alain et Claudette, Rosmarie et d'autres dont j'ai meublé la solitude l'espace d'une soirée. Avec eux, ce n'est plus moi qui demande. Il s'agit de donner et non plus de recevoir.

Avant que l'obscurité n'envahisse la vallée, Günther m'indique un hiatus dans la barrière montagneuse :

– Tu continues par le Saint-Gothard, n'est-ce pas ?

La voie la plus courte, la plus logique aussi. C'est pourquoi s'y engouffrent le long de la rivière une route, l'autoroute et la voie ferrée.

– Indiquez-moi plutôt les sentiers que vous empruntez pour monter aux alpages.

– Ici, nous sommes à 458 mètres, commence Günther…

À deux pas débute la vraie montagne. De l'autre côté du flot ph. 17
rapide de la Reuss, quelques maisons s'accrochent aux contreforts verdoyants, puis elle se dresse, imposante et âpre, écrasant le village

qu'elle encercle, noire de forêts, escarpée, puis sauvage et nue, couronnée de pics enneigés qui paraissent inaccessibles. Perdu au milieu du cirque minéral, invisible encore, le col de Surenen qui m'ouvrira la voie d'Engelberg, la « montagne des Anges ». Sur le chemin qui grimpe, raide comme une échelle de grange, deux randonneurs me talonnent. Un garçon et une fille qui n'ont sûrement pas 25 ans, grands comme des soldats du roi de Prusse, portant un sac de pique-nique qui doit à peine peser sur leurs épaules. Un bâton de marche dans chaque main, ils avancent d'un pas décidé, régulier, conquérant. Piqué au vif, je force l'allure, refusant de me laisser dépasser, mais ils ne s'en laissent pas conter. Sans tourner la tête, j'entends leur respiration contrôlée, le cliquetis régulier des bâtons sur les pierres du sentier, leur allure qui ne faiblit pas, et j'accentue mon effort. Alors, insensiblement, ils décrochent. Sans perdre le rythme, sans m'arrêter un seul instant pour reprendre mon souffle, je gravis la pente abrupte.

Accélérer dans les montées, c'est une leçon qui remonte à l'enfance. Malingre et souvent mal en point, j'avais trouvé dans les cross organisés au collège un moyen d'en remontrer à des camarades beaucoup plus vigoureux. Contrairement à eux qui ralentissaient dans les montées « parce que c'est plus dur », je jetais toutes mes forces dans un *sprint* en côte. Revenu sur le plat, j'avais pris une longueur d'avance et, quand le poursuivant émergeait enfin, j'avais repris un rythme normal, mais je caracolais trop loin devant pour qu'il croie possible de me rattraper. Il s'agissait moins de souffle et de force dans les mollets que de volonté et d'ascendant psychologique. Aujourd'hui, j'avale les 900 mètres d'ascension jusqu'au chalet de Brüsti en une heure et quelques minutes. Les deux jeunes randonneurs ne me rejoignent qu'un quart d'heure plus tard. Couraient-ils pour la médaille du meilleur grimpeur ? Quoique je n'en sois pas convaincu, je ne suis pas peu fier d'avoir damé le pion à ces grandes perches de vingt ans mes cadets.

Vanitas vanitatum, omnia vanitas ! tonne l'Ecclésiaste. Certes. Je suis néanmoins rasséréné d'étalonner ainsi ma résistance pour les nombreuses étapes de montagne qui se profilent.

Au col de Surenen – 2291 mètres, indique un panneau avec une précision toute suisse –, la splendeur du paysage saisit. Vers l'est, le regard plonge au-delà des pentes boisées en direction du lac d'Uri aux eaux vertes, de l'étroite surface cultivée et du village d'Altdorf, nouveau Lilliput où les hommes ne mesurent probablement pas plus de 6 pouces, derniers habitants d'une Suisse encore riante. À l'ouest, plus une seule âme. Un enchevêtrement de versants, de falaises déchiquetées, d'éboulis parsemés de névés, de pics blanchis et de pentes couvertes d'une herbe rase qui s'effondrent en dessinant une vallée glaciaire dominée par le lointain Titlis coiffé de glace, tandis que, de chaque côté du col, des sommets de près de 3 000 mètres montent la garde à l'entrée du royaume.

Voilà : j'y suis enfin, à cette porte tellement redoutée ! Point de neige pour me barrer la route, ou si peu, grâce à la chaleur des trois derniers jours. Cependant, je l'ai échappé belle car, la semaine passée, d'après le livre d'or du refuge, deux Autrichiens ont été bloqués ici par une tempête.

Il faudrait plutôt l'appeler *Hütte*, cette robuste construction de bois qui excède à peine la taille d'une cabane, à quelques mètres en contrebas du col, et dans laquelle je décide de passer la nuit. Dans l'unique pièce de 4 mètres sur 3, un banc fixé au mur court sur trois côtés ; devant : une table aux pieds de bouleau dont on n'a pas enlevé l'écorce, et un autre banc en vis-à-vis. Un miroir ébréché au mur, une armoire à pharmacie – « Ne s'en servir qu'en cas d'urgence » –, une poubelle et une urne cadenassée pour les donations. Trois restes de bougies éméchées à force d'avoir brûlé, et pas d'allumettes. Au-dessus de la fenêtre ornée de rideaux à petits carreaux rouges et blancs qui s'ouvre en direction d'Engelberg, un crucifix. C'est tout. Que demander de plus ? De l'eau ? À dix pas, le ruissellement des congères se termine en cascade pour la douche glacée du matin, tandis qu'un peu plus loin un névé s'épuise en reflets mouillés et donne à ce coin de montagne des airs de vasière à marée basse.

Du fond de la vallée monte un tintinnabulement ininterrompu de clochettes de mouton. Venant d'ailleurs, de nulle part, les notes plus ventrues des sonnailles des vaches. Oubliant la servitude des kilomètres, je consacre la fin d'après-midi à goûter ce paysage d'exception en compagnie de marmottes au pelage gris qui promènent leur frimousse curieuse entre les rochers. Comme elles, je paresse au soleil finissant et en profite pour achever les *Promenades dans Rome*. Ce cirque vaut bien le Colisée de Stendhal… Quant au volume, il partira dès demain par la poste pour l'Italie.

À 19 heures, plus un seul randonneur car la civilisation se situe à plus de quatre heures de marche de chaque côté. Le lieu est si sauvage que cela pourrait être quatre ans. Ah ! s'ils savaient, ces marcheurs à la petite journée, dans quel luxe je vais passer la nuit! Qu'importe la dureté des bancs sur lesquels je vais tenter de dormir... L'obscurité a noyé les vallées. Les troupeaux sont rentrés à l'étable, puis le crépuscule s'est mué en noirceur. Là-haut, les sommets se découpent en ombres chinoises sur le ciel d'encre, le vent siffle et les étoiles s'allument au firmament. Ce soir, la montagne entière m'appartient.

Engelberg, Engstlensee, Trift, Guttanen, Grimsel Pass, Nufenen Pass: je cabriole dans les Alpes bernoises comme un chamois, définitivement convaincu par l'utilisation des sandales, y compris en montagne. Mes chevilles sont beaucoup moins fatiguées qu'en début de parcours. Hors des périodes de pluie, le confort d'avoir les pieds à l'air est incomparable. Elles me serviraient presque d'altimètre tant ma plante de pieds s'est habituée à reconnaître, vers 1 800 mètres, le souffle glacial et desséchant qui dévale des sommets et s'insinue entre la semelle et la peau, emportant dans son filet toute trace d'humidité. Quand je dois traverser des portions enneigées – jamais plus de quelques centaines de mètres, pour l'instant –, je m'efforce de placer chaque pas dans une des marques de mes prédécesseurs: elles sont toujours plus larges que les miennes, profondes, bien tassées, solidement crantées. Et si, d'aventure, il m'arrive de patauger dans un névé... eh bien, après tout, on n'en meurt pas et les pieds ne gèlent pas pour autant. Sans cesse agités par le mouvement de la marche, ils ont rarement froid, même quand la température m'oblige à protéger mes mains. Quant au risque de me tordre une cheville, il est faible à condition de savoir marcher. L'usage des sandales apprend d'ailleurs à le faire plus adroitement. Comme lorsque l'on monte un cheval à cru ou sans étrier, rien de tel pour acquérir un meilleur sens de l'équilibre que d'affranchir ses chevilles d'un carcan qui ne favorise que la paresse des muscles et des articulations. Au lieu de confier à la tige de la chaussure le soin de rectifier des positions hasardeuses, on apprend à poser les pieds de manière juste, à identifier spontanément et à chaque enjambée les appuis qui ne céderont pas et sur lesquels on ne dérapera pas, même dans les pentes raides, sur les dévers et dans les éboulis. Cela dit, ces derniers sont désagréables à franchir et, quand je m'égare dans les moraines et au milieu des blocs instables, des pierres charriées au hasard par les cascades de glace de l'hiver et les torrents du printemps, entassées, brisées, traîtresses, je n'en mène pas large.

On pourrait estimer que descendre certaines pentes en sandales est dangereux, mais ce ne sont pas les sandales qui sont dangereuses, ce sont les pentes ! Quand je parviens au col de Sätteli, par exemple, où le vent souffle en tempête, le sol manque de se dérober sous mes pieds lorsque je découvre le sentier qui serpente sur le versant vertigineusement pentu jusqu'au fond de la vallée de Nessental : 1 000 mètres de dénivelé sur à peine 2 kilomètres de distance horizontale. Une pente à 50 % et pas un arbre auquel se rattraper en cas de chute. Vertigineux est le mot, et je m'arrête un long moment au col avant d'oser m'engager. Pour me distraire du vide qui me noue l'estomac, un spectacle de titan : sur le versant d'en face, à 5 kilomètres à peine, le glacier de Trift roule avec majesté dans un amphithéâtre sombre sa langue ridée, puissante et crevassée sous les rayons obliques du soleil. On distingue les séracs, on devine le chaos, on entend presque les craquements. C'est ici que j'ouvre les premières pages de « L'Enfer » :

Quand je fus au pied d'une montagne
Où se fermait cette obscure vallée
Qui d'épouvantement m'avait percé le cœur,
En l'air, je regardai, et je vis ses épaules
Déjà vêtues des rayons de cet astre
Qui mène droit chacun par tout sentier.
La peur se fit alors un peu plus calme,
Qui tant avait régné au plus creux de mon cœur.

(« L'Enfer » – Chant I)

Il faut bien finir par descendre. Ne pas penser au vide, ne pas regarder, tout simplement, et se concentrer sur chaque pas, l'un après l'autre, sans même glisser un œil vers le refuge là-bas, à mi-pente, où je compte m'arrêter pour la nuit parce qu'il serait déraisonnable de poursuivre. Lorsque j'y arrive, la porte est close : « Ouverture de la saison dans une semaine », indique une affichette ! Coucher dans la vallée ? Après avoir goûté à l'ivresse des sommets, je m'y refuse.

– Il y a un autre refuge en face, près du glacier, m'assure un vététiste de passage.

En face ! Comme si c'était la porte à côté. Il ne me reste plus qu'à dévaler le versant et remonter d'un seul élan près de 1 000 mètres de l'autre côté, en espérant atteindre l'abri avant l'obscurité.

Trois heures plus tard, dans la salle commune de la *Windegghütte*, j'étale ma carte sur la table et fais les comptes, juste par curiosité :
ph. 18 parti d'Engelberg (1 000 mètres) à 8 heures du matin, je suis monté par le Jochpass jusqu'au-dessus du lac Engsthensee (2 400 mètres), redescendu au niveau du lac (1 800 mètres) remonté jusqu'au col
ph. 16 de Sätteli (2 100 mètres), descendu jusqu'à Funen (1 100 mètres) et
ph. 27 remonté enfin jusqu'à la *Windegghütte* (1 900 mètres) où j'arrive après une journée de douze heures. Enchaîner ainsi plus de 4 000 mètres de dénivelé avec 10 kilos sur le dos : peu de randonneurs en sont capables. Pourtant, je ne cherchais pas à établir un record, je ne l'ai pas fait exprès. Bien sûr, c'était difficile par moments ; naturellement, j'ai soufflé et transpiré, le cœur a battu la chamade et les genoux ont souffert, mais j'ai surtout éprouvé une satisfaction intense, une jouissance à exister si pleinement à travers mon corps au milieu d'un paysage sublime. Et cette jouissance resplendissait de l'éclat des premières fois parce que je savais qu'elle pourrait être une dernière. Avec les années qui passent, je n'irai peut-être plus jamais aussi vite ni aussi loin avec autant d'innocence. Bientôt mes forces faibliront et la peur viendra sournoisement brider mes efforts, la peur du cœur qui lâche et celle de voir l'organisme refuser d'accomplir ce dont il était capable auparavant. Alors, au lieu de me désespérer devant le temps qui fuit sans retour, je m'applique à goûter le plus intensément possible cette rude et exaltante journée.

Je suis fatigué certes, mais sans excès. Pour autant que je sache, les limites gisent encore très loin devant. Heureusement, car les cabrioles continuent dès le lendemain. Monter, descendre, grimper, escalader, dévaler… Pas seulement : admirer aussi, s'étourdir de panoramas inconnus, sentir la température chuter au voisinage des glaciers et chercher l'ombre sous les mélèzes, distinguer au ciel les buses des milans – c'est facile : les buses, plus trapues, ont une queue arrondie, tandis que les milans ont une queue concave, en triangle –, dévorer un casse-croûte en bordure d'un lac d'altitude, au milieu d'une explosion de fleurs d'été. J'ai acheté un guide à Engelberg pour identifier la flore alpine, et me réjouis de pouvoir nommer chaque pousse : les asters et leurs pétales violets autour d'un gros cœur jaune, les gentianes, les campanules, l'herbe à neuf chemises et les touffes de rois des Alpes aux fleurs bleu pâle et minuscules toujours rassemblées par quatre ou cinq, les œillets de glacier couleur fuchsia et aux pétales dentelés…

Subjugué par la force et la beauté des montagnes, j'éprouve moins le besoin de fréquenter mes semblables. J'y consacre aussi moins d'efforts. D'autant que je suis devenu, au milieu de randonneurs et de promeneurs en vacances, un marcheur parmi d'autres. C'est à la fois plus réconfortant que de traverser un pays de sédentaires et plus exigeant lorsque je veux m'extraire de l'anonymat. Lier conversation avec des inconnus quand on est seul, cela consiste souvent à briser un cercle déjà établi et commence presque toujours par une question. Quémander sans cesse. Pour tout : pour le chemin, pour une gorgée d'eau, pour un abri… Il faudrait garder l'énergie de poser des questions pour rien. Alors, du bavardage, oui ; souvent pas beaucoup plus.

Tailler un bout de route ensemble ? Les randonneurs de tous niveaux qui sillonnent les sentiers, bâtons en main et grosses chaussures aux pieds, sont souvent en promenade, la plupart du temps en excursion, parfois en raid et jamais en voyage. Impossible d'approfondir jour après jour une relation comme sur le chemin de Saint-Jacques, avec des marcheurs que l'on retrouve de loin en loin à certaines étapes, mi-hasard mi-providence. Il faudrait que l'empathie soit subite, or le coup de foudre, ça n'arrive pas tous les jours. Alors, comblé par les beautés de la nature, je me remets en chemin, tantôt pestant contre les hordes complaisamment hissées par les télécabines pour profiter d'un paysage dont elles jouissent à bon compte et sans effort, tantôt suivant avec gratitude une paire de silhouettes qui m'indiquent au loin l'issue dans un chaos minéral incompréhensible.

Le temps redevient instable. Gris, froid par moments, mais j'échappe à la pluie, tandis que, derrière moi, les chemins se referment : deux jours après mon passage au col de Grimsel, un glissement de terrain a emporté une des routes qui y conduit : ph. 23 & 26

– Un orage effroyable ! raconte le marchand de cauchemars.

Pour les nuits, je m'en remets au réseau de refuges de montagne du CAS, le Club alpin suisse. La plupart sont gardés et on y sert des repas chauds aux hôtes de passage qui s'entassent ensuite dans des chambres bondées de lits superposés. Quelle joie lorsque j'aperçois le pimpant drapeau rouge à croix blanche qui monte la garde près des solides bâtiments de pierre ! Et quel nœud au ventre lorsque je découvre en fin de journée un amas de ruines à la place du refuge de Corno Gries, pourtant dûment indiqué sur ma carte.

Dans l'enchevêtrement de murs éventrés et de plafonds écroulés ne subsiste qu'une indication gravée sur un linteau : « *Capanna Corno – 2238 m* ». Le soleil se couche dans cinquante minutes. Personne alentour. Voilà des heures que je marche seul. Des nuages menaçants ont envahi le ciel ; la température a chuté ; au loin, l'orage gronde, et pas un seul recoin dans ce chantier pour me ménager un abri. Ah ! si j'avais une tente…

Je scrute la carte. Aucun refuge à moins de deux heures de marche. Impossible de les atteindre avant la nuit, et je n'ai ni torche ni lampe frontale, juste une loupiote pour m'aider à fouiller mon sac dans l'obscurité. Ce n'est pas sérieux ! À force de prendre des risques inconsidérés… En montagne, il suffit d'un rien pour frôler le drame. Il peut suffire aussi d'un symbole pour y échapper : une croix sur la carte, presque à la même altitude et sur le même versant. « Chapelle », indique la légende. À 4 kilomètres, et je ne dispose déjà plus que de trois quarts d'heure de clarté. Sac solidement arrimé sur les épaules, courroies serrées, je m'élance sur le sentier et cours à flanc de montagne. Ce n'est pas très prudent non plus. Qu'importe : c'est ça ou coucher dehors avec le temps qui se dégrade.

– Tu pourrais te casser une jambe !

Si je devais écouter tous les oiseaux de malheur !

Pourvu que la chapelle ne soit pas en ruine ! Pourvu qu'elle soit ouverte ! Les versants couverts d'une herbe rase ondulent comme les plis d'un rideau poussé par le vent. Vais-je l'apercevoir au prochain pli ? Celui-ci ? Non, encore un effort… Ah, enfin ! Ce doit être elle : petite maison blanche posée sagement en contrebas d'un col et couverte d'un toit de lauzes couleur lichen. Tout paraît en ordre. Je sens mon visage se détendre et peu importe s'il n'y a personne pour voir le sourire qui se dessine sur mes lèvres et que je retiens encore pendant les dernières centaines de mètres. Un ultime détour pour enjamber le ruisseau. Près de l'entrée, une corde pend au bout de la cloche. Sur la porte, un loquet rouillé. Pas de cadenas ! Quatre ou cinq mouvements grinçants, le loquet bat en retraite et je pousse le battant de bois : j'ai rarement été aussi heureux d'entrer dans une chapelle glacée !

ph. 22 & 24 San Giacomo. Ah ! comme je l'aime, cette chapelle ! La simplicité de son intérieur blanchi à la chaux, les murs cabossés qui soutiennent la voûte en berceau, le crucifix de fer cloué au fond de l'abside, que des passants attentionnés ont piqué d'un bouquet d'asters pas encore fanés, l'angelot de plâtre qui le surplombe et l'autel réduit à une lauze, les dalles inégales et humides qui me serviront de couche. Pas plus de 10 mètres de long sur 3 de large. En guise de fenêtres, de simples ouvertures protégées par des barreaux en croisillons à travers lesquels le vent s'engouffre en sifflant. Après avoir cherché en vain un angle où ne se faufile pas un air coulis, je sors pour profiter des dernières lueurs du jour. Ouvrir une boîte de sardines, dévorer deux tomates et la moitié d'un pain bourré de graines délicieuses. Ce ne sera, hélas, pas suffisant pour enrayer ma perte de poids. Je lutte depuis le premier jour pour ne pas trop maigrir et n'y parviens pas. Le sac frotte trop longtemps sur les os saillants. Les longues tirées n'arrangent rien, et le délicieux chocolat suisse est englouti comme s'il ne contenait pas une seule calorie. Faut-il attendre les pizzas et la *pasta* ?

San Giacomo : la montagne s'est subrepticement italianisée. Aujourd'hui, j'ai quitté le Valais au glacier de Gries pour entrer dans le Tessin. Nufenen Pass est sous-titré *« Passo della Novena »*. Si je voulais, après avoir franchi demain le col voisin de San Giacomo, je n'aurais qu'à me laisser glisser jusqu'au val d'Ossola où les voyageurs qui empruntent le col du Simplon font connaissance avec l'Italie, puis filer vers la plaine du Pô.

– Et abandonner le Cervin ?

La montagne pointe sa pyramide de granit à 80 kilomètres à vol d'oiseau en direction du sud-ouest, mais je dois la délaisser temporairement pour filer vers le sud-est et Locarno, où m'attend une livraison de lettres. De loin en loin, j'essaie d'organiser ces relais chez des connaissances, des amis d'amis chez qui je peux loger et surtout me faire envoyer le courrier. Des courriels ? Non merci. Comme leur uniformité est triste ! Pas un caractère plus haut que l'autre, ni plus rond, ni plus incliné, tous désespérément noirs sur des écrans bordés de publicité dans un cybercafé où il faut se battre avec la souris qui dérape, le clavier qui n'a pas d'accents et le voisin, casque sur les oreilles, qui tambourine en mesure sur le plateau branlant. Non, vraiment, je n'y tiens pas. Sans me priver de leur commodité, je cantonne leur usage aux urgences et aux échanges techniques avec la base arrière. Quant au reste, rien ne vaut une vraie lettre.

S'asseoir sur un banc public en bordure d'un lac ou s'adosser aux contreforts d'une église ; glisser la lame sous le rabat et trancher le fil de l'enveloppe ; tirer la feuille sur l'envers de laquelle un léger relief trahit l'écriture que l'on s'efforce déjà d'identifier, déplier la lettre. La lire une première fois, passer à la suivante, à une autre, lever les yeux sur le lac, entendre à nouveau les oiseaux, revenir à celle qui fait le plus de plaisir, et à d'autres, à toutes, parce que je suis seul et que chaque geste attentionné est précieux.

– Vous vous rappelez, disais-je à mes proches avant de partir, ce moyen démodé, un crayon, une feuille de papier, une enveloppe. N'oubliez pas de coller le timbre. C'est si simple. Et de glisser le tout dans une boîte aux lettres.

– Et l'adresse ? Je ne saurai jamais où l'envoyer.

– À Paris, chez Luc et Édith…

La base arrière, c'est eux. Il y a sept ans, Luc avait rempli cette fonction avec dévouement durant mon voyage vers Jérusalem. Depuis, Édith est arrivée ; ils se sont mariés et j'ai de la chance car ma belle-sœur prend le relais avec une gentillesse et une disponibilité qui n'ont d'égales que celles de son mari. Bien que je me sois efforcé de tout régler avant mon départ, il reste toujours des imprévus, des factures à payer, les démarches pour chercher un locataire, la poste à centraliser, les nouvelles à redistribuer, etc.

– …et ils sauront où me faire suivre le courrier.

Pas d'excuse donc, pour ne pas prendre la plume, pas celle-là, du moins. Pourtant, personne n'écrit plus, je le sais. Et moi, je ne téléphone pas – excepté une fois par mois à Luc ou Édith pour régler des questions pratiques – car je ne veux pas promener sur les chemins du monde une bulle d'habitudes et d'attachements. C'est dur parfois, pour moi et pour les êtres chers à qui j'impose cette cure de silence. Partir pour de bon est à ce prix. Les lettres confèrent un autre rythme aux relations d'affection. Singulier, légèrement détaché du fatras quotidien, plus réfléchi. Vais-je réussir à raviver cette habitude un brin surannée ? Je ne suis pas certain d'avoir convaincu tout le monde.

– Je répondrai à chacun. Promis !

Et je ne me contente pas d'attendre : tous les dix jours, j'envoie une lettre à la famille qui se charge de la diffuser largement. Le 10, le 20, le 30 de chaque mois : j'y consacre de trois à quatre heures à chaque fois, m'efforçant de livrer un compte-rendu vivant, truffé de détails et de couleurs. De mon côté, je dois me contenter d'une livraison mensuelle car identifier des correspondants et organiser une « poste restante » est compliqué. De plus, ces haltes verrouillent des points de passage sur l'itinéraire et je n'ai pas envie d'être ligoté.

Cette fois-ci déjà, si je n'avais convenu de m'arrêter chez Livia et Luigi à Locarno, je filerais sans doute directement vers le Cervin.

La nuit est tombée sur la solitude de San Giacomo. Engoncé dans quatre couches successives de vêtements, bandeau de laine polaire sur les oreilles, je me glisse à tâtons dans le duvet humide. Dehors, les roulements de tonnerre rebondissent sur les versants et le vent dévale en furie des pics enneigés. Le paradis, ce n'est pas un jardin tropical et fleuri, c'est un havre au cœur de la tempête. Avant de rentrer, j'ai secoué la corde de la cloche pour remercier les anges de m'avoir entrouvert leur royaume.

En arrivant le surlendemain à Locarno, deux mille mètres plus bas, le choc est rude. Trente-cinq degrés supplémentaires, près de deux heures pour traverser la conurbation qui s'étend avec mollesse à la pointe septentrionale du lac Majeur. Les lauriers-roses foisonnent dans les jardins et les palmiers bordent les avenues. Un souffle chaud disperse le parfum des lilas. Accablée de chaleur, la ville respire l'insouciance et le *farniente*. Le Tessin : est-ce encore la Suisse ? En descendant la vallée Maggia sous le soleil qui cogne, j'ai vu le linge sécher aux fenêtres ; les toilettes publiques sont moins propres, les voitures vrombissent rageusement et le bellâtre gominé au volant du coupé de sport rouge a collé une vignette au cheval cabré sur le capot de son *ersatz* coréen de Ferrari.

Mes hôtes sont des gens simples d'une soixantaine d'années : Livia, couturière à la retraite, et Luigi, ancien maraîcher puis factotum dans un institut pour aveugles, habitent sur les hauteurs de Tenero une maison avec vue sur le lac, où règne un capharnaüm ahurissant. Il y a de tout partout, entassé, pas rangé, des vieilleries, des emballages, des appareils qui n'ont jamais servi et des produits à moitié utilisés, jamais finis et dont on ne jette pas les conditionnements, des ziggourats de fripes et des Babels de cartons.

– Tenez, voilà votre courrier.

À la vue du désordre, je n'y croyais déjà plus. Dans l'enveloppe épaisse, à côté d'une liasse de lettres, cinquante pages supplémentaires de la méthode d'italien. Je devrais m'y mettre sérieusement car, à la vérité, je comprends à peine ce que me raconte Luigi et n'arrive pas à aligner trois phrases d'affilée. On ne parle donc pas ici la langue de Don Giovanni et de Donna Anna ? *Amore mio, dove sei ?*

Heureusement, Livia s'exprime dans un français impeccable. Elle est intarissable sur ses trois enfants, me parle de leur réussite et raconte la dépression de l'un de ses fils, cuisinier de profession et qui tente de se remettre à flot en travaillant comme garçon vacher durant deux mois en alpage. La vie, sans artifices.

Livia « pastissone » des gâteaux l'après-midi entier.

– C'est pour la fête de l'alpage, demain. Vous ne voulez pas venir avec nous ?

Quatre-vingts kilomètres en voiture ? Sans façon, mais je ne vais pas tarder à repartir vers les hauteurs, et pas uniquement à cause de la température, bien qu'en cette fin de juillet elle soit accablante. Sur ces rives, on vient en villégiature. Ici, les vacanciers ont abandonné pour quelque temps toute idée d'effort et, sur le front du lac, on paresse à l'ombre des saules avant d'aller se plonger dans l'eau tiède en riant. Il y a des couples enlacés et des jolies filles en maillot de bain, qui marchent sur la plage et font semblant d'être sages… Tout invite à la nonchalance, à l'oisiveté et à la lenteur. C'est trop dur de marcher au milieu d'une telle tentation. Personne ne me comprendrait et je ne suis pas sûr que je me comprendrais encore moi-même. Là-haut, du moins, les vacanciers ont décidé de fournir un effort physique, et je m'y sens moins seul qu'au milieu de la foule indolente. De toute façon, quand je me suis baigné dans le lac, je n'ai même pas pu enchaîner trois longueurs de crawl tant le marathon alpin a sollicité mes chevilles. Mieux vaut retrouver les sentiers d'altitude et là-bas, vers l'ouest, la pyramide enneigée à laquelle je ne veux pas renoncer.

6.

Les sandales de Théodule

AU MIEUX, le Cervin me coûtera dix jours de marche. Et si le mauvais temps me barre la route, je peux y perdre trois semaines. Pour une montagne ? Pour un sommet ? Eh bien oui. Parce que j'en rêve depuis le départ, parce que j'aurais l'impression d'être passé à côté de la Suisse si je ne voyais pas le géant de chocolat blanc se dresser au fond de la vallée de Zermatt.

À vrai dire, j'ai du mal à justifier ce détour extravagant. À plusieurs reprises déjà, on m'a lancé :

– Tu vas à Rome ? Alors la route la plus directe et la plus facile, c'est par là…

Seulement voilà : je ne veux pas de la route la plus directe et la plus facile. Pourquoi ? Il y a quelque chose de trouble dans cette affaire que je ne parviens pas à démêler et qui, je le sens, n'a pas fini de peser sur mon voyage. Si j'étais contraint à ces détours, ils me pèseraient moins et je n'aurais pas à m'en justifier. Si j'étais obligé d'aller jusqu'à Rome à pied, comme tout serait plus simple ! Je sens bien que ce voyage répond beaucoup moins à un besoin que le précédent. Cette fois-ci, je ne suis pas parti parce que j'étais malheureux comme une pierre ; je n'ai pas grand-chose à prouver en matière de marche au long cours, ni vis-à-vis des autres, ni vis-à-vis de moi-même ; je n'ai pas tant besoin du succès. Comme ce voyage est plus humain que l'autre ! C'est-à-dire inséré dans le cours normal d'une existence, d'une nature très commune, en somme, malgré les milliers de kilomètres parcourus. J'y trouve presque une « occupation », comme d'autres tuent le temps en travaillant. Est-ce que je veux juste tuer le temps ? Quand la vie est si précieuse…

Le Cervin, là-bas vers l'ouest, c'est une sucrerie, une délicieuse friandise de la vie, une de ces *gelati* irrésistibles dont les Italiens ont le secret.

– La plupart du temps, les nuages masquent le sommet du Cervin, m'avertit Livia. En quatre séjours là-bas, je ne l'ai pas vu une seule fois.

Risquer autant de peine pour rien ? Tant pis, je tente quand même.

Un bout de Piémont me sépare désormais du Valais. J'ai cherché en vain dans les librairies de Locarno une carte des sentiers entre ici et Zermatt, preuve qu'il ne viendrait à l'idée d'aucun randonneur tessinois de rejoindre la Suisse alémanique en traversant un morceau d'Italie. Je m'entête. Dès le passage de la frontière, le marquage des sentiers se détériore : aléatoire, usé, inexistant, ou pire, fantaisiste. Rien à voir entre le *Wanderweg* suisse minutieusement fléché et le *sentiero* incertain. Apparemment, personne ne s'est aventuré par ici depuis longtemps.

Nous pénétrions en un étrange bois
Où de sentier ne se voyait pas trace
Les frondes n'y étaient point vertes, mais bien noires,
Point lisses, les rameaux, mais noueux et tordus ;
Là, point de fruits, mais des ronces vireuses.

(« L'Enfer » – Chant XIII)

En sandales et pantalon à mi-mollets, je suis devenu un as pour ouvrir la trace à travers les ronces, les orties et les hautes herbes gorgées de pluie. Bientôt, les bois laissent la place aux étendues
ph. 25 pelées d'altitude. Cols à plus de 2 000 mètres : la routine. Tant qu'il suffit de monter, tout va bien. Mais, à la descente vers le val d'Ossola, je me fais plus de peur que durant les trois dernières semaines réunies.

Ce 24 juillet aurait dû être un jour ordinaire, de ceux dont on ne parle jamais. Sur la foi d'une marque à la peinture écaillée, je m'engage sur un sentier qui dégringole à flanc de versant. La montagne s'effondre si brutalement sur la vallée, 2 000 mètres en contrebas, que j'ai du mal à croire à un passage et, pour ne rien arranger, les pentes couvertes de forêts dissimulent tout tracé au-delà des prochains 300 mètres. Alors j'examine à nouveau chaque vallée transversale, tente d'identifier les sommets et les arêtes sur ma carte grossière. La marque semble correspondre au pointillé. Il faut lui faire confiance, et j'en ai pris l'habitude en Suisse. Allez ! En avant… Bientôt, la trace disparaît. Aurais-je manqué une patte-d'oie ? Je reviens en arrière et tente une autre voie, qui se dissout pareillement au milieu des arbres, tandis que, sur la pente, je progresse comme un dahu, pieds crispés, une main au ras du sol et l'autre battant l'air pour conserver mon équilibre. Une troisième voie. Une quatrième, qui m'oblige, au lieu de descendre, à monter sur une arête si abrupte que je crains de revenir sur mes pas. Du sommet, je parviens par un autre chemin à redescendre à mon point de départ. Près de deux heures se sont écoulées. Je recommence : la marque à la peinture écaillée, la carte, les vallées transversales, le pointillé. Le sentier qui ne peut être qu'ici !

Le nouvel essai me conduit au bord d'à-pics de plusieurs centaines de mètres. Maudit chemin ! Maudits Italiens ! C'en est trop et je décide de renoncer à l'étape du jour en me souvenant de Bernard, un montagnard expérimenté que j'avais aidé à préparer son voyage à pied vers Jérusalem, qui avait rejoint la Ville sainte avec succès et que l'on a retrouvé mort, deux ans plus tard, au fond d'une vallée alpine qu'il avait explorée en solitaire. Je vais retourner au lac de Larecchio. Il y a une centrale électrique là-haut, où j'ai aperçu deux ouvriers tout à l'heure : je vais leur demander l'hospitalité et prendrai une autre direction demain. La décision me semble sage, et je bats en retraite, mais je scrute néanmoins la montagne. Une demi-heure plus tard, une apparence de passage se dessine, qui descend en escalier le long d'une arête. L'herbe y paraît usée par un piétinement ancien.

Ce serait trop bête de manquer le chemin, maintenant que je l'ai trouvé ! Rasséréné, je m'y engage et descends plusieurs centaines de mètres. Le passage devient moins clair, puis débouche à nouveau sur le vide. Je parviens cependant à contourner l'obstacle et à poursuivre.

Du premier cercle ainsi je descendis
Plus bas dans le second, qui enceint moins d'espace,
D'autant plus de douleur, et poignante à crier.

(« L'Enfer » – Chant V)

Mais plus bas, de nouveaux précipices, et je renonce à nouveau, repartant en direction de Larecchio. Sur la pente, je pense à Éric Tabarly qui a fait demi-tour dans la Transat de 1976, résigné à l'abandon devant la violence de la tempête. Même ce géant ! Sans retrouver mes traces, je progresse un pas après l'autre, les mains agrippées aux racines, aux rochers et aux branches de mélèze, en espérant ne pas buter sur un surplomb infranchissable qui m'obligerait à reprendre la descente.

Priez pour nous, pauvres pécheurs,
Maintenant et à l'heure de notre mort.

De ma vie, mes mains n'oublieront la douceur des aiguilles de mélèze que j'ai étreintes mille fois et qui m'ont retenu au bord du vide. Sur un repli de terrain, je risque un regard vers la vallée. À 400 mètres en contrebas, un chalet d'alpage est posé sur une prairie dégagée. De là, il y a forcément un chemin ! J'hésite. Je jauge d'un côté le parcours pour remonter au sommet et, de l'autre, mes chances d'atteindre le chalet sain et sauf. En 1976, Tabarly était revenu dans la course après sa volte-face et avait atteint Newport en vainqueur. Mais je ne suis plus le gamin de 12 ans qui veut jouer au héros, et je sais que ma vie se joue à un pied qui dérape et à une glissade que ma main ne saurait pas retenir. Elle est bête, elle est stupide, cette mort. Je tergiverse un moment, puis décide de rejoindre le chalet. J'y mettrai près d'une heure, au prix de nouvelles frayeurs et d'une glissade de plusieurs dizaines de mètres qui me laisse heureusement indemne.

À partir du chalet, comme je le pressentais, un sentier permet de rejoindre la vallée, que j'emprunte en courant car il reste encore 1 000 mètres à dévaler alors que la nuit approche. Ainsi s'achèveraient les épreuves du jour si je ne devais encore trouver un gîte. Quand j'arrive au premier village, la nuit est tombée et je ne croise personne, à part deux vieilles femmes qui me regardent d'un œil mauvais.

– Non, il n'y a rien ici. Allez à Domodóssola.

Comment le pourrais-je ? C'est à 10 kilomètres et mes membres tremblent encore de l'effort et de la frayeur. Je m'éloigne en feignant de quitter le village. Il aurait mieux valu ne rencontrer personne plutôt que d'éveiller ainsi les soupçons. Je tente un abri de planches près du cimetière, mais les chiens du voisinage ont reniflé ma présence et ils hurlent à la mort. À force de rôder, je finis par découvrir un appentis en ruine dont le fond sert de décharge.

Un mur me protégera des indiscrets jusqu'au lever du jour, c'est déjà ça. Et dans le lavoir voisin coule un filet d'eau claire.

Un jour qui aurait dû être ordinaire, de ceux dont on ne parle jamais.

Les deux vallées jumelles de Saas-Fee à l'est et de Zermatt à l'ouest forment sur la carte du Valais suisse un « V » inversé environné de dizaines de sommets dépassant les 3 000 mètres, dont plus du quart des 82 « 4 000 » que comptent les Alpes. Excepté la route qui vient du nord, les points d'entrée sont escarpés et frisent les neiges éternelles. Des cols fréquentés cependant de longue date par les contrebandiers, comme l'Antrona Pass que je franchis à 2 838 mètres, ou le col voisin de Monte Moro dont le nom rappelle que les Maures se sont durablement implantés dans les Alpes. Dans sa chronique, à l'année 929, l'historien Frodoard signale que « les chemins des Alpes furent occupés par les Sarrasins, et beaucoup de gens voulant aller à Rome en furent empêchés et revinrent ».

En retrouvant, après le parfum du lilas et des tilleuls en fleur du val d'Ossola, les hauteurs battues par un vent glacé, les cirques d'altitude et les sentiers déserts, je pense à Édouard et Mathilde que j'avais rencontrés la veille de mon départ. À ce vague rendez-vous au pied du Cervin. Ils ont dû tracer droit pendant mes détours en Suisse centrale et me devancent probablement d'une dizaine de jours. Trouverai-je de leurs nouvelles au revers du panneau d'entrée de Zermatt ? Comment ont-ils vécu leur premier mois de marche vers Jérusalem ?

– Nous partons délibérément sans argent, m'avait dit Édouard. Pour l'intendance, nous nous en remettrons à la Providence.

Sûrement pas facile tous les jours, mais ils ne manquent pas d'atouts avec leur jeunesse et leur histoire de marche vers Jérusalem en guise de lune de miel. Quel soutien aussi de pouvoir dire à l'autre : « Je t'en prie, va demander ce soir, car je n'en peux plus. Demain ce sera mon tour ! » Et Mathilde, si jolie, fragile comme un bijou de porcelaine, belle comme une Madone ! Où est la richesse, où est la pauvreté ?

Je regarde trop les panneaux des sentiers et leurs indications horaires. Même si j'ouvre grand les yeux sur le spectacle qui m'entoure, je ne peux m'empêcher d'étalonner ma course sur les durées estimées pour des randonneurs moins aguerris. C'est vain, ridicule ; je le sais. Mais à défaut de personne à qui parler, ce sont les

panneaux qui me parlent avec leurs chiffres stupides et changeants, comme si quelqu'un me tançait de mon retard ou me félicitait de mon avance. Heureusement, la splendeur du paysage emporte tout : les deux journées entre Saas-Fee et Zermatt dépassent en grandeur et en majesté tout ce que j'ai vu dans les Alpes bernoises et le Tessin. Une succession de cirques et de sommets encapuchonnés de neige,
ph. 34 plus de dix glaciers différents, des bouquetins, des chamois et ces
ph. 28 curieuses chèvres, mi-blanches mi-noires, qui ne vivent que dans la
vallée de Zermatt. Les sections les plus périlleuses sont appareillées de câbles, de cordes, d'échelles, de passerelles, de pitons plantés dans la roche. Quel luxe ! Et pas question de négliger une seule de ces mains courantes sous prétexte que je m'en suis passé mille fois sur des sentiers moins fréquentés.

Hier, au refuge d'*Europahütte*, des montagnards allemands évoquaient une telle dégradation du temps dans les jours à venir que je me suis résolu à étudier les itinéraires pour rebrousser chemin. Quelle folie de m'être précipité dans cette impasse fermée par un col à près de 3 500 mètres d'altitude ! Manquer de me tuer en descendant vers Domodóssola et ne même pas apercevoir le Cervin… « La vraie montagne, dit l'Évangile, c'est le Royaume de Dieu. » Malgré tout, je trouve dur d'avoir consenti tant d'efforts et d'être obligé de renoncer.

Sombres et froids, les nuages plafonnent vers 2 500 mètres. Un pari perdu. Il est stupide de s'entêter contre les éléments. Je le sais et, malgré cela, je ne peux m'empêcher de reprendre les sentiers de chamois. J'irai au moins jusqu'à Zermatt et je sais que je ne renoncerai qu'en dernière extrémité.

Gris sombre, gris clair, quelques trouées vers le ciel. Les heures s'enchaînent au fil des pierres qui roulent sous mes sandales vers les précipices et des fleurs qui tapissent les alpages. Bientôt, j'entrevois au loin la base d'une pyramide noirâtre. On raconte que Cervin, le compagnon de Gargantua, se serait assis sur la montagne pour se reposer. Celle-ci se serait écroulée sous le poids du géant, à l'exception du pan prisonnier de ses jambes qui seul demeure aujourd'hui. Gargantua pourrait jouer des pointes en équilibre sur le sommet, je ne vois toujours rien. Un violent coup de vent ne pourrait-il pas balayer le ciel ? Le sommet joue à cache-cache toute la matinée derrière les nuages, enturbanné comme une vierge effarouchée qui se dissimule derrière ses voiles. Enfin, il apparaît au loin, massif et orgueilleux du haut de ses 4 478 mètres, énigmatique comme un ph. 32-33 sphinx posé en travers de la barrière montagneuse. Au même moment éclate une fanfare sur le versant d'en face, comme si la fête d'alpage que je traverse une heure plus tard en ce dimanche devenu ensoleillé célébrait le géant tutélaire et récompensait un entêtement qui n'est pas toujours stupide.

Quant au pari, je suis encore loin de l'avoir gagné, car un glacier m'attend là-haut.

À Zermatt, village de luxe niché au fond de la vallée, dominé par le cirque de glaciers et de sommets enneigés, on cultive le pittoresque et on exalte une Suisse à la *Heidi*, malgré les constructions neuves qui noient les quelques rues bordées d'anciens chalets de bois. Les voitures sont interdites ; des carrioles à cheval transportent les excursionnistes fortunés et leurs bagages vers les hôtels et, chaque soir à 18 heures, un chevrier dûment stipendié par l'office de tourisme arpente les rues avec ses bêtes noires et blanches. On entend du français et aussi beaucoup d'anglais dans les rues, au milieu de l'allemand retrouvé après la parenthèse italienne. Du russe, du chinois, du japonais… L'irruption dans ce monde de vacances industrialisées me déconcerte.

Au revers du panneau d'entrée du village, pas un mot d'Édouard et de Mathilde. Serais-je arrivé le premier ? Mon détour par Locarno m'en fait douter. Plus préoccupés d'eux-mêmes que d'un marcheur rencontré deux fois dans leur vie, ils ont peut-être oublié ou négligé leur promesse, à moins que le vent et la pluie n'aient emporté leur billet. À tout hasard, je griffonne quelques phrases et les colle à l'endroit convenu, un peu déçu. Ont-ils réussi à franchir le col ? Sur ma carte, au lieu des marques rouges des sentiers de montagne, un pointillé bleu indique la traversée du glacier de Saint-Théodule qui permet de rejoindre le versant italien.

– Rien d'impossible par beau temps, à condition d'être correctement équipé, m'assure le gérant de l'hôtel Bahnhof où je loue pour deux nuits et à un prix exorbitant un lit au sous-sol dans un dortoir pour dix personnes.

Peu familier de la haute montagne et n'ayant jamais marché sur un glacier, je me sentirais plus rassuré avec un guide. Et des chaussures de montagne, car je sais que les sandales, ce n'est pas sérieux. Théodule ! Avec un nom pareil, l'idée de franchir le glacier pieds nus ressemble à une trouvaille de concours Lépine pour professeur Nimbus en goguette. Comme j'ai conservé un soupçon de bon sens, mon idée consiste à louer une paire dans un des nombreux magasins du village et à demander au guide de les rapporter une fois la traversée effectuée. Mais au bureau des guides, on me rit au nez.

– Le col de Saint-Théodule, c'est tout ? Si vous vouliez quelqu'un pour le Breithorn, le Cervin ou le Monte Rosa peut-être, mais juste le col, c'est beaucoup trop court et trop facile. À peine deux ou trois heures. Non, je n'ai personne.

Quand je propose de payer la journée entière, on m'oppose le même refus. En cette saison, les guides croulent sous les demandes et préfèrent de vraies courses d'alpinisme. Pas de guide, donc, et pas de chaussures louées non plus puisqu'il n'y aurait personne pour les rapporter au magasin. Comment Édouard et Mathilde se sont-ils débrouillés ? À l'église, une religieuse me confirme leur passage une dizaine de jours auparavant :

– Je leur ai donné du pain pour la route.

Ces nouvelles des tourtereaux me rassérènent. Je suis content pour eux, mais cela ne résout en rien mon problème et je rentre dépité au Bahnhof.

– Ils ont raison, renchérit le gérant : le glacier n'est pas difficile. Il est couvert de neige et monte en pente douce sur 3 kilomètres environ, entre 3000 et 3300 mètres. Il sert de piste de ski. Vous n'avez qu'à rejoindre le remonte-pente vers 3000 mètres et le suivre.

– En sandales ?

– Ah, bien sûr, ce n'est pas idéal, mais si vous ne craignez pas le froid, ça ne me paraît pas impossible.

Le gérant, un homme d'une quarantaine d'années, semble connaître son affaire. Je le pousse dans ses retranchements car ce ne sera pas lui, demain, qui pataugera dans la neige. Au fur et à mesure, il paraît de plus en plus sûr de lui.

– Un dernier conseil : traversez entre 7 heures du matin et midi afin d'éviter à la fois le verglas et la bouillasse.

À moitié convaincu, je décide de monter jusqu'à 3000 mètres et de coucher à la *Gandegghütte*, un refuge situé au bord du glacier. « Pour voir », disent les joueurs de poker. Si la traversée me paraît trop dangereuse demain, je rebrousserai chemin. Renoncer seulement en dernier recours. Au bureau des guides, on m'a déclaré que le refuge était complet, mais qui laisserait un homme bivouaquer sans tente à 3000 mètres ? Je pars quand même, après avoir alourdi mon sac de provisions pour quatre jours.

"Lève-toi donc, triomphe de l'angoisse
Avec l'esprit, qui vainc en tout combat,
S'il ne s'affole pas du fardeau de son corps.
Il va falloir monter une échelle plus rude,
Car il ne suffit pas d'avoir fui les démons."
Sur ce, je me levai et je me donnai l'air
D'avoir souffle meilleur que je ne me sentais,
Et je m'écriai : "Va ! je suis fort et hardi."
Je parlais en marchant, pour ne pas sembler lâche.
(« L'Enfer » – Chant XXIV)

En chemin, je taille deux solides bâtons de mélèze pour m'aider sur le glacier. Lorsque j'arrive à la *Gandegghütte* vers 17 heures, après trois heures d'ascension, le responsable du refuge qui prend le soleil sur la terrasse ne veut rien entendre :

– Non : c'est complet. Un point c'est tout.

Je ne vais pas dormir sur la terrasse, tout de même.

– Sûrement pas ! Vous n'avez qu'à prendre la télécabine vers la vallée.

Comme j'insiste, l'homme, toujours peu amène, m'indique la direction des sommets :

– Il y a un autre refuge pas très loin, juste derrière… Par là… Il faudra marcher dans la neige. Vous n'avez qu'à y aller… Une heure, pas plus.

Un autre refuge avant le col ? Peut-être ai-je mal regardé ma carte. Il reste environ quatre heures de jour ; des nuages de beau temps défilent dans le ciel clair. Puisqu'il n'y a pas moyen de dormir ici, je vais essayer d'atteindre le refuge qu'on m'indique et, de là, je tenterai demain la traversée du glacier. En m'engageant sur la neige, je sens derrière moi les yeux goguenards de l'homme de la *Gandegghütte* qui regarde mes sandales, et crois entendre son mépris tant il pense fort : « Encore un touriste inconscient ! Tant pis pour lui. » À moitié inconscient seulement, car j'ai déjà marché plusieurs heures en sandales dans la neige au-delà de 4 000 mètres dans l'Hindu Kush, l'année passée, lors de mon voyage dans le nord du Pakistan sur les traces d'Alexandre le Grand. Même si c'est désagréable, les pieds ne gèlent pas si facilement car la marche entretient la circulation du sang dans les extrémités. Il y a une limite, évidemment. Elle se situe souvent beaucoup plus loin qu'on ne l'imagine. Il reste la seconde moitié d'inconscience.

Vingt minutes après mon départ de la *Gandegghütte*, une cordée de retour du Breithorn me remet opportunément sur le bon chemin. Avec leurs crampons, casques et piolets, la corde qui les relie, ils ne risquent plus rien. Pour eux, comme l'assure le bureau des guides, Saint-Théodule est trop simple. Après la cordée, plus personne, rien que la montagne silencieuse. Je patauge dans la glace friable et la soupe de neige. Alors où est-il, ce refuge ?

– Rejoignez d'abord le remonte-pente, puis suivez-le, m'a dit le guide de la cordée du Breithorn. Vous ne tarderez pas à le voir.

Le remonte-pente… N'est-ce pas la voie que m'a indiquée le gérant du Bahnhof pour franchir le col ? Au bout d'une heure, j'arrive sous les câbles et comprends que je suis en train de le franchir, ce fichu col qui m'effrayait tant ! Presque sans m'en rendre compte. Si j'avais su, je n'aurais jamais osé m'y engager en fin d'après-midi. Au-dessus de ma tête, les pioches du tire-fesses sont immobiles. Tout à l'heure, j'ai vu de loin trois pisteurs effectuer la dernière descente. Je suis seul et j'hésite entre la jubilation et l'inquiétude car je ne distingue pas encore le refuge. En outre, la température est dangereusement élevée. Il fait si chaud – 5 °C, peut-être davantage – que la neige qui couvre le glacier fond et découvre des crevasses où pourrait disparaître un homme, m'obligeant à de longs détours. La soupe se transforme en rivières glacées et en petits torrents que je n'ose franchir d'un bond, de peur de ce qui m'attend de l'autre
ph. 31 côté. Que ferais-je sans mes solides bâtons de mélèze ?

Peu à peu, cependant, je progresse vers le haut du col. Il y a mille ans, le passage vers l'Italie était plus simple, car il n'y avait pas de glacier en cet endroit et la montagne était libre de neige en été. Le changement climatique tant décrié n'est pas le premier de l'histoire moderne. Réchauffement ou retour à l'état d'avant le refroidissement du petit âge glaciaire ? On a découvert près d'ici des traces de sentiers muletiers qui témoignent des transhumances estivales de l'an mil.

J'ouïs qu'on me disait : "Prends garde quand tu passes :
Tâche, en marchant, de ne fouler les têtes
De tes frères humains, lassés et misérables."
Je me tournai et je vis devant moi
Et sous mes pieds un lac qui, par l'effet du gel,
Avait l'aspect du verre et non de l'eau.
Livides et plongées jusqu'où siège la honte,
La glace emprisonnait les ombres douloureuses,

Claquant des dents comme font les cigognes.
Toutes avaient le visage baissé,
Et leur bouche, du froid, leurs yeux, de leur cœur triste,
Donnaient assez pénible témoignage.
(« L'Enfer » – Chant XXXII)

Le soleil disparaît à l'ouest derrière le Cervin. Au bout de deux heures, j'aperçois une petite construction couverte de zinc, à droite, sur un éperon rocheux. Trop petite pour un refuge. Ce doit être plus loin. Oui, là-bas : une maison sombre qui se détache sur le ciel, au bout d'une pente raide.

J'ai réussi ! Enfin, pas encore, mais c'est tout comme. Je vois le but. Rien ne peut plus m'empêcher de l'atteindre. Alors, sur ce glacier désert environné de cimes, au pied de ce Cervin dont j'ai tant rêvé et dont le sommet me surplombe encore de 1 000 mètres, je brandis mon poing jusqu'au ciel et pousse un long rugissement de victoire dont l'écho rebondit sur le flanc des montagnes.

Bien sûr, j'ai les pieds rougis par le froid à force d'avoir pataugé dans la neige et la glace fondue, mais qu'importe !

Rifugio Guide del Cervino – 3 480 m. Quand je pousse la porte, en haut de l'escalier de bois, je me sens plus heureux que Guillaume le Conquérant abordant aux côtes d'Angleterre. On m'attribue un matelas sur le sol d'une des dix chambrettes de quatre lits au premier étage. Sur les deux paires de lits superposés, une famille française férue d'alpinisme.

– Nous montons au Breithorn demain, 4 164 mètres : le "4 000 des dames".

– Il faut un début à tout, se défend Nathalie.

Un début également pour les deux fils de 17 et 19 ans qui se passionnent pour mon parcours. J'étale mes cartes sur les tables de bois verni de la salle commune. Au mur, des portraits de guides à la pointe sèche et des photos en noir et blanc des sommets alentour. Quelques cartes aussi. Sur les miennes, les montagnes de Suisse qui m'ont coûté tant d'efforts paraissent ridiculement petites au regard de la longueur de la botte italienne.

– Vous descendrez jusqu'où ?

Puisque j'ai dépassé le Cervin, je peux bien le dire à présent, et je pointe l'index sur l'extrémité du talon de la Botte :

– Santa Maria di Leuca.

– Pour aller jusqu'au bout du bout du bout ?

– Non, mais parce que, selon une tradition, saint Pierre y aurait débarqué quand il est arrivé de Terre sainte pour se rendre à Rome.

Voilà le lieu symbolique que j'ai choisi pour faire demi-tour au sud de Naples avant de remonter vers la Ville éternelle. Un chemin avec saint Pierre vers Saint-Pierre de Rome. Et aussi un moyen de renouer le lien avec le périple vers Jérusalem et la Terre sainte.

– Ça vous rajoute un sacré bout de chemin !

– Presque 2 000 kilomètres supplémentaires pour ce bout de chemin sacré.

Via Sacra des triomphateurs de l'Empire ?

Moins présomptueux, les Français du « 4 000 des dames » ne tardent pas à monter se coucher car ils se lèveront cette nuit à 4 heures pour entamer l'ascension, et ils me laissent seul devant ma carte d'Italie. Ça se termine toujours ainsi : seul devant le chemin que je me suis fixé. En promenant mes doigts à travers le Piémont, la Lombardie, l'Émilie-Romagne, la Toscane, l'Ombrie, les Abruzzes, le Molise, les Pouilles, la Basilicate, la Campanie et le Latium, je commence à prendre conscience de la démesure de cet itinéraire.

7.

Le parasol des émigrés

— NE MANQUEZ PAS Varallo, m'avait conseillé Livia. Le Sacro Monte y est extraordinaire.

Quelle meilleure introduction pour entrer en cette Italie pétrie d'art et de foi ? Près de trois jours avec plus de 4 000 mètres de dénivelé quotidien me sont nécessaires pour descendre de la montagne réelle et glacée à la montagne imaginaire et sacrée. Ici, l'Italie prend les apparences de la Terre promise et de la Terre sainte, comme l'ont souhaité les moines franciscains qui ont érigé à partir de 1480 cet ensemble de quarante-cinq chapelles disséminées dans la verdure sur une terrasse rocheuse surplombant à 600 mètres d'altitude la petite ville piémontaise de Varallo. Dans chacune des chapelles, ouvertes sur l'extérieur, des statues polychromes en bois et terre cuite, grandeur nature, campent sur un fond de fresques des scènes de l'Ancien Testament ou de la vie du Christ. Conçu à l'origine comme un lieu de pèlerinage destiné à se substituer au voyage outremer que l'expansion musulmane en Orient avait rendu difficile, le Sacro Monte s'attache à reproduire la géographie des lieux saints de Palestine. Avec quelle émotion j'y reconnais la porte romane et les degrés circulaires de marbre qui s'enfoncent vers la réplique de la grotte de la Nativité à Bethléem !

Au fil des années et des siècles, une nouvelle Jérusalem jaillit sur ce morceau d'Italie, proposant un cheminement didactique

s'accordant aux enseignements de la Contre-Réforme, un parcours dans les pas du Christ au milieu d'un lieu saint recréé comme une ville avec ses immeubles, ses arcades, un jardin des Oliviers, les places du Temple et du Tribunal, un Golgotha et un Saint-Sépulcre où je reconnais l'apparence de celui de Jérusalem. En tout, plus de 800 statues peintes et 4000 personnages sur les fresques, lit-on dans les guides. Mais on ne se préoccupe pas des chiffres tant l'âme est saisie et emportée par la représentation à la fois vériste, inventive,
ph. 37 pittoresque, virtuose, irréelle, incarnée, et par les échappées du décor en trompe l'œil et les personnages en terre cuite qui jaillissent au premier plan avec une vérité et une présence inouïes : les cordes qui descendent par le toit le grabat du paralytique devant Jésus, Lazare qui se lève de son tombeau, et Zachée dans son arbre postiche qui se détache de la foule peinte sur le mur du fond. Au bonheur agreste du paradis terrestre, à la douceur intimiste des premières scènes comme l'Annonciation ou la Nativité succèdent l'exubérance baroque du massacre des Innocents, de la Transfiguration ou
ph. 38 de l'*Ecce Homo* au palais de Ponce Pilate, l'élégance vénitienne de la Cène, la violence du crucifiement, l'écroulement des espérances lors de la descente de la Croix ou la sérénité de l'ange devant le tombeau ouvert au matin de Pâques.

La variété des styles entre les premières chapelles qui datent de la fin du XVe siècle et les dernières du XVIIe siècle aboutirait à un assemblage disparate si partout n'éclatait à travers leurs œuvres la foi des artistes – sculpteurs, peintres, modeleurs, bâtisseurs – qui unifie l'ensemble *ad majorem Dei gloriam*. Loin de la splendeur initiale, la peinture écaillée de nombreuses statues ajoute aux scènes un cachet suranné et mélancolique qui s'accorde avec la réalité contemporaine de la foi catholique en Occident. Il ne reste guère de pèlerins aujourd'hui au Sacro Monte de Varallo. Et bizarrement, très peu de touristes alors que le site figure sur la liste du patrimoine mondial de l'Unesco.

Je m'attarde une journée entière sur la « montagne sacrée », d'autant peu enclin à revenir à mon gîte que l'atmosphère est assez déprimante à la maison de retraite des Sœurs missionnaires de Jésus-Éternel-Prêtre. On m'y a accueilli de manière neutre, sans que je comprenne si je suis un invité ou un hôte payant. Au moment du départ, je demande le montant de la nuitée pour ne pas contraindre mes hôtesses à la générosité.

– Trente euros, maugrée la vieille mère Serafina.

J'avais cru lire 40 sur la porte de la chambre, mais puisqu'elle n'en exige que 30… Les trois billets n'éclairent pas la mine renfrognée de mère Serafina qui me regarde comme si elle regrettait déjà de m'avoir accordé une ristourne que je ne lui ai pas réclamée. Ses yeux me disent : « J'étais bien obligée de faire un geste pour le pèlerin de Rome » ; mais il l'agace, ce geste, il l'énerve.

Est-ce pour ne pas ressentir à nouveau le sentiment désagréable de forcer la main, quoique involontairement ? Le soir même, je dors dans un cimetière sur les rives du lac d'Orta. Les hôtels ne manquent pourtant pas aux alentours car je suis revenu dans une région de tourisme de masse, mais, en France, cet abruti d'agent immobilier n'a toujours pas été capable de trouver un locataire pour mon appartement à deux pas du Louvre. L'argent me file entre les doigts, mes économies continuent à s'égoutter à travers un tuyau percé. Et puis, coucher parfois dans des conditions précaires m'aide à solliciter avec un regard clair l'hospitalité des religieux : il s'agit moins alors d'économiser une nuitée d'hôtel que d'éviter une nuit dehors.

Avant de me résoudre au cimetière, j'ai arpenté le front du lac en quête d'un abri : comme les touristes y flânent, ce n'est pas commode d'y installer un bivouac. Un ponton ou le fond d'une barque m'auraient convenu si je ne craignais d'être dévoré par les moustiques, trempé par la rosée matinale ou surpris par un indigène soupçonneux. Au cimetière, du moins, *nessun'disturba* : personne ne dérange ! Délaissant un caveau en sous-sol, décidément trop macabre, j'installe mon maigre couchage sous un auvent, près d'une armoire à cadavres. Car voilà à quoi ressemblent en Italie les quartiers du silence, qui sont d'une tristesse abominable.

Il y a quelques tombes au sol, mais la plupart des morts sont rangés soigneusement dans des sortes de chapelles qui tapissent les murs dudit cimetière. Cela ressemble aux merceries de jadis où l'on voyait des armoires pleines de petits tiroirs qui contenaient des boutons différents et, sur le devant de chaque tiroir, un exemplaire du bouton pour savoir ce qu'il y a dedans et ne pas être obligé de tout ouvrir. Ici, à la place du bouton témoin, il y a un médaillon avec la photo du regretté défunt. Et il y a comme cela des armoires à cadavres sur tout le pourtour du cimetière, avec des escabeaux métalliques devant pour pouvoir ajouter une fleur artificielle dans le pot minuscule prévu à cet effet, à côté de la veilleuse branchée sur 12 volts.

Tous les cimetières que j'ai vus depuis mon passage par le val d'Ossola sont construits de la sorte. J'en ai même vu un, moderne, qui ressemblait à une centrale pénitentiaire avec des coursives sur plusieurs étages. Dormir près des squelettes et des cendres funéraires ne m'effraie pas. De toute façon, la résurrection de la chair, ça n'a pas l'air d'être pour tout de suite. Mais ces cimetières sont inutilement sinistres. En vrai, c'est horrible à pleurer, alors que je ne vois pas pourquoi un cimetière serait nécessairement triste ! J'ai mis plusieurs jours à discerner ce qui me paraissait le plus horrible : l'uniformité, la répartition en petites cases carrées, toutes de la même dimension et entassées comme des barres d'HLM. Il existe des régularités harmonieuses – les alignements de croix blanches sur la verdure de certains cimetières militaires, par exemple – mais ce clonage digne des *Temps modernes* fait frémir à l'idée d'être enterré un jour en Italie.

Alors je ferme les yeux, j'oublie la dureté du sol, la veilleuse des morts et je songe à la descente merveilleuse de l'après-midi vers ph. 35 le lac d'Orta. Le ciel purifié par l'orage d'hier et l'île San Giulio, calmement posée sur les eaux, caressée par la lumière dorée du jour finissant. Un enchantement.

ph. 36 – La plaine du Pô, m'avaient annoncé des marcheurs, tu verras : c'est moche, ennuyeux, interminable ! Étouffant en été, de surcroît.

Ainsi prévenu, je suis moins déçu par la réalité, presque rasséréné. De toute façon, j'ai besoin d'une cure d'austérité afin de digérer l'exubérance baroque du Sacro Monte. Voilà aussi pourquoi un voyage en automobile ne me conviendrait pas en cette Italie où les merveilles artistiques surabondent. Je me sens incapable d'enfiler les chefs-d'œuvre comme des perles de pacotille sur un bracelet de club de vacances et, même si je m'impatiente devant la monotonie d'étapes sans charme, je sais que j'ai besoin du banal pour restituer du relief à l'extraordinaire.

En fait, je les trouve plutôt attachantes, ces plaines couvertes de rizières, à l'ouest de Milan, qui me permettent d'engranger rapidement les kilomètres. J'arpente les diguettes qui courent entre les parcelles inondées où les pousses jaillissent drues et serrées, hautes d'une quarantaine de centimètres. Les tracteurs ont des roues sans pneus et crantées de fer pour rouler dans la boue, et la basilique néoclassique San Gaudenzio de Novare hisse à 121 mètres sa coupole surmontée d'une flèche, comme un phare au-dessus de la platitude verte. Quant à la chaleur, je m'en accommode de manière surprenante une semaine après le glacier du Cervin : un soir, vers 19 heures 30, quand la température est redevenue douce après le pic de la mi-journée, je lis 32 °C sur un thermomètre public. Même les moustiques – *zanzare*, disent les Italiens en une onomatopée évocatrice – ne m'importunent pas trop, sauf un soir près du Pô où le coucher du soleil sonna l'invasion et m'obligea à battre en retraite précipitamment à l'abri de la moustiquaire que j'avais installée pour mon bivouac sous un toboggan de jardin public.

Je voudrais ne me rappeler que don Giancarlo, un homme bon qui m'a ouvert une salle paroissiale à Vigevano et m'a offert un dîner que nous avons partagé avec l'ouvrier agricole roumain qu'il hébergeait au presbytère. Je voudrais ne me souvenir que des hérons et des cigognes qui s'envolaient d'un air majestueux à mon approche dans les rizières. Mais la vérité ne ressemble pas à cette vision bucolique. Depuis mon arrivée en Italie, la médiocrité des cartes dont je dispose m'oblige le plus souvent à longer des routes encombrées de circulation, et partout je ne rencontre que des regards méfiants lorsqu'ils ne sont pas hostiles. Même les franciscains, à Vigevano, m'ont menti effrontément en prétendant ne jamais accueillir de pèlerins alors que plusieurs personnes m'ont assuré du contraire. Combien de fois n'ai-je pas vu des vieilles femmes qui m'avaient aperçu de leur jardin regagner précipitamment leur maison et me regarder d'un air soupçonneux en soulevant à peine un coin de rideau !

Nous rencontrâmes un convoi d'âmes
Qui s'en venaient le long de la berge ; et chacune
Nous regardait, comme l'un l'autre, au soir,
On se regarde, à la lune nouvelle :
Tournés vers nous, ils aiguisent leurs yeux,
Comme le vieux tailleur au chas de son aiguille.

(« L'Enfer » – Chant XV)

Un professeur en vacances, rencontré à l'heure de la *sambuca*, tente de justifier ses compatriotes :

– Ils ont peur, mais c'est normal, vous savez : il y a des bandes de gitans qui traînent, des extracommunautaires. L'immigration n'est absolument pas contrôlée ! *Il mondo è molto pericoloso oggi...*

Il paraît que c'était mieux il y a cinquante ans, ce dont je doute car les méchants d'alors devaient être les Italiens du Sud. Et puis il y a les chiens.

Fauve cruel et monstrueux, Cerbère
De trois gosiers aboie comme un chien
Contre les gens qui sont là, submergés.
(« L'Enfer » – Chant VI)

Dans chaque village, mon arrivée déchaîne un concert infernal qui me poursuit de la première à la dernière maison. Aucun moyen d'y échapper. À force, j'ai l'impression d'être rejeté par l'univers entier. Et sur les routes, ce n'est pas mieux. Il ne s'agit pas seulement du danger ou du désagrément d'être frôlé par des véhicules bruyants et polluants. C'est plus sérieux, car chaque voiture qui me double dénonce l'aberration de mon voyage, chaque voiture me rappelle que le monde vit en pétaradant, en vrombissant, en s'agitant avec une futilité dont j'ai voulu m'éloigner pendant plusieurs mois. Chaque voiture est comme un chien qui aboie pour me rejeter et me hurler au visage que je me trompe, que je poursuis des chimères et que la vie n'est pas sur les chemins, ou n'y est plus.

En plus, ici, le chocolat ne vaut rien ; le pain, c'est du vent ; et les églises sont presque toujours closes.

– Trop de vols ! s'excuse le professeur.

Quel atterrissage brutal après la Suisse ! Dès que les reliefs bleutés des Apennins se profilent à l'horizon, je délaisse la voie habituelle des pèlerins qui continue dans la plaine vers l'est, Pavie, Plaisance et Parme, et oblique à main droite en direction de Lucques, première ville de Toscane dissimulée derrière 200 kilomètres de montagnes. Sur la carte, les mots « Alpes apuanes » accompagnent l'arc du massif, portion septentrionale de la colonne vertébrale des Apennins qui structure la péninsule. Encore ébloui par les sommets de Suisse, j'espère retrouver en altitude tant les beautés spectaculaires de la nature qu'un peu de bienveillance chez les habitants du pays.

Pour l'heure, les champs de maïs ont succédé aux rizières ; plus un pouce de verdure, pas un brin d'herbe qui ne soit sec et jauni ; toute la végétation est grillée. Les vignes tuées de chaleur crépitent comme des sarments dans un brasier sur les premiers contreforts des montagnes.

Des montagnes, ça ? À peine de grosses collines dont les sommets n'excèdent pas 1 500 à 1 700 mètres et m'obligent cependant à d'interminables dénivelés sous la canicule. Et laides, affreuses : en bas, un amas informe de mottes jetées au hasard comme les rognures d'un chef-d'œuvre que l'on pousse dans le coin d'un coup de balai ; plus haut, un entassement brouillon qui rappelle ces édifices que la faiblesse des hommes met plusieurs siècles à terminer, sans cesse interrompus, repris, livrés à des architectes qui s'ignorent et explorent chacun leur idée. Aucune rivière pour ordonner les vallées, et plus de ruisseaux d'alpage pour boire à volonté. La végétation est pâle et chétive. La terre, grumeleuse et grise, se dissout en poussière. Tout est sec, brûlé, hideux. Nulle joie dans ce chaos, rien que de l'exaspération. Je me perds sur des chemins forestiers qui ne mènent nulle part, j'y gaspille des heures éreintantes et finis par me rabattre sur l'asphalte où l'incurie des cartographes italiens ne m'épargne pas davantage. S'égarer sur des sentiers, passe encore, mais sur des routes goudronnées !

Les panneaux indicateurs n'aident guère : ils annoncent la plupart du temps le hameau suivant et jamais la prochaine ville d'importance. Or, pratiquement aucun de ces hameaux ne figure sur les cartes de pays sous-développé que j'ai déjà beaucoup de peine à me procurer. Quant aux habitants, ils ne rachètent pas leurs congénères de la plaine. *Attenti al cane, ma sopratutto al padrone*, indique le panneau au-dessus de la silhouette d'un fusil à lunette…

« Mercredi 8 août : journée pourrie, et pas uniquement en raison des orages qui ont provoqué quelques averses. Nombreux kilomètres pour rien. Je maudis les Italiens, leurs cartes, leurs chiens. » Voici comment je résume pudiquement la journée dans la lettre à la famille. En vrai, j'ai fulminé du matin au soir de m'égarer sans cesse, j'aurais voulu lapider toute la gent canine du monde ; quand une énième voiture a refusé de s'arrêter alors que je voulais juste demander mon chemin, j'ai craqué et me suis mis à vociférer ma haine, à crier des insultes à l'adresse de tous les Italiens de la terre, jusqu'à en faire résonner les montagnes. J'aurais voulu pleurer de rage et mes yeux restaient secs. La perspective de passer encore trois mois dans ce pays inhospitalier me paraît insupportable. À quoi bon arpenter des milliers de kilomètres, me perdre sur des routes, user mes semelles sur du goudron et traverser des villages où tout le monde me regarde de travers, tandis que du travail et une vie m'attendent à Paris ?

En réalité, je suis épuisé. Voilà près de trois semaines que je n'ai pas dormi deux nuits de suite au même endroit – je ne dis même pas « dans le même lit » car les couchages précaires furent nombreux. J'ai couvert des étapes harassantes, enchaîné des dénivelés féroces et des journées interminables tout en dormant peu ou mal et sans parvenir à enrayer ma perte de poids. Malgré mes efforts quotidiens, j'ai perdu la bataille contre l'amaigrissement : une dizaine de kilos au moins depuis le départ. Au bas du dos, les os du bassin pointent en saillie et frottent douloureusement contre le sac. Pour y remédier, je ne sais pas quoi faire. Rien, sans doute. J'ai essayé de manger beaucoup, souvent plus qu'à ma faim, sans résultat visible. Il faudrait alléger mon chargement. Me séparerais-je de *La Divine Comédie* ? S'il ne s'agissait que de cela ! Je n'ai pas conscience d'avoir atteint mes limites physiques car, bien que je sente parfois mes mollets rétifs, je m'oblige et réussis à les faire fonctionner malgré la fatigue. Mais j'ai atteint, à mon corps défendant, une saturation morale née de l'épuisement physique et du dépit devant l'hostilité plus ou moins réelle à laquelle je me heurte quotidiennement.

Dans le Sud, les Italiens se montreront-ils plus accueillants ? Même ici, je ne me résous pas à leur hostilité. Je m'astreins à distribuer des *Buongiorno* à des visages fermés car je sais que m'embastiller dans la mauvaise humeur ne servirait qu'à me punir doublement. Cependant, ces efforts constants surajoutent à la fatigue et à la solitude. Je suis en train de dérailler et c'est ce que je lis le soir même dans les yeux de Rita qui me demande gentiment ce qui me ferait plaisir pour dîner.

C'est à l'office de tourisme de Bobbio, village d'Émilie installé sur les rives caillouteuses de la Trebbia, que j'ai rencontré Denis et Rita. La cinquantaine passée, marcheurs comme moi, ils y sont venus en quête d'un logement bon marché.

– Essayez l'*Ostello delle Grazie*, près de l'église. Il y a des chambres pour les pèlerins.

– Vous pourriez tamponner notre carnet ? demande Denis à l'employé. C'est pour un souvenir.

L'*ostello* est fermé pour travaux, mais un ouvrier nous ouvre la porte, et un coup de fil à l'archiprêtre règle l'affaire. Le gîte est spacieux, immaculé, et de l'eau chaude coule à volonté dans la salle de bains. Je lui claquerais volontiers une bise, à cet archiprêtre invisible !

– Laissez 5 euros pour la nuit sur la table de la cuisine, ça suffira.

Nous avons rapporté de la supérette de la salade, des œufs, un morceau de lard et des champignons pour l'omelette, du parmesan, de la sauce au pistou et un énorme paquet de pâtes multicolores, trois melons, du lait et du café pour demain matin… Arrêtez !

Comme ça me fait du bien de dire « nous » pour une fois !

– Les tampons, c'est pour votre carnet de pèlerin ? Vous vous rendez aussi à Rome ?

– Pas du tout : cette fois-ci, nous allons à Venise.

Les deux Français, qui ont quitté les Hautes-Alpes la semaine passée, espèrent arriver à destination à la fin du mois, deuxième étape d'un périple à pied autour de la Méditerranée qu'ils envisagent de boucler en plusieurs années.

– Nous ne sommes pas pressés : nous y consacrons un mois chaque été.

Quelle joie de rencontrer des marcheurs au long cours, des randonneurs dont le projet dépasse la sortie de fin de semaine et l'horizon des congés payés ! J'ai l'impression de me retrouver en famille. Rita me chouchoute avec une sollicitude toute féminine, et c'est vraiment ce soir que j'en ai le plus besoin.

Nous partageons nos impressions d'étrangers en Italie. Mes déboires avec les autochtones les surprennent.

– Inhospitaliers, les Italiens ? Nous n'avons pas eu ce sentiment. N'est-ce pas Rita ? Hier, d'ailleurs, nous avons rencontré…

Peut-être un couple inquiète-t-il moins qu'un homme seul. Ou peut-être Denis et Rita sont-ils moins attentifs aux autres parce qu'ils en ont moins besoin que moi : si je ne croise pas le regard des Italiens, je ne croiserai le regard de personne, tandis qu'eux, ils ont toujours l'autre.

– Nous ne nous parlons pas beaucoup en marchant, se défend Rita.

Ils ne se rendent peut-être pas compte de la multitude de paroles anodines, d'échanges furtifs et de signes de compréhension mutuelle qui, en une fraction de seconde, rassurent chacun sur la stabilité du monde dans lequel un autre évolue avec un projet comparable. D'ailleurs, c'est Rita, la plus bavarde, qui prétend qu'ils ne parlent pas beaucoup.

– Allez : finissez le plat de pâtes. Ce ne sera pas de trop pour vous remplumer, me dit Rita avec un sourire encourageant.

La soirée s'écoule joyeusement. Denis raconte son travail d'éducateur dans un foyer pour trisomiques et autistes ; Rita évoque son métier de formatrice dans un centre de réinsertion. Ils me font parler aussi et, au bout de trois heures, lorsqu'ils s'enquièrent des livres que j'ai publiés, je ne peux éviter de citer le voyage à Jérusalem. Denis m'interrompt :

– Est-ce que vous ne seriez pas…

– Quel est le titre, demande Rita ?

– *Pèlerin d'Orient.*

– Ça par exemple ! Oui, je me souviens très bien. Nous l'avons lu tous les deux… D'un seul trait !

– Pourquoi ne l'avez-vous pas dit plus tôt ? reprend Denis sur un ton de reproche.

Parce que je n'avais pas envie de « la ramener » avec une histoire du passé. Parce que je préférais exister à leurs yeux comme « celui qui marche vers Rome » plutôt que comme « celui qui a marché jusqu'à Jérusalem ». Cependant, je ne boude pas l'admiration que je lis dans leurs yeux. Je la reçois avec gratitude et le sentiment qu'ils sont enchantés de partager ce dîner impromptu avec l'auteur d'un livre qui les a fait rêver tous deux. Ce soir, je n'aurai jamais assez de baume au cœur pour dissiper l'exaspération et l'épuisement des derniers jours.

Au lieu de poursuivre ma course folle, je décide de me reposer un jour entier à Bobbio. Denis et Rita sont partis à 6 heures en me laissant un mot gentil sur la table de la cuisine. La solitude me pèse moins aujourd'hui, et je passe une journée tranquille à flâner dans les rues bordées de maisons anciennes, à musarder dans les églises et à arpenter le pont du Diable, dont les arches irrégu-
ph. 46 lières enjambent gracieusement le lit caillouteux de la rivière. Il y a aussi un château du XIVe siècle ou du XVIe, je ne sais plus et ça n'a pas d'importance, car sa silhouette complète harmonieusement le décor. Et surtout le monastère Saint-Colomban, du nom de l'évangélisateur irlandais qui sillonna l'Europe au VIIe siècle, la parsemant d'une myriade de monastères en Gaule, en Helvétie et en Lombardie jusqu'à cet ultime établissement de Bobbio, qu'il fonda en 614, un an avant sa mort. Des fresques du XVe siècle aux murs de l'église romane cent fois remaniée et embellie, un sarcophage du XIVe dans la crypte : l'ordinaire admirable des églises italiennes, mais il y a davantage.

Après Denis et Rita, saint Colomban est ma plus belle surprise de Bobbio et j'éprouve une reconnaissance attendrie pour l'Irlandais des premiers siècles lorsque j'apprends que c'est grâce aux moines copistes de l'abbaye que *La République* de Cicéron ou les *Lettres à*

Lucilius de Sénèque sont parvenues jusqu'à nous. La vingt-huitième de Sénèque, par exemple :

> *Il n'est arrivé, penses-tu, qu'à toi seul, et tu t'en étonnes comme d'une chose étrange, qu'un voyage si long et des pays si variés n'aient pu dissiper la tristesse et l'abattement de ton esprit. C'est d'âme qu'il faut changer, non de climat. Quel bien la nouveauté des sites peut-elle faire en soi, et le spectacle des villes ou des campagnes ? Tu es ballotté, hélas ! en pure perte. Tu veux savoir pourquoi rien ne te soulage dans ta triste fuite ? Tu fuis avec toi. Dépose le fardeau de ton âme : jusque-là point de lieu qui te plaise.*

Sénèque est dur. Peut-être parce qu'il est souvent trop vrai. Cependant, Bobbio me plaît. Pour compléter la philosophie antique, je prépare de vrais repas dans la cuisine de l'archiprêtre, avec de la salade, des plats chauds, de la viande : toutes choses que je mange rarement en raison de pique-nique à répétition. Des tomates ? Souvent à la croque-au-sel ou agrémentées sur le pouce d'une portion de pâté, tandis qu'ici je redécouvre avec bonheur le piquant de la vinaigrette et l'arôme frais et vif des miettes de ciboulette. Le fumet de l'escalope qui frétille dans la poêle et le couvert posé à table. Une carafe et une corbeille pour le pain. Éplucher la poire avec un couteau et une fourchette pendant que la cafetière glougloute, et sentir l'odeur du café qui se répand dans la pièce… Sénèque est trop cynique, et Bobbio, décidément, me plaît.

Le soir, il n'y a pas moins de cinquante personnes à la messe de semaine, et pas exclusivement des vieilles toupies, ce qui fait plaisir. Depuis mon arrivée en Italie, je constate qu'il y a plus de messes qu'en France. Elles sont aussi plus fréquentées.

– Nous avons environ 15 % de pratiquants réguliers, m'avait dit don Giancarlo à Vigevano.

Contre à peine 5 % en France, estiment les sondages. La différence se voit non seulement dans les églises, mais également dans le monde. Il y a deux jours, lors d'un débat houleux à la télévision sur un sujet de société, j'ai vu les convictions de l'Église défendues avec force par un homme jeune, ordinaire, moderne et pas coincé, qui ne s'en laissait pas compter et dont les avis étaient respectés par ceux qui les attaquaient. Les croyants sont ici des partenaires avec lesquels on doit composer et, si la vision catholique du monde n'est plus la seule, elle semble occuper une place reconnue sans dédain par la plupart. Quel bol d'air pur en comparaison de la chape laïciste qui pèse sur la France ! J'aimerais toutefois que l'air pur se faufile jusqu'au cœur des Italiens que je croise en chemin.

Ite, missa est ! Allez, la messe est dite… Et derrière moi s'effilochent les paroles du chant de sortie :

> *Si tu es fatigué et si tu ne vois plus la nécessité d'avancer sur ton chemin,*
> *Ne perds pas courage, continue car un autre te suivra…*

Il me faut dix jours pour traverser les Alpes apuanes. Peu à peu, les montagnes embellissent. À défaut d'être spectaculaires, elles deviennent parfois agréables. Les vallées se structurent et, sur les versants, les forêts dominent, où les premières taches de roux commencent à apparaître. Des chênes, des châtaigniers, des acacias qui forment un maquis impénétrable bardé de ronces et d'orties. Les châtaigniers surtout, qui envahissent les terrasses autrefois cultivées et, à mon grand dépit, effacent des sentiers séculaires. Ainsi commence, dans le maquis, la Toscane, au col de Borghallo, à près de 1 000 mètres d'altitude, très loin des doux vallonnements plantés de cyprès solitaires de la campagne siennoise.

Aux dernières bâtisses de San Lorenzo, hameau perdu au milieu des châtaigneraies en contrebas du col, j'entends dans mon dos une voix goguenarde s'exclamer en français :

– Le dernier qui est passé par là, on ne l'a plus jamais revu !

Après un premier échange acide, Luciano se révèle adorable.
ph. 47 Pas seulement Luciano, mais aussi Josée, Martine, Lorenzo, etc. Ils sont les enfants et les petits-enfants d'émigrés italiens et vivent aujourd'hui en France.

– À Ris-Orangis et Maisons-Alfort, précise Josée.

Pas très pittoresque, pas très italien si, justement, l'Italie n'existait aussi grâce à l'émigration, en particulier dans cette région de la Lunigiana toscane qui a fourni de nombreuses recrues à la grande armée laborieuse partie à la conquête du monde. Depuis mon entrée dans le pays, j'ai remarqué plus d'une plaque de rue *« Via dell'emigrante »*. D'autres inscriptions m'ont intrigué : à demi effacées, on y lit
ph. 39 encore des slogans mussoliniens – *« Credere, Obbedire, Combattere »* – et parfois le nom du *Duce* n'a pas été martelé.

Il est midi.

– Vous prendrez sûrement un p'tit verre ?

Un verre, bien frais, puis un autre. Josée ajoute un couvert sur la table du jardin et ajuste le parasol.

– Comme ça, tu seras mieux.

On se tutoie depuis longtemps, les grillades fument sur le barbecue et la condensation perle sur la bouteille de rosé que Lorenzo vient de déboucher avec un long « Ah ! » de contentement.

– Mes grands-parents, raconte Luciano, la cinquantaine bien tassée, joviale et rasée de trois jours, traînaient une vie de misère à élever des vaches et quelques chèvres dans la montagne, à ramasser les châtaignes par sacs de 50 kilos pour les vendre au marché.

– Tiens, goûte cette *patona*, intervient Josée. Une sorte de pain à la farine de châtaigne, comme on le faisait dans le temps.

– *Buonissima !*

– Mais insuffisant pour une vie décente, alors mon père a émigré. C'était en 1948…

Après la guerre, la France avait besoin de bras pour la reconstruction et favorisait l'immigration italienne, surtout celle des Italiens du Nord, de préférence à ceux du Sud, soupçonnés d'être enclins par nature au moindre effort.

– Certains tentaient leur chance individuellement, mais ce n'était pas facile ; il fallait un visa, des papiers, des cartes de travail… Au début, on n'avait pas l'autorisation de partir sans être assuré d'une embauche à l'arrivée.

– Comment savoir d'avance ?

– Les filières d'immigration se ressemblent toutes : il y a les amis, les frères, les cousins qui sont déjà sur place et t'écrivent : "Mon patron a besoin d'un manœuvre ou d'un ouvrier agricole." Et puis les entreprises françaises qui manquaient cruellement de main-d'œuvre envoyaient des sergents recruteurs dans les villes et les campagnes italiennes. Le gouvernement était d'accord.

En 1947, l'Italie s'était engagée à fournir à la France quelque 200 000 travailleurs pour l'industrie et l'agriculture et avait obtenu en échange que ses ressortissants puissent rapatrier jusqu'à 40 % de leur salaire et bénéficier de la totalité des allocations familiales, même lorsque la famille du travailleur restait en Italie.

Alberto, le père de Luciano et Josée, a suivi la voie classique des candidats à l'émigration.

– Il y avait un centre de recrutement de travailleurs italiens à Milan. Tout le monde devait passer par là, même ceux qui avaient l'assurance d'un travail en France.

– Sergents, recrutement : on croirait une organisation militaire !

– Ça y ressemblait. D'ailleurs, le centre était installé dans une caserne. Mon père y a passé la visite médicale obligatoire. On vérifiait aussi sommairement les aptitudes professionnelles. Sans oublier un contrôle d'identité et de police pour s'assurer que la personne ne figurait pas sur le registre des personnes recherchées, condamnées ou expulsées de France. Cette organisation a fonctionné pendant près de vingt ans. Lorenzo, tu te souviens d'Albino ?... Oui, celui qui est parti travailler dans les mines de Lorraine. Je crois que c'est le dernier du village à être passé par le centre. C'était au début des années 1960.

En 1948 à Milan, Alberto apprit qu'on cherchait des maçons sur le chantier d'un barrage dans le sud-ouest de la France.

– On lui a payé le billet de train, et c'est comme ça qu'il est parti pour Saint-Affrique.

– Seul ?

– Au début oui, intervient Josée. Ma mère était restée à San Lorenzo en attendant de voir comment ça se passerait. J'étais née l'année précédente. Puis il nous a fait venir. Luciano est né en France en 1949. Après l'achèvement du barrage, on est montés en région parisienne.

– À la génération de nos parents, reprend Luciano, 80 % des habitants de San Lorenzo ont émigré, dont plus des deux tiers en France. Dans les villages alentour, c'est pareil. Alors l'été, on entend maintenant autant le français que l'italien dans la région et, au café, le petit jaune est en bonne place, sauf qu'ici, c'est un tiers d'eau et deux tiers de Ricard !...

Il y a deux ans, Josée est retournée en pèlerinage familial à Saint-Affrique. Elle a rencontré des vieux qui lui ont parlé avec émotion des émigrés italiens des années 1950. Et, en entrant dans le salon d'un employé municipal, elle a eu un choc :

– Sur la cheminée, il y avait un portrait. “C'est mon fils” a dit le vieillard avec fierté. Eh bien, ce portrait, c'était Luciano tout craché !

– Mon père était beau gosse. Il était jeune, et seul pendant des mois, ajoute Luciano avec un petit rire. Quand le fier de Saint-Affrique sera mort, il faudra que j'aille faire un tour là-bas, moi aussi, pour rencontrer mon demi-frère...

La famille élargie se réunit encore chaque été dans la maison d'Alberto désormais disparu. Pour Luciano et sa sœur, c'est un plaisir mêlé de nostalgie.

– On venait plus souvent quand j'étais gamin, et j'y ai plein de souvenirs, reprend Luciano. J'ai trait les vaches à l'étable et mené le bourricot à l'écurie, j'ai planté des oignons dans le potager avec le grand-père, et pêché des truites avec lui dans le torrent qui coulait plus bas… De ce coin de la terrasse, l'oncle tirait les lapins à la carabine pour le déjeuner. Il y avait de la vie autrefois, tandis qu'aujourd'hui, à part quelques semaines l'été…

Une seule personne habite le hameau à l'année, une Coréenne qui a racheté le presbytère qui menaçait de tomber en ruine et l'a retapé avec goût. On insiste pour me montrer l'église, entretenue avec soin, et d'une taille démesurée pour cette paroisse en coma dépassé.

– Autrefois, c'était moi qui sonnais les cloches à l'église. Maintenant, en juillet et août, le *padre* d'en bas y célèbre une messe hebdomadaire, mais en hiver, comme il n'y a plus personne…

Luciano s'inquiète de l'avenir :

– Les enfants ne sont pas autant attachés à San Lorenzo. Qu'est-ce que ça deviendra après nous ? Hein, Laura ?

L'adolescente hausse les épaules et consent un « Humphhhh » ennuyé. Parle-t-elle encore italien ? Je n'en suis pas sûr.

– Il ne reste plus grand monde pour m'appeler "Luciano" reprend le fils d'émigré : onze mois sur douze, c'est "Lucien".

Les terrasses qui ne sont plus cultivées se détériorent, la végétation envahit tout et la rivière a été détournée pour éviter les infiltrations dans le tunnel ferroviaire voisin. Adieu les truites !

– On a quand même les cèpes en saison.

Les résidants du village ont le droit de les cueillir à volonté sur des parcelles définies depuis des temps immémoriaux. On peut facilement en récolter 20 à 30 kilos dans la journée.

– Payés 20 euros le kilo par le grossiste du marché, ça permet de s'offrir un bon repas au restaurant.

– Et en plus, c'est hors impôts ! déclare Lorenzo.

– On s'arrange, n'est-ce pas ? *Combinazione ?*

– Non, je t'assure : il s'agit d'un droit ancestral.

S'il le dit…

– Les affaires ici, le gouvernement, les impôts, ce n'est pas comme en France : il n'y a pas d'État. Chaque individu est un État à soi seul et doit se défendre.

J'ai si peu la tête d'un État hostile que Josée insiste pour m'héberger.

– Si, si : tu coucheras sur le canapé du salon. À la bonne franquette.

Entre les pointes de nostalgie de Luciano, les plaisanteries ont fusé et la tablée fut joyeuse. Un déjeuner de vacances d'été à la campagne. Il est à peine 15 heures. Ah ! si je n'avais pas cette Botte immense à descendre puis à remonter ! Non, ce n'est pas raisonnable. Je vais me contenter de ces trois heures en si plaisante compagnie sous le parasol des émigrés, et pousser ce soir jusqu'à Pontremoli.

– Pour descendre vers la rivière, Luciano, tu connais sûrement un raccourci à travers les châtaigniers ?

– Un *sentiero* ? demande Lorenzo. Ah si ! *C'erà... ma non c'è più...*

Cette phrase, je l'ai déjà entendue tant de fois ! Autrefois oui, il y en avait un, mais aujourd'hui, il n'y en a plus.

– Ça fait longtemps que ces chemins ne sont plus entretenus, ajoute Luciano. Ça m'étonnerait qu'on puisse passer. Essayons tout de même.

Et Luciano me guide à travers le labyrinthe végétal qui ressemble si peu à la montagne de son enfance. Les écologistes des villes se féliciteront des hectares de forêt gagnés et de l'effet bénéfique sur la teneur de l'atmosphère en dioxyde de carbone. Pour ma part, je vois surtout les villages abandonnés, les terrasses écroulées, les bergeries en ruine étouffées par le maquis. Où est le progrès ? Je vois moins un retour à l'état de pure nature qu'un retour à la barbarie. Cette campagne autrefois civilisée, mise en culture et donnant du fruit – quoique trop maigre à la fin –, domestiquée, paysagée, vivante d'hommes et de femmes qui en tiraient leur subsistance, est désormais à l'abandon. De là aux temples d'Angkor dévorés par la forêt vierge, il n'y a qu'une différence d'échelle : ce sont deux civilisations qui ont cessé de vivre.

La modernité condamnait-elle nécessairement cette agriculture de montagne ? Je me souviens du maigre troupeau conduit à l'alpage par l'ami de Günther et des familles qui ratissaient les foins sur les pentes abruptes au-dessus du lac d'Uri. Il ne s'agit pas de cantonner une population dans un musée des arts et traditions populaires, mais de lui permettre de continuer à vivre sans abandonner les richesses du passé. Pour cela, les Suisses semblent avoir atteint un meilleur compromis que les Européens accrochés à une Politique agricole commune plus préoccupée de productivisme que de civilisation.

À Pontremoli, une ville de 8 000 habitants sur les bords du torrent Magra, environnée par un amphithéâtre de sommets approchant les 2 000 mètres, je croise une nouvelle fois la *Via Francigena* qui s'est faufilée depuis Parme, au nord-est, par le col de la Cisa, le long de la route commerciale séculaire qui relie la plaine du Pô au port toscan de Livourne. Pontremoli, comme l'ensemble de la Lunigiana, fut longtemps l'objet de luttes d'influence entre Milan, Gênes et Florence, avant d'être définitivement annexé par la Toscane au milieu du XVIIe siècle. Les maîtres passent, la richesse des marchands demeure, et il subsiste des bijoux inattendus dans ce gros bourg. En France, on parlerait de riches hôtels particuliers ; ici, où l'italien rassemble immeubles et palais dans le seul mot de *palazzi*, on visite donc des palais. Celui des marquis Dosi, par exemple, édifice du XVIIIe siècle où les salons rocaille et les fresques mythologiques des voûtes me changent agréablement des châtaigneraies du jour. Un *Enlèvement d'Amphitrite* par Neptune, notamment, qui vaudrait à lui seul un crochet en automobile, à défaut de justifier un voyage.

Les pèlerins, quant à eux, descendent le long du fleuve Magra, en direction de Carrare, vers Lucques et la Toscane des collines. De l'âge d'or des roumieux et de ses hospices subsiste en bordure de la Magra un couvent de capucins, que fréquentent les émules modernes de Sigéric le long de la *Via Francigena.*

Cette voie, c'est toute une affaire, et il y a un moment qu'elle commence à m'échauffer les oreilles. Depuis mon entrée en Italie, dès que je mentionne mon but romain, la réplique fuse :

– Ah ! vous suivez la *Via Francigena*, n'est-ce pas ?

La « voie des Français » : le pendant italien du *Camino Francés* de Compostelle. En un siècle où le chemin de Saint-Jacques est labellisé « itinéraire culturel de l'Europe », on a ressuscité pour Rome, il y a une quinzaine d'années, le trajet historique de Sigéric, archevêque de Cantorbéry, qui s'est rendu à Rome en 990 pour recevoir des mains du pape le *pallium*, ornement sacerdotal symbole de sa charge. Franchissant les Alpes au col du Grand Saint-Bernard, le tracé coupe au plus court, au plus logique, privilégiant les plaines, traversant les fleuves au plus étroit et les montagnes au plus bas. Les foules de pèlerins francs puis français, partageant le même souci de rapidité, de commodité et de sûreté ont souvent effectué des choix similaires, traçant vers Rome un faisceau convergent que les Transalpins appelèrent la « voie des Français ». Un faisceau et non une voie unique, mais beaucoup aujourd'hui ne veulent voir dans la *Via Francigena* que le parcours singulier décrit par Sigéric dans le document où il consigne la liste de ses quatre-vingt-une étapes entre Cantorbéry et Rome.

Pour simplifier, c'est celle-là la vraie, l'unique. Et voilà ce qui m'agace prodigieusement.

– Parce que tu crains que l'on ne conteste la légitimité de ton parcours ?

Sûrement pas. Ce qui m'agace, c'est le fétichisme du « vrai chemin » vanté par des *aficionados* qui ignorent tant la réalité historique. Pourquoi partir de Cantorbéry pour se rendre à Rome ou du Puy pour aller à Compostelle ? Ceux qui y vivent, oui, mais les autres ? Chacun partait de chez soi, traçant une infinité de veinules qui irriguaient les veines et les artères et charriaient les pèlerins en marche. En un temps où le spirituel et le temporel étaient indissociables, les chemins de pèlerinage étaient ceux de tout le monde. Aujourd'hui, on veut des voies dédiées, buissonnières si possible, estampillées à grand renfort de logos, tandis que l'*Homo peregrinus* se souciait fort peu de randonner. Pour ce voyage long et dangereux, il cherchait à se rendre le plus commodément possible à la Ville éternelle et il empruntait donc les routes habituelles, celles qui évitent au mieux les obstacles naturels et le long desquelles des gîtes attendent les voyageurs, celles qui sont tracées depuis longtemps, comme les antiques voies romaines, qui ont répondu à une logique d'efficacité et non de plaisir.

Or, ces routes, au fil des siècles, en continuant à être utilisées pour le voyage et le commerce, sont devenues des routes nationales et des autoroutes.

– N'y a-t-il pas des sentiers ? Ne peut-on pas en aménager ?

Ci-gît le paradoxe des pèlerins modernes qui veulent absolument « faire comme avant ». Recréer une *Via Francigena* de sentiers est une absurdité historique, et je soupçonne fort qu'à l'exception de quelques tronçons qui ont été délaissés par la modernité, le « chemin de Compostelle » ne soit qu'une recréation moderne qui n'a probablement que fort peu à voir, hormis les villes-étapes, avec les voies empruntées par les « vrais pèlerins » – mettons : ceux du Moyen Âge avec leur besace et leur bâton. À l'inverse, vouloir conserver des tracés scrupuleusement historiques peut être aberrant, comme je l'ai constaté aujourd'hui.

Ce matin, pour franchir la montagne qui sépare Borgo Val di Taro de Pontremoli, j'avais le choix entre deux cols : Brattello, juste en face, et Borghallo, 5 kilomètres plus à l'ouest, indiqué de loin en loin par le logo de la *Via Francigena.* Malgré une route plus longue, je choisis le second col, espérant être guidé à travers les montagnes boisées. Je me suis perdu, naturellement, car le balisage est médiocre, mais ce n'était pas le plus stupide, comme me le révèle un capucin de Pontremoli :

– Jadis, m'explique Padre Franco, les voyageurs préféraient le col de Borghallo – celui que tu as emprunté –, car il permettait d'éviter le village peu sûr de Gunadi, près du col de Brattello, objet de fréquentes escarmouches entre l'Émilie et la Romagne.

Aujourd'hui, il n'y a plus de guerre romagno-émilienne, et le chemin pédestre devrait être celui de Brattello, le plus direct. Pourquoi maintenir un itinéraire plus long qui répond à des contraintes aujourd'hui disparues ? L'obsession de l'authentique est ridicule. Et ce que je déplore dans le fétichisme des voies historiques, c'est cette façon de cantonner à ras de terre la démarche du pèlerin, comme si le seul fait de marcher selon le topoguide décalqué sur les étapes d'un homme de l'an mil suffisait à donner une âme à un voyage et à un homme. Quant à l'exemple du fameux Sigéric du Xe siècle, celui qui voudrait l'imiter devrait non pas se charger d'un sac à dos pour arpenter les chemins, mais prendre les moyens les plus commodes de son temps, c'est-à-dire l'avion ou le train comme le font la majorité des pèlerins-touristes du XXIe siècle. Il faut s'y résoudre : le pèlerinage moderne par les chemins creux est un luxe de nanti. D'ailleurs, nombreux sont ceux qui s'engagent sur le chemin plus par envie que par nécessité.

– Tu es méprisant à l'égard des marcheurs de Compostelle, m'a reproché un jour l'un d'entre eux.

– Au contraire ! Mais je voudrais décaper le santon de la crèche des multiples couches de peinture dont on l'a badigeonné.

Ne pas cantonner la quête de sens à des étapes prédéfinies.

– Tout le monde n'a pas une mentalité de défricheur.

Certes. Et tant mieux si les topoguides aident le plus grand nombre, mais il ne faut pas être dupe pour autant des raisons qui président à la mise en valeur des itinéraires. Pour moi, la *Via Francigena* telle qu'on la présente aujourd'hui est avant tout un label promis à un bel avenir randonno-européano-religioso-culturel. Sigéric, un article commode de tête de gondole. Si l'on en juge par les flots qui arpentent les chemins de Compostelle, les retombées économiques d'une résurrection de la « voie des Français » sont loin d'être négligeables pour les communes inscrites sur le tracé. En cela, rien de répréhensible : il faut bien vivre. Et l'appétit pour les espèces sonnantes et trébuchantes laissées par les pèlerins ne date pas d'hier : l'opulence apportée aux Romains par l'institution du premier jubilé en 1300 n'a sûrement pas été étrangère à l'instauration progressive d'années saintes tous les vingt-cinq ans au lieu d'une fois par siècle.

– Alors, demande Padre Franco, vous suivez la *Via Francigena* ?

Grrrrrrr…

– Non, une autre : la *Via Villemagna.*

– Jamais entendu parler.

Elle part précisément de chez moi, passe par Einsiedeln, le Cervin, Varallo, Pontremoli… Si j'étais évêque, on en parlerait peut-être encore dans mille ans.

J'ai mis deux heures à comprendre que le barbu corpulent de 70 ans vêtu d'un maillot de corps en coton blanc et d'un pantalon noir informe, chaussé de savates éculées, gouailleur, intarissable et qui m'apostrophe d'une voix forte est moine capucin, prêtre de surcroît. Dans l'arrière-cuisine qui tient lieu de réfectoire sont aussi attablés deux laïcs de passage, qui discutent avec lui comme de vieux amis et, dans un coin, un moine en robe de bure, à la longue barbe blanche, tellement décrépit qu'il a dû connaître saint François d'Assise, et qui épluche *La Nazione* en silence, une loupe à la main, indifférent au brouhaha de la conversation, peut-être sourd.

– Nous recevons entre cinq et huit pèlerins par jour en cette saison, déclare Padre Franco en débouchant un magnum de Mouton-Cadet 2003.

Au même moment, deux frimousses féminines apparaissent dans l'encadrement de la porte.

– Nous marchons vers Rome. Serait-il possible de passer la nuit ici ?

– *Prego, prego !* Je vous en prie…

Les yeux du père Franco se sont mis à briller.

– Vous allez d'abord dîner, n'est-ce pas ?

Roberta et Debora, 30 ans, épuisées par leur journée de marche, posent leur sac au pied du crucifix avec un soupir de soulagement et s'approchent de la table en claudiquant.

– D'où venez-vous ?

– Le col de la Cisa. Nous avons quitté Vercelli il y a cinq jours.

Tout émoustillé, le père Franco ne s'adresse plus désormais qu'aux deux jolies filles et leur verse de larges rasades de Mouton-Cadet.

– Goûtez-moi ça… Pour vous remonter.

Le dîner recommence pour les beaux yeux des Italiennes. La conversation se prolonge. À 23 heures, le vieux Padre Federico a replié *La Nazione* et a quitté le réfectoire après une action de grâces silencieuse, laissant le champ libre au beau parleur qui ne se lasse pas. Vers minuit, Roberta, Debora et moi implorons grâce :

– Les chambres, pouvez-vous nous indiquer les chambres ?

Comme à regret, Padre Franco nous conduit à l'étage. Dans le long couloir bordé de pièces vides, nous n'avons que l'embarras du choix.

– Avant, c'étaient les cellules des frères. Aujourd'hui, nous ne sommes plus que deux. Alors il y a de la place pour les pèlerins. Pour les pèlerines aussi…

– *Grazie mille. A domani, Padre, a domani.*

Une fois le *padre* parti, Roberta me demande :

– Tu sais combien coûte la nuit ?

– Ici, on donne ce que l'on veut, m'a dit le *padre*, ce que l'on peut.

– Dans quatre jours à l'*Ostello San Freddiano* de Lucques ?

– *D'accordo. Ci vediamo…*

Les Italiennes continuent vers le sud sur la *Via Francigena*, topoguide en main. J'ai examiné leur itinéraire : quatre étapes faciles de 25 kilomètres en descendant la vallée de la Magra puis en suivant la côte. Mais pas un sentier, rien que du goudron le long d'axes encombrés. Non, vraiment, je ne peux pas… et préfère encore transpirer dans les montagnes qui obstruent la vue en direction de Lucques, distante de 80 kilomètres à vol d'oiseau. Bien que vallées et cols s'enchaînent sans pitié entre 300 et 1 500 mètres, je m'applique, par pur orgueil je l'avoue, à ne pas y traîner plus de quatre jours. Pas plus que les étapes de plaine de la *Via Francigena.* Mais quand j'arrive à l'*Ostello San Freddiano*, aucune trace des jolies filles que j'avais prises comme témoins de ce pari stupide.

Lucques : première ville de Toscane, première ville d'une Italie rêvée. Lucques, entourée par un glacis herbeux et des remparts de brique rouge, défendue par des bastions en forme d'as de pique, couverte de tours et de clochers. Lucques où est né Puccini, où est né

Catalani qui composa en 1892 *La Wally*, un opéra dont Jean-Jacques Beineix a popularisé, dans son film *Diva*, une aria sublime :

Ebben ? Ne andrò lontana...

Eh bien ? je m'en irai loin,
Aussi loin que l'écho des cloches de la chapelle...
Là, à travers la neige blanche !
Je m'en irai, je m'en irai seule et loin...
Là, à travers les nuages d'or !

Comme La Wally, je m'en suis allé, seul et loin à travers la neige blanche. Les mots sont si pauvres et la musique, aérienne, cristalline, ineffable. Les paupières se ferment avec douceur, un frisson secoue le corps, puis un autre et...

– Ça ne serait pas la musique de la pub Bouygues Télécom ?

Au diable ! Et moi qui me croyais au paradis...

– Ah oui, il paraît.

Une raison de plus pour laquelle je suis parti sans téléphone portable.

Lucques, dont les habitants sont rangés par Dante en bonne place parmi les concussionnaires et les prévaricateurs, dans la cinquième fosse du huitième cercle de l'enceinte infernale. Lucques, où les pèlerins du Moyen Âge venaient se recueillir devant le *Volto Santo* : un grand crucifix de bois sombre sculpté par les anges sur le dessin de Nicodème qui avait participé à la déposition de la croix et à la mise au tombeau. De Terre sainte, le *Volto Santo* arriva au VIIIe siècle, dit-on, dans une barque sans voile ni pilote, comme le corps de saint Jacques à Compostelle, et connut une renommée du même ordre, qui s'étendit bien au-delà des frontières de la Toscane, et attira à Lucques des cohortes de pèlerins. On raconte que Saint Louis jurait « par saint Vaudeluc », c'est-à-dire par le saint voile de Lucques.

Sur la croix, le Christ, vêtu d'une ample tunique, semble à peine posé, délivré de la pesanteur, formant un « T » de son corps longiligne et de ses bras étendus, à l'image du tau dont l'ange de l'Apocalypse marque le front des prédestinés. La figure lisse et allongée, légèrement inclinée sur le côté, les yeux baissés, il semble assoupi, dans l'attente de quelque chose. La contrition du pécheur ?

Comme le visage du Christ reproduit fidèlement les traits qui apparaissent sur le voile de sainte Véronique, la relique fut nommée « crucifix de la Sainte-Face » ou plus simplement Sainte-Face :

Volto Santo. Quant au voile de Véronique, il ne faut pas le confondre avec le saint suaire de Turin. Selon une tradition qui tire son origine de l'évangile apocryphe de Nicodème, il s'agit du linge dont se serait servie une femme proche de Jésus pour essuyer son visage lors de sa montée au Golgotha, et sur lequel les traits du Seigneur se seraient miraculeusement imprimés. Arrivée à Rome aussi mystérieusement que le crucifix de Lucques, la relique devint un tel objet de vénération que voir la *Véronique* devint synonyme du pèlerinage romain.

Comme un homme, venu, qui sait ? de Croatie
Jusque chez nous, pour voir la Véronique
Ne peut en assouvir sa faim invétérée,
Mais en pensée dit, tant qu'on la lui montre :
"Ô mon Seigneur Jésus, ô Dieu de vérité,
Votre semblance était donc ainsi faite ?"

(« Le Paradis » – Chant XXXI)

Les spécialistes s'accordent depuis longtemps pour nier l'existence historique de la sainte femme éplorée à la sixième station du chemin de croix. Le nom serait une corruption du latin *Vera Icona*, l'« Image véritable ». Quant au *Volto Santo*, il est aujourd'hui décrit au dos des cartes postales comme une sculpture d'inspiration byzantine datant du XIIIe siècle : le rationalisme et le positivisme sont bien secs, et si français, hélas !

Lucques et ses ruelles pittoresques, sa place du marché qui ph. 48
s'ovalise sur le tracé de l'amphithéâtre antique, sa cathédrale du IXe siècle construite dans le style romano-pisan et son Tintoretto de rigueur – une Cène –, ses *piazzette* typiques et ses touristes qui déambulent en dégustant des *gelati*... Je consacre deux jours à flâner dans la vieille ville, sans les scrupules qui m'avaient empêché de goûter pleinement la halte de Locarno. Dante, *La Wally*, le *Volto Santo* des pèlerins de jadis, le Tintoret et l'empreinte de l'Antiquité : je me sens presque arrivé, comme si je venais enfin de parvenir au seuil de l'Italie de mes rêves. Lucques n'est cependant qu'un prélude au cœur battant de la Toscane que j'atteins deux jours ph. 49
plus tard : Florence.

8.

Vénus et la thébaïde

AU LOIN, le dôme de Santa Maria dei Fiori se dresse comme un amer qui attire l'œil du marin au-dessus de l'océan de toits aux tuiles rouges.

D'être si grande, réjouis-toi, Florence,
Que par terre et par mer tes ailes se déploient,
Et que jusqu'en enfer ton nom soit répandu !

(« L'Enfer » – Chant XXVI)

Pour le plus grand agrément des touristes, des cohortes de damnés transpirent dans des ateliers en sous-sol. Du moins, c'est ce que j'imagine en croisant, dans la banlieue, des Chinois qui tirent hors des caves des portants surchargés de vêtements, des cartons et des ballots, et les chargent dans des camionnettes, puis en voyant, sur les étals du Ponte Vecchio, fleurir les écharpes et les foulards estampillés « fabriqué à Florence ». Quoique je ne suive pas le fanion d'un chef de groupe et n'envisage pas de retourner au pays chargé d'une collection de souvenirs typiques, je ne me défends pas de venir à Florence en touriste. Sans avoir en rien l'impression de trahir le sens d'un voyage dont le but reste le Siège de Pierre.

Le touriste a mauvaise presse. Le touriste, c'est toujours l'autre. Aujourd'hui, c'est moi et je n'ai pas hésité à retraverser l'Arno quelques centaines de mètres en aval du Ponte Vecchio afin de l'emprunter pour pénétrer dans la vieille ville. Je suis ainsi fait : je n'ai pas l'habitude d'entrer par l'escalier de service.

Un choc et un long frisson : voici Florence. Un choc, lorsque en quittant la rue sombre de Vacchereccia, je débouche presque par hasard sur la place de la Seigneurie, dominée par les sombres murs de brique du Palazzo Vecchio, et tombe en arrêt devant le colossal *David* de Michel-Ange, puis découvre la loggia des Lansquenets, sur le côté, où se dressent des chefs-d'œuvre absolus de la sculpture de l'Antiquité et de la Renaissance : *Ménélas soutenant le corps de Patrocle mourant*, un *Enlèvement des Sabines*, *Hercule combattant le Centaure* par Jean de Bologne ou encore le fameux *Persée* brandissant la tête de la Gorgone, par Benvenuto Cellini. On a beau connaître par l'image certaines de ces œuvres, leur relief, leur présence, la force avec laquelle elles jaillissent dans l'espace et la juxtaposition de leur perfection stupéfient. Et le fait que le *David* exposé à l'extérieur soit une copie du XIXe siècle destinée à préserver l'original des outrages du temps ne change pas grand-chose à l'affaire.

Dans ma vie solitaire où le souvenir d'une brève et belle rencontre peut me soutenir durant plusieurs jours ingrats, je pourrais passer des heures, sans me lasser, à tourner autour d'un seul de ces chefs-d'œuvre, à m'en imprégner, à me charger de ses perfections que j'égrènerai durant les heures monotones pour donner une âme
ph. 51 et une beauté à la vie le long des routes sans joie. *L'Enlèvement de Polyxène*, par exemple : la seule statue moderne de la loggia, composition pyramidale de taille colossale à quatre personnages, taillée au XIXe siècle par Pio Fedi dans un unique bloc de marbre.

Troie vient de tomber aux mains des Grecs. Dans la ville en flammes, livrée aux pillards, Pyrrhus, le fils d'Achille, a surgi dans le palais du roi Priam. À la tête d'un parti de soldats ivres de revanche, il a saccagé, tué, massacré avec une cruauté indigne de la gloire de son père. Au milieu des cris des mères épouvantées qui errent à travers l'immense palais, au milieu du brasier et de l'effondrement des charpentes en feu, il a cherché Polyxène, la plus jeune fille du roi des Troyens, aimée d'Achille et cause de sa mort car ce fut elle qui révéla à Pâris la faiblesse du talon. Il l'a découverte, enfin, réfugiée auprès d'Hécube, sa mère, protégée par son père et son frère Politès. Sans une once de pitié, Pyrrhus vient de décapiter le vieux Priam et de transpercer Politès qui gît à ses pieds. Énée, entré par une porte dérobée et portant son père sur ses épaules, a assisté à la scène, pétrifié. Les yeux agrandis par l'horreur, il ne voit plus qu'un quatuor de personnages saisi à l'instant suprême : Pyrrhus au cœur de la vengeance, enjambant le cadavre de Politès, enlevant dans son bras gauche Polyxène éperdue qui se débat contre l'étreinte, tandis que la dextre brandit le glaive pour frapper Hécube, suppliante, qui se traîne à ses genoux, s'accroche à lui et l'implore.

Pyrrhus est divin, beau et casqué comme le dieu Mars, le visage plein de morgue, le torse athlétique, le bras en extension au-dessus de la tête, le glaive rejeté en arrière, dans un geste qui veut tout ensemble échapper aux bras d'Hécube qui l'agrippent et ajouter un élan mortel à la lame qui fendra l'air en sifflant avant le prochain battement de paupières de la mère éplorée. Hécube, « la triste Hécube, dit Dante, esclave et misérable », la chevelure défaite, indifférente au désordre qui la laisse à demi nue et lui découvre les reins, les yeux chavirés par la douleur, une main sur la poitrine du ravisseur et l'autre glissant sur la cuisse de sa fille. Polyxène, belle comme une nymphe, déjà ailleurs, le corps torturé comme si elle se débattait dans les flammes du bûcher, au sacrifice qui l'attend. À leurs pieds, pantin désarticulé, le cadavre de Politès et, au coin de sa paupière, une larme pas encore sèche qui va couler sur sa tempe.

Énée, épouvanté, ployant sous le poids d'Anchise, s'est enfui avant de voir le glaive s'abattre sur la femme de son roi. Sous mes yeux, en un seul jaillissement, se conjuguent la jeunesse, la force, la grâce, la majesté et le désespoir. Avant que l'esprit ne cherche à comprendre cet élan suspendu, les sens sont bouleversés. La terreur et la pitié : les deux ressorts de la tragédie qu'Aristote théorisait dans son *Art poétique.* Cinq actes jaillis d'un seul bloc de marbre.

Ébloui par la prodigieuse virtuosité du sculpteur, on tourne autour de la composition car aucun point de vue ne suffit à l'embrasser. On s'approche pour démêler l'enchevêtrement des corps, admirer, incrédule, la pression des doigts qui s'enfoncent dans la chair de marbre, la vie qui palpite dans les veines et les drapés transparents qui dévoilent les corps. Le naturel des chevelures et les plis des vêtements. Plus près apparaissent la perfection du polissage et les coups de ciseau laissés à dessein. Puis on prend du recul et l'on découvre une des mille facettes qui avaient échappé au premier abord : le contrepoint pathétique entre le cadavre de Politès et la vitalité féroce de Pyrrhus. On tourne à nouveau…

J'y consacrerais des heures sans me lasser. Pour une statue… et dans la seule loggia, mes yeux en comptent plus de dix !

Je ne peux quitter les lieux sans un dernier regard pour le ph. 52 *Persée* fondu en 1549 : ce n'est pas seulement un bronze charmant et terrifiant, c'est l'histoire dantesque de la création. Une prouesse jamais tentée, improbable, dangereuse et rédemptrice. Cellini, terrassé par la fièvre, agonisant, qui confie la fonte à ses ouvriers puis, à l'annonce de l'échec de la tentative, se relève, se rue sur le fourneau pour rétablir et précipiter la liquéfaction du métal, dans lequel il jette des stères de bois, tous les plats, toutes les écuelles d'étain de son ménage.

> *Alors, je fis prendre un demi-pain d'étain qui pesait environ 60 livres, et je le jetai dans le fourneau sur le gâteau, qui, grâce au chêne qui le chauffait en dessous et aux leviers avec lesquels nous l'attaquions en dessus, ne tarda pas à devenir liquide. Quand je vis que, contre l'attente de tous ces ignorants, j'avais ressuscité un mort, je repris tant de forces qu'il me semblait n'avoir plus ni fièvre ni crainte de la mort.*

L'artiste a envoyé ses gens éteindre le feu que les flammes avaient allumé sur le toit. Soudain, le moule explose avec une détonation terrifiante. Aidé de ses ouvriers, Cellini, halluciné, s'emploie à réparer les dégâts et prie le Seigneur ressuscité.

> *À l'instant, mon moule s'emplit, je tombai à genoux et je remerciai le Seigneur de toute mon âme. Puis, ayant aperçu un plat de salade qui était là sur un mauvais petit banc, j'en mangeai de grand appétit et je bus avec tous mes hommes. Ensuite, comme il était deux heures avant le jour, j'allai joyeux et bien mieux portant me fourrer dans mon lit, où je me reposai aussi tranquillement que si je n'eusse jamais été le moins du monde indisposé.*

Après avoir laissé refroidir le bronze deux jours, Cellini brise le moule à partir du sommet et découvre progressivement la perfection de la fonte. Une perfection qu'il avait prévue et détaillée à son commanditaire, jusque dans le défaut du pied droit, imparfaitement formé.

> *Bien que cet accident dût me donner un peu plus de travail, j'en fus enchanté, car il devait prouver au duc que je savais mon métier.*

2 À travers les forêts d'Île-de-France (1), la campagne champenoise découpée en immenses
parcelles bientôt prêtes pour la moisson (2) ou les ondulations du Jura suisse près de
Montignez (9), je tâche, en un début de parcours marqué par un temps capricieux
et souvent pluvieux, d'accommoder la ligne droite tracée parfois brutalement sur la
carte (5) avec des vagabondages qui me conduisent dans des bois de contes de fées (7) 4
3 et m'égarent de hameaux en villages ou parmi les champs envahis de bleuets (6).
5

6
7 Dans une journée rythmée par la marche solitaire, l'hébergement du soir est un moment 8
privilégié de rencontre. Malgré les réticences, des inconnus m'ouvrent leur porte. Comme sœur Cécile (8), clarisse en Haute-Marne, ou des familles comme à Lignol-le-Château, près de Bar-sur-Aube. Au matin, je trouve sur la table du petit-déjeuner une consigne de la part de mes hôtes partis à l'aube : « Faites comme chez vous !... » (4) Et je les prends
au mot : pour la délicieuse confiture maison et le demi-queue Pleyel du salon (3). 9

10
11 En Suisse, les centres historiques ont une allure proprette. Ainsi, à Solothurn (12), que les 12
francophones appellent Soleure et où j'arrive par la gorge étroite de Sainte-Vérène (13)
qui abrite une chapelle encastrée dans la paroi rocheuse. Du Jura suisse où paissent des
Highlands (15) au lac des Quatre-Cantons imprégné du souvenir de Guillaume Tell (11), 15
des rives du lac d'Ägeri en Suisse centrale (14) aux Alpes bernoises (10) et valaisannes (16),
13 je privilégie les sentiers de randonnée, toujours impeccablement signalés.

14

16

17 Traverser les Alpes au plus haut, c'est monter, descendre, grimper, escalader, dévaler…
Des cols innombrables entre 2000 et 3000 mètres. Le premier : celui de Surenen (17),
au-dessus du lac des Quatre-Cantons. En bas, les villages prennent souvent le nom des 19
sommets qui les surplombent ; ainsi, Engelberg : la montagne des Anges (18). Au lieu de
laisser en friche les zones inaccessibles aux machines, les Suisses s'efforcent de préserver
18 une agriculture de montagne vivante. Sur certaines pentes, la fenaison se fait à la main (19).

20 Les églises, ce n'est pas seulement l'exubérance baroque de l'abbaye bénédictine 21
d'Engelberg (21) où j'ai été reçu avec générosité, c'est aussi la chapelle toute simple de San Giacomo (22), à 2300 mètres d'altitude, qui me sert d'abri de fortune un soir où le refuge indiqué sur ma carte s'est révélé en ruine. L'orage grondait, plus qu'une heure de jour. Une course folle à flanc de montagne, en espérant ne pas trouver porte close… Et
22 quand j'atteins enfin le but, je m'aperçois, soulagé, que les anges ont enlevé le cadenas.

Bien que le temps se montre parfois menaçant, comme au lac de Grimsel (23) fermé par le glacier d'Unteraar, j'échappe à la pluie en altitude alors qu'elle ne m'avait pas épargné jusqu'au seuil des montagnes et n'avait pas toujours la poésie d'une ondée passagère (20). Mais l'incertitude demeure et, sur les dalles de la chapelle San Giacomo (24), emmitouflé dans tous les vêtements dont je dispose, glissé au fond du duvet, je goûte avec reconnaissance, malgré le froid humide, le bonheur d'être abrité des rafales du dehors.

23

24

26 Cascades au-dessus du lac de Grimsel (26), sommets qui dominent la vallée de Zermatt (28), cirque d'Antrona (25) : les Alpes déploient une nature puissante où l'on prend conscience de sa petitesse. Délaissant l'hébergement dans les vallées, j'égrène les refuges d'altitude : 29
la *Windegghütte* (27), au pied du glacier de Trift, le refuge de Cingino (29) où, comme chaque soir, je rédige mon journal de bord, le refuge *Guide del Cervino*, à 3 480 mètres,
27 le point culminant de mon parcours, d'où la vue s'étend à toute la chaîne alpine (30).

28

30

31 Le Cervin (33) a figuré dès les premières ébauches du trajet comme un des points de passage importants du périple. Reine des montagnes culminant à 4478 mètres et pyramide mythique au goût de chocolat suisse. En venant du nord sur les flancs de la vallée de Zermatt (32) qui se termine en cul-de-sac au pied du sommet, le spectacle est majestueux, et ce qui m'attend le lendemain, redoutable, car la barrière montagneuse

32 que je dois franchir devant la pyramide pour passer en Italie frise les 3500 mètres.

Le col de Saint-Théodule permettant de relier la Suisse à l'Italie est couvert par un glacier 33
qui, s'il est moins sauvage que celui de Balfrin (34) à la jonction avec la vallée voisine de Saas-Fee, n'en demeure pas moins dangereux. Il s'élève en pente douce sur 3 kilomètres, jalonné par les pylônes d'un remonte-pente. Après avoir demandé conseil au bureau des guides, c'est finalement en sandales et armé de deux solides bâtons de mélèze (31) que je traverse, pataugeant dans la soupe de neige et veillant à éviter les crevasses. 34

35 Au pied du versant italien des Alpes, la région des Lacs offre une atmosphère de douceur qui tranche avec l'âpreté des sommets couverts de neiges éternelles que j'ai quittés quatre jours auparavant. Un air de villégiature et de nonchalance règne sur les rives du lac d'Orta et de son île de San Giulio (35) qui semble à peine posée à la surface des eaux. Encore 100 kilomètres vers le sud, et coule le Pô au cours capricieux et sauvage (36) que

36 je franchis au sud-est de Pavie, dans une platitude qui permet d'allonger les étapes.

Conçu au XVe siècle comme un lieu de pèlerinage destiné à se substituer au voyage de Terre sainte, agrandi et embelli jusqu'au XVIIIe siècle, le Sacro Monte de Varallo est un ensemble de 45 chapelles où sont représentées des scènes de l'Ancien Testament ou de la vie du Christ comme *Jésus conduit au prétoire* (37) ou l'*Ecce Homo* devant Ponce Pilate (38). Mêlant fresques et statues polychromes en bois et terre cuite grandeur nature, le Sacro Monte illustre l'art et la piété populaire avec une vitalité prodigieuse.

37

38

39
40 Balcons ouvragés à Varallo (41), inscriptions politiques sur des façades piémontaises (39-40), 41
enseignes surannées (42-44), le pont du diable à Bobbio (46) : une Italie pittoresque, mais
où l'accueil d'un passant va rarement au-delà de l'échange commercial. À la fontaine (43), 46
la tasse est gratuite, et c'est une heureuse surprise… Des exceptions, heureusement, comme
Franco (45) qui m'a hébergé dans la cave de son restaurant, ou des enfants d'émigrés 43
42 italiens en France qui m'accueillent dans un hameau perdu au nord de la Toscane (47). 44

45

47

48 La vieille ville de Lucques marque mon entrée dans le cœur de la Toscane : ruelles tortueuses, façades aux couleurs chaudes, palais, églises, ou encore la place du marché (48), bâtie sur l'ovale de l'amphithéâtre antique. Une ville qui revendiqua longtemps son indépendance, notamment face à la puissance des Médicis. Ces derniers bâtirent autour de Florence de prestigieuses villas, tant pour leur agrément que pour manifester leur
49 puissance. Ainsi la *Ferdinanda* (49), érigée par Ferdinand Ier à la fin du XVIe siècle.

À Florence, la galerie des Offices, extraordinaire « musée avec vue sur l'Arno », surplombe 50
le fleuve qu'enjambe depuis sept siècles la Ponte Vecchio (50). Parmi les nombreux chefs-d'œuvre qui m'ont ébloui dans cette ville d'art, deux sculptures sur la place du Palazzo Vecchio : un *Enlèvement de Polyxène* (51) par Pio Fedi et le célébrissime *Persée* (52) de Benvenuto Cellini. Prouesse technique exceptionnelle, la fonte de ce bronze par
51 l'artiste agonisant résume à elle seule l'histoire dantesque de la création. 52

53

56

En ce mois d'août finissant, les labours ont déjà commencé dans la campagne siennoise 57
écrasée de soleil (57) où je me laisse brièvement aller au farniente (53). Sur les crêtes, les
54 cyprès donnent une solidité verticale à ce paysage de collines enchevêtrées et de routes
55 au tracé sinueux (54-55). À la sérénité de l'aube à Monte Oliveto Maggiore (56) répond
celle du lac de Trasimène (58), où je goûte la douceur de la villégiature dans la maison
de « tante Joséphine », non loin de la forteresse de Castiglione del Lago (59). 58

Un choc et aussi un long frisson lorsque je longe la cathédrale aux murs parés de marbres polychromes, dominée par l'audacieuse coupole de Brunelleschi. Mais je ne peux tout voir en un jour. Même Cellini, devant la Méduse incandescente, s'interrompit pour dévorer un plat de salade. M'arrachant au premier envoûtement, je me remets en route pour rejoindre mon refuge florentin sur les hauteurs qui dominent la ville.

Quand Isabelle m'a dit il y a deux mois «J'ai une amie à Fiesole. Elle t'accueillera sûrement», mon cœur s'est mis à battre plus fort. Pas pour l'Italienne inconnue, je le concède, car elle est abbesse au couvent des clarisses, mais à cause de Boccace qui a situé dans ces collines le cadre de son *Décaméron.* Année 1348 : la peste noire ravage l'Italie. La mort frappe à grands coups de boutoir, fauche par dizaines de milliers. Tel qui enterrait le matin son parent succombe dès le soir. Les cercueils manquent et la peur vient à bout des âmes les plus charitables. Le frère abandonne la sœur, l'oncle le neveu et bien souvent l'épouse le mari. Fuyant Florence où règnent l'épouvante et la désolation, dix jeunes personnes de bonne compagnie se retirent sur les pentes enchanteresses de Fiesole pour échapper à la contagion. Accompagnées de trois hommes, « sept jeunes dames se retrouvèrent ; toutes elles étaient unies l'une à l'autre par des liens d'amitié, de voisinage ou de parenté ; aucune d'elles n'avait passé sa vingt-huitième année, aucune, non plus, n'en avait moins de dix-huit ; sage était chacune, et de sang noble, belles de formes, parées de gracieuses manières et d'une honnêteté charmante ».

Dans les jardins d'un palais idéal, à l'ombre des bosquets en fleurs, cette société aristocratique et raffinée se distrait chaque jour par le récit de nouvelles contées à tour de rôle. En dix journées, cent nouvelles, qui constituent le premier chef-d'œuvre de la prose littéraire italienne.

Les siècles qui ont passé sur la ville et les hommes n'ont pas aboli les distances : Fiesole demeure à 10 kilomètres du Palazzo Vecchio, et la côte n'en finit pas. J'aurais préféré que le paradis de Boccace et celui des clarisses fussent un peu moins éloignés, car mes jambes me portent à peine. Quelle folie abrutissante : entre 50 et 55 kilomètres aujourd'hui, après une distance équivalente la veille et une nuit précaire sur le sol d'un appentis à Vinci. Le Vinci de Léonard, où l'on vend désormais des *tee-shirts* à l'effigie de la Joconde. À la tombée de la nuit, enfin, je parviens au monastère qui se cache, entouré de hauts murs, dans un dédale de ruelles désertes.

– Ah, c'est vous ? Isabelle m'a mis au courant, mais j'ignorais que vous étiez déjà en Italie.

– N'avez-vous pas reçu mon message ? Je vous ai envoyé un courriel il y a trois jours.

– Non, je n'ai rien reçu…

Et moi qui comptais sur un hébergement facile ! Je vois déjà la porte se refermer.

– Mais ne vous inquiétez pas : on va s'arranger.

Derrière la grille du parloir, Madre Maria-Livia della Trinità s'exprime en français avec volubilité et bienveillance, un sourire aux lèvres et des yeux qui pétillent. Elle doit avoir la quarantaine. Le visage encadré par une guimpe et la tête couverte d'un voile noir, elle porte la robe brune des franciscains qu'ont adoptée les Sœurs de Sainte-Claire.

Quelques questions sur les raisons de mon voyage, et puis :

– Nous avons une maisonnette à côté. Ça tombe bien : en ce moment, il n'y a personne. Tenez, voici les clés. Dans la ruelle, au numéro 4… On se verra demain. Je n'ai pas trop le temps, ce soir… Je ne peux pas vous servir à dîner. Nous ne sommes pas organisées pour ça, mais il y a une cuisine là-bas. Vous avez de quoi ?

– Oui, oui… Quoique, si vous aviez un bout de fromage, ce ne serait pas de refus.

Dix minutes plus tard, mère Maria-Livia place dans l'armoire tournante ménagée dans l'épaisseur du mur le « bout de fromage » :
ph. 64 un énorme panier d'osier débordant de victuailles. Des œufs, du lait, des pâtes, des tomates, un melon, des prunes… Je n'ai pas encore atteint le fond et, sur le dessus, une tranche cyclopéenne de parmesan.

– À demain !

Au numéro 4, dans le logement vide des hôtes de passage, je jouis d'une indépendance bienvenue. Pas vraiment dans le monastère ni tenu à ses horaires stricts, et pas complètement seul : l'idéal. À 30 mètres, derrière les hauts murs, mère Maria-Livia vaque à ses occupations de communauté en pensant de temps à autre au marcheur vers Rome à qui elle vient d'ouvrir la porte. Pour ce soir, elle n'a pas besoin de s'approcher davantage et moi non plus. Un début de compréhension pointe à travers ce silence. « Chaque jour, tu pourras t'asseoir un peu plus près », dit le renard au petit prince.

Il y a trois jours, à Lucques, malgré le sentiment d'avoir enfin atteint le seuil du pays des rêves, je me suis senti affreusement seul, abandonné de tous en cette mi-août où j'imagine tous mes amis de France en vacances, qui m'ôtent ainsi un des derniers pôles de stabilité qui me restaient : le leur. Tandis qu'aujourd'hui, je sais que, tout près, des âmes se soucient de moi, fortes comme des piliers de cathédrale et suffisamment éloignées pour ne pas m'écraser de leur sollicitude.

– *You have a wide space bubble*... "Tu as une large bulle d'espace autour de toi", m'avait plaisanté Peggy au sommet du Sinaï lorsque nous nous blottissions côte à côte sous les couvertures.

C'est vrai : une bulle aussi dense que les silences sur une partition de musique, qui donnent leur couleur et leur relief aux notes voisines et où s'épanouissent les accords, qu'ils soient harmoniques ou non. Une bulle qui s'étire, selon les jours, du seizième de soupir à la demi-pause, et s'allonge ce soir aux 30 mètres qui me séparent de la porte du monastère Santa Maria degli Angeli.

Il faudrait au moins dix jours pour visiter Florence sereinement. Or, si je veux arriver au but, je ne peux pas me permettre de telles vacances. Alors, au lieu de courir la ville, j'avais résolu de demeurer à Fiesole, de m'y reposer et d'y lire le *Décaméron* que je me suis fait envoyer chez les clarisses. Mais après le choc artistique de mon arrivée, je ne m'imagine plus un instant capable de paresser, un livre en main, au milieu des jardins imaginaires de Boccace lorsque tant de trésors m'attendent en bas. Je m'accorde deux jours. Non : trois. Pour visiter peu, mais en prenant mon temps.

Dès le premier jour, après une prière au baptistère devant la cathédrale, celui-là même que Dante a connu et où il fut baptisé, sous la coupole de mosaïques dorées qui illustre, de l'enfer au paradis, l'histoire du Salut – « mon beau Saint-Jean », écrit-il au chant XIX de « L'Enfer » –, je passe l'après-midi entier à la galerie des Offices.

Comment raconter, comment décrire l'émerveillement – le mot est trop fade –, l'ébahissement, l'enthousiasme, la sidération, le sentiment de petitesse et en même temps d'aspiration à la perfection qui m'ont étreint dès les premières œuvres et ne m'ont pas lâché de longtemps ?

Inquiet de ne plus rien distinguer et ne plus rien retenir qu'un magma éblouissant, je griffonne au fur et à mesure dans mon carnet pour fixer la mémoire volage.

La *Vénus de Médicis*, deux autoportraits de Rembrandt – un en jeune homme et un en vieillard –, *Laurent le Magnifique* par Vasari – ses mains longues, son visage étroit et acéré –, un *Jeune Homme au bonnet rouge*, de Lippi – altier, détaché, quel recul ! –, la *Madone de Pontassieve* par Fra Angelico – un visage diaphane, la pureté absolue –, les deux célébrissimes Botticelli – *La Naissance de Vénus* et, surtout, *Le Printemps* –, la *Méduse* du Caravage, effrayante et diabolique, peinte sur un bouclier de cuir. Le *Tireur d'épine*, ce jeune garçon nu, assis sur un rocher, qui s'applique à extraire une épine de son pied gauche – sculpture romaine d'après un original hellénistique : un tel naturel et une telle innocence dans la pose qu'on croirait l'incident saisi sur le vif. Près d'une fenêtre qui surplombe l'Arno, la tête pathétique de l'*Alexandre mourant* – je ne pouvais manquer ce tribut au Macédonien qui m'a accompagné durant une année d'écriture.

Je n'ai pas aimé le Pérugin, trop fade, ni le Corrège. Vinci et Michel-Ange m'ont peu touché. En revanche, des Titien mémorables : un *Chevalier de Malte* – son regard qui trahit la tristesse infinie d'un homme jeune qui a déjà trop vécu –, la *Madone des roses*, *Flore.* Dans les sculptures disposées le long de la galerie, un Mercure accoudé avec nonchalance, *Bacchus et un satyre* – statue florentine du XVIe siècle –, ou encore un buste de Caracalla – 211-217 après J.-C. La sculpture est si expressive qu'il existe une distance précise à laquelle je vois l'empereur me fixer de son regard perçant. J'ai essayé plusieurs fois, avançant puis reculant et retrouvant la même place, au centimètre près. Est-ce du marbre ou est-ce encore un homme ?

C'est dommage qu'il s'agisse de Caracalla. J'aurais préféré lire « Marc Aurèle » sur le cartouche, mais l'empereur philosophe ennuie plus loin dans la galerie, pourvu d'un visage aux traits conventionnels et sans âme.

C'est dommage car j'aime bien Marc Aurèle. Depuis des années, ses *Pensées pour moi-même* me servent de béquille aux jours difficiles, avec leur exigence et un stoïcisme qui se marie bien au sens du devoir que m'a légué mon éducation.

> *Sois semblable à un roc contre lequel les vagues se brisent sans répit : il reste debout et autour de lui viennent mourir les bouillonnements des flots. Comme je suis malheureux de subir ce malheur ! Mais non ! Au contraire : comme je suis heureux, ayant subi ce malheur, de résister à la peine sans être brisé par le présent, ni effrayé par l'avenir. Car la même chose pourrait arriver à n'importe qui, mais n'importe qui face à cette épreuve n'aurait*

pas résisté à la peine… Souviens-toi, en présence de tout ce qui te plonge dans le chagrin, de recourir à ce principe : ceci n'est pas un malheur, mais le supporter noblement est un bonheur.

Aujourd'hui, dans la galerie des hommes illustres, voici ce que me dit le regard de Caracalla avec les mots de Marc Aurèle :

Considère, par exemple, les temps de Vespasien, tu y verras tout ceci : des gens qui se marient, élèvent des enfants, deviennent malades, meurent, font la guerre, célèbrent des fêtes, trafiquent, cultivent la terre, flattent, se montrent arrogants, soupçonneux, conspirent, souhaitent que certains meurent, murmurent contre le présent, aiment, thésaurisent, briguent les consulats, les souverains pouvoirs. Eh bien ! toute la société de ces gens-là n'est plus !

Passe maintenant aux temps de Trajan. Ce sont les mêmes occupations, et disparue aussi est cette société. Vois combien d'hommes, après avoir tendu toutes leurs forces, sont tombés bien vite et se sont dissous dans les éléments.

« Prends la mesure de ta juste place et accorde tes actions à la justice, poursuit en substance Marc Aurèle, car tu es une poussière dans l'histoire du monde. » Moi sûrement, mais les auteurs de ces œuvres qui m'ont tant impressionné, ému, touché ? Devant tant de génie, j'éprouve le même sentiment que devant le jaillissement des sommets dans les Alpes suisses : non pas l'écrasement, mais la conscience aiguë de mon infinie petitesse. Oui, *Imperator*, tu as raison : ces artistes étaient aussi des hommes, mais quels hommes ! Quelle fécondité fut la leur !

Au bout de trois heures, éreintés par tant de chefs-d'œuvre, mes yeux se brouillent. D'ailleurs, le musée va fermer. Sur le chemin de Fiesole, j'abandonne rapidement l'idée d'ordonner mes préférences. L'âme encore débordante des Véronèse, Giordano et Praxitèle, je ne vois personne dans la foule et j'avance sans effort. Malgré les 10 kilomètres qui m'éloignent du cœur battant de Florence, ou grâce à eux, l'hébergement à Fiesole est une bénédiction. Bien que la douceur champêtre vantée par les conteurs de Boccace ait été depuis longtemps labourée d'asphalte et plantée de feux tricolores, bien que les pentes boisées soient mitées de résidences qui ne ressemblent pas toutes à des palais, il y règne encore un calme de petit salon, une intimité de boudoir et, au fond d'un lacis de ruelles désertes, au monastère Santa Maria degli Angeli, la sérénité d'une thébaïde.

– Nous ne sommes plus que cinq, m'explique mère Maria-Livia qui m'a donné rendez-vous au parloir après les vêpres. À part moi qui ai 44 ans et viens d'une autre communauté, la plus jeune a 70 ans et la plus âgée 97.

Après cinq siècles d'existence, le monastère aurait dû fermer il y a trois ans car les vieilles sœurs ne parvenaient plus à se débrouiller seules. La supérieure de Maria-Livia lui a alors proposé de prendre en charge cette communauté en fin de vie.

– Quand j'ai accepté, de nombreuses personnes m'ont mise en garde : “Seule avec quatre sœurs âgées ? Tu ne tiendras pas six mois !” ; et maintenant encore, j'entends souvent : “N'est-ce pas trop lourd, déprimant et difficile ?”

Des difficultés, mère Marie-Livia en rencontre chaque jour, mais elle ne les compte pas et je dois insister pour en apprendre davantage. Oui, l'entretien des bâtiments, le ménage, la lessive, c'est elle. Les repas, les soins aux malades, c'est elle ; les paperasseries et les relations avec les autres communautés aussi. L'équilibre à trouver entre la vie spirituelle du groupe et les contraintes matérielles de chacune. Marthe et Marie en une seule femme.

– Vous exagérez !

Est-ce elle ou moi qui viens de parler ? Je ne sais plus.

Le poids de la responsabilité, c'est elle aussi.

– Je fais de mon mieux pour aider les sœurs et les accompagner durant la fin de leur vie terrestre. Elles ont toujours vécu ici, vous savez. C'est leur place. Et en un sens, je suis profondément convaincue que c'est aussi la mienne.

Voilà pourquoi elle l'occupe avec légèreté depuis deux ans et demi, alors que d'autres auraient depuis longtemps rendu leur tablier. Je me souviens d'avoir éprouvé ce sentiment sur la route difficile de Jérusalem.

– Le bonheur, en somme…

– Comme vous y allez ! réplique-t-elle en riant.

– Si, le bonheur : non pas une oisiveté béate, mais cette certitude intime d'être à la bonne place, d'arpenter le bon chemin, quelles que soient les difficultés que l'on y rencontre. Voilà ce que j'appelle, moi, le bonheur. De toute façon, des difficultés, il y en aura toujours. Le pire, c'est d'errer dans les fossés, sans savoir où se situe le chemin, tandis que dès lors qu'on l'a trouvé… N'êtes-vous pas d'accord ?

Elle hésite. *Felicità ?* Ses yeux vont chercher dans le lointain des souvenirs et des rêves, des espérances, des emportements de jeune fille et des trébuchements de mortelle, puis son regard revient lentement vers moi et elle acquiesce en silence, avec un hochement de tête. Elle évoque à plusieurs reprises durant la conversation cette vision du bonheur terrestre. J'ai l'impression d'avoir formulé pour elle de manière raisonnée l'intuition floue d'une évidence qu'elle n'avait jamais eu l'idée d'exprimer avec une telle clarté. Et je lis la reconnaissance dans son regard.

La grille qui nous sépare importe peu. Par petites touches et découvertes progressives, nous prenons conscience que nous avons entrepris de gravir, quoique par des voies différentes, la même montagne : celle qui conduit au Ciel et à Dieu. Rien de moins.

– Cela ne garantit pas des chutes.

Oh non ! Tant de fois… Chacun de nous le sait bien, et nous n'avons pas besoin de le dire pour le partager. Comme Isabelle lui a parlé de mon périple d'il y a sept ans, elle m'interroge et je me prête de bonne grâce à ses questions quand, tout à coup, une cloche résonne dans le vieux bâtiment. Mère Maria-Livia tire précipitamment une montre de dessous ses jupes brunes.

– Mon Dieu ! Le dîner…

Marthe reprend la place de Marie.

– N'exagérons rien : le Seigneur, c'est un autre.

– “Là où deux ou trois se trouvent réunis en mon nom, dit le Seigneur, je suis au milieu d'eux.”

Ah ! si seulement j'avais une foi grosse comme une graine de moutarde…

– Je dois y aller maintenant, mais accepteriez-vous de partager votre expérience avec les autres sœurs ?

– Bien sûr.

– Alors revenez ce soir, vers 21 heures.

Chacun vaque à ses occupations, puis nous nous retrouvons trois heures plus tard. Elles ne sont que quatre religieuses car sœur Angelica est trop fatiguée, mais la vénérable de 97 ans a bon pied bon œil et semble m'écouter avec indulgence, à moins qu'elle soit trop sourde et que son sourire fripé lui tienne lieu de délicatesse.

– En italien, ça ira ? s'enquiert mère Maria-Livia.

– Je vais commencer ainsi. Quand ce sera trop difficile, vous assurerez la traduction, n'est-ce pas ?

Mes leçons quotidiennes avec la méthode de perfectionnement d'Assimil commencent à porter leurs fruits et j'en éprouve un délicieux sentiment de liberté, comme un cheval qui s'ébroue dans le pré.

L'échange tourne inévitablement autour des deux expériences de marche. Je raconte les histoires pittoresques, j'évoque les raisons différentes, la solidité des motifs, les difficultés et les leçons qui se dessinent. L'obligation d'expliquer m'aide à débrouiller le sens de mes deux voyages si différents. Devant ces femmes qui ont su choisir une voie exigeante et que j'admire, je reviens sur le chemin et sur la juste place.

– J'ai de plus en plus le sentiment que le périple vers Jérusalem n'était pas “un” chemin possible dans la vie, mais le seul possible dans mon existence d'alors. Tandis qu'aujourd'hui, si je pense arpenter un bon chemin, je me dis que ce n'en est peut-être qu'un parmi d'autres. Il n'y a plus l'urgence, la nécessité et la pointe de son épée au creux des reins pour me forcer – et m'aider aussi – à avancer.

C'est un sentiment. Je ne suis pas encore très sûr. De toute façon, le sens apparaît rarement dans l'instant. Il faudra du recul.

Nous parlons pendant trois heures. Je détaille mon futur trajet à travers le pays.

– Les clarisses sont nombreuses en Italie. Si ça peut vous aider pour l'hébergement, suggère la supérieure, je pourrais…

Prévenir ses collègues abbesses ? Si je veux ? Et comment !

La vénérable s'est endormie plusieurs fois et mère Maria-Livia a renoncé à lui donner un coup de coude pour la réveiller, sauf quand elle ronfle trop bruyamment. À la fin, comme mes yeux papillotent et que mon italien devient de plus en plus hésitant, on prend pitié de moi.

– Maintenant, allez vous reposer. À demain. Si vous voulez, les laudes sont à 7 heures.

La sonnerie du réveil n'a pas réussi à me tirer du sommeil car, dans la chambre spartiate au numéro 4 de la *Via Belvedere*, les chefs-d'œuvre de la galerie des Offices ont hanté ma mémoire jusque loin dans la nuit. Incapable d'enchaîner avec un autre musée, je flâne dans la ville durant une journée entière. La promenade verdoyante des *Cascine* sur les rives de l'Arno, la colline de San Miniato de l'autre côté du fleuve, et sa place Michel-Ange qui offre une vue splendide sur le dôme de Brunelleschi. Je m'astreins à ne pas pousser la porte de chaque église, de peur d'en dilapider les trésors.

Devant le « beau Saint-Jean » de Dante, je m'approche de la porte du Paradis, sculptée au début du XVe siècle par Ghiberti. Sur dix registres de bas-reliefs en bronze doré, l'artiste a illustré des scènes tirées de l'Ancien Testament, depuis Adam et Ève jusqu'à la rencontre entre le roi Salomon et la reine de Saba. Un sens pictural qui dépasse l'entendement et une grâce confondante. Avec mon idée saugrenue de regarder au lieu de voir, je gêne les foules qui se pressent dans mon dos. « Quand partira-t-il, celui-là, que je puisse prendre la photo ? » Je devine la phrase dans toutes les langues, et souvent, car on stationne rarement plus de 40 secondes, le temps aux Chinois ou aux Américaines de poser avec un sourire et aux Japonaises d'afficher avec deux doigts le « V » de la victoire pour la postérité.

Ghiberti, lui, a travaillé vingt-sept ans à son œuvre.

– Un siècle plus tard, commente derrière moi un cicérone, le fameux Giorgio Vasari, auteur du premier recueil d'histoire de l'art, a décrit la porte du Paradis comme “la plus belle œuvre qui se soit jamais vue au monde, tant chez les Anciens que chez les Modernes”. Vous n'en voyez ici qu'une copie exécutée au XXe siècle. Nous verrons les originaux tout à l'heure au musée de la cathédrale.

Non, je n'irai pas voir les originaux. Ici, ils auraient brillé en pleine gloire ; dans une vitrine, je crains qu'il ne leur reste que la tristesse d'un moignon.

– Mais ce sont les vrais ! Les bas-reliefs sur lesquels a œuvré le ciseau du maître.

Oui, et ils portent aussi les stigmates des siècles. Ça ne suffit pas toujours. Quant à la pure technique, je n'en suis pas fanatique. Si j'ai suivi, il y a plusieurs années, un cours d'histoire de l'art à l'École du Louvre, je ne suis pas un spécialiste pour autant et ne suis pas venu visiter l'Italie en érudit des arts plastiques.

– Comment ! Tu n'as pas vu, à Santa-Croce, la fresque sur la vie de saint Jean-Baptiste par Giotto !

Non, et la deuxième *Pietà* de Michel-Ange non plus, hélas. Ni la troisième conservée à l'Académie, ni la quatrième qu'on peut admirer à Milan. Bien que je jette un œil sur les guides, je les feuillette à la hâte pour ne pas m'user le regard avant la première rencontre. Je me méfie de ce qu'il *faut* voir. Il me manque des références, sans doute, que d'autres auraient creusées au lieu de se présenter nus devant une œuvre. Je préfère le sein de Flore et le regard de Caracalla.

Ce qui m'a transporté il y a deux jours devant la loggia des Lansquenets, ce qui m'a enivré hier aux Offices, c'est moins une connaissance raisonnée qu'un choc des sens. Un plaisir décuplé par l'émotion des premières fois. Non par la vertu de l'ignorance, mais par celle de la virginité.

Il ne suffit pas de ne point connaître. Il faut aussi être prêt. Voilà dix ans, j'ai passé une semaine de vacances en Toscane avec des amis, ma seule expérience italienne hors quelques voyages professionnels à Milan. Nous avions loué une villa aux environs de Sienne. Pise, Volterra, Arezzo, Florence. Dans cette ville, nous avions passé une demi-journée, dont je ne garde aucun souvenir hors des images convenues. Une carte postale, c'est tout. Cette fois-ci, je commence à comprendre pourquoi je suis devenu si sensible. La solitude, certainement, qui exacerbe les sentiments, et surtout ce long ruban de pas, cette route tyrannique, monotone à ses heures, qui me lave l'âme. Une vie à la campagne, loin des artifices et du flot d'images et de bruits qui envahissent nos vies ordinaires : le superflu râpé jusqu'à l'os ; trop, même. Car vient un moment où la nature arpentée à satiété creuse un désir de civilisation et de beauté créée de main d'homme. Alors, vient le moment favorable…

J'aime le premier regard. Il est divin. C'est celui qui tout embrasse, bien qu'il ne soit pas toujours le meilleur. Ensuite, on voit les détails, et chacun sait bien que le diable s'y cache. Le choc de la première fois : d'un brusque mouvement de la main, Raphaël a emporté le voile qui dissimulait la toile qu'il vient d'achever. Et je suis là, seul, ébahi, avant que quiconque ait formulé un avis, ait encensé le clair-obscur ou déploré la perspective. Des siècles avant l'invention de la photographie et bien avant la première lithogravure.

La magie du premier regard : en une époque marquée par une schizophrénie entre la quête forcenée de l'authentique et une multiplication à l'infini des reproductions, de toutes les vérités, c'est celle-là que je préfère. Il faudra que j'écrive un jour un *Éloge de la virginité dans l'art.*

Devant les portes de Ghiberti, mon regard s'attarde. C'est un plaisir différent, plus adulte, un plaisir de l'âge mûr, qui se cherche dans la profondeur d'un corps au contour défini et se tourne vers l'infiniment petit après avoir embrassé l'infiniment grand, mû par le désir d'y découvrir les ressorts d'une jouissance nouvelle.

Déçu néanmoins de ne voir que des reproductions, j'ai tendu l'oreille au discours du cicérone. Il louait la finesse des traits, la douceur de la lumière, l'étagement des personnages sur des plans successifs et l'usage de la perspective, si novateur dans la sculpture d'alors, qui donne à chaque bas-relief l'aspect d'une peinture.

Le cicérone et son groupe sont partis. Mes yeux errent encore sur la Création du monde. La copie d'une création du monde. Peu importe : à force d'années, la tradition confère aux légendes une part de vérité.

À Fiesole, mère Maria-Livia a travaillé pour moi. Pratique, énergique, efficace : une femme de tête avec un grand cœur.

– Tenez, voici une liste d'adresses, me dit-elle. J'ai passé la matinée devant une carte d'Italie, crayon en main, essayant d'imaginer vos étapes d'après les indications que vous avez fournies hier. Dans tous les monastères de clarisses, déjà, les portes vous seront grandes ouvertes.

Le pays en compte plus de cent. Même si tous ne s'alignent pas sur ma route, j'ai là une mine d'or.

– Et… de la famille, des amis peut-être ?

Comment lui dire sans la froisser : « J'apprécie également de rencontrer des gens normaux. Pas seulement des curés et des bonnes sœurs » ? Entendons-nous bien : je suis très reconnaissant aux religieux qui m'offrent l'hospitalité. Loin de moi l'idée de les stigmatiser. Avec certains s'établit une compréhension profonde, réciproque et quasi miraculeuse – exactement ce qui est en train d'advenir avec mère Maria-Livia –, mais est-ce blessant de remarquer qu'ils ne représentent qu'une minorité infime de la société ? Et que, de presbytère en couvent, leurs histoires et leurs préoccupations se ressemblent ? Chaque homme, chaque femme est unique, certes. Une œuvre d'art. Il faudrait se donner le temps d'approfondir et de traverser les apparences. Ce voyage ne s'y prête pas toujours et j'ai envie, j'ai besoin, d'une variété qui reflète l'ensemble de la société. Des familles, des parcours divers, des métiers différents, et le désordre jubilatoire de la chambre des petits. Un voyage dans le monde et non pas hors du monde.

– Oui : je sens que tu… que vous apprécierez de voir autre chose que des cornettes.

– Et moi qui n'osais pas… Les pompiers aussi sont des gens formidables, vous savez. Et cependant, je n'ai aucune envie de faire un tour d'Italie des pompiers, même s'ils m'ouvraient partout leurs casernes.

Elle rit de bon cœur.

– Une de mes tantes habite au bord du lac de Trasimène. Passerez-vous par là ?

En mémoire d'Hannibal sûrement, et chez tante Josefina avec grand plaisir. Quelques adresses aussi tout en bas, dans les Pouilles, précieuses en cette Italie où les cercles de famille, de relations et d'amitié sont souvent disjoints entre nord et sud. Il ne faut négliger aucun fil qui permette ensuite de dérouler la pelote des contacts.

– Voici également la lettre de recommandation que vous m'avez demandée, ajoute-t-elle. Écrite en italien. Et votre linge propre. Vous avez besoin d'autre chose ?

Si je lui demandais la lune, je crois qu'elle me l'apporterait aussitôt. J'aurais dû essayer, mais je suis resté sage et suis parti, la précieuse liste dans la poche et mon maigre paquet de vêtements propres sous le bras, en songeant que les clarisses n'ont sûrement pas l'habitude de voir sécher un caleçon d'homme sur les fils à linge de leur jardin. En posant quelques minutes plus tard mes vêtements sur la table de la cuisine, je découvre que mère Maria-Livia a même reprisé un accroc sur le *tee-shirt*. Dans le nécessaire à couture de ces religieuses vêtues de brun, de blanc et de noir, comment a-t-elle déniché la bobine de fil bleu outremer qui rend la reprise quasi invisible ? La lune, disais-je !

Dernier jour à Florence. J'ai lutté pour ne pas me précipiter au palais Pitti qui abrite l'autre collection majeure d'œuvres d'art de la ville, préférant retourner aux Offices. Quel luxe de prendre sur ces trois petits jours le temps de revenir vers ce que j'ai aimé ! Et dire que j'ai failli ne pas visiter Florence de crainte de n'en voir pas
ph. 50 assez… Le plaisir est décuplé car il pleut à verse toute la journée : je me serais senti bien misérable sur les routes.

Dans le musée, la foule se presse, aussi nombreuse que celle des pèlerins de jadis sur les routes de Rome. D'ailleurs, depuis la Renaissance, on vient ici en pèlerinage aux sources de l'art. Dans la salle de la Tribune, un sens giratoire régule à grand-peine le flot autour de la *Vénus de Médicis*. En 1770, lady Miller, une aristocrate anglaise, rapportait dans ses *Lettres d'Italie* son admiration pour la statue, puis la décrivait avec une froideur et une sécheresse curieuses :

La Vénus de Médicis excède en beauté et en grâce toutes les idées que nous nous en étions formées. Nous l'avons mesurée de la racine

> *des cheveux, ou du haut du front jusqu'à son talon, et lui avons trouvé exactement 4 pieds, 9 pouces et 3/4, mesure anglaise. Après avoir ainsi pris sa hauteur, nous l'avons mesurée séparément, et je vous donnerai ici quelques-unes de ses dimensions : du talon à l'extrémité de son gros orteil, 8 pouces et demi et la moitié d'un quart ; juste au-dessus de son astragale, 5 pieds de tour, etc.*

L'époque est bien révolue où les *happy few* pouvaient prendre leur temps grâce à une introduction auprès du grand-duc ou à un demi-souverain glissé au bedeau. Et celle aussi où les jeunes filles chaperonnées de Forster intriguaient pour obtenir une chambre avec vue sur l'Arno à la pension de la Signora Bertolini. Cent années pour s'embourgeoiser et cent autres pour se populariser.

– *Si ferma, Signore, si ferma !*

Les gardiens poussent les derniers visiteurs vers la sortie, comme les pisteurs sur le glacier du Cervin. Bientôt Vénus, pudique et nue, retrouvera la solitude des sommets et sa place dans l'Olympe. J'aime à penser que Goethe, de passage à Florence, la nomma *Jungfrau* : la vierge, la jeune fille.

Oui. Oui, je m'en vais, mais je reviendrai, c'est sûr. Et mère Maria-Livia a insisté pour que je reprenne alors le chemin de Fiesole.

9.

La magie de la villégiature

SAN GIMIGNANO, SIENNE, MONTEPULCIANO : quelques agglomérations pittoresques reliées par des routes sinueuses, voilà ph. 54-55 ce qui reste de la Toscane dans la mémoire des voyageurs en automobile. À la rigueur : « un village tout mignon, perché sur une hauteur, près d'Arezzo, dont j'ai oublié le nom ». Sur ce trajet qui me prend cinq jours, il me faudrait pour un seul après-midi citer Noce, Vigliano, San Donnino, San Vito, Vicolo d'Elsa, Ulignano, etc. Et chaque colline, chaque vallon. L'alternance des vignobles et des oliveraies, des champs et des bois, une maison ocre posée sur une ph. 60 éminence, seule au bout d'une longue et fine ligne de cyprès, des tours crénelées qui surgissent à l'horizon comme des sémaphores et, là-bas, le petit chemin de terre qui monte droit parmi les labours, ph. 57 jusqu'en haut de la crête, ponctué de trois pins parasols. La terre de Sienne qui s'est échappée du tube de gouache de l'écolier et nuance le paysage bosselé, retourné par le soc des charrues.

Peu avant Florence, je me suis procuré un atlas routier de la région, au 1/100 000. Un volume fatigué que le *giornalaio* est allé déterrer de sous une pile de vieilleries au fond de son arrière-boutique. Au *verso* de la couverture, l'étiquette indiquait le prix en *British pounds*, comme pour rappeler la prédilection anglaise de longue date pour la Toscane. *Giornalaio* : ce mot du Sud me ravit. « Kiosquier », dirait-on en français avec une raideur collet monté de Troisième République. Tandis que dans le *giornalaio*, j'entends déjà le Méridional blagueur et volubile, aussi truculent qu'un *pizzaiolo* napolitain, aussi roublard qu'un valet de Goldoni.

Il faudrait aussi mentionner les figues cueillies au bord des chemins poudreux, leur chair écarlate qui s'égraine délicieusement sous le palais, un berger au loin, dont les moutons soulèvent un nuage de poussière au flanc d'un coteau. L'odeur chaude, poussiéreuse et sèche des aiguilles de pin qui jonchent les fossés, l'ombre d'un olivier en plein midi ou celle d'un rempart auprès duquel Dante s'est réfugié, un corps de ferme abandonné sur lequel se détache en gros caractères le mot «*Paradiso*», et les fortifications austères de Monteriggioni qui me précipitent au huitième cercle de l'enfer :

"Apprends que ce n'est pas des tours, mais des géants.
Ils sont au fond du puits tout autour de la berge
Et tous cachés du nombril jusqu'en bas."
Car, ainsi qu'au-dessus de son enceinte ronde
Monteriggioni se couronne de tours,
De même sur le bord qui le puits environne,
En manière de tours s'érigeaient à mi-corps
Tous ces Géants horribles que menace
Encore Jupiter quand il tonne du ciel.

(«L'Enfer» – Chant XXXI)

ph. 56 Les cyprès donnent une solidité verticale à l'ondulation des coteaux. Il n'est pas étonnant que ce soit précisément dans ce pays que les peintres de la Renaissance aient redécouvert la perspective, car le paysage semble disposé pour une simplification visuelle : quelques traits suffiraient parfois à en tracer une représentation fidèle. Une Toscane des poètes, des peintres et des aquarellistes. Celle dont j'ai rêvé, la lumière dorée sur les chaumes et une campagne qui ressemble à un jardin où l'on vit avec une douceur raffinée.

À raconter de la sorte, à m'aventurer sur cette pente flatteuse, le mensonge n'est plus très loin. En pensée peut-être, presque en paroles, non par action, mais par omission. Pourquoi se contenter d'évoquer les ombres violettes de l'aube et l'or des premiers rayons ? Dès 10 heures du matin, la chaleur devient proprement infernale. Tantôt sèche et brutale, elle écorche la peau et assomme. Tantôt profonde, épaisse et collante, elle pèse comme si elle se souvenait des trombes d'eau tombées à Florence. Perdu entre les collines désertes, je n'ai même plus assez de salive pour la gaspiller en imprécations contre les cartes toujours aussi médiocres et les chemins qui se terminent en culs-de-sac. Avec la chaleur frappe une lumière dure et blanche, fuligineuse, et, dans les champs de tournesol, les plants noirs et grillés courbent tristement l'échine au bout de longues tiges desséchées. Je cherche l'ombre des pans de mur dans les villages écrasés de soleil, le long de façades aux persiennes closes. Quand « l'habitant » n'est pas terré à l'intérieur pour échapper au cagnard, il me répond :

– Un logement ? À 2 kilomètres sur la droite, une maison d'hôte ; à 5 kilomètres, un hôtel.

Des gîtes, des chambres à la ferme, des pensions, des *Bed & Breakfast*, des hôtels multi-étoilés, il y en a partout. Et des touristes aussi, omniprésents même si on ne les voit pas toujours. Comment, confronté à une telle saturation, « l'habitant » pourrait-il s'ouvrir au voyageur ?

Les villages silencieux se succèdent en une répétition indistincte et, à l'approche des villes, mon allure de piéton me contraint à une longue traversée des zones commerciales qui les entourent comme autant de bouées de sauvetage.

Le pire, c'est le désert : pas âme qui vive au milieu de ces paysages. Seules des voitures circulent, et des camions, probablement ceux qui distribuent les téléviseurs, les antennes et les paraboles. J'ai usé depuis de trop longues semaines le vernis qui enveloppait mes rêves et je sens qu'il commence à se craqueler, desséché par l'absence des hommes. Alors mon regard s'attarde sur les cyprès pointus et sveltes, à la taille souple comme celle des jolies femmes de Firdoussi. « Sa taille était fine, dit le poète persan, et élancée comme les cyprès qui oscillent dans le vent du soir. » Ainsi se peuple de femmes imaginaires une belle campagne sans âmes. Un demi-mensonge qui aide à vivre.

– Tu suis la *Via Francigena*, toi aussi ? me demande Jean-Baptiste, rencontré à Sienne sur la place du *Campo*.

– Nous, on marche le long des routes, ajoute Alain. Ça ne nous gêne pas.

Topoguide en main, les deux compères savent chaque matin ce qui les attend : 45 kilomètres, 23 ou 37,4. Ils ont quitté Paris il y a cinq semaines, enchaînant les étapes à marche forcée. Jean-Baptiste, l'aîné, a 60 et quelques années, une moustache de Gaulois, le cheveu ras et le visage coupé au couteau d'un légionnaire en retraite.

– J'étais livreur de bière pour les restaurants.

Vétéran multirécidiviste du chemin de Compostelle, il se passionne aussi pour la mécanique et confesse qu'il pourrait regarder tourner le tambour d'une machine à laver pendant une heure sans s'ennuyer. Dans le garage de son pavillon de banlieue sont rangées ses cinq voitures, ses quatre Mobylette et sa moto, qu'il bichonne entre deux services rendus à des voisins âgés. Il a également six enfants et une copine.

Si Jean-Baptiste a un corps sec et noueux, Alain est maigrelet. Sa moustache est maigre aussi, et son bouc grisonnant, qui complètent sa figure de titi parisien. Il aura 50 ans dans dix jours.

– Vous allez à Rome ?

– Oui. On a fixé rendez-vous à des amis le 6 septembre, place Saint-Pierre : c'est le jour de l'anniversaire à Alain.

Nous partageons une chambre chez les Sœurs missionnaires de la Charité, et un cassoulet en boîte qui a brûlé au fond de la gamelle posée sur leur réchaud. Deux cent trente et un kilomètres nous séparent de Rome. Nous sommes lundi. Si je voulais, je pourrais y être dimanche… Et pourtant, cette Rome à une semaine n'existe pas. La vraie, la mienne, n'émergera de l'horizon que dans 2 000 ou 3 000 kilomètres. Je ne suis pas tenté de couper au plus court. Non. Aucunement.

Le lendemain matin, nous nous quittons une heure avant l'aube sous l'arche de la *Porta Romana*. Tout en regardant les deux compères continuer leur chemin, *Via Roma*, je songe aux deux cavaliers qui se rencontrèrent à cette porte de la ville, il y a cinq siècles. L'un, trapu, robuste, la tête osseuse, la barbe broussailleuse et les yeux brillant d'un feu sombre ; l'autre, mince, le visage doux et mélancolique, la taille délicate comme celle d'une jeune fille.

– Je me rends à Florence pour tailler du marbre, dit le premier.

– Je vais travailler à la sacristie de Sienne, répondit l'autre.

C'étaient Michel-Ange et Raphaël.

Cependant, Hannibal s'avançait toujours vers Rome par la Tyrrhénie, ayant Cortone et les montagnes voisines à sa gauche et le lac de Trasimène à sa droite…

Ainsi parle l'historien grec Polybe au IIe siècle avant J.-C., dans sa monumentale *Histoire générale*, où il analyse l'essor de Rome jusqu'à sa suprématie sur le monde antique, et relate en détail les guerres qui l'ont opposée à Carthage.

Dans cette Italie où l'on ne peut avancer d'un pas sans piétiner des millénaires d'histoire, le lac de Trasimène a figuré sur mon ph. 58 trajet dès la première ébauche. Trasimène, au nom tragique et beau, qui sonne comme celui d'un personnage de Racine, qui s'ouvre et s'arrondit, béant, comme la bouche d'un trucidé et traîne en longueur comme le sanglot des veuves. Trasimène où le Carthaginois anéantit les légions de Flaminius que le Sénat avait envoyées à sa poursuite. Une embuscade favorisée par le brouillard, sur la rive nord, dans un étroit vallon entre les collines et le lac.

Bien qu'aucune trace matérielle ne subsiste aujourd'hui de la bataille rapportée par Polybe et Tite-Live, on prétend que les villages de Sanguinetto, Ossia et quelques autres aux noms évocateurs rappellent les monceaux de cadavres et les fleuves de sang que laissèrent les troupes de Carthage. En descendant des coteaux vers le lac aujourd'hui si paisible, c'est à l'intention des victimes de cette épouvantable et glorieuse tuerie que je chante mon chapelet quotidien. Pour les 15 000 Romains et les hommes d'Afrique, les Ibères, les Gaulois, les valeureux et les couards, le consul à la tête tranchée et les fuyards qui se sont noyés, pour les veuves aussi, les orphelins et les maîtresses. Une prière pour tous ces inconnus et pour chacun, pour les illustres et pour les oubliés.

Le chapelet : j'en dis un depuis le premier jour. Non, en fait depuis le premier jour de l'autre voyage, celui de Jérusalem. Avant, cela ne m'arrivait jamais, ou si rarement. Ah si : je me souviens d'une nuit, il y a très longtemps, où mon père entra dans notre chambre d'enfants – je dormais encore dans un lit à barreaux – et nous demanda de dire avec lui un chapelet pour une intention aujourd'hui oubliée. Souvent, on dit « réciter son chapelet ». Je déteste cette expression qui sent trop son par cœur et son moulin à prières de bigote. C'est peut-être pour cela que j'en suis resté si longtemps éloigné. Mais au moment de partir pour Jérusalem, quand je me suis jeté sans expérience dans une aventure où tant de mes repères allaient être chamboulés, j'ai regardé d'un œil neuf cette belle prière négligée et j'en ai fait mon armature quotidienne pour tenir dans l'adversité. Chaque jour jusqu'au but, jusqu'à la nuit de Noël dans la basilique de Bethléem.

Dès le 25 décembre, « le retour » commença. Devais-je continuer ou mettre un terme à cette familiarité quotidienne avec le Ciel ?

En un sens : « Ce voyage est-il une parenthèse que je referme ou bien une bifurcation sans retour ? » Comme c'était jour de fête, je n'abandonnai pas Notre Père et la Vierge Marie, et je chantai. Les jours d'après aussi, grâce à la longue habitude d'avancer à petits pas vers un but lointain : « Allez, encore un effort aujourd'hui ; demain il sera toujours temps de lâcher si je n'en peux vraiment plus. » Et ainsi chaque jour, dans les ruelles du vieux Jérusalem, puis dans le bateau qui me reconduisit en Europe, sur le trajet vers mon bureau de banquier et en revenant du supermarché, les bras chargés de provisions. Je n'ai pas besoin de compter les grains de bois : mes doigts nus y suffisent. Seule concession quand je ne suis pas seul au grand air, je me contente de murmurer, en essayant de ne pas marmonner afin que les « Notre Père » ne deviennent pas des patenôtres. Les semaines, les mois, les années ont passé dans ce compagnonnage quotidien, signe tangible de ce que Jérusalem n'était pas une parenthèse.

J'ai vacillé plusieurs fois. Surtout après avoir mal agi. Forcément, ça m'arrive aussi ; tous les jours, sûrement, mais il y en a de pires. Comment enchaîner alors les *Pater* et les *Ave* comme si de rien n'était, parfois avant même d'avoir une nouvelle fois renoncé au mal, avant d'avoir jeté toutes ses forces dans ce combat. N'est-ce pas de l'hypocrisie, de la tartufferie ? En ces jours de faiblesse, dans ces recoins obscurs, dans ces souterrains glauques où la honte donne envie de fuir le regard de Dieu, le pied n'est plus sûr. On en est réduit à parier. J'ai continué.

De retour dans mon existence vagabonde, j'ai retrouvé avec plaisir la brève heure de chant de ce rendez-vous quotidien avec Dieu. Pas seulement avec Dieu, car je dédie chaque jour ces prières aux intentions de l'un ou l'autre : un parent, une amie, des connaissances, le bénédictin qui a regardé mes pieds boueux d'un air pincé, la caissière au regard fatigué ou les légionnaires de Flaminius, les victimes de la première guerre punique, de la deuxième et de la vingtième s'il y en eut vingt.

Pour les « Je vous salue Marie », j'ai plusieurs mélodies en réserve : une enfantine, une autre lourde et scandée comme un chant de sapeurs pour les jours où chaque pas exige un effort, une aérienne, presque angélique, une autre encore, tournoyante comme des crinolines dans une salle de bal… Et une latine aussi, qui tombe à point nommé pour les soldats de la République romaine. En cette année 217 avant J.-C., Caton l'Ancien avait 17 ans. Celui qui, à 80 ans, terminera tous ses discours devant le Sénat par *Carthago delenda est* – « Carthage doit être détruite ! » –, apostrophe immortelle pour la grandeur de Rome, des générations de potaches et les pages roses du Petit Larousse.

Sur un promontoire qui domine la rive occidentale du lac, le château médiéval de Castiglione del Lago monte la garde. ph. 59
À quelques centaines de mètres en retrait, le village assoupi et, au fond d'un jardin ombragé, la maison aux volets verts de tante Josefina. Une haute bâtisse en pierre rapiécée de briques, massive et sévère, prise dans la muraille qui jouxte la *Porta Perugina* et son arc en ogive. En arrivant du côté du lac tout à l'heure, du côté de l'ennemi, et en levant les yeux sur sa façade arrière fichée dans la pente, je lui ai trouvé un air de forteresse austère, taillée en un seul bloc de solidité moyenâgeuse.

La vieille dame ne m'attendait pas.

– Aucune importance. Entrez, entrez… Oui, Maria-Livia m'a téléphoné. Je pensais que vous appelleriez avant.

Un malentendu. Aucune importance. Je referme derrière moi la grille du jardin. Pour une fois, ma journée de marche s'achève à 14 heures.

– Venez : il fait plus frais à l'intérieur… Tenez, voici ma fille : Elsa.

– *Ciaò !*

Elsa me serre la main avec une poignée franche. Elle doit avoir un peu plus de 35 ans, petite, brune, souriante, passablement jolie, et en vacances.

– Offre-lui un café, maman.

– Oui, oui, bien sûr. Et Maria-Livia, comment va-t-elle ?

Nous nous installons dans la cuisine aux persiennes tirées. Pendant qu'on me questionne en attendant le gargouillis de la cafetière sur la gazinière, mes yeux se promènent. Depuis combien de temps n'ai-je pas vu le désordre affairé d'une cuisine vivante ? La rangée de flacons à épices sur l'étagère, les paniers de légumes empilés à côté du réfrigérateur, le réveil démodé qui traîne sur le buffet, coincé entre une pile de courrier non trié, un vieux livre et un jeu de cartes, les pommes tavelées dans la corbeille et les poires qu'on devrait manger sans tarder car « avec cette chaleur, les fruits ne tiennent pas ».

– *Vuoi mangiare qual'cosà ?*

Un filet de noix presque vide. Oui, j'en croquerais volontiers une ou deux. La boîte de comprimés qui dépasse d'un tiroir mal fermé et le fauteuil en osier, dans un coin, où Elsa voudrait bien voir sa mère se poser un moment au lieu de s'agiter sans cesse. Depuis combien de temps ai-je été sevré de la chaleur d'une famille ? Locarno : Livia et Luigi. Le soir, dans la chambre qu'on m'a préparée au dernier étage, je feuillette mon carnet en comptant les jours : quarante. Quarante jours au désert ! Durant lesquels j'ai collectionné des gîtes plus disparates les uns que les autres : refuges, auberges de jeunesse, cimetières, chambres d'hôte, cellules, salles paroissiales, salles communales, le cellier d'un restaurant, un abri anti-atomique, un kiosque de vente de chianti au bord d'une départementale, une maison en ruine, une remise poussiéreuse, le hangar des scouts et le jardin public, une cabane de chantier ou, hier à Montepulciano, un appartement dans l'évêché désert.

La mère et la fille qui habitent seules cette grande maison semblent enchantées d'avoir du passage.

– Je ne viens plus très souvent ici, regrette Elsa. Je n'ai plus le temps.

– Elle est avocate à Rome.

En droit des affaires, mais le bureau et les associés sont loin, et Elsa n'a pas envie de parler travail.

– Durant l'année, maman aussi habite Rome.

– Je viens ici aux beaux jours.

– Chaque année.

– En été, il faut fuir Rome : la chaleur y est insupportable.

Leonardo : Serait-ce un grand malheur si, une année, vous n'alliez pas en villégiature ?

Giacinta : Une année sans aller en villégiature ! Que dirait-on de moi à Montenero ? Que dirait-on de moi à Livourne ? Je n'oserais plus jamais regarder personne en face !

Bien que tante Josefina ait depuis longtemps passé l'âge des frivolités, il flotte dans la maison comme un parfum lointain de *La Manie de la villégiature*. Et même davantage : un peu de la distinction qui manquait aux bourgeois de Goldoni. La conversation roule doucement, jusqu'à s'éteindre. Avant que le silence ne devienne pesant, la vieille dame pose sa main sur mon bras et se penche vers moi :

– Allez visiter le village : c'est un des plus beaux d'Italie.

Le château, l'église, la *piazzetta* et les ruelles tortueuses : oui, c'est charmant, mais j'en ai tant vu… J'aime surtout la vue sur le lac depuis le promontoire, qui donne l'impression d'arpenter le gaillard d'avant d'une brigantine. Mais je reviens vite car, ce que je préfère, c'est la maison de tante Joséphine, avec ses cadres de famille au mur, ses photos jaunies, ses vieilles gravures au salon et les livres anciens dans le bureau avec vue sur le lac, que l'on a mis à ma disposition et où j'écris mon courrier en levant de temps à autre les yeux vers les eaux qui scintillent. L'*Histoire naturelle* de Buffon en italien et en 41 volumes *in-octavo*, les diplômes du temps des rois d'Italie, les malles en osier et l'antique baignoire en zinc qui trône sous les combles, à côté de ma chambre. Une odeur de vieille maison, de poussière chaude et de linge longtemps confiné dans les armoires. Bref, une maison vivante ou plutôt qui a beaucoup vécu.

– *Per domani mattina, penso che…*

– Tu pars demain ? demande Elsa.

– Eh bien, c'est-à-dire…

– Pourquoi ne resterais-tu pas un jour de plus ? Tu vois, la maison est vaste.

Je ne me fais pas prier. J'espérais qu'on allait me le proposer, mais je trouve toujours délicat, chez les autres, d'exister sans trop déranger, alors je n'osais pas demander. Du moins, pas avec l'effronterie d'un fâcheux de Goldoni. Si Elsa n'a pas été dupe de mes airs embarrassés, je comprends à son sourire que le plaisir est partagé et la distraction bienvenue : la vieille mère et sa fille sont ravies, qui n'ont – fichtre ! – rien à faire dans ce village endormi au bord du lac.

Les meilleurs jours sont ceux-là : les inattendus, ceux où l'on goûte des plaisirs qui viennent par-dessus le marché. Des bonheurs qui tiennent à une repartie hésitante et à une invitation lancée au moment favorable. La seconde journée s'écoule dans la douceur de la villégiature. Un vent puissant et chaud souffle sur les eaux vert-de-gris du lac de Trasimène, comme un alizé sur les côtes d'Afrique. À l'ombre des saules que les rafales agitent d'un continuel froissement de papier, je viens à bout de « L'Enfer », celui de Dante ; quant à l'autre, je n'ai pas tant de prétentions.

Dans la maison aux allures de forteresse, mes hôtesses sont aux petits soins et cuisinent pour moi des repas savoureux où elles ne se présentent qu'après avoir changé de tenue. Aussi coquettes l'une que l'autre, elles en changent trois fois par jour et, au dîner, la robe noire d'Elsa lui est très avantageuse. Le temps s'est arrêté, comme si l'on venait d'accrocher au mur du bureau le menu encadré du *Banchetto nel Palazzo ducale di Castiglione del Lago* donné hier, le 28 septembre 1896 : « Potage à la Médicis, petites bouchées à la Montglas, poisson régine du Trasimène, chaux froix de cailles à la moderne, pintades piquées au cresson, salade à la sicilienne... »

– Le festin de tante Joséphine !

Arrosé de chianti, comme aujourd'hui, et couronné d'une Bénédictine que la vieille dame a remplacée par une fine servie dans de petits verres ciselés.

– Tu pars demain ? Pour de bon ?

– Oui, avant 7 heures, car la route sera assez longue jusqu'à Pérouse.

À cette heure-là, les deux femmes n'auront pas encore quitté leurs appartements et je prends congé dès le soir.

– Ça nous a fait grand plaisir de faire votre connaissance, dit tante Josefina.

– *Tanti auguri !* ajoute Elsa en me serrant la main avec cette franchise souriante qui m'a plu dès la première rencontre.

En Italie, on invoque encore les augures pour souhaiter bonne chance.

– Et appelle-moi à Rome quand tu y arriveras...

Lorsque j'entre dans la cuisine, le lendemain matin, la table du petit-déjeuner est mise, la cafetière est prête sur la cuisinière et je n'ai plus qu'à craquer une allumette et tourner le bouton du gaz.

Pérouse, sa vieille ville fortifiée, sa *Porta Augusta* d'origine étrusque, son *Duomo* et son palais des Prieurs, construit fin XIIIe siècle, remanié mi-XIVe, « l'une des plus importantes réalisations gothiques de l'architecture civile en Italie centrale ». Au fond, je me moque de Pérouse comme d'une guigne – fruit du guignier, cerise de couleur foncée, à chair sucrée –, même si les bâtiments sont remarquables et si les flots d'étudiants de cette ville universitaire animent les rues d'une jeunesse insouciante et joyeuse. Après deux semaines très denses au cœur de la Toscane touristique, la saturation me guette. En outre, dès l'entrée de l'agglomération, une proclamation des édiles m'a irrité : « Pérouse, ville dénucléarisée », claironne le panneau. À quoi cela sert-il ? À se donner bonne conscience ? À interdire aux porte-avions nucléaires américains de faire escale dans cette ville de 140 000 habitants perchée sur une colline d'Ombrie, à 150 kilomètres de la mer la plus proche ?

Certes, en 1987, un an après l'accident de Tchernobyl, les Italiens ont décidé par référendum de renoncer au nucléaire civil. Et ils ont achevé en 1990 de démanteler leur quatrième et dernière centrale. Mais l'Italie achète, bon an mal an, 16 milliards de kWh à la France et 25 milliards à la Suisse. Qui, parmi les bonnes consciences dénucléarisées, consent à ne pas allumer le téléviseur nourri au neutron français ou suisse quand il s'agit de regarder le *calcio*, ou à renoncer à l'*espresso* du matin pour ne pas brancher la cafetière électrique ? Sûrement les Pérugins, puisque le panneau l'affirme.

En tout cas, l'électricité italienne est produite aujourd'hui en majorité à partir de gaz naturel et de fioul, ce qui la rend chère et de mauvaise réputation pour l'aggravation de l'effet de serre. Les esprits évoluent et les cartons débordent de projets qui permettraient un retour du pays au nucléaire, grâce à une nouvelle génération de réacteurs. En attendant, à l'entrée de la zone commerciale de Pérouse, le panneau de la bonne conscience demeure.

Malheureusement, l'Italienne de Pérouse dont on m'avait procuré les coordonnées a déménagé. Aussi, après un tour rapide du centre historique – car je n'arrive pas à me défaire de la tentation de voir –, mes pas me conduisent-ils chez les clarisses de la ville.

– Tous nos monastères vous seront ouverts, m'avait assuré mère Maria-Livia.

Je sonne donc à la porte, une solide porte de chêne à deux battants, assez large et haute pour laisser entrer un carrosse. Quelques minutes d'attente, puis un froufrou, un glissement de pas sur le pavé et le bruit sec d'un pêne bien huilé qui heurte un butoir.

– *Sì, che volete ?*

La porte n'a pas bougé d'un pouce. Qu'est-ce que… Ah, oui : c'est le guichet : un minuscule carré de 5 cm sur 5, protégé par deux grilles décalées qui m'empêchent de distinguer quoi que ce soit de l'autre côté.

– *Sì ?*

Seulement une voix sans visage.

– Bonjour, je suis français ; je viens à pied de Paris et je me rends à Rome. Je cherche un hébergement pour la nuit et voudrais savoir si…

– *Aspettate un po', per favore.*

Le froufrou de robes s'éloigne avant que j'aie eu le temps d'achever mon compliment. La sœur est probablement allée chercher les instructions. J'attends, puisqu'on me l'a dit. Cinq minutes, puis le froufrou revient, et la voix sans visage :

– *Mi dispiace.* Je suis désolée : toutes nos chambres sont occupées. Vous devriez allez voir le curé à l'église voisine. Lui, peut-être…

Ça tombe mal. Et mère Maria-Livia qui m'avait assuré… Après tout, qu'est-ce que je risque ?

– Ah ! toutes occupées : c'est ennuyeux… Et c'est vraiment dommage, parce que j'avais une lettre de l'abbesse de Fiesole pour votre abbesse et… Mais, si toutes les chambres sont occupées, je comprends.

– Une lettre ?… Pour notre abbesse ?… Attendez, je vais voir.

Le froufrou s'éloigne à nouveau. Après cinq autres minutes le froufrou revient, et la voix sans visage. Non, pas la même : une autre.

– Vous venez de la part de l'abbesse de Fiesole ?

– Oui, j'ai une lettre de sa main.

– Vous allez en pèlerinage à Rome ?

Les questions se succèdent en un interrogatoire serré. Il s'agit probablement de l'abbesse en personne.

– Et la supérieure de Fiesole, comment s'appelle-t-elle ?

– *Madre Maria-Livia*… Euh… *della Trinità.*

Heureusement qu'on ne me réclame pas son pedigree complet !

– Bon. Vous voyez la petite porte sur la droite ? Attendez un instant. On va vous ouvrir.

Une demi-heure plus tard, je pose mon sac dans une chambre vide, à trois lits inoccupés. On m'offre aussi un dîner, pris avec la famille d'une des religieuses, de passage au monastère. La mère supérieure – c'était elle – se montre très aimable. En songeant au pas de deux esquissé derrière le guichet, je n'éprouve ni sentiment d'injustice ni rancœur. Un léger amusement, plutôt. Et une évidence : il est difficile pour tout le monde d'accueillir un inconnu.

– Ce sont des bonnes sœurs, que diable ! C'est pas joli joli de prétendre que l'auberge est pleine quand il reste de la place.

On attend trop des religieux. Parce qu'ils ont pris l'habit, on voudrait qu'ils soient parfaits. Qu'ils accueillent sans préjugés, qu'ils écoutent sans se lasser et sachent tenir en chaque occasion des propos réconfortants. Qu'ils soient l'œil, l'oreille et le cœur du

Dieu qu'ils professent, même si à celui-là, on ne croit pas toujours ou pas beaucoup.

À quel titre pourrais-je leur reprocher le premier mouvement de recul ? Tout à l'heure, avant de sonner, je me suis rendu à la chapelle. Je commence toujours ainsi lorsque j'arrive dans un couvent. D'abord parce que c'est une bonne manière pour Dieu qui est là, et ensuite parce que, soyons pratiques, il ne sert à rien de carillonner si les moines ou les sœurs sont à l'office.

Assis au fond de la chapelle, je voyais les clarisses de l'autre côté du chœur, séparées de la courte nef par une grille et, au milieu de nous, le Seigneur était là, sur l'autel, exposé dans l'hostie consacrée. Les sœurs adoraient en silence. Il y avait aussi, au deuxième rang, un couple qui chuchotait. Je suis resté là longtemps car mon périple est également tissé, depuis le premier jour, de cette trame souterraine, intime, catholique. Si je ne marchais pas vers Rome, si je n'avais pas envisagé de demander l'hospitalité pour la nuit, il y a fort à parier que je n'aurais pas poussé la porte et que je ne me serais pas trouvé là devant le Saint-Sacrement, mais j'y étais, confondu par la présence du Dieu qui a créé le ciel et la terre. Peut-être à cause de l'éternel désir qui pousse à construire des tours de Babel, c'est la toute-puissance de Dieu présent à quelques mètres de moi qui m'impressionnait le plus. Je me disais aussi que c'était le même Dieu que je verrais face à face au Ciel, à la fin des temps, quelque nom que l'on donne à cet instant ultime.

Et je me sentis vaciller.

Parce que Dieu était là, parce que je le voyais et que je n'étais pas comblé. Comment se faisait-il que Dieu ne me suffise pas ? Car je pensais en même temps à mon hébergement du soir, aux sœurs qui arrivaient et repartaient, à mes genoux que je crains d'avoir endommagés de manière irrémédiable dans les folles descentes des montagnes suisses et qui m'empêchent de m'agenouiller plus de quelques minutes, aux 30 kilomètres de l'étape du lendemain vers Assise et à la tablette de chocolat aux noisettes qui m'attend au fond du sac, si elle n'a pas fondu… Et Dieu était là, et il ne me suffisait pas. Il ne s'agissait pas seulement d'une distraction. C'est un des fondements de la foi. La source de tout amour… et moi qui restais insatisfait.

Hier, le curé a bien parlé sur la nécessité de la prière. Quand je prie, je sais que je parle trop. Je devrais écouter Dieu, mais c'est difficile. Sans rien faire, j'ai l'impression de perdre mon temps.

Au bout de trois quarts d'heure, une heure peut-être, de silence et d'immobilité – une éternité pour moi qui chemine sans cesse et suis toujours en mouvement –, je quittai la chapelle et sonnai à la porte du monastère. Comment me plaindre alors du flottement des sœurs sur un sujet aussi anodin que l'accueil d'un passant inconnu ? Et même si elles avaient refusé… De toute façon, il n'y a aucun droit à être reçu, et ce n'est pas une auberge.

Dans la chambre aux trois lits, l'expérience de la chapelle me tient longtemps éveillé, malgré les dix heures de marche sous la canicule. Si j'ai vacillé, c'est que je n'ai en vérité aucune idée de la plénitude de Dieu, parce que ma vie est obscurcie par mes faiblesses, parce que je regarde Dieu sans arriver à le voir vraiment. Les extases, les visions, ce sont peut-être tout simplement ces instants où des êtres ont su s'affranchir, sur la terre, des écailles sur leurs yeux qui les empêchaient de voir la réalité de Dieu. Alors « Dieu seul suffit ».

Assise la blanche. Une couleur, ou plutôt son absence qui contraste avec les tons chauds des villages de Toscane : voilà ce qui me frappe tandis que j'approche de la ville de saint François. Blanche et dure, accrochée aux contreforts boisés du mont Subasio dont le sommet aplati ressemble au crâne tonsuré d'un moine. Ce n'est pas le mysticisme qui m'a conduit ici, et j'avoue ne pas être très sensible à l'engouement pour le *Poverello*. De plus, je ne garde pas d'excellents souvenirs de l'accueil des franciscains en Terre sainte et, cette fois encore, ils m'ont refoulé à plusieurs reprises, n'hésitant pas à me mentir effrontément. Et puis je n'aime pas l'apitoiement sur une pauvreté de pacotille, les petits oiseaux des images d'Épinal et la guimauve. Frère Loup et frère Soleil m'agacent. Je suis venu, cependant, parce que j'ai envie de comprendre. L'homme de son temps et l'influence qui perdure huit siècles plus tard dans une Italie irriguée par le franciscanisme et encore parsemée de monastères des Frères mineurs.

– Un logement ? Va voir chez les *frati*.

Le mot est devenu synonyme de « moine ». Dès mon arrivée dans le nord du pays, j'ai vu sur les places des statues du Padre Pio, le franciscain le plus emblématique de l'époque contemporaine, et son image dans les bureaux de poste, aux pare-brise des camionneurs ou dans les cafés, au-dessus de la machine qui sert des *cappuccini* crémeux. *Cappuccino*, justement : de la couleur de la robe des capucins, famille monastique issue de l'une des multiples réformes de l'ordre fondé par saint François.

À défaut d'être enveloppé et séduit par la douceur franciscaine, j'essaie de m'en approcher à ma manière, en lisant un livre : une *Vie de saint François*, achetée dans l'une des innombrables librairies touristico-religieuses de la ville, et que je feuillette à l'ombre de la basilique Santa Chiara. J'aime lire *in situ* l'histoire du régional de l'étape. À Sienne, par exemple, ce fut Catherine, cette sainte du peuple à qui je dois ma présence en Italie puisque son action fut déterminante dans le retour des papes d'Avignon à Rome à la fin du XIVe siècle.

Que dirait le Pauvre d'Assise aujourd'hui en voyant les ors de la basilique, les fresques de Cimabue et celles de Giotto ? Que dirait-il en voyant les rangées de statuettes à son effigie dans les magasins de pieusetés, une cordelette serrant la robe de bure et une autre autour du cou, celle de l'étiquette qui affiche le prix en ph. 63
euros ? Le paradoxe n'est pas nouveau.

Eh bien, apparemment, il ne dirait rien et se contenterait de vivre autrement, par la pauvreté absolue et par l'exemple. Confronté à un monde violent écartelé entre la féodalité finissante et l'essor d'une bourgeoisie marchande, face à une Église prisonnière de ses traditions et qui vacillait en ce début du XIIIe siècle, François d'Assise ne critiqua pas le mal : il proposa une nouvelle façon de vivre. Et c'est précisément ce trait de caractère qui me touche le plus, parce qu'il contourne mon habitude de décortiquer le monde. À l'école, depuis la petite jusqu'à la grande, durant mes études d'ingénieur et pendant mes années de banquier, j'ai appris à analyser les problèmes et à proposer des solutions. Dans cet ordre. D'ailleurs, c'est exactement ma façon d'aborder Assise : tenter de comprendre par la raison.

– Quand il faudrait se laisser toucher par le cœur !

Peut-être, mais je lui commande moins qu'à mon esprit.

– Encore commander !

Oui, j'ai du mal à relâcher la bride, je l'avoue. Et pourtant, j'aime à être submergé par l'infini, regarder de toute part, émerveillé, sans avoir le temps d'analyser les raisons du bonheur. C'est ce qui m'arriva devant les chefs-d'œuvre de Florence.

Sur les murs de la basilique supérieure de San Francesco, les fresques de Giotto qui illustrent des épisodes de la vie du saint sont admirables. D'un point de vue artistique, c'est l'œuvre d'un précurseur, tant dans la technique que dans l'usage de la perspective. Une symbiose entre réalisme et symbolisme, une rencontre aboutie de la couleur et du trait. Sans avoir lu la vie du saint, j'en serais resté à cette admiration académique. Trompeuse aussi, car on pourrait n'en retenir qu'une existence édulcorée. Une sainteté presque facile pour lui.

Proposer un idéal de pauvreté sans épuiser ses maigres forces à disséquer le mal : quelle apparente simplicité ! Quelle légèreté lorsque l'inspiration divine est là pour suggérer une perspective nouvelle ! Et pourtant, combien je lis de doutes dans sa vie, qui me ressemblent. De longues années d'incertitude, une inquiétude permanente quant à la volonté de Dieu. Quel est le bon chemin ? le meilleur chemin ? Ne jamais être sûr… L'écartèlement entre l'idéal – impraticable – que François souhaitait pour ses frères et la dure réalité à laquelle le développement rapide de son ordre l'a confronté : plusieurs milliers de frères mineurs en moins de vingt ans.

Je passe deux jours à Assise, hébergé par les Sœurs missionnaires franciscaines du Verbe-Incarné : ici, une telle appellation se fond dans le décor. Quant au couvent, il s'agit d'une vaste maison à l'extérieur de la ville, dont le jardin surplombe comme un balcon la plaine d'Assise où l'on distingue, au loin, la coupole de Santa Maria degli Angeli, église qui abrite, tel un reliquaire, l'ermitage du saint.

Non seulement on m'héberge, mais on me nourrit. Dois-je laisser une offrande sonnante et trébuchante ? Et de combien ? Tandis que j'arpente les ruelles pittoresques et visite les églises, la question me poursuit. Elle se pose à chaque fois que je suis hébergé par des religieux, et je crois que je n'y ai pas répondu deux fois de manière identique. Cela dépend de la personnalité que j'ai en face de moi et de la relation qui se noue. Paie-t-on chez des amis ? Rarement.

– Oui, mais ils n'ont rien.

Rien d'autre que ce qu'on leur donne, c'est exact. De plus, je viens d'apprendre que mon appartement parisien vient de trouver preneur : dans un mois, le premier loyer tombera. Un grand soulagement. Quoique je sois accueilli ici en pèlerin et que l'on ne me demande rien, je ne peux pas vivre aux crochets des bonnes sœurs. En outre, dans la préoccupation toute maternelle, un peu trop maternante même, de sœur Federica, je pressens un risque d'infantilisation et de déresponsabilisation à trop recevoir, c'est-à-dire à recevoir plus qu'il n'est juste. Cela dit, payer la valeur marchande du gîte et du couvert dénaturerait l'accueil que l'on m'offre.

– Tenez, prenez cette enveloppe, dis-je au moment du départ à sœur Federica.

Finalement, j'ai trouvé une somme qui est trop faible pour représenter la valeur pécuniaire de l'hébergement – et qui permet ainsi aux religieuses de donner – et suffisamment significative pour les dédommager en partie et ne pas laisser l'image d'un pique-assiette. Sœur Federica fait des phrases, mais je reste ferme.

– Prenez quand même… pour accueillir d'autres pèlerins.

Les deux titis parisiens rencontrés à Sienne me reviennent en mémoire. Sur leur chemin vers Rome, ils jouissaient sans vergogne de l'hospitalité des religieux.

– Si on nous le demande, on paie sans problème ; mais sinon…

Malgré cette désinvolture, leur attitude ne me choqua pas car ils manifestaient aussi une candeur pèlerine qui les dédouanait du sans-gêne. Des Alain et des Jean-Baptiste frapperont sûrement un jour à la porte des religieuses d'Assise.

Deux jours pour saint François, c'est beaucoup trop bref. Suffisant, cependant, pour me donner l'envie de comprendre davantage le personnage et son témoignage. Il faudra que je m'y attelle au retour en France. De toute façon, en quittant Assise, je n'oublie pas le *Poverello* car, de même que j'ai eu besoin de temps pour assimiler les chefs-d'œuvre artistiques de Florence, il m'en faudra pour assimiler cette rencontre fugace avec saint François. La marche longue et parfois fastidieuse y aidera : elle ressemble à une couche épaisse de mauvais galets et de fin gravier qui filtre l'eau boueuse et permet à l'eau claire de sourdre.

L'Italie va une nouvelle fois changer de visage : bientôt les Abruzzes, après trois semaines en Toscane et en Ombrie. Des montagnes, des sommets, des plateaux d'altitude : moins de merveilles de main d'homme et davantage de celle du Créateur. À la veille de cette nouvelle étape, saint François semble posté sur mon chemin pour me rappeler que, loin de détourner de Dieu, l'amour de la nature est un chemin sûr pour avancer vers lui à travers sa Création.

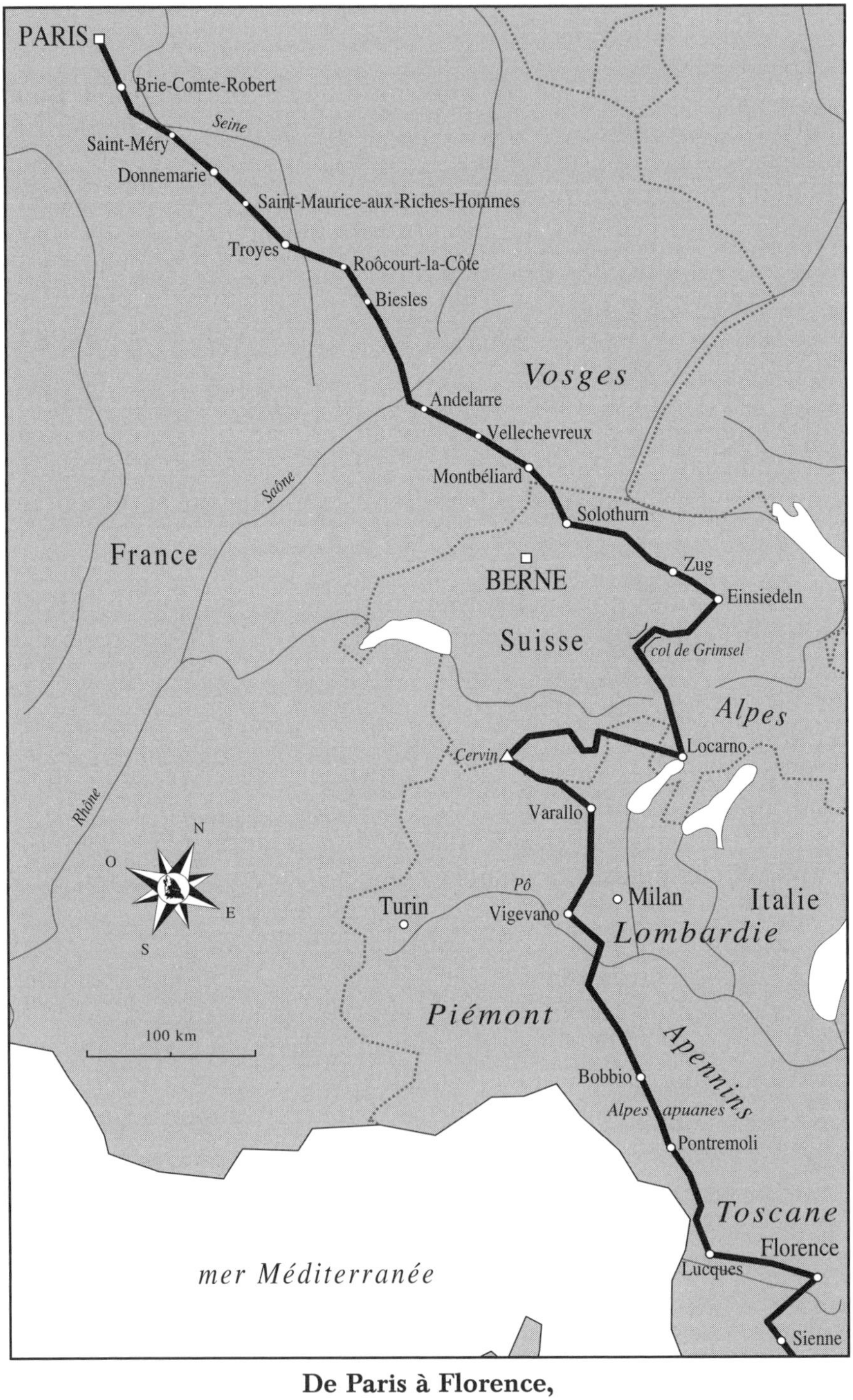

De Paris à Florence,
***via* la Suisse**

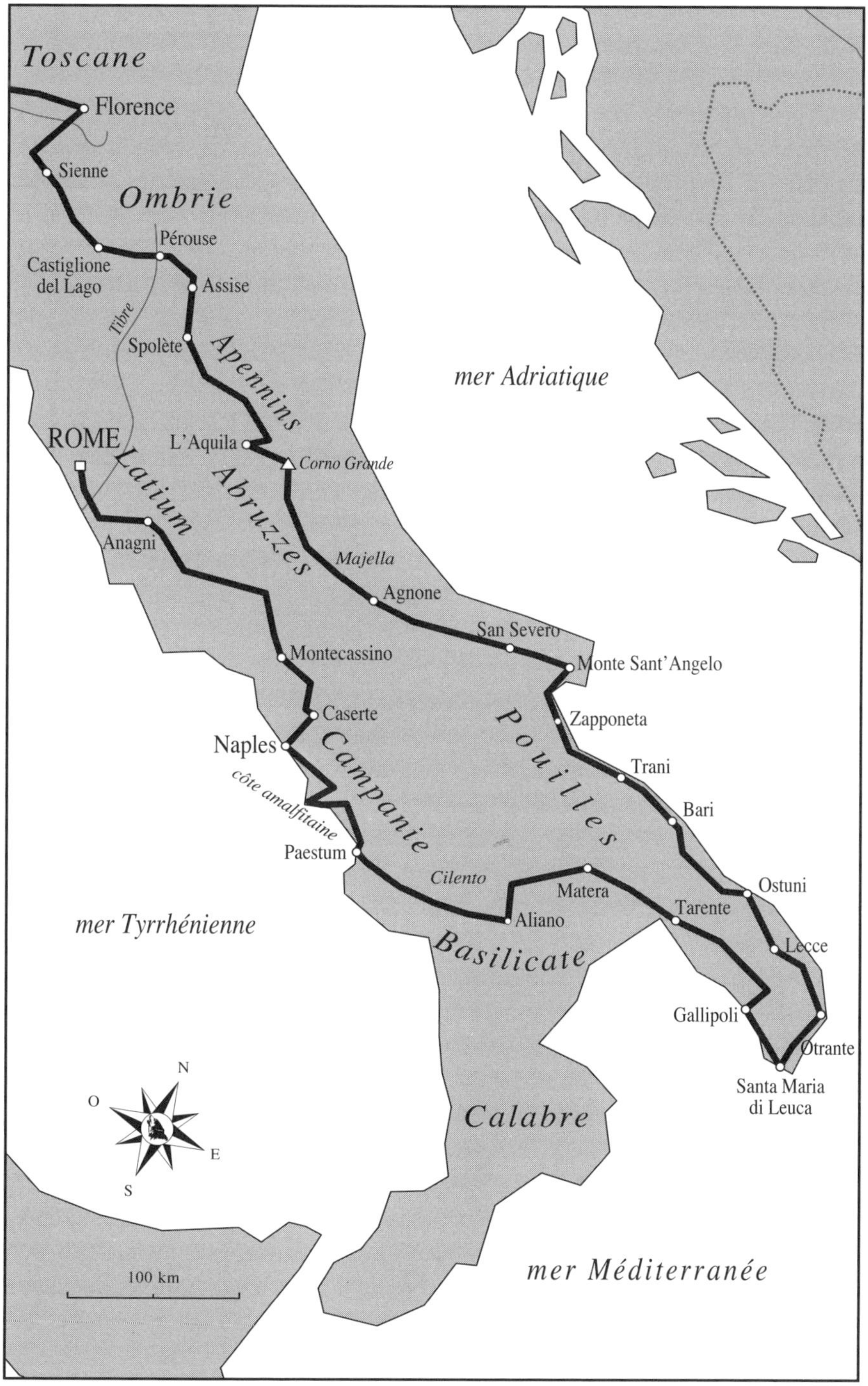

De Florence à Rome,
***via* Santa Maria di Leuca et Naples**

10.

Le champ de l'Empereur

JEUDI 6 SEPTEMBRE. La température a chuté de 20 °C en moins d'une semaine. Il fait noir désormais avant 20 heures. Les mûres ne sont pas encore grillées comme dans la plaine, mais pour les figues, c'est bien fini, hélas ! La grisaille remplace les cieux d'Ombrie au bleu limpide, et la pluie a déjà une odeur d'automne, un goût de froidure. La chasse est ouverte et les cris d'enfants jaillissent des cours d'école. J'imagine l'instituteur pointant le relief sur une carte à l'aide d'un long bâton :

– Les Apennins constituent une chaîne de montagnes qui s'étend du nord au sud de l'Italie sur plus de 1 000 kilomètres. La partie centrale des Apennins – nous y sommes – forme un massif très large composé de plusieurs groupes montagneux séparés par des vallées étroites parallèles aux deux mers et couronnés de sommets souvent pointus.

« Parallèles aux deux mers » : ça tombe bien puisque je descends la Botte. Mais je ne suis pas le premier à en avoir eu l'idée, et les voies de communication s'y sont précipitées avant moi. La circulation me rejette une nouvelle fois vers les hauteurs.

– On compte neuf groupes dépassant les 2 000 mètres d'altitude, poursuit le maître : le Gran Sasso, la Majella, les Monti della Laga…

À l'horizon, la neige blanchit les cimes des Monti della Laga, les routes secondaires et les chemins de terre serpentent pour franchir les cols, et j'enchaîne des étapes harassantes : 170 ou 180 kilomètres en quatre jours pour atteindre Paganica où du courrier m'attend, chez les clarisses de ce village proche de L'Aquila, la capitale régionale des Abruzzes. Je marche trop, c'est sûr, mais saint Pierre est si loin, au bout du bout de l'Italie… Je dois bien avancer si je veux atteindre mon but.

Une crevasse entaille mon talon gauche, et une autre le gros orteil. Pour atténuer la douleur de chaque foulée, le pied a trouvé une manière de se poser inhabituelle. Le soir, une ampoule s'est formée sous la plante, près des orteils. Après avoir parcouru 2 000 kilomètres, c'est vexant. Et surtout, ça fait mal à chaque pas. Dans les sandales, aucun pansement ne tient et je ne peux pas m'arrêter trois semaines en attendant que ça passe. Alors je continue, avec la douleur qui ajoute à l'épuisement, et je marche, hébété de fatigue. En descendant vers Paganica, j'ai tellement de mal à achever ma journée que je chante trois dizaines de chapelet supplémentaires pour me donner du courage : la première fois que cela m'arrive depuis le départ. Et en songeant à Santa Maria di Leuca, là-bas dans le Sud, je me surprends à penser, et même à prononcer à haute voix :

– Vais-je tenir ?

Rome est à main droite, à trois jours de marche si je veux. Mais je ne veux pas encore. Aujourd'hui, sur les monts pelés qui dominent de 700 mètres la vallée où s'épanche L'Aquila, j'ai goûté au bonheur. Je venais d'arpenter durant des heures une steppe à moutons balayée par un vent froid, grillée de soleil et parsemée de chardons bleutés. Ma bouteille d'eau était vide depuis longtemps quand apparut un abreuvoir creusé dans deux vasques de pierre derrière un repli de montagne, alimenté par un filet d'eau claire. Après m'être désaltéré, je m'assis au bord du chemin pierreux, le dos calé contre le rocher, nu-pieds sur le gravier, emmitouflé dans ma veste et protégé du vent. Sous mes yeux s'étendait un panorama rude et majestueux de pentes râpées que parsemaient çà et là des arbres solitaires et sur lequel glissait, rapide et mouvante, l'ombre des nuages de beau temps. Sur le versant
ph. 68 d'en face, la tache blanche d'un troupeau qui broutait nonchalamment l'herbe jaunie ; le tintinnabulement d'un autre, dissimulé dans un creux. Au fond, sur la gauche, la longue arête de sommets qui court depuis le Monte San Franco jusqu'aux 2 912 mètres du Corno Grande.

Chauffé par le soleil qui perçait la fraîcheur de l'air, momentanément soulagé de la douleur physique, avec l'assurance de dormir dans un lit à Paganica et l'espoir de lire bientôt des lettres qui me réchaufferaient le cœur, je ressentis un immense bien-être. Plus que cela, même. Non pas le bonheur jubilatoire que j'éprouvai lors du franchissement du col au pied du Cervin, mais un bonheur serein, plus posé et dont j'avais la chance d'avoir conscience, que je pouvais prolonger quelque peu et que je savourai avec reconnaissance.

Le troupeau invisible émergea du vallon et s'approcha dans un piétinement impatient car les bêtes avaient reconnu le point d'eau. Elles se bousculèrent autour de l'abreuvoir en bêlant. Plus loin, le berger arrivait de son pas lent et pensif. Un quart d'heure plus tard, il aida un compagnon surgi de nulle part, portant une baignoire sur son dos, et qui voulait la transformer en un nouvel abreuvoir.

J'échangeai quelques mots avec les bergers. Ils n'étaient pas loquaces ; ils prenaient leur temps. Un peu comme moi. Et cette compagnie silencieuse ajoutait au bonheur du moment.

– Vais-je tenir ?

La prudence aurait dû me cantonner au moins deux jours à Paganica. Je ne m'en accorde qu'un seul et repars aussitôt vers le Campo Imperatore, haut plateau perché sur le toit des Abruzzes.

« Lundi 10 septembre – Refuge Garibaldi, au pied du Gran Sasso – 2 238 mètres. Excellente journée malgré le vent qui souffle en tempête et la nuit qui s'annonce glaciale. Le Campo est le paysage le plus spectaculaire que j'aie contemplé depuis les Alpes. Durant l'ascension, mon pied blessé m'a fait moins souffrir. Ce sera plus dur demain lors de la descente quand le talon devra supporter tout le poids du corps.

Le refuge est fermé depuis trois jours, hormis une pièce exiguë et nue pour les cas d'urgence : j'y installerai mon couchage sur le sol tout à l'heure. J'ai croisé un couple d'Autrichiens il y a une heure, qui redescendait vers la vallée, inquiet de l'orage qui gronde. Plus personne à présent dans la montagne. L'obscurité noie déjà les vallées. En un lieu si sauvage et si beau, la solitude me convient assez… »

Adossé au mur extérieur du refuge, je noircis mes pages quotidiennes de carnet lorsque, relevant la tête, j'aperçois deux silhouettes qui progressent sans hâte dans ma direction. Un quart d'heure plus tard, les randonneurs posent leur sac devant moi.

– *Buona sera. Il rifugio è aperto ?*

– *No, è chiuso ma... Sì. Certo, certo...*

Et moi qui étais si bien tout seul ! Chacun s'organise pour le dîner, pour le bivouac. Peu à peu, les préventions tombent. En fait, nous passons une soirée inoubliable.

Lucca et Cristian étudient la géologie à l'université de Rome.

– Mon sujet de thèse, explique Lucca, concerne la formation du massif du Gran Sasso qui nous entoure. Chaque été, je parcours la montagne à la recherche de données et d'indices.

Armé de son marteau de géologue, il casse les cailloux et ramasse des spécimens.

– Tiens, regarde celui-ci...

Une veine, des éclats, un fragment de fossile... Lucca décrypte, raconte, plaisante, jongle avec les millions d'années. Pendant ce temps, Cristian a rassemblé quelques débris de bois et coupé des buissons d'épineux. Nous allumons un feu dans un recoin à l'abri du vent. On me raconte des histoires terribles d'alpinistes perdus dans la tempête et morts de froid à quelques centaines de mètres du refuge. On me raconte aussi la libération de Mussolini par un commando allemand en 1943, à deux pas d'ici :

– Les Italiens le retenaient prisonnier dans l'hôtel qui avait été construit à l'arrivée du funiculaire : à 300 mètres en contrebas, de l'autre côté de la crête. Autour, le plateau désertique tel que tu l'as vu : impossible d'approcher sans être repéré. Alors les Allemands ont tenté un atterrissage de fortune sur le plateau. Un seul des douze avions chargés de commandos s'écrasa. Après avoir kidnappé le *Duce*, les Allemands ont réussi à faire décoller un des appareils, dans des conditions acrobatiques, et Mussolini s'est envolé.

Lucca, le plus bavard de la paire, m'assaille de questions à propos de mon parcours. Pourquoi ? Comment ? Par où ? Jusqu'à quand ? La solitude ?... Nous causons de l'Italie d'aujourd'hui et de celle de toujours.

– *La Divine Comédie* ! On étudie tous ça à l'école. Je me souviens de bribes et de passages appris par cœur... Alors, tu en es où ?

– Au "Purgatoire".

– *Molto annoioso !* Très ennuyeux.

J'avoue que le poème a perdu de son train infernal. Le problème avec le purgatoire, c'est que ça risque de durer longtemps. Un peu comme les montagnes qui s'enchevêtrent sur mon chemin après le Campo Imperatore.

– Je me rappelle encore, reprend Lucca en triturant les braises d'un air absent, les dernières strophes de "L'Enfer" que l'on m'avait donné à apprendre comme punition d'une bêtise de gamin :

Mon guide et moi, dans ce chemin caché
Pour revenir au jour lumineux, nous entrâmes ;
Et, sans souci de prendre aucun repos,
Nous montâmes longtemps, lui devant, moi derrière,
Tant que je pus, enfin, par un pertuis en rond,
Voir de ces beaux objets qui roulent dans le ciel.
Et là fut notre issue, pour revoir les étoiles.
(« L'Enfer » – Chant XXXIV)

Au-dessus de nos têtes, le Dragon, Persée, l'Aigle et Cassiopée brillent au firmament. Et l'étudiant d'aujourd'hui qui passe ses journées à casser des cailloux comme un damné évoque « L'Enfer » avec la nostalgie d'un paradis perdu de l'enfance.

Au matin, je quitte le refuge avant les deux compères. Nous nous sommes donné rendez-vous à Rome.

– Dans combien de temps ?

– Deux mois, j'espère.

Alors qu'il me suffirait de quatre jours. C'est idiot de comparer de la sorte. Et pourtant, je ne parviens pas à m'affranchir de la logique géographique. Quand j'étais à Zermatt ou à Florence, il était facile d'annoncer : « Je marche vers Rome. » Le but était simple et la voie claire, tandis que désormais, je devrai à chaque fois me justifier : « Oui, je sais que Rome est dans mon dos, mais je veux auparavant... » Si je m'étais engagé dans une longue promenade autour de l'Italie, le paradoxe me pèserait moins, mais ce que j'accomplis reste un voyage orienté vers un but. Or les marches au long cours que j'ai entreprises ont exacerbé l'exigence du « juste nécessaire » : j'ai maigri – seuls les muscles indispensables demeurent –, le sac ne contient plus aucun article superflu, des sandales ont remplacé les chaussures et je coupe toujours un tournant par l'intérieur de la courbe. S'il ne s'agissait que d'atteindre Rome, pourquoi ajouter 2 000 kilomètres ? Rome est le terme et n'est pas le seul but. Je souffre de cette contradiction.

De cette « descente » de l'Italie aussi : l'habitude initiée par Ptolémée et reprise à l'époque des Grandes Découvertes de placer le nord en haut des cartes me pousse chaque jour plus bas, comme si je descendais une à une les terrasses de « L'Enfer » de Dante. Même quand je gravis les sommets, je tombe et je m'enfonce. « Vais-je tenir ? » n'est pas juste une question de crevasses et de fatigue. Heureusement, un fonds solide de volonté me soutient, et aussi le désir de voir, de rencontrer et de découvrir. En outre, depuis quelques jours, les Italiens se montrent plus ouverts et plus accueillants. Il arrive même qu'on me salue dans les villages avant que je ne lance un *Buongiorno* ou un *Buona sera*.

Quant au décor, sa grandeur subjugue : en avançant dans
ph. 66-69 l'herbe rase battue par les vents du Campo Imperatore, j'arpente un toit du monde.

– Le Petit Tibet des Abruzzes, avait claironné Lucca avec une crânerie tout italienne.

Pas une habitation, pas un arbre sur ce plateau d'altitude de 20 kilomètres sur 7, cerné de montagnes. La quintessence de la platitude, et autrefois le royaume des moutons, qui transhumaient chaque été depuis les plaines du Latium ou des Pouilles.

Sur l'immensité, les 800 bêtes de Beppino paraissent au plus quelques dizaines. Le berger s'est approché pour calmer ses chiens. De gros chiens blancs à la toison épaisse qui aboyaient contre l'intrus, au flanc du troupeau.

– Ce sont les meilleurs chiens de berger d'Italie, assure Beppino en flattant l'échine de Cesare.

« Cesare, comme Giulio, l'*Imperator* », ajoute-t-il. Et il prétend que ses molosses descendent en droite ligne de ceux qui accompagnaient les Huns et les Mongols lors de leurs invasions : des dogues du Tibet. Beppino doit approcher de la soixantaine. Dans sa famille, on est berger de père en fils. J'ai de la chance car il est bavard aussi :

– Le père de mon père, dit-il, était originaire des alentours de Foggia, dans le Sud, la principale ville des Pouilles. Il a possédé jusqu'à 6 000 têtes et montait chaque printemps au Campo Imperatore pour l'estive. Entre la transhumance et le séjour ici, il vivait près de six mois sans revoir sa famille.

Durant des siècles, les moutons ont représenté une des plus importantes richesses du Sud.

– Jusqu'à 3 millions de bêtes transhumaient deux fois l'an entre les Pouilles et les Abruzzes. On suivait les *tratturi*.

Beppino me décrit ces drailles, des chemins de transhumance en terre battue, larges de 110 mètres et sur les bords desquels une ordonnance royale d'Alphonse d'Aragon interdisait les cultures afin de garantir un pâturage aux moutons voyageurs.

– C'était tout un réseau. Il y avait aussi les *tratturelli*, des voies transversales qui ne mesuraient pas plus de 40 mètres de large, et les *bracci*, encore plus étroits, de moins de 20 mètres.

Un réseau et non pas un seul chemin : comme la *Via Francigena*. De là à taxer les pèlerins de comportement moutonnier…

– Le plus long *tratturo* mesurait près de 250 kilomètres entre L'Aquila et Foggia où se tenait un immense marché aux bestiaux. On l'appelait le *Tratturo del Re*: la "voie Royale".

– Tu vends tes moutons à Foggia ?

– Oui. Encore deux semaines et je redescendrai avec les bêtes.

– À pied ?

– Plus personne ne transhume à pied. On fait ça en camion. De toute façon, il ne reste presque rien du *Tratturo del Re* car les routes ou les cultures le recouvrent aujourd'hui. Ah si : je crois qu'il y a un vieux qui descend à Campobasso à l'ancienne… Mais c'est fini, ça. En plus, les bergers de maintenant sont souvent des Albanais ou des Macédoniens qui ne connaissent rien à cette histoire.

– Dans deux semaines, alors ?

– Oui, car je veux être au Monte Sant'Angelo pour la Saint-Michel. J'y vais tous les ans. D'ailleurs l'ouverture et la fermeture de la transhumance ont toujours coïncidé avec les deux pèlerinages à la grotte de l'Archange : le 8 mai et le 29 septembre.

Subitement, comme s'il se souvenait de ma propre transhumance, Beppino pointe son parapluie en direction d'un affaissement entre deux collines pelées, au loin :

– Castel del Monte, c'est par là-bas. *Sempre diritto !*

Toujours tout droit : apparemment, l'indication vaut congé. Drôle de Beppino, si bavard et tout à coup pressé comme s'il était devenu jaloux de sa solitude. Adieu Beppino. Je t'aurais volontiers revu à la grotte de l'Archange, mais dans deux semaines, elle sera déjà loin derrière moi et j'arriverai aux environs de Bari.

Comme toujours, le *sempre diritto* suit des méandres où je me perds et que je maudis car mon pied crevassé souffre à chaque pas. Les heures se succèdent sur la steppe. Un autre berger me remet sur le droit chemin. Enfin apparaissent les maisons de Castel del Monte, agglutinées autour d'un clocher austère sur un piton qui surgit des collines. Ça m'a fait plaisir que Beppino parle du Monte Sant'Angelo car je rêve depuis longtemps de ce Mont-Saint-Michel italien. Au même titre que le Cervin ou Florence, je l'ai marqué dès le départ sur ma carte comme un point de passage obligé. Presque oublié aujourd'hui, ce sanctuaire du *Gargano*, l'éperon de la botte italienne, fut l'un des plus célèbres de la chrétienté. Et l'un des premiers puisque la tradition y place l'apparition de l'archange à la fin du Ve siècle. Bien avant le mont de Normandie, bien avant la dévotion à saint Jacques en Galice, Saint-Michel du mont Gargan draina des millions de pèlerins vers sa grotte sacrée. Et tous ceux qui se rendaient en Terre sainte en s'embarquant dans les ports du sud de l'Italie venaient saluer l'archange. C'est pour eux, sans doute, que j'éprouve une tendresse particulière et que je tiens tant à me rendre au Monte Sant'...

Un quart de seconde a suffi. Le pied qui trébuche dans la descente, le corps précipité vers un sol qui se dérobe, une fuite en avant pour essayer de rétablir l'équilibre. Trop tardive et désespérée. Le bras droit projeté par réflexe pour parer la chute inévitable. Une douleur fulgurante dans le coude, et mon corps qui gît dans la pente, la tête en bas, la joue appuyée dans l'herbe râpeuse.

Un demi-quart de seconde pour l'accident et ce bras qui fait si mal... « J'ai joué, j'ai perdu. » Est-ce la fin du voyage ? J'ai toujours entendu dire que si l'on peut bouger ses doigts, il n'y a rien de cassé, alors j'essaie. Les doigts obéissent. Ouf ! rien de cassé... Mais cette douleur, et le bras que je sens si faible... Je me dégage avec prudence des bretelles du sac et tente de m'asseoir. C'était trop rapide. La tête me tourne et je sens venir l'évanouissement. Combien de temps d'inconscience ? Comment le saurais-je ? On revient de si loin, de si loin... tremblant et les membres cotonneux. Et ce bras ? Que lui est-il arrivé ? Avec d'infinies précautions, je tire la manche de ma veste sur le membre qui a conservé sa position de protection, à 90°, comme si j'avais brandi un bouclier. Ah, c'est donc cela : je n'ai plus un seul coude, mais deux ! Il n'y a pas de plaie, mais à 3 centimètres de l'original, une bosse sur l'avant-bras, de la taille d'une malléole. Il suffit de l'effleurer. Aïe ! C'est bien de l'os.

Pas très normal, ça. Que faire ? Il n'y a personne à des kilomètres à la ronde et il me faudrait une heure pour atteindre Castel del Monte. Marcher ainsi, le bras pendant et désarticulé ? Ça ne me tente pas beaucoup. Rester ici ? Ce n'est pas non plus une solution.

L'absence de téléphone portable ne me trouble guère car je serais bien en peine de joindre un correspondant utile. Près d'ici, je ne connais personne. Appeler la France ? « Allô. J'ai le bras cassé. J'ignore où je suis… quelque part dans les Abruzzes en vue de Castel del Monte. » La belle affaire ! En dernier recours, j'ai un sifflet. Ma montre indique 17 heures : encore trois heures avant la nuit et, si je lance des S.O.S, je peux espérer attirer l'attention. S.O.S. : trois courts, trois longs, trois courts comme le rappelle une gravure sur le sifflet de plastique orange. Cinq grammes auxquels je reconnais aujourd'hui un extraordinaire rapport poids/utilité. Devrai-je m'époumoner longtemps ? Qui m'entendra ? Un berger peut-être, ou personne.

Et si personne ne vient ? Je serai bien obligé de me débrouiller. Alors autant y réfléchir tout de suite. Voyons : l'os est sorti de son logement. Je parierais sur le cubitus. Il faudrait lui donner un peu de place pour qu'il puisse rentrer. Allonger le bras. Voilà : l'étirer jusqu'à ce que l'os franchisse une barrière et s'insère à nouveau dans le creux du coude. Évidemment, si j'avais un homme de l'art à côté de moi, je le laisserais à l'œuvre. D'autant qu'il doit y avoir plein de tendons, de veines, de nerfs et de ligaments au milieu : à jouer les rebouteux expérimentaux, je risque de mettre une sacrée pagaille. D'un autre côté, ça ne me dit vraiment rien de reprendre la route comme un pantin désarticulé.

J'essaie, je verrai bien…

Lentement. J'allonge le bras en tenant mon poignet droit fermement avec ma main gauche. Arrivé proche des 180°, je tire le poignet en direction des doigts. « Pour donner de la place. » Jusqu'à ce que… chtounk ! Ça y est ! Je me mets à rire d'incrédulité, comme si j'avais joué un bon tour à un trouble-fête.

Avec la même lenteur et le secours de la main gauche, je replie l'avant-bras vers l'épaule. Ça a l'air de fonctionner. Après cinq minutes, je déroule à nouveau pour être sûr et… chtounk ! L'os ressort. Plus que « Chtounk ! » Beaucoup plus : aïe, ouh là là ! La douleur fulgurante qui revient. Nom de Dieu, ce que ça fait mal ! Et je manque de m'évanouir à nouveau. Dix minutes de repos et je recommence : il le faut bien, et puisque ça a déjà fonctionné… Une fois l'os revenu à sa place et l'avant-bras replié, je ne m'amuse plus à des essais en tout genre. Dénouant le bandana d'autour de mon cou, je l'ajuste en une écharpe qui maintient le bras replié et, un coin entre les dents, je serre un nœud de ma main valide.

Je patiente encore dix minutes avant de m'agenouiller puis de me relever, les jambes flageolantes et le sac à nouveau sur les épaules. Castel del Monte est juste en face.

Après la chute, sonné et la joue encore écrasée dans l'herbe de la pente, j'ai tout de suite pensé aux mots de Saint-Exupéry dans *Terre des hommes*, quand il est perdu dans le désert après une panne de moteur, menacé de mourir de soif.

> *Je ne regrette rien. J'ai joué, j'ai perdu. C'est dans l'ordre de mon métier. Mais, tout de même, je l'ai respiré le vent de la mer. Ceux qui l'ont goûté une fois n'oublient pas cette nourriture. N'est-ce pas, mes camarades ? Et il ne s'agit pas de vivre dangereusement. Cette formule est prétentieuse. Ce n'est pas le danger que j'aime. Je sais ce que j'aime. C'est la vie.*

Ce sont ses mots, et c'est moi.

Au bout d'un quart d'heure je rejoins une piste de terre battue, puis une route goudronnée, déserte. Je tiens le bon bout et me mets à pleurer. Non, à sangloter. Parce que le voyage est terminé, parce qu'il a suffi d'une culbute sur une pente sans danger particulier. Je pleure et, le bras serré contre la poitrine, je hurle des prières sous le ciel gris.

Notre Père qui êtes aux cieux, que votre nom soit sanctifié, que votre règne vienne…

Et moi, je n'arriverai jamais à Rome, je n'atteindrai ni Naples ni Leuca ni le Monte Sant'Angelo de Beppino et des pèlerins de Terre sainte.

Que votre volonté soit faite sur la terre comme au ciel…

Bon Dieu, où est-elle votre volonté ? votre sacrée volonté ! J'avais cru être sur le bon chemin et voilà mon projet ruiné. Il ne s'agit pas seulement de moi, mais de tous ceux qui suivent mon parcours, les cent personnes qui ont réclamé de mes nouvelles et reçoivent mes courriers de dix jours en dix jours, ceux qui m'ont accueilli et à qui j'ai promis une carte postale de Rome. Ils ont mis chacun un peu d'espérance dans ma réussite. Interrompre au beau milieu, c'est aussi leur couper les ailes. Par ma faute.

Pardonnez-nous nos offenses…

Ai-je été présomptueux ? Entêté et stupide. Une bêtise, c'est sûr. Et moi qui étais fatigué, le pied blessé… J'aurais dû… On dit toujours ça après.

Ne nous laissez pas succomber à la tentation…

L'orgueil imbécile, la prétention de faire mieux que les autres.

Et délivrez-nous du mal.

Oh oui. Et du mal physique aussi, et des élancements dans mon coude, si violents que je ne sens presque plus mon pied abîmé.

« Notre Père... », « Je vous salue Marie... » Je crie sans compter, les yeux emplis de larmes. Et en même temps, j'entends la voix de la raison qui me rassure : « C'est bien de pleurer ainsi : c'est un moyen efficace et nécessaire pour évacuer le stress. Il faut se laisser aller. » Sur la route, je titube. Un tracteur débouche d'un tournant. Je dois avoir l'air hagard, ou pire, car le paysan se retourne après m'avoir croisé et me lance un regard inquiet. J'aurais pu l'arrêter et lui demander de me conduire au village, mais le vieux fonds d'habitude de me débrouiller seul m'en empêche. Et puis, en partant, je m'étais dit : « À pied, rien qu'à pied. » Castel del Monte n'est plus qu'à vingt minutes et je peux encore repousser jusque-là le moment où je devrai interrompre le voyage.

Il faut grimper jusqu'au centre du village pour rencontrer des vieux attablés à la terrasse d'un café. Je me suis recomposé un visage civilisé.

– Y a-t-il un médecin ici ?

– *Un dottore qui ? Ah si, c'erà... ma non c'è più !*

Comme les sentiers effacés par le maquis : autrefois, oui... mais aujourd'hui il n'y en a plus. Il reste cependant *una dottoressa.* À la pharmacie, la *dottoressa* examine mon coude et me laisse peu d'espoir :

– Il semble bel et bien cassé. Vous devriez aller à l'hôpital pour une radio.

À L'Aquila, distant de 50 kilomètres. Le dernier bus de la journée part dans une demi-heure de la place de l'église. Voilà. C'est terminé.

À 20 heures aux urgences ; radio une heure plus tard ; à minuit et demi, un médecin de permanence me confectionne une gouttière en plâtre, à la hâte car il est pressé de rentrer chez lui. Professionnel quand même.

– La radio montre une fracture. On voit des fragments autour du coude. Le risque, c'est qu'ils demeurent dans l'articulation et l'empêchent de fonctionner correctement. *A priori*, une opération ne me semble pas nécessaire, mais c'est le médecin chef qui décidera demain.

Aux urgences, on se raconte déjà l'histoire du Français qui vient de Paris à pied et qui… Une infirmière me prend en pitié et m'obtient un lit au service d'orthopédie. J'y resterai quatre jours parce que le médecin chef n'est pas sûr, lui non plus ; il souhaite un scanner et je dois attendre mon tour car il n'y en a qu'un dans ce centre hospitalier régional de 1 500 lits.

Il faut avoir une sacrée santé pour séjourner quatre jours à l'hôpital : c'est épuisant ! Même pour moi qui n'ai qu'une broutille. Dans la chambre de quatre personnes, mes voisins ont chacun une bonne raison d'être là. Une prothèse de hanche, le col du fémur pour un vieux monsieur de 93 ans. Un autre vieillard me paraît terriblement mal en point et râle toute la nuit. Quand il se tait enfin, au petit matin, je crains qu'il ne soit mort. Un nouveau le remplace bientôt, affecté de la maladie de Parkinson. Tout ce beau monde souffre et geint. Les infirmières entrent à toute heure et sonnent le branle-bas à 5 heures 30 pour les premières pilules et la température. S'il n'y avait que ça… Mais il y a aussi les familles. Présentes de jour comme de nuit. C'est utile et réconfortant pour les malades, et en plus elles s'occupent de la toilette et de donner les repas ; mais les portables sonnent à tout bout de champ, la cousine et le petit-fils passent dire bonjour, ça parle fort et les riens dégénèrent en drames : l'Italie, en somme.

La nuit dernière, Pippo, le déhanché revenu de l'opération, n'a pas cessé de délirer. Sa femme, une grosse *mamma* de la campagne, a essayé cent fois de le calmer :

– *Zitto, Pippo*. Chut ! *Siamo a l'ospedale.*

En vrai, elle prononce avec son accent du Mezzogiorno :

– *Tchitto, Pippo. Ch'tiamo a l'ochpédal… Tchitto, Tchitto, per favore.*

Cent fois, Pippo reprend son délire. Je n'en peux plus et supplie :

– *Per carità !*

Ainsi supplient, dans mon souvenir, les accablés des livrets d'opéra. Et je voudrais chanter à Pippo, pour qu'il se taise enfin, un air endiablé et syncopé de la *Cenerentola* de Rossini qui me trotte dans la tête : *Zitto, zitto ! Piano, piano…* À défaut, j'installerais volontiers mon matelas dans le couloir si je n'étais pas aussi reconnaissant aux Italiens de m'offrir le luxe d'une chambre d'hôpital pour un simple bras cassé.

Je n'ai encore averti personne en France. De toute façon, avant le verdict du scanner, je ne peux pas me prononcer sur la suite.

– Tu arrêtes tout, évidemment. À l'impossible, nul n'est tenu.

Évidemment… Dès le premier matin à l'hôpital, j'ai cherché à contourner l'évidence. Est-ce vraiment impossible de poursuivre ? Il ne s'agit que d'un bras, après tout, et je dois apprendre à m'en passer. Alors je me brosse les dents de la main gauche, j'apprends à me raser de la main gauche. Quand la *mamma* de Pippo s'apprête à couper ma viande, je refuse avec fermeté :

– *Grazie. Mi arrangio.* Je me débrouille.

Et quand elle propose de laver mon linge, je décline aussi en la remerciant et fais ma lessive comme un manchot. Mes vêtements n'en sortent pas moins propres.

– *Vero : va bene così.*

Ce qui me coûte le plus, c'est de ne plus pouvoir écrire. Je parviens tout juste à prendre des notes d'une main malhabile et qui se fatigue vite.

Le bouleversement de mes projets, l'incertitude : beaucoup chercheraient un réconfort auprès des proches. Même si je ne considère en aucune façon l'interruption du voyage comme un drame, c'était un projet auquel je tenais et je m'aperçois que j'ai besoin de consolider quelques murs écroulés avant d'affronter les autres. Toujours cette ancienne habitude forgée dans le monde professionnel : ne jamais poser un problème sur la table sans l'accompagner de propositions de solution. Parler avant le résultat du scanner ne servirait qu'à propager de l'incertitude. Je préfère me taire et encaisser.

Ah si : j'ai téléphoné aux clarisses si accueillantes de Paganica, à 10 kilomètres d'ici. Elles m'ouvrent à nouveau leur porte.

– Quand vous voulez. Tant que vous en aurez besoin.

Et ce soutien affectueux me fait grand bien.

J'ai sympathisé avec Giuseppe, le fils du vieux monsieur de 93 ans. Il est menuisier d'art et dirige une entreprise de 7 personnes qui restaure des églises en Italie centrale et en Sardaigne.

– Les Sardes, tu sais, ils ne se laissent pas apprivoiser facilement. Mais une fois que tu es rentré dans le cercle, alors… à la vie, à la mort.

Quant à la *mamma*, qui a tenu une charcuterie après avoir élevé du bétail, elle me raconte ses pèlerinages avec Pippo.

– *Lourdes* – qu'elle prononce Lourdesse – *due volte.* Deux fois. *Hummmm… un aura mystica !* ajoute-t-elle en mordant son *pannino* au fromage.

Une famille éphémère se crée. La troisième nuit, ou peut-être est-ce la quatrième, les cris du parkinsonien m'empêchent de fermer l'œil. Un flot ininterrompu de sons inarticulés à voix forte. Il me casse les oreilles, le parkinsonien, il me sort des yeux, et je me dis cependant : « Et si c'était mon père ? »

Dans la journée, je trompe l'ennui en lisant « Le Purgatoire » de Dante : un comble ! Je regarde aussi par la fenêtre le ciel bleu sur lequel se découpent les cimes des Abruzzes. Un temps de rêve pour la randonnée, et moi qui perds ces jours précieux… Avec un bras en écharpe, quelle distance pourrais-je couvrir chaque jour : 15 kilomètres ? 10 kilomètres ? À ce train-là, j'en ai pour des années. À défaut de *tratturi*, j'arpente les couloirs et reviens voir de temps à autre mon parkinsonien et mon déhanché.

Au bout de quatre jours, enfin, le verdict :

– Le scanner montre des fragments dans l'articulation. Il faudrait opérer, mais nous ne pratiquons pas cette sorte d'intervention ici. Vous devriez aller à Modène.

Modène ? Dans la plaine du Pô. Je ne connais personne là-bas et, quoique je n'aie aucun doute sur les capacités de leurs chirurgiens, je n'ai pas envie de rester en Italie pour les suites de l'opération. La décision est rapide : rapatriement sanitaire en France, par avion. Merci aux assurances : le service est impeccable. En vingt-quatre heures, je suis pris en main de porte à porte, traité comme un prince, chouchouté comme jamais alors que je suis habitué depuis des mois à me coltiner les difficultés de chaque jour. Un régal !

Retrouvailles avec Luc et sa famille que j'ai prévenus la veille de ce « léger contretemps ». Nous allons déjeuner chez Yves, un ami ostéopathe et kinésithérapeute.

– Une de mes patientes, dit Yves, est la femme du chirurgien attitré de l'équipe de France de rugby. Spécialiste des membres supérieurs. Il a déjà opéré huit des trente joueurs de l'équipe. Si tu veux…

Tu parles si je veux ! Le lendemain, à 9 heures, Yves m'appelle :

– Tu as un rendez-vous dans deux heures.

Dans son bureau élégant du VIIe arrondissement, le chirurgien examine en silence mes radios et les images du scanner sur le CD que l'on m'a remis à l'hôpital San Salvatore. En Italie, on m'avait annoncé une opération délicate mais bénigne : une arthroscopie qui consiste à insérer à travers des orifices minimes un instrument miniaturisé couplé à une caméra et au moyen duquel on enlèverait les fragments gênants. « Ensuite, l'articulation fonctionnera comme avant. » En combien de temps pourrai-je récupérer ? Pourrai-je repartir et achever mon périple avant l'hiver ou est-ce fichu pour cette année ?

– Ça ne se présente pas mal. L'os a été remis en place correctement... Les fragments ?... Ça ne me paraît pas justifier une opération. Non : le coude est une articulation délicate, vous savez...

– Alors ?

– La rééducation devrait suffire. Voyez ça avec votre ami kiné. Je vais vous donner une ordonnance pour un mois et une autre pour faire réaliser une orthèse, un "plâtre en plastique" en quelque sorte, que vous pourrez ôter et remettre à volonté pour les exercices et pour la toilette.

En sortant du bureau du médecin, tout ragaillardi à l'idée de ne pas passer sur le billard, j'ai déjà mon idée, que j'expose à Yves en fin d'après-midi :

– Dis-moi franchement : cette kiné, ne pourrais-je pas la faire moi-même si tu m'apprends les mouvements nécessaires ?

– Et repartir *illico* ? Tu es incorrigible !

– Sérieusement, je ferai ce que tu me diras : mon coude est plus important que le voyage.

Les mouvements ne sont pas compliqués. Yves me les apprend en 20 minutes. Deux jours plus tard, le temps de la confection d'une orthèse sur mesure et du règlement de quelques détails pratiques, je prends le train de nuit pour l'Italie, *via* Milan et Ancône jusqu'à L'Aquila. Dans le compartiment-couchette, une vieille dame italienne, mi-vénitienne, mi-calabraise, et accessoirement spécialiste des peintres vénitiens des XVIIe et XVIIIe siècles, me donne la clé d'une énigme :

– Pourquoi m'a-t-on conseillé d'aller me faire opérer à Modène, à 400 kilomètres de L'Aquila, plutôt qu'à Rome, distante de 120 kilomètres ?

– Parce qu'à Modène – et aussi à Bologne – opèrent les meilleurs chirurgiens d'Italie. N'allez surtout pas dans un hôpital romain : on en sort généralement les pieds devant !

Me voici prévenu.

À l'arrêt de bus en direction de Castel del Monte, une voiture me klaxonne, s'arrête, recule. Une vitre descend et le conducteur se penche :

– Qu'est-ce que vous faites là ? Je vous croyais en France.

C'est le médecin de l'hôpital San Salvatore, celui qui m'a conseillé l'opération.

– Eh bien, en France, le chirurgien m'a dit…

L'incrédulité se peint sur son visage.

– *Bene, bene. Tanti auguri, allora…*

Et la voiture repart. Il y aura ce soir un nouveau sujet de bavardage au service d'orthopédie. La semaine dernière, on m'y avouait déjà : « Pour nous, c'est vraiment bizarre ce que vous faites. »

J'ai repris la marche depuis Castel del Monte. Des montagnes, rien que des montagnes : le parc national du Gran Sasso, puis celui de la Majella avant de descendre vers la plaine de Foggia. Trois cents kilomètres en une semaine, une folie. Même il y a sept ans, je n'avais pas couvert une si longue distance en si peu de jours. Il n'est pas question de rattraper le temps perdu – ce serait évidemment impossible –, mais je veux me débarrasser rapidement de ces montagnes sans imaginaire, parfois belles mais le plus souvent ingrates. J'ai hâte d'atteindre le Sud.

– Tu veux surtout prouver que tu es capable de marcher malgré le bras cassé. Non ?

Avec mon habitude de me jeter la tête la première dans les difficultés, le soupçon est légitime. Je l'admets. Pourtant, il n'en est rien.

– Vraiment ?

– Sûr.

Contrairement aux apparences, je ne cherche pas à terminer le voyage coûte que coûte, à le transformer en revanche contre un coup du sort. Je n'ai pas besoin d'en sortir victorieux. Et je ne cherche pas à marcher *malgré* mon coude cassé, mais *avec* mon coude cassé. Cela nécessite quelques compromis, naturellement. Les premiers jours, je crapahute moins et suis des routes secondaires ou des routes blanches au lieu de couper à travers les pentes. Je passe plus volontiers la nuit au gîte au lieu de bivouaquer ; d'ailleurs, à
ph. 70-71 1 500 mètres d'altitude, le thermomètre descend certaines nuits au-dessous de 0 °C. Je referme les barrières des pâturages de la main gauche et mets plus de temps à écrire le courrier.

Regardons les choses en face : ai-je décidé de finir le parcours sur les mains ? Non. Alors je peux marcher, n'est-ce pas ? Au bout des *Pensées pour moi-même* de mon cher Marc Aurèle, l'éditeur avait accolé le *Manuel* d'Épictète, un esclave grec du Ier siècle. Philosophe et boiteux, Épictète refuse de se laisser submerger par les malheurs :

La maladie est une contrariété pour le corps, mais non pour la volonté, si elle ne veut pas. Être boiteux est une contrariété pour la jambe, mais non pour la volonté. Dis-toi la même chose à chaque incident ; tu trouveras que c'est une contrariété pour autre chose, mais non pour toi.

La simplicité et l'évidence.

Que cherche à accomplir ma volonté ? Il y a quelques mois, c'est vrai, j'ai eu envie et besoin de prouver : la course ridicule pour damer le pion aux deux jeunes randonneurs au-dessus d'Altdorf, les vérifications stériles de mes temps de parcours étalonnés sur les indications de sentiers de randonnée, ou même le passage du glacier, car ma jubilation fut trop sauvage pour être pure. Tout cela est fini. Je n'y accorde plus aucune importance. Et quoique j'aie pleuré après la chute, ce ne fut pas de dépit.

Oui, la chute. Quelque chose a changé. Avait déjà changé sans que je m'en rende compte.

De Paris, j'ai envoyé un courriel aux amis pour leur expliquer mon aller-retour en France. Craignant de ne pouvoir continuer mes courriers décadaires, j'ai cité les mots de Saint-Exupéry qui résumaient si exactement mon état d'esprit après l'accident. À présent, je regrette de l'avoir écrit parce que ce n'est déjà plus moi. Ce texte qui a marqué mes années de jeune homme, Saint-Exupéry l'a écrit à 39 ans, et pourtant c'est un texte d'adolescent. Avec la fougue, l'appétit de mordre la vie à pleines dents, la candeur et l'énergie du garçon à peine grandi et qui découvre la liberté.

Intérieurement, je m'identifiais encore à cet héroïsme simplificateur. Il a fallu que je l'écrive noir sur blanc et que je sois confronté à ce souvenir dans la solitude retrouvée des Abruzzes pour m'apercevoir que l'âge en avait passé. Je le dis sans nostalgie ; simplement avec un peu de ce détachement qui fait que les adultes sont appelées des « grandes personnes ».

Ces moments où l'on a l'impression d'entrevoir la vérité, de faire coïncider la représentation de soi avec la réalité de son être, de placer des mots justes sur la complexité du monde, seule la durée leur permet d'advenir. Au fond, les bouquetins, les Titien et même le *Finibus terræ* de saint Pierre n'ont pas grande importance. Rome ne suffit pas ; il faut encore que le trajet qui y mène soit long parce que sans cela, je resterais à la surface. Voilà pourquoi je tenais tellement à reprendre le plus vite possible. Revenir l'année prochaine pour achever la boucle ruinerait l'acquis des trois premiers mois. D'une manière totalement indépendante de la volonté, l'éloignement, la solitude, la lente progression sur des milliers de kilomètres permettent aux eaux troubles de se décanter. Comme si le rythme cardiaque se ralentissait et que l'on n'entendait plus, de temps à autre, que battre l'essentiel.

Non. J'exige tant de mon cœur que je devrais forger une autre image. C'est comme un cheval au galop, qui a trouvé son rythme, découvert une facilité miraculeuse et qui allonge encore la foulée. Ou encore, c'est le phrasé d'une musique, que l'on symbolise au-dessus de la portée par un grand arc. Les notes, en elles-mêmes, sont nécessaires. À chacune sa hauteur, sa durée, son piqué. Mais sur la portée, elles ne sont que du solfège. Voilà : la durée du voyage à pied, c'est le phrasé qui transforme du solfège en musique.

11.

Pèlerins de l'Archange

DE CHAQUE CÔTÉ du *tratturo*, des champs de terre noire, noire comme la misère qui précipita tant de paysans vers l'émigration. Et le soleil rend cette noirceur encore plus éclatante et plus insupportable. Dans l'enchevêtrement de collines labourées, le ph. 73
chemin de terre battue suit une longue ligne de crête agréablement sinueuse qui descend vers la platitude du Tavoliere. Sous mes yeux s'étend à perte de vue cette plaine du nord des Pouilles, autrefois réservée au pâturage d'hiver des moutons et couverte aujourd'hui d'un damier de parcelles cultivées. À l'horizon, sur la gauche, se dresse le promontoire rocheux du Gargan qui la domine de 800 mètres et, perché là-haut, invisible, le Monte Sant'Angelo.

Trois heures plus tard, en entrant dans le cœur historique de San Severo, je sais que je suis arrivé dans le Sud. Est-ce le bitume défoncé ? les palmiers ? les lauriers-roses en fleur ? la circulation chaotique ou le parfum à peine évanoui du moût de raisin qui flotte derrière des remorques débordant de grappes et conduites à tombeau ouvert dans les faubourgs par des adolescents torse nu, juchés sur des tracteurs hors d'âge ? Ou peut-être les pleines brassées de fils électriques qui traversent les rues, les draps qui sèchent aux balcons ? l'air encore chaud de la journée que le vent pousse dans les ruelles peu avant le crépuscule ? Je plonge dans une atmosphère de ville moyen-orientale à des années-lumière de l'austérité des Abruzzes d'il y a huit jours.

Le pavé vibre dans l'effervescence de la *passeggiata*, cette sacro-sainte promenade de fin de journée où les Italiens se montrent, devisent, s'apostrophent et potinent, transformant la rue en un éphémère salon de conversation, y faisant la roue et lançant des œillades aux filles. Sur la Piazza Cavalotti, au coin du *giornalaio*, un capucin bavarde avec de vieilles connaissances. Mes tentatives pour obtenir l'hospitalité de son monastère se soldent par un refus impatienté.

– Et ailleurs, vous n'auriez pas une idée ?

– Allez à la Caritas du diocèse, par là-bas, au bout du *corso*.

Le Corso Garibaldi, c'est la rue de la République des villes françaises de province, et la Caritas, le Secours catholique. En quittant le capucin, je ne me sens pas très à l'aise et je tergiverse car cette ville de 50 000 habitants ne manque sûrement pas d'hôtels et je ne suis pas un nécessiteux. Ce n'est pas l'idée d'être assimilé à un pauvre qui me fait honte ; ce serait plutôt celle de manger le pain de ceux qui en ont vraiment besoin. Aussi difficile soit-il de quémander l'accueil chaque jour, en dépit des rebuffades sans nombre que je dois essuyer, je ne suis pas descendu dans le cercle des pauvres en argent, des déguenillés et des clochards. Pour certains, le « vrai pèlerinage » passe par là. Pour moi, l'expression est aussi creuse que l'esprit de ceux qui l'emploient. L'essentiel est la juste place. Non pas une place immuable, prédestinée, qui serait celle du riche ou du pauvre, de l'aristocrate ou de l'homme du peuple, mais celle qui, aujourd'hui, convient et permet de préparer celle du lendemain.

Quant à l'hébergement, je ne demande pas l'aumône. Je souhaite seulement que des gens fassent pour moi ce qu'ils ne font jamais d'habitude : ouvrir leur maison à un inconnu. Pas grand-chose ; juste l'extraordinaire. Ce soir, comme ça m'a l'air mal engagé auprès de « l'habitant », je me décide à demander conseil à la Caritas et y arrive au moment où les bénévoles commencent à servir le dîner dans la salle commune. Je compte une trentaine de clients. Des vieux, des jeunes, pas de clochards qui sentent mauvais, sauf un, dans un coin, qui veille jalousement sur son bric-à-brac empaqueté dans des sacs en plastique crasseux. En fait, surtout des jeunes.

– Désolé. Nous n'avons plus de place pour dormir, mais si vous voulez manger, prenez un plateau.

Après une nouvelle hésitation, j'obtempère et vais m'attabler. Bientôt, deux jeunes s'assoient en face de moi et commencent à engouffrer le dîner au menu unique : des pâtes, du jambon, de la salade et une pomme. Stoïan et son jeune frère sont bulgares. L'aîné n'a sûrement pas plus de 20 ans. Ils viennent ici chaque soir et me racontent des bribes de leur existence dans un italien chaotique et pressé.

– Nous sommes arrivés de la région de Plovdiv il y a quatre mois, dit Stoïan. Nous cherchons du travail, mais c'est dur.

Les deux frères comptent sur les vendanges qui commencent et espèrent être embauchés comme journaliers dans une exploitation des environs.

– Après, on verra.

En attendant, ils vivent d'expédients. Ont-ils des papiers en règle ? La pudeur exige d'éviter le sujet. Quoique la Bulgarie ait intégré l'Union européenne, des restrictions à la circulation des travailleurs demeurent, qui ne dissuadent pas une foule de migrants de l'ex-Europe de l'Est en quête d'eldorado, et les Italiens continuent à les taxer d'« extracommunautaires ».

– Il y a aussi des Roumains, des Albanais, des Ukrainiens, etc. m'a dit un bénévole tout à l'heure.

Et peu d'Africains ou de Maghrébins. Courbés en deux à longueur de journée, ils récoltent les tomates et les oignons, nettoient les rizières des mauvaises pousses et taillent la vigne pour des salaires que n'acceptent plus les Italiens. Comme ailleurs en Occident. Et ils volent les poules et égorgent les fillettes, dit-on.

– Nous servons quarante repas par jour, poursuivait le bénévole. Cent le dimanche : ce jour-là, ceux qui vivent à la campagne en profitent pour prendre une douche.

Pour distraire Stoïan et son frère de leurs inquiétudes, je raconte mon histoire : une manière de payer mon écot pour le repas chaud. En raclant son assiette, Stoïan apostrophe un camarade deux tables plus loin, en bulgare, et rapporte mon aventure. Entre deux feuilles de salade, je renchéris :

– *Sì, a piedi !*

– Comment sais-tu que je parlais de toi ?

– Tu viens de dire *pe jos* : cela signifie "à pied" en bulgare, n'est-ce pas ?

– … !

– J'ai traversé ton pays *pe jos* il y a sept ans.

Le visage de Stoïan s'éclaire et nous évoquons le Danube, les monts Balkan. Il m'envie de connaître Veliko Tarnovo.

– Quand j'aurai gagné assez d'argent, dit-il, je retournerai vivre au pays.

– Pour de bon ?

Son fils italien y retournera peut-être un mois chaque été, au volant d'une Fiat immatriculée à Foggia ou à Milan. Dans le village déserté de ses aïeux, les enfants des exilés chercheront leurs racines, comme Luciano et sa famille en Toscane.

Les deux frères fourrent leur pomme dans leur poche et se lèvent. Adieu, les Bulgares. *Gospodi pomiloui*: le Seigneur vous bénisse.

– *...e tanti auguri, Stoïano!*

Pendant le dîner, on s'est occupé de moi et on m'a trouvé un logement à l'autre bout de la ville. Un appartement flambant neuf et meublé comme un trois-étoiles où don Raffaello, un jeune et jovial curé de paroisse, m'accueille une heure plus tard. Pas grand-chose ; juste l'extraordinaire.

Le lendemain, à San Giovanni Rotondo, je n'en espère pas tant car la population y vit de l'hébergement des pèlerins qui arrivent des quatre coins du monde pour se recueillir sur les lieux où vécut le saint Padre Pio. Alors un de plus, un de moins, qui s'en soucie ? Pour ma part, comme San Giovanni se situe sur ma route, j'y passe, mais j'avoue que je n'aurais pas fait un détour pour le Padre Pio, encore moins le voyage. En fait, le merveilleux qui entoure ce saint immensément populaire du XXe siècle me gêne. Il heurte mon cartésianisme de Français. En Italie, le Padre Pio est partout, et surtout dans le cœur des Italiens. Alors, pour tenter de m'affranchir de mes préjugés défavorables, j'ai acheté la semaine passée à Paris une *Vie* du saint. « Prêtre capucin né en 1887, mort en 1968 au couvent Santa Maria delle Grazie de San Giovanni Rotondo où il vécut cinquante ans, et canonisé par Jean-Paul II en 2002, le Padre Pio consacra entièrement sa vie à Dieu. Ce don total explique les multiples phénomènes surnaturels qui ont marqué sa vie et lui ont assuré une renommée universelle : visions, bilocation, don de guérison et par-dessus tout les stigmates qui l'ont rendu pendant cinquante années semblable au Christ crucifié. » Sachant éviter les excès de l'hagiographie, l'auteur ne dissimule ensuite rien des doutes, des enquêtes diligentées par l'Église, des persécutions que le capucin eut à subir durant des décennies de la part de son ordre. Il évoque aussi la convoitise de certains ecclésiastiques devant les sommes colossales drainées par les foules pèlerines : « Ne vous laissez pas abuser par un charlatan, avertit tel évêque de la plaine du Pô, inquiet de la diminution des offrandes dans son diocèse et qui interdit le voyage de San Giovanni à ses ouailles. »

Nihil novi sub sole, comme dit l'Écclésiaste : en 1399, Charles VI de France interdisait à ses sujets de se rendre à Rome afin de conserver aux finances du royaume les sommes que les pèlerins laissaient au Siège de Pierre.

Ici, sur fond de dévotions, on brasse de l'argent, c'est clair. Les religieux et les autres. Et la manifestation la plus visible en est le long bâtiment blanc à flanc de coteau que je découvre en émergeant sur le plateau : la « Maison du soulagement de la souffrance », un hôpital ultramoderne voulu et mis en œuvre par le Padre Pio dans ce qui était une bourgade insignifiante et déshéritée des Pouilles. Un hôpital entièrement payé grâce à l'argent des donateurs du monde entier.

– Il compte 1 500 lits à présent. Les malades viennent de toute la région pour s'y faire soigner, m'assure la gérante du *Bed & Breakfast* où j'ai posé mon sac pour deux nuits. Si vous en avez besoin…, poursuit-elle en indiquant l'orthèse qui maintient mon bras.

Non merci. Je ne voudrais pas abuser. En outre, pour mon coude, il n'y a rien d'autre à faire que de la rééducation. Je l'ai commencée il y a trois jours.

– Entre un quart d'heure et vingt minutes matin et soir, m'avait conseillé Yves. Vas-y *mollo*.

La première fois, je n'ai pas tenu dix minutes. Malgré mes précautions, c'était déjà trop et je m'évanouis. Cela m'a servi de leçon et je redouble désormais de prudence, tout en m'en tenant aux deux séances quotidiennes prescrites. Comme les tendons et les ligaments ont été malmenés, la rééducation n'est pas indolore, c'est normal. Je dois seulement apprendre à discerner la limite tolérable et utile. Quant à solliciter le Padre Pio, je ne voudrais pas le déranger dans son Ciel pour si peu. Je suis surtout impressionné par les souffrances physiques et morales du capucin, et plus encore par l'acceptation de ses souffrances et sa manière de tout remettre entre les mains de Dieu. Impressionné en outre par l'obéissance dont il a toujours fait preuve, y compris devant les décisions injustes de son ordre. Les stigmates, les visions, les miracles : cela vient pour moi en second lieu, après le témoignage d'une foi vécue de manière intense. De toute façon, « rien n'est impossible à Dieu ». Et puis, au-delà de cette vie de prière, de souffrance acceptée, de journées à la chapelle et au confessionnal, subsiste également cette œuvre terrestre, l'hôpital qu'il a fait surgir de terre : un signe de la puissance de la foi aussi visible et moins morbide que les stigmates.

Et qui apporte de la vie et une activité économique sur ce plateau
ph. 77 aride aux maigres pâturages à moutons.

Dans la crypte du couvent Santa Maria delle Grazie, un bloc de marbre de 3 tonnes recouvre la tombe du capucin stigmatisé. « Pour le protéger », indique un panneau accroché à une colonne. Trente quintaux pour être sûr de ne pas se faire voler le corps du saint ? Le temps n'est pas si loin où se trafiquaient les reliques. À défaut, les enfilades d'échoppes autour du sanctuaire écoulent des tombereaux de pieusetés d'un goût pas toujours très sûr et, au supermarché, les cierges à l'effigie du saint occupent la tête de gondole. À voir les prix ridiculement bas des articles, on traite ici dans le volume. D'ailleurs, l'offre hôtelière est pléthorique : depuis les pensions modestes jusqu'à un nombre surprenant de quatre-étoiles.

– Entre 7 et 8 millions de pèlerins chaque année : plus qu'à Lourdes, insiste la gérante du *Bed & Breakfast.*

Pour eux, les capucins ont confié la construction d'une nouvelle
ph. 76 basilique à Renzo Piano, l'un des architectes du gotha mondial de la profession. Une structure audacieuse et aérienne, soutenue par de gigantesques arches qui prennent leur appui dans le fond du chœur, comme pour signifier à la fois que tout naît de Dieu et qu'il envoie ensuite ses fidèles rayonner jusqu'aux extrémités de la terre.

– Vous vous y rendez ? demande la gérante.

– Au moins jusqu'à l'extrémité de votre terre d'Italie. Demain, je serai au Monte Sant'Angelo.

– Le 29 septembre ? Vous y arriverez en pleine fête.

Ah oui, j'avais oublié : la Saint-Michel.

Je n'avais rien calculé, ni le jour, ni l'heure. Lorsque, à la fin de ma journée de marche où j'ai arpenté des champs pierreux sur fond d'Adriatique bleue et calme, j'arrive au Monte Sant'Angelo, les ruelles du village accroché à flanc de montagne sont noires de monde. Sac au dos, je peine à me frayer un passage vers l'église
ph. 75 de l'Archange. On se presse, on attend, on se bouscule, on s'interpelle et on s'excuse, on se hausse sur la pointe des pieds pour tenter d'apercevoir, et on envie les chanceux qui se penchent aux balcons. Quand soudain un frémissement parcourt la multitude :

– Le voilà, il arrive !

ph. 74 « Il », c'est saint Michel, ou du moins sa statue, annoncée par une longue procession de confréries costumées, porte-bannières en tête.

– L'archange ne quitte l'église que deux fois l'an, confirme une *mamma* à son voisin, tout en égrenant son chapelet.

Après les confréries, des prêtres en vêtements chamarrés, des thuriféraires et des abbés en surplis, un *Monsignore* qui porte une épée étincelante et nue sur un coussin grenat. À deux pas de moi, un garçonnet aux boucles blondes guette, juché sur les épaules de son père et vêtu en archange, avec deux ailes dorées dans le dos.

– *Mira Papa!* Regarde. *San Michele...*

Couronné d'or, beau comme un Apollon et vengeur comme le dieu Mars, s'avance le prince des armées célestes, chef des anges fidèles à Dieu quand Lucifer a trahi, brandissant son glaive et écrasant du pied un diable que l'on devine à peine à travers une profusion de lys. Quatre fiers-à-bras portent sur leurs épaules les brancards, encadrés par autant de carabiniers en tenue d'apparat, gantés de blanc et bicorne emplumé de rouge. Derrière viennent les autorités civiles et militaires, le maire à la poitrine barrée de son écharpe tricolore, puis les trompettes, les clarinettes et les hélicons de la musique municipale, et enfin le peuple en marche, dans lequel je me glisse, à la suite du saint patron.

Siamo pel-le-gri-i-ni
Siamo tuoi de-vo-o-ti
San Michel', arc-angelo,
Pre-gha per no-o-i.

De loin en loin, des mégaphones relaient cantiques et prières. Je suis les trois heures de procession à travers les ruelles tortueuses, en pente et bordées de maisons blanches, alternativement en tête où l'on prie et en queue de peloton où l'on discute derrière la fanfare qui harmonise et flonflonne. En marchant et en priant, pour une fois je fais comme tout le monde, et je me sens à ma place, heureux. Je lie conversation avec un groupe de pèlerins jacquaires, reconnaissables à leur cape bardée de coquilles.

– Nous avons quitté Rome à pied il y a trois semaines, m'annonce fièrement l'un d'eux.

Et j'hésite à leur avouer que je viens de plus loin, parce qu'ils sont sympathiques et que je ne voudrais pas gâcher leur fierté. Les spectateurs se pressent aux flancs du cortège et sur les placettes. De temps à autre, je scrute la foule en espérant vaguement y distinguer le berger du Campo Imperatore. En vain. Comment retrouver Beppino dans une telle cohue de plusieurs milliers de personnes ?

Aux balcons et sur le pas des portes, certains s'agenouillent au passage de l'archange, les vieux se signent et les jeunes également. Des curieux et des touristes, il y en aussi, et l'on sent que, s'ils n'étaient pas là, on les regretterait. Il n'y a pas ceux qui regardent et ceux qui processionnent, mais une seule foule emportée dans un élan populaire.

À la nuit tombée, après le feu d'artifice, le cortège reprend le chemin de la basilique pour une messe d'action de grâces. Reflet de l'empilement de siècles de dévotion, l'église ressemble à un labyrinthe sur plusieurs étages. Des dalles patinées par des millions de pas, des murs sanctifiés par la caresse des pèlerins, un enchevêtrement bizarre et vénérable qui n'est pas sans rappeler celui de la basilique de la Nativité à Bethléem, avec ses monastères, ses églises, ses chapelles et ses grottes imbriquées en un seul lieu où chaque pierre a sa place et chaque pierre a un sens. Malgré mon sac à dos, j'ai réussi à me faufiler. Il faut descendre en jouant des coudes et des épaules un large escalier entrecoupé de plusieurs paliers, puis franchir une porte de bronze forgée il y a mille ans à Constantinople avant de pénétrer dans le sanctuaire de l'archange.

Au fond, les fiers-à-bras viennent de déposer la statue de saint Michel devant l'autel, sous l'immense voûte rocheuse et irrégulière qui sculpte le calcaire de la montagne et où la tradition rapporte les apparitions de l'archange au Ve et au XVIIe siècles. Une grotte de crèche, sur laquelle rebondissent et résonnent les chants traditionnels entonnés à pleins poumons. Assise, debout, à genoux, la foule se presse dans la chaude promiscuité des grands soirs, comme aux plus hauts temps des pèlerinages médiévaux. Une foule agitée et fervente dans l'allégresse d'un jour de fête et la chaleur des cierges. Le temps ne compte plus. Ici sont venus des Lombards, des Francs, des Germains, des Saxons et des Scandinaves. Ils étaient rois, empereurs, papes ou pèlerins anonymes, des saints et des pécheurs, parfois les deux en même temps. Des paysans qui retourneraient une heure plus tard bêcher leur terre ingrate et des voyageurs sur le point d'embarquer pour Jérusalem.

En ce lieu si évocateur et si émouvant, l'office prend des allures de messe de minuit. On sent qu'il y a là des chrétiens assidus et puis aussi les occasionnels qui ne mettent les pieds à l'église que pour les fêtes solennelles, les sceptiques qui veulent faire plaisir à grand-mère et ceux qui sont venus pour le pittoresque : tout le peuple de Dieu dans sa diversité venu partager la joie d'un rassemblement unanime.

À San Giovanni Rotondo, j'ai admiré la vie du Padre Pio, j'ai aimé l'architecture de l'église nouvelle, et je m'aperçois à présent à quel point il ne s'agissait que de compréhension intellectuelle et superficielle. En Suisse, quoique j'en aie fait une des bornes de mon parcours, Einsiedeln était un attachement de trop fraîche date pour me toucher véritablement. Tandis qu'ici, dans la basilique céleste, je sens l'air encore imprégné de la ferveur de mes compagnons imaginaires des siècles passés, qui sont venus prier l'archange sur leur route pour les lieux saints de Palestine. Je me sens soutenu, emporté par cette foule des pèlerins de jadis et de toujours. Je me sens en Terre sainte.

Un bout d'Orient en terre des Pouilles.

– Tu es passé en Syrie ? demande frère Éphrem.

– Oui. Alep, le krak des Chevaliers, Mar Moussa, Damas…

– Tu connais Mar Moussa ! J'y ai vécu une année ; c'était il y a sept ans.

L'année où je cheminais vers Jérusalem.

– Je l'ai quitté en octobre, dit le jeune Libanais de la communauté de Santa Maria di Pulsano.

– À deux mois près…

Nous aurions fait connaissance dans ce lointain monastère des montagnes de l'Anti-Liban, bâti en haut d'une gorge, comme une forteresse surplombant le désert qui s'étend à perte de vue en direction de Palmyre. Bizarrement, à 10 kilomètres du Monte Sant'Angelo, les bâtiments de Santa Maria di Pulsano occupent une position comparable sur le rebord du Gargan, avec le bleu de l'Adriatique au loin en guise de désert. Et la communauté de six ou sept moines y est aussi éclectique. Syriaques, basiliens, catholiques romains…

– Nous célébrons dans les deux rites, explique le père Maxime : latin et byzantin.

Rien à voir avec un couvent de moines en robe de bure et aux horaires stricts. Ici, en dehors des offices, chacun porte à loisir jean ou col romain. Au dîner, point de lecture sanctifiante du haut de la chaire. Les conversations s'entremêlent ; on s'apostrophe en italien, en arabe et parfois en français par égard pour l'invité. Au menu, de la viande épicée, des légumes gorgés de soleil, du *hommous*, une multitude de plats, et un repas qui dure une heure et demie, à l'orientale.

– Si vous saviez, dis-je en riant au père Maxime, à quel marathon épuisant je suis habituellement condamné lorsque je dîne au réfectoire des moines !

Par frugalité, pénitence ou manque de dépense physique, les repas en communauté se réduisent souvent à un bref quart d'heure de mastication, rythmé par le chariot du frère de service, toujours prompt à reprendre les plats et à rapporter les assiettes à l'office. D'habitude, la cuisine est simple et bonne. Mais au rythme auquel je brûle les calories, une assiette de soupe claire, trois légumes et une pomme ne me suffisent pas. Mon principal problème est d'arriver à manger le plus possible dans le temps réduit imparti au repas. Car je ne peux pas faire attendre trente hommes ancrés dans des décennies d'habitude et qui ouvrent exceptionnellement leur clôture à un étranger.

– Alors, je guette du coin de l'œil le prieur en bout de table ou le vieux frère, en face, dont la main tremblante me donne quelques instants de répit.

Ah, si les moines bûcheronnaient encore, ils comprendraient mieux la nécessité d'alimenter la fournaise lorsqu'on déploie une activité physique intense ! Quant au silence, j'avoue qu'il me pèse au bout de journées où je n'ai guère échangé de paroles.

– Je me souviens d'un petit-déjeuner, à Zug, en Suisse. Dans une communauté jeune : des hommes et des femmes qui ne dépassaient pas la trentaine. Nous étions huit ou neuf autour de la table.

Sans un mot, avec uniquement le tintement des cuillères dans les bols de café et le raclement du couteau à beurre sur les tartines. Dehors, il pleuvait sans discontinuer. Une postulante mit un disque de musique classique, triste à faire sangloter les morts.

– Au lieu de mastiquer en silence, nous aurions pu causer, au moins ! Pour une fois où je n'étais pas seul… J'ai manqué pleurer de cette occasion manquée. Pourtant, ils m'avaient accueilli avec une grande sollicitude.

Le père Maxime a la soixantaine et l'indulgence qui vient avec les années.

– Jeune, on a tendance à trop s'attacher à la Règle.

– Vous auriez parlé ?

– Le plus important, c'est l'homme, pas le règlement. La charité, si tu veux… Demain, comme chaque lundi, c'est « grand silence », mais si tu avais frappé à notre porte demain, nous ne serions pas demeurés muets pour autant.

– Si vous y tenez, je peux rester une journée entière pour vous épargner la pénitence !

– Goûte-moi ce vin de noix. Tu m'en diras des nouvelles…

Le lendemain matin, pendant que j'avale un bol de café, le père Maxime et le frère Éphrem fricotent en cuisine.

– Mets les oignons après.

– Moi, j'ai vu des femmes qui les mettent avant.

– Si tu les mets avant, alors…

– Oui, mais…

La conversation se poursuit un quart d'heure à voix forte en ce jour de grand silence, et je dois l'interrompre pour prendre congé.

– Alors, où vas-tu maintenant ?

– Ce soir : Zapponeta.

– Zapponeta ! Que vas-tu faire là-bas ? Il n'y a rien !

Rien, c'est le mot. En effet, ce village de maisons modernes, cubiques et basses qui prend ses aises sur le littoral adriatique est le summum de l'insignifiance. Je n'aurais pas même ralenti mon allure en le traversant si je ne m'y savais attendu par des amis de mère Maria-Livia de Fiesole.

« Sur la route de Manfredonia, après la station d'essence, sur la gauche », m'avait indiqué au téléphone une voix agitée. Carolina m'ouvre la porte et m'accueille avec effusion. Elle doit avoir 45 ans.

– *Vieni, vieni ! Prego…* Installe-toi sur la terrasse… Tu veux un café ? *Mamma ! È arrivato.* Assieds-toi plutôt là, tu seras mieux. *Mamma !*

Carolina repart en trombe. Revient avec un plateau, repart. Dix minutes s'écoulent, puis un homme de 75 ans environ paraît sur le seuil, suivi de Carolina qui porte une cafetière fumante.

– *Mio padre, Giacomo, e la mia mamma.*

– Maria.

– Tu es un ami de Maria-Livia, c'est ça ?… et tu viens à pied de Paris ! *Che coraggio !*

Les banalités habituelles d'introduction. Au fil de la conversation, l'exubérance de Carolina me paraît étrange, un peu trop appuyée, et ses réactions parfois d'une ingénuité enfantine. Elle ne semble pas travailler et habite chez papa et maman. Comme Leonardo, qui ne devrait pas tarder à rentrer.

– Il a pris ma suite au cabinet de géomètre que j'ai créé il y a quarante ans, précise Giacomo.

– Leonardo a 44 ans et il a un fils de 11 ans, poursuit sa mère. Mais c'est difficile, vous savez : il a divorcé six mois après son mariage, et depuis…

La facilité avec laquelle des inconnus de la veille m'introduisent aux soucis de famille me stupéfie toujours. Au dîner, Leonardo, renfrogné de sa journée, refuse la *pasta.*

– Des *cavatelli*, Leonardo ! Je les ai cuisinés comme tu les aimes : avec des champignons *cardoncelli* de Murgia.

Rien n'y fait. Il boude et se rattrape sur la *mozzarella* au lait de bufflonne.

– Les buffles, explique le père, ont été introduits en masse par les Lombards au VIe siècle…

Giacomo est une mine de connaissances historiques.

– …mais on pense qu'ils étaient déjà élevés dans la Rome antique pour l'exploitation des terrains marécageux et malsains. Ils aiment les eaux dormantes et les marais. Tu en verras des troupeaux le long de la route, près des salines de Margherita di Savoia.

L'ancien géomètre prend le prétexte de la reine Marguerite pour arpenter les siècles et me détailler la valse des maîtres sur cette terre des Pouilles, régulièrement balayée par les invasions :

– Nous avons eu les Lombards, les Sarrasins, deux cents ans de Byzantins, cent cinquante de Normands, cinquante de Souabes…

Ça ressemble à la recette de la *frittata alle zucchini e al basilico.* Prenez deux courgettes de taille moyenne, huit œufs, un décilitre de lait, un fond de bol de parmesan râpé et un demi-bouquet de basilic. Écrasez une gousse d'ail et faites-la revenir dans trois cuillers à soupe d'huile d'olive ; pendant ce temps, tranchez finement les courgettes sur une mandoline.

– …cent cinquante ans d'Angevins, autant d'Aragonais puis d'Espagnols, quarante d'Autrichiens, cent vingt de Bourbons d'Espagne, et même les Français de Napoléon pendant dix ans quand votre empereur a offert le royaume de Naples à Murat !

– *Basta, Papa…* tu l'ennuies !

Laissez refroidir dans la poêle pendant cinq minutes. Retournez, tranchez et servez.

De temps à autre, les enfants échangent quelques phrases à toute vitesse, en dialecte. Je n'y comprends rien, malgré mes progrès notables en italien.

Après la campagne toscane (60), l'Ombrie m'offre son joyau : Assise (62). Dans la ville où 62
peintres et dessinateurs s'efforcent de restituer la douceur franciscaine (65), le commerce
61 religieux (63) tient une place importante, mais pas excessive. L'ordre fondé ici par le *Poverello*
irrigue encore l'Italie, et de nombreux religieux m'ont aidé, comme Fra Alessandro (61),
63 à Leonessa, ou mère Maria-Livia, à Fiesole. Saint François et sainte Claire veillent sur les
64 provisions que l'on m'a généreusement offertes (64). 65

66 Au cœur des Abruzzes, le Campo Imperator (66-69) est un haut plateau entouré de montagnes (67) dont la plus élevée, le Corno Grande, culmine à près de 3 000 mètres. Aride, austère, sans une habitation ; « On l'appelle le petit Tibet italien », claironna Lucca, un jeune géologue rencontré dans un refuge. En 1943, Mussolini y fut assigné à résidence par les Italiens qui voyaient dans l'inaccessibilité des lieux la meilleure des prisons.
67 Un commando allemand réussit toutefois à le libérer au cours d'une action audacieuse.

Bergers et troupeaux arpentent encore le Campo Imperator (68). Pendant des siècles, le haut plateau qui resplendit de verdure au printemps a vécu au rythme de la transhumance annuelle des moutons venant des Pouilles ou de la région de Rome pour l'estive. Un gigantesque réseau de *tratturi*, voies dédiées aux déplacements des bêtes, maillait le sud de l'Italie. Si aujourd'hui, routes et cultures ont recouvert la plupart de ces drailles, il en reste de nombreux tronçons, progressivement réhabilités en chemins de randonnée.

68

69

70
71 Le froid piquant des nuits d'automne dans les Abruzzes festonne la végétation de cristaux de glace (70-71). Au sud, le relief des Apennins s'assagit. Encore quelques collines à proximité de Campobasso (73), puis la plaine des Pouilles où les cultures ont repris de nombreuses parcelles jadis dédiées aux pâturages d'hiver des moutons. Témoin de l'histoire tumultueuse d'une région dominée successivement par les Byzantins, les Souabes, les Angevins, les Aragonais, etc., le château de Dragonara (72) sert aujourd'hui de bâtiment agricole. 72

73

Depuis le Ve siècle, Saint-Michel du mont Gargan draine des millions de pèlerins vers la grotte sacrée où l'archange apparut et le sanctuaire qui lui est dédié (75). J'y arrive le jour de la fête patronale et prends part à la procession (74) et à la fête qui rassemblent dans un même élan populaire une foule hétéroclite unie par la piété et tradition. Le plateau du Gargan (77) est aussi la patrie du Padre Pio, si cher au cœur des Italiens. Une basilique à l'architecture contemporaine (76) fut édifiée à l'occasion de sa récente canonisation.

74

75

76

78 Dominant le port de Trani où voisinent yachts et barques colorées (78-81), la cathédrale se dresse comme une sentinelle en bord de mer qui accueillait les pèlerins de jadis en partance pour la Terre sainte. La côte basse qui court jusqu'à l'extrémité de la péninsule 81
est émaillée d'une succession d'églises semblables, au style roman d'une grande pureté. À Molfetta (82), qui fut un important centre portuaire et industriel, ou sur les quais de
79 Trani, les marins vendent au soir venu le produit de leur pêche (79-80).

80

82

84 Au pied d'Ostuni, de son dédale de ruelles et de ses maisons blanchies à la chaux (83), 85
s'étend une plaine couverte d'oliveraies aux arbres centenaires (84) et de vignobles chargés 86
de grappes dorées (86). Près d'Alberobello, les *trulli* (85), constructions en pierres sèches
83 et à toit de lauzes, donnent au voyageur l'impression d'arpenter un pays de lutins. Pour
ma part, je m'en vais vers Saint-Pierre (88), dans ce Sud aux marchés colorés (89) où un
87 vieux *padre* lit son bréviaire sur le parvis de l'église de San Vito dei Normanni (87). 89
88

90 Le Salento, le talon de la botte italienne, est jalonné de tours de guet (92) érigées pour 91
la plupart à l'époque de la menace barbaresque et ottomane. Selon une tradition, saint
Pierre aurait débarqué à Santa Maria di Leuca, l'extrémité de la péninsule. Vrai ou pas, on
s'amarre depuis longtemps à la côte rocheuse (90). Près des dernières maisons du village (93),
une grotte contient des inscriptions qui commémorent le passage de marins grecs de
92 l'Antiquité. Sur l'une d'entre elles (91), on distingue le nom du navire : *Aphrodite*. 93

Au bout d'une longue plage de sable fin s'avance Gallipoli (94) comme un promontoire fortifié dans le golfe de Tarente. Le nom même, issu de *Kale Polis* – la « belle ville » – traduit l'influence que les Grecs puis les Byzantins ont longtemps conservée dans cette Italie méridionale qui s'appela autrefois la Grande-Grèce. Situé à la même hauteur, mais sur la côte est du Salento, le cap d'Otrante (95), distant de moins de 80 kilomètres de l'Albanie, marque l'extrémité orientale de la péninsule italienne.

94

95

96 Située en bordure d'une gorge aux falaises vertigineuses, Matera abrite de vastes quartiers d'habitations troglodytiques dont l'usage s'est perpétué jusqu'à ce que l'insalubrité précipite leur abandon au milieu des années 1950. Au-dessus et autour s'est développée la ville comme un empilement de maisons où sol, toits et terrasses se confondent (96). C'est dans ce décor unique et hors du temps que Mel Gibson a filmé *La Passion* et, avant lui,

97 au cours des années 1960, que Pasolini a tourné *L'Évangile selon saint Matthieu.*

Des innombrables églises creusées dans le tuf de Matera et de ses environs, les plus belles sont transformées en musées, comme celle de Santa Maria alle Malve (99) ; les autres tombent en ruine. Sur les fresques, les apôtres retournent à une solitude superbe… et moi aussi, en ces premiers jours de novembre dans les forêts qui resplendissent des ors de l'automne (97). Une féerie de couleurs sur les pentes des montagnes du parc national du Cilento (98), la fraction des Apennins qui sépare la Basilicate de la région de Naples.

98

99

100
101 La côte amalfitaine (100), versant méridional de la presqu'île de Sorrente, jaillit à plus de 102
1 000 mètres au-dessus des flots, au bout de la plage qui prolonge la plaine de Paestum. Dans ce dernier site, certains des plus beaux vestiges de la Grande-Grèce, comme le temple de Poséidon (103) ou la fresque du Plongeur (102). Très en vogue à partir du XVIIIe siècle, le pèlerinage aux ruines a suscité un engouement dont témoigne la première gare de
103 chemin de fer (101), à deux pas de l'enceinte de la cité antique.

Entre Ravello désertée (106) et les faubourgs de Naples où les gamins jouent au football 104
dans les ruelles (107), les deux citées englouties par le Vésuve. À Pompéi, de nombreux
signes rappellent la vie qui a battu au cœur de la cité morte, comme les ornières creusées
par les roues des chars dans le pavé (105), et à Herculanum, de nombreuses fresques
105 ornent encore les murs. Celles de la maison des Augustaux (104) témoignent cependant
106 de l'état inquiétant de ce patrimoine exceptionnel qui se dégrade à grande vitesse. 107

108 Au fond du golfe de Naples, le Vésuve domine la ville comme un géant tutélaire. Devant 109
lui, les amoureux viennent cadenasser leurs sentiments et jeter la clé à la mer (110). Exhumé
de la villa des Papyrus à Herculanum et conservé au musée archéologique de Naples, un
athlète fixe son concurrent au départ de la course (108). Une virtuosité dans le travail du
métal pour cette copie d'un bronze grec du IVe siècle avant J.-C. qui se retrouve sur un
110 autre plan aux voûtes de la galerie commerciale Umberto Ier (109).

En cette fin d'automne, tandis que les premiers rais dorent la chapelle de Gavignano (111), 111
la brume s'attarde longuement dans les vallées du Latium. Le soleil l'a toutefois dissipée pour le dernier matin, celui de l'arrivée à la Ville éternelle, que je rejoins par la plus célèbre des voies de l'Empire, la *Via Appia* (112). Remis au jour et préservés dès le XVIIIe siècle, les derniers 20 kilomètres – ou les premiers ! – permettent de pénétrer jusqu'au cœur de la ville moderne au milieu de la verdure, en partie sur le pavage originel. 112

113 Après plus de 4 000 kilomètres sur des routes et des chemins parfois boueux (114), l'arrivée place Saint-Pierre (116) ne signifie pas le terme du voyage. Trois semaines me suffisent à peine pour entrevoir la Ville éternelle, celle des basiliques, des musées et du Forum (113), celle des rues et des Romains. Et le soir, après mon rapport de visite aux deux amies
114 qui m'hébergent dans leur appartement près de Sainte-Marie-Majeure, j'écris à la file les
115 courriers promis à tous ceux qui m'ont aidé au cours des six derniers mois (115). 116

117
118 Du catholicisme contestataire des banlieues du Sud (118) à la présence de Benoît XVI aux fêtes religieuses romaines, l'Église offre une diversité que le premier pape a probablement connue. À l'intérieur de Saint-Pierre de Rome, le détenteur des clés du paradis semble attendre les élus au pied de l'échelle de Jacob (119), pour une apothéose qui ressemble peut-être à celle qui orne les voûtes de l'église Saint-Ignace (120). À Santa Maria di Leuca, dans les Pouilles, une colonne commémore le débarquement de l'apôtre (121). 119
120

– C'est normal, dit Giacomo. Pour nous aussi, les dialectes des autres régions sont incompréhensibles. Ici, on parle celui de Bari.

Enfin, ça c'est pour simplifier, car chaque microrégion possède ses particularités linguistiques.

– La langue de Foggia, à 45 kilomètres, se situe à mi-chemin entre le dialecte de Bari et le napolitain. À Tarente, à 100 kilomètres au sud de Bari, on parle le *tarentino* qui a lui-même des variantes : *massafrese*, *crispianese*, etc. Et à 40 kilomètres vers l'est, du côté de Martina Franca et Ostuni, ils emploient le *salentino* qui ressemble au calabrais et au sicilien.

Condensé des influences successives, leur dialecte est truffé de mots d'origine étrangère.

– Tiens, regarde, dit Maria en brandissant un bocal de tomates pelées : en italien, on appelle ça *una scatola di pomodori*. Mais pour nous, c'est *'na buàtta di pmdur*.

En sus du mot « boîte », les Angevins du XIVe siècle ont également laissé leurs moustaches :

– *Baffi*, en italien, rappelle Giacomo. Nous, nous disons : *m'stazz*.

Combien de temps ces particularismes vont-ils subsister ? La mère de Maria, qui habite aussi chez sa fille et son gendre – trop âgée, elle dîne avant les autres –, usait principalement du *barese*. Désormais, l'italien prévaut. Et la télévision nivelle tout. D'ailleurs, celle de la cuisine est restée allumée pendant le dîner, et Leonardo lorgne l'écran sans prendre part à la conversation.

La *tivu* est une calamité. Malgré la réputation médiocre de la télévision italienne, je ne pensais pas que l'abîme serait si profond. Et j'ai eu de nombreuses occasions de le constater car, à quelques exceptions près, les familles italiennes qui m'ont reçu appartenaient plutôt à des milieux modestes, et la télévision y est allumée en permanence. De plus, quand on ne sait pas trop que faire de moi, on me demande :

– Tu ne veux pas regarder la *tivu* ?

Si, par extraordinaire, le poste n'est pas encore allumé, on appuie immédiatement sur le bouton de la télécommande, avant que j'aie le temps de répondre. On y « regarde » indifféremment et alternativement deux sortes de programmes : d'une part des divertissements d'une consternante débilité, prétextes à étaler les charmes carnassiers de *pin-up* court vêtues ou moins encore et, d'autre part, des chaînes d'information continue, sur lesquelles le traitement de chaque sujet n'excède pas 90 secondes et concerne une fois sur trois, c'est-à-dire toutes les trois minutes, une catastrophe, un meurtre, un viol, un accident, une attaque à main armée, un assassinat. À ingurgiter un monde pareil, il n'est pas étonnant que l'on regarde d'un œil torve l'étranger qui cherche un logement pour la nuit !

Le tout étant naturellement entrecoupé de publicités pour le yaourt aux fraises ou le dernier 4x4 en vogue. Durant ces interruptions, on n'a pas trop l'impression de quitter le programme car les mêmes *pin-up* y officient, à moins que ce ne soient leurs sœurs jumelles. Dans cette course à la nullité, le premier prix revient sans conteste à la *Cinque* du *Cavaliere*. Pour moi qui passe tellement de temps à parcourir à pied un trajet bâclé en quelques heures de voiture, qui renonce aux toiles du palais Pitti pour revenir à la galerie des Offices, qui m'astreins à approfondir au lieu de survoler, c'est une autre planète.

J'essaie de trouver une excuse à Leonardo et à sa famille : en bordure de la côte basse et sableuse qui se prolonge jusqu'au Salento, le talon de la botte italienne, Zapponeta est vraiment la quintessence du rien, que se partagent 3 000 habitants. Autant dire qu'il ne reste pas grand-chose à chacun.

– Ici, reprend l'intarissable Giacomo, Hannibal a séjourné quatre ans, après sa victoire de Cannes… Oui : à Zapponeta.

– P…, quatre ans !

– Dans les bras de sa maîtresse, à ce qu'on raconte.

Elle devait être bien belle et ensorcelante. Quant à Cannes, il s'agit d'une localité à 30 kilomètres d'ici, où le Carthaginois remporta en 216 avant J.-C. une nouvelle victoire contre les Romains, plus éclatante encore que celle de Trasimène, malgré une infériorité numérique d'un pour deux.

– On cite toujours la stratégie mise en œuvre par Hannibal à Cannes dans les écoles de guerre du monde entier, continue Giacomo, décidément incollable. Tiens, regarde… Maria ! donne-moi ces *buàtte*… et le sac de *zucchini*. Leonardo, attrape la bouteille de *limoncello* et donne-nous des verres !

Avec sa purée de tomates et ses courgettes, Giacomo dispose les corps d'armée et manœuvre :

– Fixer l'adversaire sur le front en déployant une ligne d'infanterie moins profonde et plus large que la sienne, reculer au centre puis déborder ses ailes avec la cavalerie avant de refermer la nasse. Résultat : 50 000 morts et 20 000 prisonniers chez les Romains, contre 6 000 tués dans les rangs carthaginois !

L'archétype de la bataille d'extermination.

– En 1991, à l'issue de la première guerre du Golfe, le général Schwarzkopf a affirmé s'être inspiré de ce modèle et, depuis vingt-deux siècles…

La suite du cours d'histoire militaire se perd entre les courgettes et les tomates écrasées car la rasade de *limoncello* que m'a servie Leonardo est plus traîtresse que je ne l'avais imaginé, et je repars en titubant.

Hannibal ayant établi ses quartiers à Zapponeta pendant quatre ans, je juge convenable d'y prendre un jour de repos. À défaut d'y goûter les délices du général vainqueur, je confie à Dante le soin de m'emporter au « Paradis » en entamant les premières pages de son dernier livre. Car je ne l'ai pas oubliée, cette *Comédie* divine qui pèse sur mes épaules et m'emporte vers le Ciel tandis que mes pas m'entraînent chaque jour plus bas dans la profondeur de la carte. Comme reflétés par un miroir, aux sept terrasses de l'enfer correspondent sept cieux qui s'étagent au paradis jusqu'à l'ineffable. Au poète qui s'étonne de ne pas les voir désirer un lieu plus proche de Dieu, les âmes du premier ciel répondent :

Il est essentiel à la béatitude
De se tenir dans le vouloir de Dieu
Pour que le sien et le nôtre soient un.

(« Le Paradis » – Chant III)

Ainsi, ce qu'Il désire leur est bonheur infini. La quête de la juste place, qui n'est pas toujours la première, est-elle autre chose ?

Barletta, Trani, Bisceglie, Molfetta, Giovinazzo, Bari : le long de la côte adriatique, j'égrène bourgs et villes qui furent autant de ports d'embarquement pour les pèlerins de Terre sainte et les ph. 82
Croisés. Il en reste aujourd'hui de vastes et pures cathédrales de pierre blanche, jadis construites en bordure du rivage. Ailleurs en Italie, où de très nombreuses églises remontent au Moyen Âge, j'ai souvent été déçu de découvrir en poussant la porte un intérieur baroque parfois de médiocre qualité alors qu'un écriteau à l'extérieur annonce XIIIe, XIIe, X^{e} ou même VIe siècle. Ces cathédrales de la mer, au contraire, restées fidèles aux premiers temps de leur construction, élèvent leurs hautes voûtes blanches dans une pierre lumineuse teintée de jaune et de rose. Point de fresques ici ;

seulement la pierre nue. Nue comme le courage dont avaient besoin les pèlerins pour affronter les périls de la mer.

Comme moi, ils avaient prié à la basilique céleste du Monte Sant'Angelo et ils se pressaient, nourris de Dieu, dans ces immenses vaisseaux ancrés sur la grève, solides et rassurants. « De style roman apulien », catégorisent les spécialistes, mais je me moque des styles et des catégories car je me sens soulevé par ces sentinelles de la foi au rebord ultime de l'Ancien Monde. À Trani, par exemple, où je
ph. 78-79 rencontre Gabriela près de la cathédrale qui domine le port. La vieille dame parle le français à la perfection et me guide pendant trois heures dans un lacis de ruelles étroites où l'on échappe à l'ardeur du soleil encore chaud de ce début d'octobre.

– Allons voir San Martino… Non, Santa Chiara d'abord puis Santa Maria Scolanova, qui était une synagogue, à l'origine. Ensuite, nous irons…

Entre deux églises, Gabriela me récite des poèmes de Prévert et des tirades de Labiche entrelardées de ses plats favoris de la gastronomie française.

– Il y a tant d'églises ici que chaque jour sert de prétexte à une fête religieuse ou à une procession.

La religion, c'est la grande affaire de Trani. Et Gabriela est experte en la matière. Quand j'évoque mon but et le débarquement de saint Pierre à Santa Maria di Leuca, elle tranche :

– Pas du tout ! Saint Pierre est arrivé à Brindisi, puis il a emprunté la *Via Appia* jusqu'à Rome. Une église de Brindisi conserve d'ailleurs la pierre sur laquelle il a célébré sa première messe en Italie.

En Toscane, un capucin m'avait déjà détrompé :

– Pas du tout ! Saint Pierre a débarqué à Marina di Pisa, à 10 kilomètres de Pise, et rejoint la *Via Aurelia* qui descend vers Rome.

On m'a également cité Bari, Otrante. Et pourquoi pas Trani ?

– Demain, c'est la fête de saint François d'Assise. La procession partira de San Francesco, naturellement. Si vous voulez…

Sans façon, Gabriela. Je dois continuer sur ce parcours jalonné par les églises des pèlerins de jadis. Et sur les plages et les côtes
ph. 80-81 rocheuses battues par une eau transparente, dans les ruelles pavées, le long des marais salants et sur le bitume de l'ancienne *Via Litoranea* des Romains, j'arpente une terre d'espérance, non pas seul mais au sein d'un peuple en marche.

À Bari, dans la crypte de la cathédrale, un groupe de pèlerins slaves prie devant les reliques de saint Nicolas que des marins de la ville ont dérobées en Asie Mineure au IXe siècle. Dans la pénombre trouée par la lueur d'une multitude de lampes dorées qui pendent des voûtes, leurs silhouettes se signent et se prosternent tandis qu'un prêtre orthodoxe, dans le chœur, psalmodie un office interminable et beau, à la monotonie envoûtante.

> *Voilà comment je vais maintenant, disant sans cesse la Prière de Jésus, qui m'est plus chère et plus douce que tout au monde. Parfois, je fais plus de 70 verstes en un jour et je ne sens pas que je vais ; je sens seulement que je dis la Prière. Je n'ai souci de rien ; par habitude, je n'ai qu'un seul besoin : réciter sans cesse la Prière et, quand je le fais, je deviens tout joyeux. Dieu sait ce qui se fait en moi.*

Ainsi parle le *Pèlerin russe*, le pèlerin éternel, le pèlerin idéal.

12.

Le phare du bout du monde

J'AI QUITTÉ LE BORD DE MER pour l'intérieur, délaissant Brindisi, son port moderne et l'hypothétique débarquement de saint Pierre. De cette ville, je préfère ne retenir que le nom : en italien, un *brindisi* est une chanson à boire, et le plus célèbre d'entre eux, celui du premier acte de *La Traviata*: *Libiamo, libiamo ne'lieti calici*... Une valse effrénée, enivrante, entonnée à pleine voix par la foule des invités dans les salons parisiens de Violetta, à des années-lumière de la campagne dépeuplée des Pouilles.

Quelques ondulations animent la plaine et dissipent l'ennui de la platitude. Sur les coteaux, les grappes dorées pendent aux voûtes des vignobles en treille comme les lampes sacrées dans la crypte de saint Nicolas. Au bord des chemins, les figues de Barbarie rougissent sur les cactus et, dans les champs, poussent d'étranges maisons de lutins : de petites poivrières grises bâties en pierres sèches et coiffées d'un toit de lauzes, parfois isolées, parfois accolées par deux ou trois. Une porte pour toute ouverture et un toit conique au-dessus de chaque pièce. Des *trulli*, on en voit de pimpants et de délabrés ; et des pierres, la terre en regorge pour les construire. Les murets quadrillent la campagne et, après la pluie de la semaine passée, l'herbe drue et vert tendre qui couvre les jachères leur donnerait un air de Connemara si les troncs noueux des oliviers ne venaient poser une note méridionale au coin des champs.

ph. 86
ph. 85
ph. 84

Dans les « vrais *trulli* », plus personne n'habite. J'en vois certains transformés en remises, ou simplement abandonnés. Plus souvent, ils sont intégrés dans un corps de ferme. On en voit aussi de flambant neufs, aux pierres disposées avec trop de régularité pour être honnêtes : gîtes ou résidences secondaires, ces constructions de vieux neuf s'intègrent cependant assez harmonieusement dans le paysage. Dans le genre, c'est plutôt une réussite.

Pour les amateurs d'authentique, il existe un village entier de *trulli* : Alberobello, estampillé « patrimoine mondial de l'humanité » par l'Unesco. Autant dire qu'il n'y reste pas une once de vérité. Ou plutôt, la vérité qui se montre aux régiments déposés par les autocars se compose d'une enfilade de magasins de souvenirs, de deux ou trois points de vue pour les photos et de la mise en scène ripolinée dans un cadre flatteur et original d'un mode de vie qui n'a plus cours. Après tout, pourquoi pas ? Cela ressemble aux marchands de pieusetés près des sanctuaires : on y vend surtout de l'immatériel.

Les guides touristiques se cantonnent au rêve. Ils proposent des œillères et les moyens pratiques – hôtel, restaurants, transports – de ne pas les ôter. Chacun le sait plus ou moins et tout le monde s'y laisse prendre.

– Tu as vu Martina Franca ? Le labyrinthe de maisons blanches et les grilles ouvragées ?

Oui, et les façades baroques des hôtels particuliers, les portes aux embrasures sculptées. Ces villages pittoresques, je ne les vois que d'en bas, de la rue, et mes regards s'accrochent, en montant, aux balcons ventrus de fer forgé et au linge qui sèche aux fenêtres. En flânant dans les ruelles, je me suis arrêté devant l'échoppe d'un menuisier pour écouter la voix râpeuse de Paolo Conte qui s'échappait d'un transistor posé sur l'établi et qui grésillait. J'ai vu aussi sur les placettes des vieilles femmes qui venaient remplir seaux d'eau et bouteilles à la fontaine publique. Une si petite parcelle de vérité pour une ville de 50 000 habitants ! Personne ne veut voir les immeubles moches, les maisons quelconques, les supermarchés et les ronds-points. Moi, je suis bien obligé parce qu'à pied, c'est tout bête, il faut du temps pour traverser la modernité.

– Alors, tu as vu l'Italie ?

– Laquelle ?

Ce qui m'étonne le plus, c'est de constater à quel point les habitants des centres touristiques intériorisent cette fausseté flatteuse.

À Ostuni, Peppino qui habite avec sa femme et deux enfants trentenaires un trois pièces cuisine dans un immeuble des années 1960 en face de la Banca di Puglia me demande, fier :

– Le village est magnifique, hein, tu as vu ?

Eh bien non, je n'ai rien vu : en arrivant par l'ouest sous une pluie intermittente, je n'ai traversé qu'une banlieue triste, des accotements défoncés, une banalité grise. S'obstiner à marcher de la sorte a-t-il un sens, une utilité ? Pour moi, ou au moins pour les autres ?

Je dois attendre le lendemain pour découvrir, à 300 mètres, les méandres de ruelles, d'escaliers immaculés surmontés d'arcades, ph. 83
de cours lumineuses et de patios charmants qui forment le décor blanc et irréel du bourg médiéval. Puis, d'en bas, le point de vue de carte postale d'où toute modernité est occultée.

À Bari, il n'y avait pas que la belle cathédrale de pierre blanche et les reliques de saint Nicolas dans la crypte, mais 300 000 habitants et des rues pleines de magasins de fringues du commerce mondialisé. Il y avait le meublé sordide dans lequel j'ai échoué. Un tenancier à l'air louche m'avait ouvert la porte. Après un tour dans les couloirs déserts, je lui avais dit :

– On dirait qu'il n'y a pas grand monde ici, n'est-ce pas ?

– Tu as peur ?

Non, mais le logement était vraiment glauque, crasseux et il sentait mauvais. Qu'est-ce qui m'avais poussé à y rester alors que je pouvais m'offrir un hôtel convenable ? L'habitude de la précarité ? L'esprit de pauvreté du Troisième Mystère joyeux ? Je devrais veiller à ne pas le confondre avec l'esprit de radinerie.

Près d'une bretelle d'accès à l'autoroute aux abords de la ville, il y avait aussi ces deux Africaines installées sur un lit à l'ombre d'un vignoble en treille. Pour pasticher Dante, je dirais : « Tels des ceps qui s'enroulent autour des montants d'une treille et grimpent interminablement jusqu'aux premières feuilles de vigne et aux grappes mûres, ainsi s'élevaient les jambes nues des jeunes Africaines jusqu'à l'étroite bande de tissu qui leur servait de jupe. » Enfer, purgatoire ou paradis, je ne sais. En tout cas, ces vigneronnes étaient aux vignobles de la périphérie de Bari ce que sont certaines bûcheronnes au bois de Boulogne à la périphérie de Paris…

La vie demeure rarement dans les décors flatteurs. En flânant dans le centre historique de Martina Franca, je n'ai rencontré que des vieux. Désertée, la ville agonise dans son décor de *palazzi* gracieux et, à Ostuni la blanche, les habitants disparaissent derrière les touristes. Quand la vie n'habite plus la beauté des lieux, celle-ci se désagrège. Pour simplifier, les villages qui font de belles cartes postales – et l'Italie n'en manque pas ! – sont des villages morts. Tout simplement parce que la vie occidentale est citadine et nécessite des bureaux, des écoles, des magasins prosaïques, des parkings, des voies d'accès et des maisons fonctionnelles. Le temps d'une escapade entre deux semaines de travail, on oublie cela, on le dissimule ; on le refoule, diraient les psychanalystes de comptoir. En partant la tête pleine de Stendhal, de Dante et de *bel canto*, je n'ai pas échappé à l'aveuglement commun, mais la durée du voyage et le dépouillement qu'il impose m'ont rendu beaucoup plus sensible à la vérité. Alors, je réponds franchement à Peppino que non, la beauté d'Ostuni ne m'a pas enthousiasmé ce soir, mais que l'hospitalité qu'il m'offre me va droit au cœur.

– Pour dormir, on t'a trouvé une chambre chez des sœurs, car nous n'avons pas de place ici.

Assunta s'occupe des repas – les mains blanches de farine, elle pétrit en ce moment la pâte pour les *orechiette* –, et je passe la journée avec eux dans une atmosphère familiale et chaleureuse. Peppino a 59 ans, trois enfants, une paire de pantoufles, une robe de chambre courte et une carte d'identité militaire.

– J'ai travaillé trente-quatre ans dans la Marine : secrétaire, puis secrétaire chef. J'ai terminé *marechalo*, ajoute-t-il avec fierté et en indiquant de ses doigts des épaulettes imaginaires. Tiens, regarde.

Sur la carte s'inscrit en gros caractères le mot *ajutante* : c'est très supérieur à « maréchal des logis » ! Comme il s'est engagé à 16 ans, en voici neuf qu'il est à la retraite, et il ne semble pas occuper ses journées à grand-chose. D'ailleurs, au dîner, une dispute éclate à ce propos avec son fils. La cohabitation des deux enfants trentenaires avec leurs parents dans cet appartement minuscule ne doit pas être simple. Le jumeau de Vincenzo a déjà quitté la maison et Giulia, qui a 33 ans, ne va pas tarder à le faire car elle se marie dans un peu moins de deux mois avec un certain Giuseppe, surnommé « Jimmy ».

– Le 1er décembre, tu te souviendras ?

Je promets. J'espère être alors arrivé à Rome.

– Et ton bras, ça va ?

Justement, le chirurgien de Paris m'avait recommandé une radio de contrôle un mois après la fracture. Nous y sommes. Le lendemain matin, le maréchal me conduit à l'hôpital de la ville, un établissement modeste en comparaison de l'usine de santé de L'Aquila.

– Je connais un médecin aux urgences. *Ciaò Marco, come stai ?*… C'est pour *questo ragazzo*… Ne pourrais-tu pas, entre deux… ?

L'affaire se règle en une heure, à l'italienne. On me remet la radio dans une enveloppe blanche, sans autre papier, en me faisant comprendre de me faire oublier bien vite, et sans me réclamer de paiement.

– Je dois régler la facture, tout de même…

– Si on ne te demande rien… Non, ne t'inquiète pas.

– Et pour le diagnostic ?

Marco est réservé. Sur le cliché, on distingue un fragment d'os au creux du coude.

– Il faudra une rééducation intensive et je ne suis pas sûr que cela suffise.

– Une opération ?

– Si l'articulation se bloque. En tout cas, pas tout de suite. C'est trop tard ou trop tôt.

Je repars préoccupé, un peu abattu, et pas uniquement à cause du coude. Tout à l'heure, pendant que nous attendions dans le couloir du service de radiologie, le maréchal m'a interpellé sans ménagement à propos de la vie que je mène :

– Pourquoi n'es-tu pas marié ? À ton âge ! C'est bien joli de courir le monde, le nez au vent, mais la famille, c'est important. Les enfants… Et puis ton travail à la banque : tu as la chance d'en avoir un et tu le quittes.

Le maréchal ne prend pas de gants. Sans doute une vieille habitude de brutalité ou d'efficacité militaire.

– *Vero, sei fortunato !* Tu en as, de la chance… Je connais dix types qui seraient prêts à payer pour avoir ton boulot. Pendant ce temps, toi, tu fais le difficile.

Des reproches de père et d'homme qui, avec la soixantaine, voit davantage les périls. J'aurais pu riposter, me défendre – pourquoi pas attaquer ? – et me contentai d'éluder. Je sais que j'ai l'âge des responsabilités. Sans attendre Peppino, j'ai cent fois tourné en rond autour de ces admonestations, formulées ou non. Et j'ai beau me croire aujourd'hui sur un bon chemin, il me manque cette fois-ci, je l'avoue, l'once de certitude qui le transforme en « meilleur chemin possible », celui que je dois parcourir. De la chance, j'en ai, oui. Je l'ai prise aussi. J'ai travaillé pour cela, et transpiré et couru des risques.

Comme tout le monde. Sur ma route d'aujourd'hui, j'en prends encore, et de plus graves que celui de me casser l'autre bras ou de me fouler la cheville dans un lieu isolé.

Il y a deux ans, une équipe de dix personnes travaillait sous ma responsabilité. Même si ce n'était pas la Grande Armée, quand il fallait arbitrer, décider, trancher, je le faisais naturellement car la nécessité est souvent un bienfait et elle confère une assurance qui n'a rien à voir avec le nombre de galons. Depuis près de quatre mois, seul, je m'en remets à la bonne volonté d'autrui pour les premières nécessités de l'existence. Je me suis fait quémandeur devant un agriculteur, un curé bougon, un employé municipal, un gamin de 14 ans. Dix fois, trente fois, cent fois, on m'a opposé des refus.

– C'est excellent pour développer la vertu d'humilité.

Sans doute. Mais je sens un effet sournois et pernicieux car ces refus quotidiens minent peu à peu la confiance en soi, celle que l'on s'est forgée au cours des ans et même, je le crains, l'assurance naturelle. Ils reviennent sans relâche comme des vagues qui se fracassent au pied d'une falaise et la sapent, l'air de rien, jusqu'au jour où un pan entier s'effondre. Quoique le précédent voyage m'ait forgé une formidable cuirasse pour affronter l'adversité, je ne suis pas sûr de revenir indemne.

– La famille de Jimmy habite à 20 kilomètres de Santa Maria di Leuca, dit Giulia. Je viens de leur téléphoner : tu pourras passer une nuit chez eux.

Assunta pose un plat fumant sur la table du dîner :

– *Peperoni, melanzane…*

Des poivrons, des aubergines, des brocolis. Quel bonheur : tout ce que je ne mange pas sur le pouce ! *Verdure*, comme disent les Italiens pour nommer collectivement les légumes.

– Ressers-toi, insiste Peppino.

Je ne me fais pas prier car mes longues étapes m'obligent encore à manger « le plus possible, le plus souvent possible ». Cependant, la perte de poids est enrayée. Après avoir perdu 10 kilos, le corps a compris qu'il devait retenir les calories au lieu de les éliminer. Comme il y a sept ans, je constate que la période d'adaptation dure environ trois mois. Au retour, je devrai prendre garde car l'organisme mettra plusieurs mois à se rendre compte qu'il est sevré d'activité physique intense. Et pendant ce temps, les kilos s'accumulent. Au retour de Jérusalem j'en avais pris quinze en un rien de temps.

– Giulia est allée onze fois à Lourdes, souligne sa mère entre deux allers-retours à la cuisine.

Impatient, Vincenzo regarde du coin de l'œil les résultats sportifs de la journée à la télévision. Dans cette famille très pratiquante, on n'a pas jugé nécessaire de couper la *tivu* au moment du bénédicité. Mais ça n'empêche pas la générosité : pour le dessert, le maréchal, qui ne fait pas grand-chose de sa sainte journée, a eu la gentillesse d'aller à la campagne pour acheter des kakis. Ils fondent dans la bouche : un régal !

Le tour de la péninsule du Salento me vaut trois semaines de platitude, et mes genoux, éprouvés par les Alpes et les Apennins, n'ont pas été à telle fête depuis la plaine du Pô. J'en profite pour allonger la foulée en suivant des routes peu fréquentées qui ondulent, rectilignes, jusqu'à l'horizon. Après San Vito dei Normanni, l'ancienne voie romaine ne dévie pas d'un pouce durant 36 kilomètres, bordée de chaque côté par des oliveraies plantées de patriarches aux troncs énormes et torturés. Dans les chemins de terre rouge cahotent des Lamborghini à la carrosserie défoncée et couverte de poussière. Mais attention : ici on ne dit pas « une » mais « un » Lamborghini, car il s'agit de tracteurs. Au chapitre des curiosités automobiles, j'ai aussi remarqué à San Vito plusieurs Fiat 500 break des années 1960, un concept curieux de pot de yaourt *king size*. Et d'autres survivances du passé : sur la place de l'église, à deux pas de la section locale du Parti communiste signalée par le drapeau rouge, la faucille et le marteau, un vieux curé en soutane et double menton, coiffé d'une barrette, lit à pas comptés son bréviaire, qu'il ph. 87
tient appuyé sur sa bedaine de chanoine. Je n'en reviens pas que Peppone croie encore à l'utopie communiste.

L'image d'Épinal serait incomplète sans le personnage du *mafioso*, moins reconnaissable, naturellement, que le curé en soutane.

– Et moins présent qu'ailleurs en Italie du Sud, m'assurait le maréchal il y a deux jours. Ici, nous n'avons ni tradition mafieuse ni acceptation sociale du phénomène comme en Sicile, en Calabre ou dans la région de Naples.

– Il n'y a donc que des honnêtes gens ?

– Tu as vu la côte ? Longue, sableuse – donc facile d'accès –, peu surveillée et proche de l'Albanie et du Monténégro. La contrebande a toujours existé, surtout pour les cigarettes, mais c'était une activité circonscrite à quelques groupes locaux.

– "C'était" ?

– Oui, car au début des années 1980, les parrains de la *Camorra*, de la *'Ndrangheta* calabraise et de *Cosa Nostra* ont voulu s'approprier non seulement ce trafic, mais encore toute la région, qu'aucune organisation ne tenait en coupe réglée. Quand la guerre dans les Balkans ferma la voie terrestre d'acheminement de l'héroïne vers l'Europe, l'enjeu devint encore plus crucial.

– Trafic d'armes aussi ?

– Sûrement.

Condensé de la structure souterraine et malléable de la *Camorra*, de la férocité de la *'Ndrangheta* et de la capacité de calcul de *Cosa Nostra*, une organisation naquit : la *Sacra Corona Unita*.

– *Sacra* car, à l'occasion de l'accueil des nouveaux membres, l'organisation consacre et baptise. *Corona* parce qu'elle ressemble à une couronne, comme celle du rosaire. *Unita* parce qu'elle doit demeurer unie comme les maillons d'une chaîne. C'est ce qu'a expliqué un repenti au tribunal.

L'utilisation d'éléments de culture religieuse est une vieille habitude des *mafiosi* dans le Sud encore pétri de catholicisme. Quant aux activités, un cocktail peu original : trafic de drogue, extorsion de fonds, jeux de hasard, immigration clandestine. Toutefois, peut-être en raison de l'absence, dans les Pouilles, d'une tradition d'*omertà* ou à cause de rivalités internes, la *Sacra Corona Unita* ne semble pas s'être enracinée. De scissions et refondations en éclatements successifs, la nouvelle mafia s'émietta presque autant que les dialectes de la région.

– Aujourd'hui, de nombreux parrains purgent une peine derrière les barreaux. On prétend que l'organisation a été décapitée, mais, quand les hommes sont arrêtés, il n'est pas rare que les mères ou les femmes prennent le relais. L'année dernière, la police a encore arrêté un fugitif de la SCU, un homme originaire d'Ostuni. Les carabiniers l'ont cueilli un matin de Noël dans sa maison de San Vito dei Normanni. Encore en pyjama, il a essayé de s'enfuir par les toits, mais il n'a pas pu s'échapper. Tu penses si on en a parlé ! Ici, on le connaissait comme le loup blanc. Le bruit courait qu'il se cachait dans les Balkans.

Le maréchal en robe de chambre se lève et disparaît avant de revenir quelques instants plus tard, une vieille revue à la main.

– Regarde : voici les clans et leurs zones d'influence dessinées d'après les minutes d'un procès.

Rien que pour le Salento, je vais traverser celui des Tommasi-Cerfeda, le clan Signore, celui des Baldi en terre d'Otrante – clan autonome –, celui des frères Pantaleo à Tricase – c'est là où habite Jimmy –, celui de…

– C'est charmant !

Et naturellement, totalement invisible au voyageur.

En arrivant à Lecce, je ne peux m'empêcher de penser que j'entre dans le périmètre du clan Tornese, mais la capitale du Salento a bien meilleure réputation.

– La Florence du Sud ! s'était exclamé le maréchal.

Une Florence baroque et rococo, bâtie dans une pierre blonde qui s'enflamme au soleil de fin d'après-midi et confère une douceur extraordinaire aux rues, aux palais, aux églises décorées de manière folle et exubérante. Des *putti* à foison ornent les pilastres, des guirlandes de pierre festonnent les frontons et les autels, les colonnes tourbillonnent et les cariatides pleurent. Une profusion improbable et qui fait rire parce que le superflu est dépassé depuis longtemps.

Contrairement à Martina Franca réduite aux dimensions d'un gros bourg sur une colline, Lecce prend ses aises dans la plaine. La *Piazza Duomo* ressemble à un décor de comédie, avec un palais côté cour, un campanile côté jardin, qui flanque la cathédrale, et, au fond, les arcades de l'évêché. Les rues sont larges, les façades imposantes et l'on sent ici la richesse des vieilles familles, leur puissance d'autrefois et celle de l'Église qui suscita jadis la construction d'un nombre ahurissant d'églises et de couvents. Ex-confrérie de ceci, ex-monastère de cela : un grand nombre de ces bâtiments sont aujourd'hui désaffectés et fermés. Nulle impression de ville fantôme, cependant, et, à l'heure de la *passeggiata*, une animation joyeuse s'empare des rues et des carrefours. Habitée par les âmes, la beauté palpite et je la goûte une journée entière avant l'ultime élan vers l'extrémité de la terre.

– Santa Maria di Leuca ? Pas du tout, avait corrigé une archéologue rencontrée à Martina Franca : saint Pierre a débarqué près de Tarente, à San Pietro in Bevagna. Des fouilles ont mis au jour…

On compte probablement autant de « vrais lieux du débarquement de saint Pierre » en Italie que de « vrais lieux du baptême de Jésus » sur le Jourdain.

ph. 95 Je rejoins la côte à Otrante, dont le cap marque le point le plus oriental d'Italie. Le vent souffle en tempête sur la vieille ville fortifiée et soulève une mer hachée qui vient se briser avec fracas sur le môle du port et déferle en arcs de cercle généreux sur la plage qui s'étend au nord des murailles. À l'aube, la ligne de crête des monts d'Albanie se profile sur le ciel orangé, à moins de 40 milles vers l'est. Otrante, sentinelle d'Occident et dont le nom, je ne sais pourquoi, sonne familièrement à mes oreilles. Je lui trouve un air de trompette, de clameur triomphale, d'oriflammes claquant en tête de mât et de voiles gonflées par le vent.

Dans la cathédrale romane des Bienheureux-Martyrs, qui rappelle la sobriété de celle de Trani, une extraordinaire mosaïque du XIIe siècle couvre le sol des trois nefs. Environ 600 figures – hommes, animaux et chimères – illustrent autour d'un arbre du Bien et du Mal l'histoire de l'homme et de la Création depuis la chute jusqu'à la rédemption, en mêlant aux scènes de l'Ancien Testament des mythes profanes comme celui du roi Arthur ou du voyage d'Alexandre le Grand au paradis.

Bizarrement, aucune représentation du Christ, et c'est peut-être cette absence qui sauva la mosaïque de la destruction par les musulmans à l'issue de la prise de la ville en 1480. Les Turcs d'Ahmed Pacha s'acharnèrent sur les fresques, mais ne s'en contentèrent pas ; ils pillèrent, saccagèrent. Ils massacrèrent aussi les rescapés du siège.

– À moins que vous n'abjuriez, et alors vous aurez la vie sauve.

L'un après l'autre, huit cents hommes refusèrent et furent décapités. Leurs ossements sont exposés derrière des vitrines dans sept armoires de noyer disposées au fond d'une chapelle. Moi qui ne crains pas de dormir dans les cimetières, je détourne le regard car je me souviens d'un vieux rabbin à la barbe blanche qui guidait un groupe de visiteurs au mémorial de Yad Vashem à Jérusalem. Devant des photos montrant des hommes et des femmes nus au bord d'une fosse d'un camp d'extermination, il leur disait :

– On ne devrait pas montrer une telle infamie. Même ici. Les photos qui se trouvent dans mon dos, je refuse de les regarder et vous supplie d'agir de même. Il ne s'agit pas de nier, mais songez seulement : si c'était votre père, si c'était votre mère qui étaient là, tremblants, humiliés, à quelques secondes d'une mort horrible, accepteriez-vous de lever les yeux sur eux ? Accepteriez-vous qu'ils soient livrés en pâture au regard des autres ?

La pudeur.

Encore très vivace, le souvenir de ces hommes subsiste dans la ville d'aujourd'hui. Et le politiquement ou islamiquement correct n'a pas encore atteint ce coin reculé des Pouilles : sur une esplanade, face à la mer, s'élève une statue de bronze brandissant une croix et dédiée « aux martyrs d'Otrante par l'Italie reconnaissante ».

La reprise de la ville, l'année suivante, ne mit pas un terme aux incursions des Turcs et des Barbaresques. Les habitants du Salento renforcèrent leurs défenses, et il reste de leurs peurs et de leur résolution un long chapelet de tours de guet dont j'égrène de ph. 92 loin en loin les ruines massives sur la côte rocheuse et découpée qui file jusqu'à l'extrémité de la terre.

Mardi 16 octobre. Le bout du bout, quatre mois jour pour jour après le départ de Paris. Une toute petite journée, moins de 25 kilomètres que je savoure en suivant les échancrures de la côte sur la route déserte. Où est le cap ? Est-ce celui-ci ? est-ce celui-là ? Au loin progressent les cargos qui embouquent le canal d'Otrante ou en sortent. Il y a une heure encore, les falaises de calcaire chutaient dans la mer émeraude, 100 mètres en contrebas. À présent, le relief s'est assagi.

Au détour de la route apparaît enfin la silhouette du phare de Santa Maria di Leuca dans le ciel limpide, sa lanterne coiffée de noir posée sur une collerette de pierre et le long fût octogonal flanqué de la maison des gardiens, caressé par la lueur douce et dorée du soleil de fin d'après-midi. Un phare de roman de Jules Verne, planté sur un cap rocheux et dominant la mer qui scintille à ses pieds. Le phare du bout du monde.

Quatre mois tout ronds, exactement ce qu'il m'avait fallu pour atteindre Istanbul : une coïncidence que je n'ai pas cherchée, quoique je sois ravi d'y voir la symétrie d'un jardin à la française. À la vue de ce bout du monde relégué au bas de ma carte et qui ressemble à une cime, j'éprouve une brève jubilation, quelque chose qui s'apparente à la satisfaction du travail bien fait. La joie d'un succès que ne vient pas ternir la satiété qui suit les triomphes puisque, tout en atteignant ce but longtemps rêvé, je demeure en chemin vers Rome : le bonheur d'arriver tout en restant en mouvement.

Cependant, le contentement fugitif qui m'a saisi à la vue du phare ne m'aveugle pas sur la futilité et la vanité de ce que j'ai accompli. Aller à pied jusqu'au *Finibus terræ* ? La belle affaire !

Et saint Pierre : que suis-je venu chercher ici qui le concerne et qui me concerne aussi ?

À 100 mètres en retrait du phare s'élève la basilique construite, dit-on, sur les ruines d'un temple de Minerve. Plusieurs fois détruite, à chaque fois rebâtie. Le XIIIe siècle lui donna l'allure d'une forteresse pour la cacher aux pirates qui l'avaient plusieurs fois saccagée. À l'intérieur, un bas-relief orne la chaire, montrant l'apôtre devant les portiques effondrés, désignant d'une main la statue abattue de la déesse et brandissant l'autre vers le ciel, exaltant les vérités d'en haut pour un groupe de disciples. Le temple, rapporte la tradition, se serait écroulé au moment où l'apôtre aurait abordé le rivage.

Saint Pierre a-t-il vraiment débarqué à Leuca ? Pour être franc, lorsque j'examine la disposition de ce bout de terre – une baie assez ouverte le long d'une côte rocheuse entre deux caps acérés, pas de port naturellement abrité sinon quelques criques minuscules –, je me dis que seule une fortune de mer a pu pousser l'apôtre vers ce rivage, alors que les lignes commerciales qu'empruntaient les voyageurs de son temps aboutissaient à des ports véritables comme Brindisi ou Otrante, d'où partaient ensuite les voies principales de l'Empire. Vrai, pas vrai ? Ou même vraisemblable ? Quelle différence par rapport aux plus hauts lieux saints de Palestine ! Pour le Saint-Sépulcre ou la basilique de la Nativité à Bethléem, du moins y a-t-il un assentiment général.

Mais qui sait ? Les fortunes de mer étaient fréquentes et tout n'était sûrement pas prévu avec la rationalité que nous permet le recul des années. De toute façon, je n'y attache pas beaucoup d'importance. Je n'ai pas le culte des lieux car « l'heure vient où ce n'est ni sur cette montagne, ni à Jérusalem, que vous adorerez le Père, mais en esprit et en vérité » (Jean, IV, 21-23).

Plus qu'un lieu, je suis venu chercher un chemin symbolique en compagnie de l'apôtre. Voilà pourquoi Rome ne suffisait pas, et pourquoi le voyage m'aurait paru incomplet si je n'étais venu jusqu'ici. Alors peu importe si la dévotion à saint Pierre semble anecdotique au village de Leuca et si, sur le front de mer, des surfeurs s'essaient aujourd'hui dans les rouleaux.

Leuca fut une station balnéaire recherchée au tournant du XXe siècle. Il en reste quelques belles villas néoclassiques au blanc immaculé, entourées de jardins plantés de pins et de palmiers ou noyées dans les constructions récentes qui mitent cette côte envahie à la belle saison par des flots de touristes. Je passe deux jours à l'Albergo Minerva, seul client de cet hôtel d'une vingtaine de chambres au charme fin de siècle. « Inauguré en 1878 », indique une inscription encadrée dans le vestibule.

– À quelques jours près, vous vous heurtiez à une porte close, me dit le gérant. Nous fermons la semaine prochaine pour trois mois.

Comme la plupart des hôtels et restaurants de la côte. Leuca est déserte. Personne hormis une poignée de marins qui réparent les bateaux pour la saison suivante, ceux qui consolident et repeignent les maisons, les inévitables retraités et quelques pêcheurs. Les deux dernières catégories se recoupent assez largement.

– L'activité reprend en mars, ajoute le gérant.

En attendant, il n'y a pas de chauffage dans les chambres du Minerva et, avec l'humidité et le froid qui s'annoncent…

– Les clients deviennent exigeants.

– Oh, vous savez, du moment que j'ai un toit.

Hier ce fut une *casa del mare* dans l'arrière-pays, à Tricase, le fief des frères Pantaleo. Une « maison de mer » construite à la hâte, où l'on vient s'entasser l'été en famille, et qui tient plutôt du cube de préfabriqué, exigu comme un chalet de station de sports d'hiver bourré de lits superposés. J'en ai vu une ribambelle dans les pinèdes, aussi insignifiantes et closes les unes que les autres. C'est un ami de Jimmy, le futur gendre du maréchal, qui m'a ouvert la sienne.

– Quand tu partiras, laisse la clé sous le pot de cactus, me précisa Giovanni avant d'enfourcher sa moto pour retourner coucher en ville.

Dans la « maison de famille » humide et froide, je me suis amusé à compter la parenté qui me lie à Giovanni : le huitième degré, ou peut-être le neuvième : un ami du fiancé de la fille du maréchal oncle d'une sœur que connaît mère Maria Livia, l'amie d'une amie d'une amie : c'est si simple !

Et surtout extrêmement loin. Arrêté sur le rebord du monde dans ce village déserté, je balance entre la tentation du relâchement et la nécessité de conserver l'énergie nécessaire à la remise en route : il me reste plus de 1 000 kilomètres à parcourir. Dans un dernier effort, je viens à bout de *La Divine Comédie.* Achever ici « Le Paradis » vaut bien le symbole d'un « Purgatoire » lu à hôpital et de « L'Enfer » parcouru dans les montagnes abruptes ou sous la canicule. Durant les quatre derniers mois, je n'ai pas lu Dante tous les jours, quoique je l'aie porté sur mon dos sans relâche.

À vrai dire, ce fut une lecture ardue : près de 15 000 vers, agrémentés d'une note solidement argumentée tous les dix vers pour en démêler toutes les significations. J'avoue avoir déjà oublié la plupart de ces explications historiques, philosophiques et théologiques. Il me reste cependant en mémoire la prodigieuse puissance évocatrice de « L'Enfer », la vision de Béatrice apparaissant au paradis terrestre dans les derniers chants du « Purgatoire » et l'union de la vie la plus intime et personnelle du poète aux mystères de la foi, l'incroyable réussite du « Paradis » qui parvient à peindre une montée infinie vers le bonheur de la vision de Dieu là où l'éternité et la béatitude auraient pu n'engendrer que l'ennui. Et aussi une ingéniosité sans pareille, ou plutôt un génie pour suggérer tout au long du poème par l'art de la comparaison des vérités par nature indicibles.

Une pérégrination imaginaire, et cependant aux antipodes de l'utopie et de l'uchronie. Ni un « Guide noir » de l'enfer, ni une *Légende dorée* du paradis, mais un récit incarné, multiple, nourri de l'Italie du début du XIVe siècle, éclairé par la foi, qui ne se contente pas de peindre un décor et donne vie aux âmes, dessinant en creux à chaque pas celle du poète. L'histoire d'un homme. L'histoire d'une vie.

J'ai aimé Dante à cause de son talent poétique, à cause de sa foi et de son indéfectible attachement à l'Église, à cause de son intransigeance aussi car, intransigeant, je le suis parfois, à un point qui paraît déraisonnable.

J'ai tremblé avec Dante, j'ai désiré, espéré avec lui. Je me suis fondu dans cette âme qui cherche Dieu et dont les aspirations et les désirs s'identifient progressivement à Sa volonté, trouvent leur bonheur en Elle.

Saint Pierre, Dante : je suis venu en cette extrémité de la terre où se mêle pour moi leur mémoire parce que je cherche, comme eux jadis, « le chemin, la vérité, la vie ».

13.

Non so più...

UN AIR DE RETOUR : quoique je m'en défende, je ne peux échapper à cette impression en reprenant la route vers le nord. Pourtant, je ne reviens pas au bercail ; Rome gît à six semaines de marche devant moi et je ne connais pas un pouce des terres que je devrai traverser pour l'atteindre. Il me reste des joyaux à découvrir : Matera, Pompéi, Naples... mais la géographie est têtue, et mon trajet en forme de boucle gauchit mon élan. Il avive aussi mon impatience.

Au fil des kilomètres qui défilent sous mes sandales, je glane les souvenirs. Il y a l'eau turquoise de la côte occidentale du Salento, dans laquelle se reflètent les tours de guet, la plage de sable fin dans la baie de Gallipoli que j'arpente, les pieds dans les vagues et la tête saoulée par un grand vent de noroît qui me désintoxique de kilomètres de macadam, la ville de Gallipoli, autrefois île, et ceinte de remparts, attachante et corsaire comme un Saint-Malo du Sud. ph. 94

Il y a cette route impitoyablement droite au milieu des oliveraies où j'entends des oiseaux pépier et se répondre gaiement après la pluie. De temps à autre, une grosse cylindrée passe à toute allure en vrombissant. J'imagine le chauffeur écoutant à la radio les dernières catastrophes du monde. Le vrombissement s'évanouit et je perçois à nouveau le chant joyeux des oiseaux. Quand on me demande « Pourquoi à pied ? », je devrais répondre :

– Pour entendre les passereaux deviser gaiement dans les oliviers, de part et d'autre de l'ancienne voie romaine.

Ou alors pour ce merveilleux et subtil mélange d'odeurs quand je marchai entre une haie de cyprès et un champ d'orangers. Il suffisait de divaguer de droite ou de gauche sur le chemin pour inventer un nouveau parfum.

Il y a aussi des villas mauresques, classiques ou Art nouveau sur les hauteurs de Nardò, dissimulées dans les pins parasols, les eucalyptus et les lauriers-roses : une élégance qui rivalise avantageusement avec celle des plus belles villas de Toscane. Et cette journée interminable sous la pluie violente et froide qui balaie la campagne, puis le soir, toutes les congrégations de Manduria qui, l'une après l'autre, me ferment leur porte et me renvoient au pavé humide.

La banlieue de Tarente avec ses alignements d'immeubles modernes de part et d'autre d'une rocade et coincés entre deux autoroutes. « Quartier Paul VI », indique un panneau, et je ne mets pas dix minutes à constater qu'il me manque un repère familier : des immeubles, des immeubles, donc des milliers de personnes, et pas une église en vue ! Alors que j'arpente depuis des mois une Italie de carte postale où chaque village est dominé par ses clochers, où chaque ville compte tant d'églises dans ses quartiers historiques qu'un bon nombre en est fermé, ce signe de la déchristianisation de la véritable et vivante Italie me tord les tripes.

– Évite Tarente si tu peux, m'avait recommandé Jimmy, à moins que tu n'aimes les ports industriels, la sidérurgie et les cimenteries : c'est très moche !

Mais Tarente se trouvait sur ma route et Jimmy est injuste. Car elle est belle cette raffinerie dont les cheminées fumantes, les torchères et les tubulures alambiquées surgissent de l'autre côté de la lagune. Oh, bien sûr, pas de la beauté d'un tableau de Raphaël, mais comme un autre reflet du génie de l'homme pour s'approprier le monde. Une beauté terrienne, lourde, celle des chevaux de labour solidement charpentés qui creusent leur sillon avec lenteur dans le champ du maître. Une image de la vie concrète qui réconforte dans ce voyage marqué par l'Italie du passé. Là-bas, des hommes et des femmes travaillent pour produire l'essence et les plastiques dont nous ne savons pas nous passer. C'est à eux que je pense et non aux émanations toxiques pour la planète. C'est à eux que je dédie les prières de cette matinée d'automne : aux ambitieux et aux tire-au-flanc, aux manœuvres et aux cadres des bureaux, à ceux qui se demandent ce qu'ils font là et ceux qui ont depuis longtemps jeté l'éponge, à ceux qui jugent leur travail exaltant, à ceux qui viennent gagner leur pain et celui de leur famille, aux désabusés qui ont trouvé aujourd'hui un motif de se réjouir et aux enthousiastes qui renâclent devant une difficulté inattendue, à tous les hommes et à toutes les femmes dont je devine la présence et le labeur sous les hauts panaches de fumée blanche.

J'aime arpenter un pays au travail. Cela me soutient dans mes efforts quotidiens et me donne l'impression de partager la loi commune. Quand d'autres préparent des rapports ou négocient un contrat, mon lot consiste à marcher dans les pluies d'automne et le mauvais temps.

– Ce n'est pas un vrai travail, arguait le marchand de bois.

Puisque je ne gagne pas d'argent.

Il faut bien vivre, c'est sûr, mais la question de gagner de l'argent n'est pas primordiale. Travailler, en revanche, faire des efforts, tâcher de donner le meilleur de soi, voilà ce qui importe. Et surtout orienter ce labeur vers le bien. Je ne me gargarise pas de formules vaines. J'essaie sincèrement de donner du fruit. Pendant ce voyage, mon prochain n'est plus seulement le collègue de bureau ou l'amie de longue date, c'est la famille qui m'a invité pour un déjeuner impromptu, c'est le bedeau de la cathédrale qui me parle de sa fille handicapée, c'est Giulio qui entasse les caisses de mandarines de sa récolte sur une remorque en bordure du verger et qui me charge les bras de fruits en disant :

– *Il Signore ti benedica !*

Certains admirent à travers moi le pèlerin éternel. D'autres envient la liberté que j'ai su prendre et d'autres encore agissent avec bonté, sans prononcer un mot.

Au nord-ouest de Tarente, sur la *Via Appia* devenue « Nationale 7 », des clarisses m'hébergent dans leur monastère moderne du kilomètre 611. Prévenues de longue date, elles ont accepté de servir de poste restante et je trouve avec plaisir un paquet de lettres de France. Les amis ne me lâchent pas, et je leur en suis reconnaissant car j'en ai besoin. Ici, on m'accueille généreusement, et les repas cuisinés ravissent mon palais lassé de pique-nique froids et peu variés. Mais de chaleur, point.

Ni pour la température – pas plus de chauffage qu'au Minerva de Leuca – ni dans les quelques mots échangés avec une sœur ou l'autre. Alors, dans ma chambre, je grelotte, et quand je réclame une entrevue avec l'abbesse, celle-ci vient immédiatement, mais elle me parle debout avec une efficacité brève, dans l'interstice que laisse le guichet tournant où l'on me dépose les repas alors que j'aurais tant apprécié de discuter ne serait-ce que dix minutes avec elle au parloir. Si j'étais plein d'entrain et d'énergie, j'aurais peut-être jugé le même comportement particulièrement chaleureux, et je ne veux pas être injuste car on me reçoit vraiment avec une grande gentillesse. C'est seulement que je sens peser la solitude. La cuisinière qui dépose la nourriture repart bien vite, comme l'abbesse, dans son monde communautaire et clos qui paraît se suffire à lui-même et accuse d'autant plus ma propre solitude. J'ignore jusqu'au nom des sœurs avec qui j'ai échangé quelques mots. J'aurais pu, j'aurais dû demander, sans doute. Demander, demander encore…

Je ne sais plus très bien pourquoi je ne paie pas mon écot. J'ignore si c'est juste. À Fiesole ou Paganica, j'avais senti que les abbesses comprenaient plus ou moins qui j'étais. J'avais l'impression qu'elles voyaient en moi un marcheur de Dieu. L'aide qu'elles m'apportaient était devenue à leurs yeux une nécessité qu'on ne discute pas. Ici, je me demande qui je suis pour celles qui m'accueillent et, de là, il n'y a pas loin à ne plus savoir qui je suis moi-même.

Depuis le début, on m'interroge chaque jour : « Pourquoi fais-tu cela ? » ; et je dois convenir qu'en plus de quatre mois je n'ai jamais su justifier ce long périple en une phrase. Il y a trop de raisons imbriquées, compliquées, enracinées à tous les étages de l'être : un faisceau de motivations parallèles que je ne parviens pas à lier en un seul fagot. Il faudrait du temps pour les exposer et personne n'en a, tandis qu'à la télévision n'importe quel sujet d'actualité est synthétisé en 90 secondes. Alors, comme je ne sais pas m'expliquer, je ne me sens pas compris. Je ne suis pas assez imbu de moi-même pour me moquer de l'avis des autres. Il me tient à cœur ; j'en ai besoin. Et j'éprouve une certaine désillusion devant l'accueil indifférent, hostile et surtout inexistant de la part de tant d'Italiens. À force d'être transparent pour les autres, on en vient à douter de soi.

Et puis il y a la diva. Qui m'avait dit, la veille de mon départ, que j'allais lui manquer. Elle me l'a même écrit et j'ai eu la faiblesse de la croire. Je n'ai reçu d'elle qu'une lettre, à Locarno, sucrée et écrite à l'encre verte, puis plus rien. Au début, j'attendais ses courriers.

Ensuite je les ai espérés sans les attendre. Maintenant, je n'espère plus rien. Dans un recoin du cœur, ce lent désenchantement qui a grandi au fur et à mesure que je m'enfonçais dans les profondeurs de la carte jusqu'à l'extrême-sud de l'Italie a imprégné le voyage d'une tristesse glaçante.

À quoi bon enfiler des hauts lieux touristiques comme des perles ou des grains de chapelet dont je crains même de chanter les *Pater* et les *Ave* en passant à côté de la prière véritable ? Je viens d'apprendre la mort de Pavarotti. Que reste-t-il de l'Italie de mes rêves ? À quoi cela sert-il d'être idéaliste ?

Finalement, je me vois embarqué dans un voyage qui ne sait plus très bien où il va même si « Rome » me permet de prétendre chaque jour en connaître le terme.

Non so più cosa son', cosa faccio…, chante le Chérubin des *Noces de Figaro.* La délicieuse cavatine de l'adolescent étourdi par ses premiers émois amoureux hante ma mémoire. « Je ne sais plus qui je suis, ce que je fais… », et les racines du désarroi sont plus profondes que le *mal d'amore.*

Combien l'autre périple était plus limpide ! Je ne veux pas nier les difficultés d'alors et je ne me suis jamais complu dans le regret du bon vieux temps. Je n'oublie ni l'incertitude permanente, ni les dangers, ni les grandes interrogations non résolues, ni non plus l'indifférence des hommes, qui n'est pas l'apanage des Italiens. Il me semble cependant que le voyage de Jérusalem, jailli d'une détresse noire, montait vers le Ciel avec une évidence et une pureté qui me soutenaient.

Au fond, mon périple d'aujourd'hui ressemble davantage à la vie humaine, pétrie d'incertitudes et de doutes, d'impasses et de retours en arrière pour chercher le bon chemin, l'hypothétique bon chemin.

Hier, dans le brouillard et la pluie, je pensais à Dieu qui me demandera peut-être, au dernier jour :

– Qu'as-tu fait de ta vie ? du temps que je t'ai donné ?

Et moi, tout penaud, je ne trouvais qu'à répondre :

– J'ai marché, sur les routes, sur les chemins ; j'ai marché, et puis j'ai cherché…

Autour de moi, le brouillard semblait prendre un malin plaisir à me désorienter.

Les admonestations du maréchal me reviennent en mémoire et je songe à tous ceux, dans mon entourage, qui ont trouvé leur voie, la volonté de Dieu, en quelque sorte. Et si, pour moi, cette Volonté consistait non pas à mettre en œuvre un choix de vie délibéré, mais à chercher ? Chercher, sans relâche ? J'avoue que je n'ai pas de réponse.

Sur un plan plus prosaïque, je crains d'avoir surévalué mes capacités de kinésithérapeute. Au bout des quatre semaines de rééducation prescrites par le chirurgien de Paris, je m'attendais à un retour à la normale. Or mon articulation est loin d'avoir récupéré son aisance. Je ne parviens ni à étendre le bras à 180° ni à le replier jusqu'à l'épaule. Yves, contacté par téléphone, relativise :

– D'après ce que tu me décris, me dit-il, tu as bien bossé. Je n'aurais pas forcément fait mieux. Continue, c'est une affaire de temps.

Veut-il me rassurer ? Quoique tendons et ligaments se réparent peu à peu, je sens bien, moi, qu'un os coince là où il ne devrait pas, et crains d'avoir bousillé mon coude pour le restant de ma vie à cause d'un entêtement de risque-tout. Peut-être ne pourrai-je plus jamais jouer du violon et cela m'épouvante comme une petite mort.

– Si ton voyage est si difficile, pourquoi ne l'interromps-tu pas ? m'avait demandé le maréchal. Prends le train jusqu'à Rome : tu peux y arriver demain.

En fait, même dans les moments les plus difficiles, je n'ai jamais envisagé sérieusement de m'arrêter. Probablement grâce au fonds de résistance et d'obstination qui me pousse : « Allez, je vais encore marcher cette journée, aussi ingrate soit-elle, aussi dénuée de sens qu'elle puisse paraître. Je peux encore attendre un jour avant de renoncer. » Et puis, l'interruption accentuerait l'impression de fourvoiement plutôt qu'elle ne l'atténuerait. Autrement dit : je n'ai pas l'impression de m'être trompé à un point tel que l'arrêt du voyage me semble préférable à sa poursuite. Alors, après une journée de repos, j'endosse mon sac et m'apprête à quitter les clarisses de Castellaneta.

– La communauté souhaiterait vous saluer, me dit sœur Antonina, qui me guide vers le grand parloir.

Au fond de la pièce, dix femmes de tous âges se tiennent debout, en demi-cercle, et m'accueillent avec des exclamations joyeuses.

– Alors, c'est vous ! Racontez-nous…

Un miracle de chaleur humaine que je n'espérais plus.

– Et combien de temps encore pour Rome ?… C'est merveilleux… Aujourd'hui, vous irez jusqu'où ?

– Matera.

– Attendez, nous connaissons… N'est-ce pas, Sœur Anna ? Donnez-moi le téléphone !

La joie et la reconnaissance se lisent dans les yeux de chacune, à moins qu'il ne s'agisse du reflet de mon propre regard.

Sombre et venteuse, la grisaille écrase le plateau couvert de champs pierreux. Sur les chemins et dans les oliveraies abandonnées, une terre rouge colle à mes sandales.

Je suis au cercle tiers, dans celui de la pluie
Froide, maudite, éternelle et pesante.

(« L'Enfer » – Chant VI)

À 100 mètres en contrebas, le torrent a creusé la *gravina* qui entaille le plateau et serpente, abrupte comme un canyon, en travers de ma route. Une grandeur féroce. Une sauvagerie inouïe. De l'autre côté du ravin, les façades austères de Matera s'accrochent à la falaise en une large bande à demi enfouie dans les nuages. Ma-te-ra : trois syllabes dures, à l'image de l'âpreté qui baigne cette ville incroyable. En face de moi, un chaos de bourgade proche-orientale, un empilement de maisons d'où jaillit un clocher anguleux et, à gauche, au-dessus des parois criblées de grottes naturelles, une myriade de rectangles sombres de toutes tailles, trouant des pans de mur plaqués sur le calcaire et qui ressemblent de loin aux ouvertures d'autant de tombeaux vides. Durant des siècles, de pauvres diables ont vécu dans ces habitations troglodytiques. Il y a soixante-dix ans, vingt mille personnes s'y entassaient encore dans une misère épouvantable. « Matera : c'est ainsi qu'à l'école nous nous représentions "L'Enfer" de Dante », écrit Carlo Levi dans *Le Christ s'est arrêté à Eboli.*

À vol d'oiseau ou d'ange déchu, 300 mètres me séparent des cavernes de Lucifer, et le ravin abrupt au fond duquel bondit le torrent. La nuit tombante – désormais, il fait noir avant 18 heures – me contraint à un long détour.

Dans la vieille ville, je loge pour deux jours dans une auberge de jeunesse agréable, à deux pas de la cathédrale. De la terrasse accrochée au-dessus du précipice, on a une vue fantastique et d'un calme absolu sur la *gravina.* Au milieu de celle-ci se dresse un promontoire au sommet aplati et dont les flancs ont été creusés par les deux torrents qui l'enserrent et se rejoignent à ses pieds. Un Golgotha idéalement spectaculaire et irréel dans la campagne désolée, à deux pas d'une ph. 96 ville de Palestine égarée au sud de l'Italie. Dans ce décor biblique, Mel Gibson a filmé sa version de la Passion et, avant lui, au début des années 1960, Pasolini a tourné *L'Évangile selon saint Matthieu.*

La Jérusalem de cinéma se déploie en plusieurs amphithéâtres qui épousent le relief de la montagne. Au sud, dans les deux quartiers troglodytiques que l'on nomme *Sassi*, c'est-à-dire les « Rochers », les habitations creusées dans le tuf s'étagent sur plusieurs niveaux, parfois près de dix. Sol, toits, terrasses se confondent. J'erre à travers les placettes, je descends des volées de marches et joue à l'équilibriste au flanc du précipice. Dans le Sasso Caveoso, le plus au sud, rien ne semble avoir changé depuis l'expulsion et le relogement forcé des habitants dans des immeubles de la périphérie au milieu des années 1950. La plupart du temps, une grille barre l'entrée des tombeaux vides. Parfois, il n'y a rien et je pénètre dans les antres sombres. Les murs noirâtres et verdâtres suintent d'humidité. Au fond, on reconnaît les mangeoires des animaux ; sur les murs, des niches creusées dans la paroi, étagères dérisoires. Parfois demeure une chaise rouillée ou, dans un coin, une brouette renversée sur un tas de gravats. Il y a aussi des églises ornées de fresques rongées ph. 99 par une lèpre verte.

Ici, des familles étranglées de misère ont vécu, ou plutôt survécu et succombé, rongées par la malaria et affaiblies par la malnutrition. « Une honte pour l'Italie. » La description qu'en fit Carlo Levi en 1945 dans son livre contribua à une prise de conscience dans le pays. Une loi spéciale fut votée et des fonds furent alloués pour la construction de logements décents et la prise en charge des habitants. Aujourd'hui, des sociologues et des technocrates du tourisme industriel produisent de brillantes études sur papier glacé : « Les travaux de restauration ont fait comprendre combien était superficiel le jugement absolument négatif qui avait été jeté sur cette réalité urbaine dans les années 1950. En effet, avant d'être écrasés par la dégradation, les *Sassi*, un système d'habitations apparemment désordonné, respectaient une organisation structurée selon des logiques urbanistes et des solutions techniques sophistiquées pour exploiter au mieux le terrain difficile et l'espace limité. Aujourd'hui, on voit un ensemble qui est l'exemple d'une harmonie entre les exigences des hommes et la nature, etc. »

Quelle différence avec le cri d'épouvante jeté par Carlo Levi : *Les portes étaient ouvertes à cause de la chaleur. Je regardais en passant et j'apercevais l'intérieur des grottes, qui ne voient le jour et ne reçoivent l'air que par la porte. Certaines n'en ont même pas, on y entre par le haut, au moyen de trappes et d'échelles. Dans ces trous sombres, entre les murs de terre, je voyais les lits, le pauvre mobilier, les hardes étendues. Sur le plancher étaient allongés les chiens, les brebis, les chèvres, les cochons. [...] Les femmes qui me voyaient regarder par les portes m'invitaient à entrer : j'ai vu dans ces grottes sombres et puantes des enfants couchés par terre, sous des couvertures en lambeaux, qui claquaient des dents, en proie à la fièvre. D'autres se traînaient à peine, à qui la dysenterie n'avait laissé que la peau sur les os. D'autres avaient des visages de cire, et me semblaient souffrir d'une maladie encore plus grave que la malaria. [...] Les femmes maigres, leurs nourrissons sous-alimentés et sales accrochés à leurs seins flétris, me saluaient avec une gentillesse triste et résignée : il me semblait, sous ce soleil aveuglant, être tombée au milieu d'une ville frappée par la peste.*

Est-il opportun de perpétuer le souvenir d'un tel calvaire ? Je l'ignore. La manie de la commémoration est l'apanage des civilisations mourantes. On s'y complaît ici, quoique le temps semble compté où l'on pourra encore errer parmi les *Sassi* délabrés et abandonnés. Depuis quelques années, on réhabilite à tour de bras. À côté du Sasso Caveoso, le Sasso Barisano regorge déjà de pizzerias, de boutiques pour touristes et d'hôtels de charme ou de luxe aménagés dans les anciens taudis. Un emballement accéléré par le classement du site au patrimoine mondial de l'Unesco. Car, avec ce label, l'argent se déverse, les touristes affluent et l'authenticité disparaît derrière la disneylandisation. Comme à Alberobello, au pays des *trulli*, Matera se transforme peu à peu en un musée propret où l'air n'est pas le seul à être conditionné.

Même s'il devient parfois indispensable, le classement par l'Unesco est probablement la pire des choses qui puisse arriver à un site. Car en favorisant la réhabilitation et la marchandisation, il modifie pour toujours ce qu'il était censé conserver. Cela me rappelle un principe de mécanique quantique expliqué par mon professeur de physique en terminale. Délaissant des tableaux couverts d'équation, il expliqua avec simplicité un principe qui aurait pu figurer au programme de philosophie :

– Heisenberg affirme que, dans le domaine de l'infiniment petit, on ne peut pas observer une particule sans la modifier. Par exemple, si l'on "éclaire" un électron avec la particule de lumière la plus élémentaire, l'énergie de ce photon interfère avec l'électron et change son état. Ainsi on est confronté à une alternative : ou bien rester dans le noir et ne rien apprendre sur l'électron, ou bien appuyer sur l'interrupteur et voir quelque chose qui n'est plus ce qu'il était.

Quoique le principe d'indétermination d'Heisenberg soit restreint au champ des atomes, des quarks, neutrinos et autres particules, je lui trouve ici une singulière pertinence.

Pour qui vient de l'est, Matera marque l'entrée dans la Basilicate qui fut l'une des régions les plus déshéritées d'Italie et reste, à bien des égards, loin de tout. Aride, accidentée, montagneuse, traversée par l'épine dorsale des Apennins qui s'enfonce jusqu'à la pointe de la Calabre, « une terre sans consolation ni douceur, où le paysan vit dans la misère et l'éloignement, sa vie immobile sur un sol aride en face de la mort », écrit Carlo Levi, assigné à résidence de 1935 à 1936 au village de Gagliano en raison de ses opinions antifascistes. De cette année d'exil naquit *Le Christ s'est arrêté à Eboli*, où il peint la vie fruste et difficile d'une société close, ses passions, ses coutumes. Surtout, il sculpte des personnages avec un relief puissant. Un des chefs-d'œuvre de la littérature italienne contemporaine et dont j'achève la lecture sur les lieux de l'exil, à Aliano, le nom véritable de Gagliano.

À 600 mètres d'altitude, pas assez haut pour que les habitants échappent à la malaria au temps du *Christ*, les maisons du village, bâties sur des falaises d'argile friable, disparaissent à moitié dans les nuages, au bord des précipices qui vont bientôt les engloutir. Pas de Disneyland ici. À peine quelques plaques clouées aux murs pour marquer les lieux évoqués par l'écrivain. Et des vieux, peut-être les mêmes qu'alors.

À deux pas de la « maison de la veuve » où habita Levi durant ses premières semaines, je loue une chambre au deuxième étage d'une pension qui forme l'angle de deux ruelles tortueuses.

– Voici la clé de la suite, m'a dit la propriétaire du restaurant d'en face.

La « suite » est une grande pièce sombre, nantie d'une seule fenêtre étroite dans un angle, où je détruis une toile d'araignée magnifique en ouvrant le volet intérieur. Ici, on n'a pas perdu le sens de la vie communautaire car la chambre abrite côte à côte un lit double et deux divans. Au mur, l'inévitable poste de télévision. Même pas de table pour écrire ! C'est toujours la première chose que je cherche des yeux après le lit et la douche. Ah si : dans un coin, un guéridon de bar bancal en aluminium et couvert d'un napperon rouge. Il faudra que je m'en arrange.

J'aime écrire. Comme j'aimerais, à l'instar de Levi, faire du bien en écrivant des livres ! En donnant vie sur quelques pages de papier aux paysans abandonnés de la Basilicate, en leur rendant leur âme, l'écrivain a ouvert les yeux de millions d'Italiens sur la détresse du Sud. Auparavant, personne ne s'était soucié de la misère des gens d'ici ; une misère si noire qu'ils désespéraient de Dieu et prétendaient qu'il n'était jamais venu jusqu'à leur terre : « Nous ne sommes pas des chrétiens, disent-ils ; le Christ s'est arrêté à Eboli. » Une ville de Campanie, à 150 kilomètres à l'ouest.

Avec un seul livre, Levi a fait davantage pour eux que des cohortes d'officiels. « L'État, quel qu'il soit, c'est "ceux de Rome" et ceux de Rome, on le sait bien, ne veulent pas que nous vivions en chrétiens. Il y a la grêle, les éboulements, la sécheresse, la malaria, et il y a aussi l'État. »

Cette défiance à l'égard de l'État, je l'ai déjà entendue à plusieurs reprises. La première fois, c'était il y a trois mois, dans la bouche d'instituteurs génois en vacances au nord de la Toscane :

– Pour n'importe quel Italien, c'est un ennemi, disaient-ils.

En France, on attend tout de l'État. En Italie, on n'en attend rien.

Du travail, il n'y en a pas beaucoup aujourd'hui dans la région. À Stigliano, un chef-lieu voisin, les 12 000 habitants d'il y a quarante ans ont fondu à 4 000 selon le recensement de l'année passée. Une femme de 50 ans m'y a confié avec une pointe de tristesse :

– Mes enfants sont partis, évidemment : il n'y a rien à faire, et l'agriculture ne nourrit pas grand monde.

Pas d'industries, guère de tourisme, un peu de commerce. Quoique je ne sois pas paysan, je vois bien que la terre d'ici ne vaut rien. Sableuse ou pierreuse, elle ne semble posséder qu'une seule qualité : l'ingratitude. Comment nourrirait-elle ses enfants ?

– Les vôtres, où sont-ils partis ?

– Dans le Nord.

Une contrée aux contours flous qui semble regrouper indistinctement Milan, Turin, l'Amérique et l'océan Glacial arctique.

– *E tu, da dove vieni ?* D'où viens-tu ?

– *Parigi.*

– Ah ! *Parytch !* reprend-elle comme si elle venait de trouver une rime à "Tovaritch".

Ici où l'on chuinte les « s » et roule les « r » sans vergogne, mon accent paraît pointu.

– Tu parles comme un Italien du Nord, me dit-elle.

Et je prends la remarque pour un compliment. Il y a trois mois, on me demandait immédiatement : « De quel pays es-tu ? » Désormais, mon italien paraît suffisamment fluide pour que je fasse parfois illusion durant plusieurs minutes avant que l'on ne se ravise : « Mais dis-moi, tu n'es pas italien ? » J'avoue que mon amour-propre savoure ces menus cadeaux. Combien de temps encore vais-je rouler avec mon accent du Nord cette délicieuse langue italienne ?

Dans trois jours, je verrai la mer occidentale et je n'arrive pas à y croire car des montagnes dont les sommets approchent les 2 000 mètres m'en séparent, et m'en protègent peut-être. Paestum, Salerne, Naples : c'est presque le terme du voyage et je crains de me retrouver de l'autre côté sans m'y être préparé, d'être pris de court par une fin abrupte.

Des oliveraies s'accrochent aux reliefs. En ces derniers jours d'octobre, la récolte commence. Comme dans le Salento, des filets à maille serrée tapissent les champs pour recueillir les olives. De temps à autre, je vois des hommes à l'œuvre dans les arbres, qui ratissent les branches au moyen de peignes semblables à ceux que l'on emploie pour ramasser les myrtilles.

ph. 97-98 Plus haut, des forêts couvrent les versants, ahurissantes de splendeur en cette saison. Des chênes aux troncs couverts de mousse et de lichens, des hêtres, des érables : toutes les teintes du jaune, de l'ocre et du rouge colorent les feuillages qui s'étiolent dans le vent et la pluie. Même sous la grisaille, on dirait le flamboiement d'un incendie. À tel point qu'un soir de course folle sur une route forestière qui serpente au flanc des montagnes au-dessus de Padula, je ressens un écœurement devant une telle intensité. Cette même satiété qui frise le dégoût lorsque l'on a croqué un chocolat de trop.

Je traverse le parc national du Cilento, un de plus. Parce que c'est le dernier, je m'efforce de le regarder d'un œil neuf et sincère, de reconnaître la majesté de ses panoramas les jours de soleil et d'accorder moins d'importance à ces fichues cartes toujours aussi médiocres et qui m'égarent.

Bien sûr, je ne traverse pas un désert, mais également des villages. J'attends au bureau de poste derrière la file des retraités qui viennent toucher leur pension en liquide le premier jour du mois, et me réjouis de rencontrer des jeunes et des enfants, comme il y a peu à Garaguso à l'heure de la *passeggiata.* Garaguso ! Pour son seul nom qui me faisait rire comme le Grandgousier de *Pantagruel,* j'ai décidé de m'y arrêter pour la nuit.

Une dernière barrière montagneuse couverte de châtaigneraies en terrasses. Penchées vers le sol couvert de bogues et de feuilles brunies, des silhouettes raflent les fruits sans désemparer. Du grand-père à la petite-fille, on récolte en famille et on emplit des sacs de 30 kilos que l'on charge ensuite à l'arrière de la voiture, du triporteur Piaggio ou du camion dont on se demande comment il a pu grimper la côte sur le chemin de terre.

– Si on voit la mer de l'autre côté ? Continue le sentier pendant 300 mètres. À la deuxième patte-d'oie, prends à gauche puis…

Sempre diritto ! Toujours tout droit… Oui, je sais… Heureusement, plusieurs familles ramassent les châtaignes, qui redonnent plus loin des angles au *Sempre diritto.* Et trois heures plus tard, derrière le col, apparaissent enfin au loin les caps embrumés de la côte tyrrhénienne et le reflet du soleil de fin d'après-midi qui dore la mer.

14.

Un exquis détour

DANS L'ENTREPÔT DE SOUVENIRS installé en face du temple de Poséidon à Paestum, un Français pointe le premier exemplaire d'une rangée d'amphores adéquatement couvertes de concrétions marines :

– Combien coûte celle-ci ?

– Soixante-quinze euros, répond la vendeuse… mais elle est antique !

– Ah ! elle est antique ! approuve l'homme, rasséréné.

– S'il te plaît, papa, achète-la, implore à ses côtés une fillette de 10 ans… En plus, c'est une vraie.

Je ne pensais pas qu'il existât encore des personnes assez crédules pour croire à l'authenticité d'une amphore vendue dans un magasin de souvenirs. Les temples, en revanche, ne trompent pas. Ils sont trois sous le soleil d'automne, posés sur une prairie que la pluie des dernières semaines a parsemée de fleurettes multicolores. Hiératiques, sévères, plus solides qu'élégants, solitaires, bâtis dans une pierre aux reflets rosés, vestiges majestueux de la Grande-Grèce que fut jadis le sud de l'Italie. Le temple d'Athéna sur une éminence et, un peu plus loin, côte à côte, celui d'Héra et celui de Poséidon, contemporain de l'acropole d'Athènes, planté d'une ph. 103 forêt de colonnes et au fronton intact : « le temple dorique le mieux préservé au monde », affirme un panneau à l'entrée du site.

À 100 kilomètres au sud de Naples, Paestum n'attire pas les foules, surtout hors saison. La beauté du site s'en trouve rehaussée, et j'y flâne durant une journée avec un plaisir décuplé par la paix qui y règne. Quelques visiteurs arpentent les allées ombragées de pins parasols. Un groupe emmené par un cicérone truculent ; des familles ; un couple en voyage de noces, trahi par l'éclat trop neuf des alliances. Ceux-là qui se diront plus tard :

– Tu te souviens : nous visitions Paestum par une belle journée de novembre et tu m'as dit…

Çà et là, des chapiteaux à demi enfouis dans la terre voisinent avec des fûts de colonne renversés. Des cyprès et des oliviers achèvent de camper une atmosphère très romantique pour aristocrates du Grand Tour. Ici, l'on vient depuis deux cents ans pour le pèlerinage des ruines, comme à Pompéi et Herculanum que j'atteindrai la semaine prochaine.

Avant de découvrir les cités préservées par les cendres et la boue du Vésuve, je m'accorde un détour par la côte amalfitaine, ce versant méridional de la presqu'île de Sorrente qui ferme au sud le golfe de Naples, au nord celui de Salerne, et jaillit, au bout de la plage qui prolonge la plaine de Paestum, comme un bloc
ph. 100 sauvage à plus de 1 000 mètres au-dessus des flots. Boccace y situe la quatorzième nouvelle de son *Décaméron* :

> *Tout près de Salerne est une côte dominant la mer et que les habitants appellent côte d'Amalfi ; elle est pleine de cités, de jardins et de fontaines, ainsi que de marchands, si riches et si actifs qu'ils n'ont pas leurs pareils. Parmi ces mignonnes cités, il en est une appelée Ravello, qui compte aujourd'hui même des gens riches, mais où vécut naguère un homme richissime, appelé Landolfo Ruffolo…*

Je monte vers Ravello par des escaliers raides, jonchés d'olives écrasées tombées des arbres qui dépassent des clôtures. Un bon Samaritain a eu la générosité d'installer une fontaine à mi-parcours. Les flancs de la montagne, sculptés de terrasses garnies de vigne, de citronniers et d'orangers, se plissent comme le bas d'un voile de tulle soulevé par une bouffée de vent. Il n'y a rien dans Ravello désertée, sauf Ravello elle-même, toute de légèreté, aérienne, balcon suspendu entre ciel et mer au-dessus de la vallée des Dragons, offrant des vues sublimes sur le golfe de Salerne et la côte qui court, creusée d'échancrures serrées, jusqu'à l'horizon bleuté.

De tout temps, les riches, les puissants, les artistes ont aimé Ravello. Wagner y trouva l'inspiration pour le deuxième acte de *Parsifal.* Au-dessus d'une porte cochère, une plaque indique : « Dans cette maison, André Gide écrivit *L'Immoraliste.* » Et Lawrence rédigea, trois rues plus loin, plusieurs chapitres de *L'Amant de lady Chatterley.* Sur une place, un panneau évoque le tournage d'un film mineur de John Huston, avec Humphrey Bogart et Gina Lollobrigida.

Malgré le froid qui saisit dès que les nuages cachent le soleil, Ravello est agréable. Beaucoup plus qu'agréable, et je sens, cependant, que je ne peux pas m'y attarder. Car Ravello est trop douce et j'y suis venu seul. Il y a quelques semaines, j'ai beaucoup aimé les cathédrales de la mer le long de la côte du Salento, j'ai été envoûté par la sauvagerie de Matera : ce fut un plaisir que je goûtai presque sans regret dans la solitude, comme s'il était surtout personnel, intellectuel, raisonné, comme si le souvenir des hommes et des femmes qui avaient habité ces lieux aux temps héroïques me suffisait. Ici, le plaisir attendu est celui des sens : la beauté, la vigueur et la douceur confondues des paysages exigent de partager ses émotions. Ravello est un lieu pour un premier amour ou pour les premiers soirs d'une inclination nouvelle, pour l'enchantement et les promesses d'une passion partagée, un décor de cinéma en Technicolor ou même en noir et blanc du temps de Lauren Bacall et d'Ava Gardner, où l'on se chuchote à l'oreille *Ti voglio bene* – « Je te veux du bien » –, avec l'exquis détour dont usent les Italiens pour dire « Je t'aime ».

Dove sono i bei momenti di dolcezza e di piacer' ? chante la comtesse dans son air poignant du deuxième acte des *Noces de Figaro.* Où sont les beaux moments de douceur et de plaisir ?

Grimper jusqu'à 3 500 mètres, enchaîner des dénivelés harassants, marcher 50 kilomètres sous la canicule ou sous une pluie glacée, m'exposer à l'indifférence des hommes et reprendre la route avec un bras cassé : tout cela, je sais le faire. Même si ce n'est pas facile, j'ai appris à affronter ces difficultés, je me suis endurci contre elles afin de mieux les dépasser et j'ai apprivoisé l'adversité dans laquelle je me suis jeté il y a près de cinq mois. J'allais écrire « épousé l'adversité ». Mais au vertige de la douceur, je ne me suis pas préparé. Il me prend au défaut de la cuirasse et je ne veux pas lutter, je ne veux pas m'endurcir. Alors je quitte Ravello et ses terrasses, je m'enfuis et reprends, au flanc des montagnes, les sentiers de chèvres qui descendent vers Amalfi.

En voyant la bourgade accrochée en éventail à la montagne, à l'embouchure d'une vallée abrupte, on a du mal à imaginer la puissance passée de la république amalfitaine. À l'époque de sa grandeur, entre le IXe et le XIIe siècle, Amalfi rivalisa cependant avec Gênes, Pise ou Venise, établissant sa suprématie sur le commerce méditerranéen et prenant le pas sur les Arabes qui le dominaient jusqu'alors. Ses marins rédigèrent le plus ancien code maritime du monde – les *Tables amalfitaines* –, qui réglementa la navigation en Méditerranée pendant tout le Moyen Âge. Ils furent aussi les premiers en Occident à utiliser la boussole et s'enrichirent au-delà de toute mesure grâce à un commerce triangulaire entre l'Italie, l'Afrique septentrionale arabe et l'empire de Byzance.

Les navires d'Amalfi appareillaient chargés de bois qu'ils échangeaient contre de l'or dans les ports de la côte africaine, puis ils rejoignaient les côtes syro-palestiniennes et Byzance où ils acquéraient épices, pierres précieuses, étoffes et objets de luxe, qu'ils revendaient ensuite en Italie en remontant jusqu'à Ravenne et, de là, en naviguant sur le Pô, parfois jusqu'à Pavie.

Les ports me font rêver. J'aime dans chaque caboteur à quai, dans chaque voilier au mouillage, la possibilité de partir. La mer libre qui s'étend dès la sortie des passes, ouverte sur l'inconnu et tous les possibles, la même qui baigne le cap Horn, Bora Bora et les côtes contrebandières d'Henry de Monfreid à la Corne de l'Afrique. Sur le ponton, à peine quelques aussières retiennent le navire, que l'on filera en adressant un sourire à ceux qui restent à terre, ou que l'on tranchera d'un coup de hache pour échapper aux ruffians lancés à sa poursuite. Même dans une marina encombrée de yachts de luxe, il suffit d'un rafiot rouillé ou d'une solide barque pontée pour humer l'aventure. Cet après-midi, les nuages ont commencé à envahir le ciel. Ils mouchetaient la mer de taches sombres, et un cargo traçait son sillage dans cette alternance de brillance et d'ombre. Depuis la montagne, je le voyais de trois quarts arrière, sur tribord. Ah ! partir… partir vers l'horizon bleuté.

« Combien de marins, combien de capitaines… » quittèrent le port d'Amalfi, jusqu'à la nuit terrible de novembre 1343 où un raz-de-marée emporta les digues, détruisit les installations, engloutit les arsenaux, ravagea les bas quartiers du port et laissa la ville exsangue, à jamais ruinée ! Du temps de la splendeur, il reste la cathédrale, construite en hauteur, hors d'atteinte des flots. Comme au *Duomo* de Salerne, les portes monumentales ont été fondues à Constantinople au XIe siècle. Je les ai effleurées de mes doigts comme d'autres le font pour des statues réputées miraculeuses. La crypte, elle, abrite les reliques de saint André, rapportées de Constantinople – devrais-je plutôt dire « dérobées » ? – à l'issue du sac de la ville par les Croisés en 1204.

André, pêcheur de Tibériade, le frère de Simon-Pierre. Sur ma route vers Rome, je mentirais si je prétendais avoir fait ce détour pour vénérer les reliques du saint. Non : je suis venu parce que la nature y est belle et spectaculaire. Entre Ravello et Amalfi, j'ai remarqué un écriteau indiquant : « Maison d'accueil paroissial ». Il y aurait eu un lit pour moi, c'est sûr, et cependant, j'ai continué mon chemin car je ne me sentais pas capable de demander l'hospitalité sous prétexte que je vais à Rome alors que cette boucle dans la péninsule de Sorrente n'est qu'une friandise touristique. Je me demande ce qu'aurait fait saint Pierre dont je prétends suivre symboliquement le parcours. En fait, je le sais. Il ne serait pas venu par ici et il aurait dit :

– On a besoin de moi à Rome. Il n'y a pas de temps à perdre.

Je ne suis pas sûr que l'on ait besoin de moi à Rome. « On » : qui « on » ? À part moi-même, qui a besoin que j'arrive à Rome ? Je veux me rassurer en prétendant que ceux qui, de loin, suivent mon périple y tiennent. Certains tiennent à moi, tout simplement. À la dernière livraison de courrier, quelques mots d'une amie fidèle m'ont ému : « Prends soin du corps qui te porte », écrivait-elle en s'excusant aussitôt de cette attention. Je m'y efforce et, quant au coude, il va mieux. Après six semaines d'immobilisation à 90° – hormis les séances quotidiennes de rééducation –, mon bras a retrouvé sa liberté. Au début, deux heures par jour, puis une demi-journée, puis la journée entière. L'orthèse se balance désormais à l'arrière de mon sac à dos. Si j'étais définitivement rassuré, j'aurais jeté l'auxiliaire de plastique dans la première poubelle venue pour en économiser le poids, mais la consolidation me semble trop fragile et je n'hésite pas à renfiler mon armure lors des passages délicats. Et je m'astreins aux trois quarts d'heure d'exercices quotidiens pour tenter de rendre à l'articulation son amplitude de mouvement.

Ultime étape sur la riviera amalfitaine, je rejoins Positano, autre port jadis prospère de la république maritime, devenu misérable village de pêcheurs pendant des siècles et ressuscité par la grâce du tourisme en la station la plus huppée de la côte. À 600 mètres d'altitude, bien au-dessus de la route de corniche, le « Sentier des dieux » y conduit, vieux chemin muletier taillé dans la pente abrupte des monts Lattari et qui offre des points de vue époustouflants sur la succession de promontoires, d'anses, de fossés profonds, de caps et de falaises qui s'échelonnent jusqu'à l'horizon et la lointaine Capri que l'on devine au pied du soleil, posée comme le point d'un « i » à l'extrémité de la péninsule.

Dans un grand vent et sous un soleil radieux, j'arpente un des itinéraires les plus spectaculaires et les plus extraordinaires de tout mon voyage. Les dieux eux-mêmes l'empruntèrent quand ils descendirent de l'Olympe pour atteindre, à Positano, le lieu où les sirènes avaient ensorcelé Ulysse.

« Jeudi 8 novembre – Positano. Alors que les doutes m'assaillent souvent sur le sens et l'utilité du voyage, je ne devrais pas négliger ce qu'il m'apporte. Il faudrait que j'en dresse une liste un de ces jours. Ne pas l'oublier. S'y tenir... Vraiment... »

De l'autre côté des monts Lattari, la vue qui s'offre à mes yeux lorsque je sors des nuages de pluie qui enveloppent les sommets est tout à la fois prodigieuse et effroyable. Le prodige, c'est la baie majestueuse au gris bleuté, enserrée entre les deux pinces d'un crabe géant : au sud, la presqu'île de Sorrente sur laquelle je suis juché et, au nord, Naples, distante de 25 kilomètres, que je distingue à peine à travers la brume, puis le cap Misène prolongé par les îles de Procida et d'Ischia. Le prodige, c'est aussi le soulèvement du Vésuve aux pentes couvertes de forêts. Et l'effroi est celui qui jaillit à la vue de la plaine qui s'étend à ses pieds : une agglomération tentaculaire qui couvre sans interruption les rives du golfe et s'étale à perte de vue vers l'intérieur. Même de haut, on voit qu'il s'agit d'une immense banlieue moche. Le volcan s'est encapuchonné la tête de nuages pour ne pas voir cette horreur.

Phagocytés par la conurbation de 4 millions d'habitants, deux joyaux réchappés des siècles : Pompéi la commerçante et Herculanum, lieu de villégiature des riches citoyens de Rome. Asphyxiée par les cendres pour la première, brûlée par une nuée ardente et submergée de boues pour la seconde. À l'auberge de jeunesse de Portici, voisine d'Herculanum, traîne un exemplaire jauni des lettres de Pline le Jeune, témoin oculaire de l'éruption de l'an 79 :

Nous prenons enfin le parti de quitter la ville. Le peuple épouvanté s'enfuit avec nous. [...] La mer semblait refoulée sur elle-même, et comme chassée du rivage par l'ébranlement de la terre. Ce qu'il y a de certain, c'est que le rivage était agrandi, et que beaucoup de poissons étaient restés à sec sur le sable. De l'autre côté, une nuée noire et horrible, déchirée par des tourbillons de feu, laissait échapper de ses flancs entrouverts de longues traînées de flammes, semblables à d'énormes éclairs. [...] La cendre commençait à tomber sur nous, quoique en petite quantité. Je tourne la tête, et j'aperçois derrière nous une épaisse fumée qui nous suivait en se répandant sur la terre comme un torrent. [...] On n'entendait que les gémissements des femmes, les plaintes des enfants, les cris des hommes. L'un appelait son père, l'autre son fils, l'autre sa femme ; ils ne se reconnaissaient qu'à la voix. Celui-ci s'alarmait pour lui-même, celui-là pour les siens. On en vit à qui la crainte de la mort faisait invoquer la mort même. Ici on levait les mains au ciel ; là on se persuadait qu'il n'y avait plus de dieux, et que cette nuit était la dernière, l'éternelle nuit qui devait ensevelir le monde.

Fouillée la première, Pompéi a été dépouillée de ses plus beaux trésors, qui garnissent désormais musées et collections particulières. Fresques, mosaïques, statues de bronze et de marbre ont pour la plupart disparu des lieux qu'elles ornaient, et il ne reste qu'un ensemble impressionnant mais un peu froid. Du vaste quadrillage de rues bordées de maisons aux murs sans toits, des portiques, des palestres, des bains et des théâtres de Pompéi, je retiens surtout les ornières qu'ont creusées les roues des chars dans la pierre des rues ph. 105 pavées, l'usure du bord des fontaines à l'endroit où les Pompéiens appuyaient la main quand ils se penchaient pour boire, les gorges creusées dans le marbre de la margelle des puits par la corde des seaux qui servaient à y puiser de l'eau. Bref, tout ce qui rappelle une multitude de vies dans cette ville morte. Dans un hangar, des rangées d'amphores poussiéreuses voisinent avec des chapiteaux dépareillés et des corps pétrifiés, ou plutôt les moulages en plâtre des empreintes laissées par les corps dans la cendre et sur lesquels se lisent à la fois les plis des vêtements et les douleurs de l'agonie.

À 20 kilomètres de là, prise dans une gangue de lave solidifiée qui compliqua les fouilles, Herculanum demeure en majeure partie enfouie sous la ville moderne d'Ercolano. Bien que des œuvres d'art aient été prélevées pour enrichir les collections, de nombreuses fresques demeurent, des peintures, des inscriptions, des éléments de mobilier carbonisés. Dans la « maison aux Cloisons de bois », par exemple, une table en marbre dans l'*atrium*, devant l'*impluvium*, un pied de colonne qui devait porter une statue, des vestiges de peinture aux murs, les restes d'un lit dans une alcôve et des cloisons de bois – désormais protégées par des renforts en verre – tendues comme un paravent au milieu de la pièce et qui lui donnent un air de vie à peine interrompue.

Herculanum est plus intime, attachante et, en même temps, déchirante. Car l'ensemble est dans un état déplorable. Des peintures s'effacent à grande vitesse : on s'en rend compte à la différence entre la réalité et les reproductions qui figurent sur le dépliant que ph. 104 remet le gardien à l'entrée. Des fresques manquent de s'écrouler, certaines maisons sont en très mauvais état et les travaux de sauvegarde en cours semblent bien tardifs et désespérément nécessaires. L'Italie paraît débordée par les richesses que l'histoire a laissé à sa charge. On se prend à se féliciter que la ville moderne empêche l'extension des fouilles. L'enfouissement est sûrement le meilleur moyen de conservation pour les générations à venir.

– La sonnette ne fonctionne plus, m'a averti Geoffroy au téléphone. De toute façon, notre nom n'y figure plus depuis des mois. Quand tu arriveras, tu n'auras qu'à crier d'en bas. Ne t'inquiète pas, les voisins sont habitués.

Geoffroy habite au quatrième étage d'un immeuble du quartier cossu de Vomero, sur les hauteurs de Naples. Je ne le connais pas, sinon par procuration car il a épousé, il y a deux ans, une amie que je voyais de temps à autre à Paris. L'hospitalité qu'il m'offre est d'autant plus généreuse que Claire-Yvonne est absente : elle est repartie en France la semaine passée pour accoucher de leur deuxième enfant, tandis que son mari demeure à Naples où il a été détaché à l'état-major de l'OTAN.

Comme personne ne répond, un voisin m'a laissé entrer derrière lui et je me suis assis sur les marches du quatrième. Bientôt, le bourdonnement de l'ascenseur monte jusqu'à moi, s'arrête au palier.

– Ah ! tu es là… Tu as trouvé facilement ? Bienvenue à Naples… Entre, je t'en prie…

Geoffroy doit avoir deux ou trois ans de moins que moi. Il a un visage franc, souriant, le cheveu court du lieutenant-colonel et un bouquet à la main, où je devine la dernière conversation téléphonique avec Claire-Yvonne.

– Tu n'oublieras pas d'acheter des fleurs pour égayer sa chambre. Ce sera gentil.

Quel plaisir d'être accueilli avec chaleur, sympathie, et aussi avec l'efficacité du militaire ! Je reste près d'une semaine à Naples et renoue avec les éblouissements artistiques de Florence. À la galerie de Capo di Monte, je griffonne à nouveau dans mon carnet pour ne pas oublier. Rien ne surpasse, néanmoins, les trésors du musée archéologique. Si je n'en retenais qu'un – hormis la célébrissime mosaïque d'Alexandre le Grand à la bataille d'Issos contre Darius qui rayonne d'une force éblouissante –, ce serait la sculpture des athlètes au départ de la course : deux bronzes grandeur nature, exhumés ph. 108
de la villa des Papyrus à Herculanum, copies d'originaux grecs du IVe siècle avant J.-C. La perfection absolue des corps juvéniles tendus par l'effort. L'acuité du regard où se lisent à la fois la détermination, la crainte et le respect des compétiteurs. L'instant saisi où se concentrent la force physique, la hargne et le désir de vaincre.

J'avoue que j'ai été transporté par les œuvres qui cherchent à représenter la beauté parfaite. Comme à Florence, j'ai aimé les corps idéaux sculptés et fondus par les Grecs ou copiés par les Romains, j'ai aimé les visages improbables et purs, les mouvements gracieux, les traits sans défaut et les image divines dont on oublie qu'elles eurent des êtres humains pour modèles. Tout le monde n'est pas ainsi. Certains préfèrent davantage de proximité avec le réel ; d'autres ne jurent que par la transgression qui est devenue la grande affaire de l'art contemporain. Pour ma part, entre l'art qui veut représenter la vie telle qu'elle est et celui qui la montre telle qu'on la désirerait, mon âme a choisi sans hésiter.

Cela ne m'aide pas à remettre les pieds sur terre. Assurément. Toutefois, je commence à comprendre, non pas intellectuellement, mais de l'intérieur, le choc esthétique qu'a constitué, à la Renaissance, la découverte en Italie d'une multitude de ces sculptures antiques, et l'extraordinaire fécondité artistique qui naquit de cette confrontation avec le beau idéal.

Naples compte également une myriade d'églises remarquables : la tâche du touriste au Bædeker est éreintante ! Je m'y dérobe en arpentant les vieux quartiers où, à six semaines de Noël, foisonnent les marchands de crèches napolitaines. Une rue étroite et longue, Spaccanapoli, divise la ville en deux, vestige de l'artère principale de la Neapolis grecque puis romaine. Depuis la colline de Vomero où habitent Geoffroy et Claire-Yvonne, on distingue son tracé rectiligne qui a traversé les millénaires. Dans Spaccanapoli et les rues alentour, la foule se presse. Les scooters disputent le pavé aux voitures et aux piétons. Les *palazzi*, encrassés comme au noir de fumée, sont délabrés ; parfois, derrière un crépi rongé de salpêtre apparaît un fût de colonne emprisonné dans une façade ; ici ou là, un arc antique enjambe le vide et soutient un mur ou une loggia de briques. Dans l'interstice d'une porte cochère, on devine à quelques mètres carrés de terre, à un arbre rabougri qui aspire désespérément à la lumière les restes des jardins et des terrasses qui firent jadis la gloire des palais napolitains. Aujourd'hui, des jeans sèchent sur les fils à linge qu'un arsenal de poulies permet de manœuvrer à volonté. Les câbles électriques pendent et les tuyaux de plomb effectuent des circonvolutions bizarres à la sortie des compteurs à gaz. La saleté frappe moins que la vétusté, un certain état d'abandon.

Dès les banlieues, j'avais été frappé par cette combinaison étrange de laisser-aller et d'empilement des époques dans laquelle les Napolitains semblent se mouvoir avec indifférence : une station-service installée devant un portique aux colonnes doriques croulantes et noircies de pollution, dont on ne sait plus si la ruine date de Rome ou de la dernière éruption du Vésuve, des toitures éventrées qui béent vers le ciel, une clôture de parking taillée dans un ancien salon de style classique dont la voûte écroulée déborde de mauvaises herbes et sert aussi de mur à un immeuble en béton des années 1970, les sacs d'ordures qui, par endroits, jonchent les rues et s'amoncellent dans les quartiers de la périphérie. Et au milieu de cela, comme dans un film de l'âge d'or du cinéma italien, des gamins qui traînent ph. 107 dans les venelles et jouent au foot sur le pavé, tandis que la *mamma* étend le linge au balcon ou remonte à la main le panier accroché au bout d'une corde que le livreur de légumes vient de garnir.

Geoffroy confirme mes impressions :

– Les Napolitains ne se soucient pas de réparer, dit-il : ils pensent au prochain tremblement de terre et ils attendent…

D'ailleurs, Geoffroy n'a pas replacé d'étiquette sur la sonnette : deux années suffiraient-elles pour napoliser un homme ? Il évoque la *Camorra* :

– Elle tient la totalité des maraîchers et des vendeurs des quatre-saisons, c'est de notoriété publique. Et aussi les entreprises de collecte d'ordures : elle empoche le prix des concessions et n'effectue ni les investissements nécessaires ni parfois le minimum du service.

Dès qu'une entreprise émerge, quel qu'en soit le secteur d'activité, l'« impôt » de la *Camorra* l'étrangle, siphonnant les revenus et empêchant ainsi tout développement. Et qu'on ne parle pas aux Napolitains du gouvernement de Rome pour régler leurs problèmes ! À eux qui étaient autrefois indépendants et qui se sont sentis floués par Garibaldi après l'avoir imprudemment soutenu.

– Alors, les Napolitains continuent à s'en remettre à saint Janvier.

Saint Janvier n'aurait pas existé sans Naples et Naples ne pourrait plus exister sans saint Janvier. Leurs histoires se côtoient sans cesse et s'entremêlent. Le martyr des persécutions de Dioclétien, décapité au cirque voisin de Pouzzoles, est devenu le saint patron de la ville. Pendant longtemps, aucun changement ne s'accomplissait à Naples que par la permission, par l'ordre ou par l'intervention du puissant protecteur. Aujourd'hui encore, on ne plaisante pas avec saint Janvier. Une chapelle lui est dédiée dans la cathédrale, étouffée par la profusion de marbres, d'or et d'argent. Trois fois par an, une ampoule contenant le sang desséché du martyr est offerte à la vénération des fidèles et, à force d'invocations et de prières, le sang se liquéfie. À moins qu'un désastre ne se prépare.

– La dernière fois que le miracle ne s'est pas produit, chuchote derrière moi un cicérone, ce fut deux mois avant le début de la Seconde Guerre mondiale. Et la dernière fois où le sang s'est liquéfié avec retard, c'était peu avant le séisme de 1980. Vous voyez bien…

L'Église de Rome, circonspecte, n'a jamais authentifié le miracle. Il y a ceux qui n'y croient pas, évidemment, y compris parmi les Napolitains. Et encore, allez savoir… Mais même ceux-là qui s'en défendent s'inquiètent du verdict.

– J'ai des amis qui ont émigré à New York et à Philadelphie, poursuit le cicérone, et qui suivent la cérémonie en direct, par téléphone portable, pour savoir si la liquéfaction s'est produite.

On vient voir le miracle comme on vient au spectacle. Et Naples ne manque point de lieux pour cela. Il y a le théâtre San Carlo où j'aurais volontiers assisté à un opéra, mais la saison n'a pas encore débuté, hélas. Et il y a la rue, où la représentation n'a pas de saison. Malgré le froid de ce début d'automne, des fabricants de crèche sculptent le liège devant le pas de leur porte quand leur atelier manque de place, et imprègnent le quartier d'une odeur de sciure, de colle et de vernis. À un carrefour, un vendeur à la sauvette a installé un assortiment de cigarettes de contrebande sur le siège de sa Vespa et apostrophe les filles tandis qu'à deux pas un marchand de légumes coiffé d'un bonnet de comédie fait du gringue à une policière complaisante ; il lui montre du coin de l'œil les guirlandes de piment rouge qui encadrent l'entrée de son échoppe minuscule et sur lesquelles il accroche un panneau écrit d'une main malhabile : *Viagra naturale*. Puis, brusquement, le séducteur maraîcher délaisse la policière pour lancer un flot d'imprécations à l'adresse d'un chien en fuite qui vient de renverser l'empilement improbable de cagettes où s'accumulaient choux-fleurs, tomates, fenouils et poivrons qui gisent à présent en désordre sur le pavé mouillé de pluie. Plus loin, des CD de musique piratée remplacent poireaux et salades sur les étals de fortune et, dans ce quartier impossible, le chauffeur d'une Alfa Romeo rutilante vient de s'entendre avec un voiturier improvisé dont je saisis au vol l'aplomb merveilleux :

– Sur cet emplacement, le stationnement illégal est autorisé.

Moyennant un billet, on s'arrange. À Naples, comme s'il fallait contrebalancer la menace permanente du volcan qui peut tout anéantir, on semble s'arranger avec tout : avec la Loi et avec le Ciel. *Mi arrangio* – « Je me débrouille » : voici une expression depuis longtemps familière à mes oreilles et dont j'use aussi à mes heures.

Il y a les artères grouillantes de vie où se pressent touristes et Napolitains, et il y a aussi, à deux pas de là, des ruelles que l'on croit désertes jusqu'au moment où paraît au coin un vendeur ambulant qui crie à l'adresse des étages et vante sa camelote de brosses, de balais et de produits miracles. Alors un balcon s'anime soudain, petit morceau de rue hissé au premier ou au deuxième étage d'où cascade un flot de paroles ; une fenêtre s'ouvre, puis une autre ; un *ragazzo* gominé, *telefonino* collé à l'oreille, glisse une tête en poursuivant sa conversation, et les reparties fusent au-dessus du camelot qui repartira peut-être bredouille, mais traînant derrière lui une comète pétillante de vie.

Un après-midi, entre un autoportrait du Greco à Capo di Monte et un marbre hellénistique au Musée archéologique, je pars me promener le long des quais vers le quartier de la Mergellina, cet ancien village de pêcheurs désormais englobé dans la ville et qui se donne, à l'ombre de palmiers touffus, des allures chic de Croisette. Les boulevards du front de mer qui y mènent, autrefois vantés pour leur beauté, disparaissent aujourd'hui sous une circulation chaotique et un capharnaüm sonore où se mêlent les ferraillements du tramway, les klaxons, les vrombissements rageurs des voitures et les brusques accélérations pétaradantes des scooters qui se faufilent et supportent parfois, du guidon au garde-boue arrière, des pyramides humaines.

Dans le port de la Mergellina se côtoient yachts de luxe et embarcations traditionnelles peintes de couleurs vives. Sur le quai, une équipe de télévision tourne. Pour l'interview, le cameraman a pris soin de cadrer les deux personnages sur fond de Vésuve. Il leur a demandé de se déplacer légèrement pour faire entrer dans le champ la barque où deux marins ravaudent leurs filets. ph. 110

– *Perfetto*, dit la journaliste, *comminciamo adesso*…

Son interlocuteur est un homme d'une quarantaine d'années, corpulent sans être gros, qui semble maîtriser son sujet à la perfection ; j'ignore lequel car il parle trop vite et avec des gestes amples qui captivent mon attention et m'empêchent de me concentrer sur ses paroles. À ses côtés, un garde du corps, habillé de noir, tient une mitraillette à la main, le doigt sur la gâchette, et surveille les alentours avec inquiétude. Un collègue l'imite à quelques pas, mais sans arme. Des freluquets, ces deux jeunes gens sans âge, au regard d'une tristesse absolue, et qui paraissent trop dégoûtés de la vie pour savoir s'ils sont déjà vieux.

Légèrement en retrait, je regarde, captivé, en me disant : « Voici Naples, la mafia, etc. » Dix minutes plus tard, une fois l'interview achevée et la caméra rangée, le garde du corps va jeter l'arme négligemment sur la banquette arrière de la grosse cylindrée grise à gyrophare et revient, insouciant, discuter avec son patron et la journaliste, sans inquiétude perceptible et sans prêter la moindre attention au voisinage. Et moi, fasciné : « Voici Naples, la mise en scène permanente, etc. »

Tout en savourant l'épisode, je me rends compte qu'au milieu de la ville et de ses habitants aux occupations, somme toute, banales, c'est peut-être l'idée de Naples qui m'a séduit, plutôt que sa réalité. Car, comme de nombreux visiteurs, et sans doute plus que dans toute autre ville d'Italie, je suis arrivé ici chargé d'images et de textes qui ont orienté mon regard et l'ont incité à retrouver une atmosphère, un mode de vie, un mythe du Napolitain. Ailleurs, j'ai parfois été irrité par la mise en scène d'un héritage architectural à l'usage exclusif des touristes. À Naples, je me suis laissé prendre, comme tout le monde, par la séduction du pittoresque des hommes, par les marchands gouailleurs de Spaccanapoli et le linge qui pend aux balcons des palais décrépis. Je m'y suis laissé prendre probablement aussi parce que les Napolitains consentent à donner d'eux cette image, comme si leurs airs de mandoline n'étaient que de la musique de commande pour les étrangers de passage et comme s'ils se délectaient du mythe qu'ils entretiennent. Mais à ce jeu de la représentation, qui est le plus pris, des acteurs ou des spectateurs ?

À pied, je ne peux jamais rapporter de souvenirs matériels des lieux que je visite. Cela me manque parfois. Alors, quand Geoffroy m'a proposé hier d'emporter ce que je voudrais lors de son prochain voyage à Paris, je l'ai pris au mot. J'ai acheté trois aquarelles du golfe de Naples. Ce sont des vues idéales, campées dans un XVIIIe siècle incertain, peintes depuis la Mergellina ou d'un peu plus loin à l'ouest, du haut de la colline du Pausilippe. Des marins de comédie y relèvent leurs filets, et des villageoises s'affairent sur les rives. À l'instar d'Alexandre Dumas, « c'en était fait, je devais quitter Naples. Le rêve était fini, la vision allait s'envoler dans les cieux. Je vous avoue, mes chers lecteurs, que, lorsque je vis disparaître » Capri, la presqu'île de Sorrente, le Vésuve et la ville… Au lieu de la mégapole tentaculaire et polluée, j'emporte une image irréelle, rêvée, poétique, calme, bucolique, épurée…

Depuis hier, la neige couvre le sommet du Vésuve. Sans lui, la beauté de Naples se désagrégerait, et la possibilité du malheur, qui donne tant de prix à la vie. La force que l'on perçoit dans le volcan assoupi confère au paysage une âme puissante : ici la terre est vivante, la création du monde n'est pas encore achevée.

15.

Les châtaignes de don Germano

— GLISSE LES CLÉS dans la boîte aux lettres quand tu partiras, m'a dit Geoffroy, et bon voyage !

Ça me fait tout drôle de voir partir les autres. Il a quitté Naples il y a deux jours pour une mission de renseignement au Kosovo. Quand il m'a proposé de profiter de son appartement pendant son absence, j'ai accepté sans hésiter. Était-ce une pure phrase de politesse de sa part ? À la façon un peu trop brusque dont il secoua les miettes dans la corbeille avant d'y déposer un pain finement tranché pour notre dîner, je crus déceler un certain agacement, vite réprimé par sa bonne éducation et sa générosité. Ai-je exagéré en m'attardant plus que je ne devais chez ces amis que je connais si mal ? Je ne sais pas très bien sur quel pied danser, mais je suis resté.

Les panneaux routiers indiquent Rome à 250 kilomètres. Une bagatelle et, chaque soir cependant, le souci de trouver un abri. Pour ne rien arranger, la nuit tombe désormais à 17 heures : pas facile de demander un hébergement en milieu d'après-midi parce qu'un ressort de la générosité tient à la nécessité : « Je ne peux pas le laisser dehors, se dit le bon Samaritain, car il est l'heure et si je ne l'accueille pas, aucune autre solution ne s'offrira à lui. » Tandis qu'à 3 ou 4 heures de l'après-midi…

Il me faut un jour entier pour traverser la banlieue de Naples qui s'étend au nord dans la plaine côtière jusqu'à l'ancienne ville royale de Caserte. Marano, Mugnano, Sant'Antimo, Marcianise, etc. : une succession d'agglomérations accolées les unes aux autres, saignées par des voies rapides et des autoroutes, plantées d'immeubles quelconques qui étouffent les anciens villages et bordent des rues interminables, ponctuées de zones commerciales où voisinent marchands de pneus, dépôts de peinture industrielle et supermarchés en tout genre : l'arrière-cour ordinaire des mégapoles. Au-dessus des trottoirs défoncés sur lesquels s'amoncellent des sacs d'ordures, des affiches collées aux murs implorent : « Jésus, sauve-nous des politicards véreux » ; et voisinent avec des graffitis d'insultes contre les équipes de foot du nord de la péninsule et les faire-part de décès agrémentés d'images pieuses en couleur, de Vierges ou de Padre Pio sulpiciens en mémoire du regretté Serafino Marchiano, de Rosa, veuve Galatone, ou de la *carissima mamma*. Au pied d'un îlot de béton à Melito, une chapelle en préfabriqué, flanquée de statues bariolées, est bardée de banderoles qui procla-
ph. 118 ment en lettres rouge sang : « Église riche, Église de Satan. Prenez l'argent des archevêques pour le donner aux pauvres ! » ; et le sang coule parfois dans les rues où des mafieux règlent leurs comptes. Sur le présentoir d'un *giornalaio*, un titre barre la une d'un quotidien à sensation au-dessus de la photo d'un cadavre qui jonche le macadam dans une ville voisine : « 82e assassinat de la *Camorra* depuis le début de l'année ».

Geoffroy m'avait averti de la mauvaise réputation de ces quartiers, mais on ne m'y regarde pas plus de travers qu'ailleurs. Chacun vaque à ses occupations.

« Lundi 19 novembre – Caserte. Le Versailles napolitain est désert et aussi froid que la nuit de novembre. Quelques belles fresques du XVIIe aux plafonds et des enfilades de pièces décorées avec beaucoup d'or et de lourdeur. Au crépuscule, j'ai entrevu une belle perspective à la française à travers les grilles du parc, puis je suis retourné en ville et j'ai tourné en rond pour ne pas trop grelotter en attendant la messe du soir. »

La messe, c'est aussi l'assurance de rencontrer le curé. À de nombreuses reprises, c'est vrai, j'y suis allé des soirs de semaine parce que je cherchais d'abord un hébergement. « Paris vaut bien une messe », concéda Henri IV. Un lit aussi ? Je devrais plutôt dire :

« Si je ne cherchais pas d'hébergement, je ne serais pas venu et aurais manqué une rencontre avec Dieu. » Deux fois, j'ai manqué la messe du dimanche. En voyage, ce n'est pas toujours facile de s'y tenir : dans tel village où j'ai dormi, elle est à 11 heures 30 et il faut tout de même que j'avance… Allez, j'en trouverai une plus loin. Et puis, plus loin, à 10 heures, j'apprends qu'elle a été célébrée à 8, mais que si je veux, « tout près, à 20 kilomètres, le prêtre en dit une dans une demi-heure ». À l'impossible, nul n'est tenu. En plus, je vais à pied jusqu'à Rome et j'ai eu mon compte de messes de semaine. Là-haut, Il ne doit pas s'embarrasser de comptes d'apothicaire, ou alors… ?

L'impossible ? Si j'avais vraiment voulu… Seulement j'ai préféré vivre à mon idée au lieu de m'arrêter pour écouter Dieu : j'ai pris une fois de plus la première place, je l'ai ravie à Dieu, estimant être meilleur juge que Lui de ce que je devais faire. Quand je me suis rendu compte de cela il y a quelques semaines, mon attitude a changé. Un dimanche où je serais volontiers parti de bonne heure, j'ai patienté jusqu'à la messe de 10 heures 30 ; autant dire que je ne me suis pas mis en route avant midi. Il est tout de même légitime que ce soit moi qui attende le Seigneur, au lieu qu'il soit à ma disposition, sur commande, à l'heure qui me plaît ! Et si l'Église me demande cet effort, celui-ci n'est pas surhumain. D'autant qu'au fond, manquer cette rencontre hebdomadaire me laisse un grand vide au cœur. Comme est triste un dimanche sans messe !

Ce soir de semaine, dans l'église de Caserte, je suis arrivé en avance car il fait plus chaud à l'intérieur. Devant moi, huit vieilles femmes en noir – fichu, manteau, bas et chaussures noires – marmonnent le chapelet. Elles occupent les quatrième et cinquième rangs, étroitement serrées les unes contre les autres. Hormis le prêtre et moi, il n'y a personne d'autre. Ah non ! elles ne sont pas huit en noir : l'une d'entre elles est vêtue de bleu marine très foncé, la cinquantaine – une petite jeunette ! Elle semble coincée entre ses deux sinistres voisines comme une voleuse de poules entre deux carabiniers.

Plusieurs fois, lors de ces messes de semaine, les lectures exaltaient l'accueil de l'étranger. Ce soir, la roue a tourné : « Si quelqu'un ne veut pas travailler, qu'il ne mange pas non plus », écrit saint Paul dans sa lettre aux Thessaloniciens. Est-ce que je travaille ? Je ne sais pas. Qu'est-ce que le travail ? Je ne sais pas non plus. Doit-il être payé, ou doit-il être désagréable ? Geoffroy me disait il y a trois jours qu'il se rendait au bureau chaque matin avec le cœur léger car son métier le passionne. Cela me rappelle le début de ma vie professionnelle à la banque, quand je me disais : « Et en plus, je suis payé pour ça ! » Marcher, souffrir, avoir froid, écrire, est-ce un travail qui permet de manger le pain des autres ? Combien de mes repères sont brouillés !

À l'issue de la messe, le curé a pensé à une solution qui l'arrange :

– Allez à la Caritas. Tenez : voici l'adresse. Ils hébergent les sans-abri.

C'est à l'autre bout de la ville. La nuit est noire, le froid piquant et ça ne fera qu'empirer avec le ciel sans nuages. Malgré mes réticences de nanti, je m'y rends. D'ailleurs, « sans-abri », je le suis. Et il y a deux jours, tandis que je descendais, à Naples, un escalier qui relie Vomero à la ville basse, un homme jeune qui vivait dans la rue et qui était assis à un palier, sur un carton, avec sa sébile devant lui, m'interpella en me voyant nu-pieds dans mes sandales :

– Tu n'as pas froid ? demanda-t-il gentiment.

– Si, un peu.

Et le jeune homme me regarda en hochant la tête avec commisération, l'air de dire : « En voici un qui est moins bien loti que moi », car il avait des baskets, lui, et des chaussettes. Même les clochards me plaignent ! En vérité, assis à ne rien faire dans le froid, le jeune homme devait avoir les pieds gelés, tandis que moi qui marchais…, mais je ne l'ai pas détrompé car je l'ai senti tout ragaillardi de ne plus se sentir le plus misérable des hommes.

À « La tente d'Abraham », le responsable, un petit homme sans âge, taciturne, au teint jaune et à la grosse tignasse bouclée m'accueille sans surprise et avec efficacité : il doit en voir, chaque jour, des situations impossibles ! et la mienne, pour originale qu'elle soit, ne le perturbe pas outre mesure.

– Confiez-moi vos affaires précieuses si vous en avez : il y a de la fauche, ici, vous savez.

Il me conduit ensuite à l'étage, ouvrant une chambre, puis l'autre. Dans celle-ci, des gens de l'Est, à la mine patibulaire et qui crient. Le petit homme au teint jaune élève la voix et ramène le calme, puis referme la porte. Non, pas ici, une autre. J'ai l'impression qu'il prend soin de moi, comme s'il se disait : « C'est un Monsieur. Il faut que je le soigne. »

– Voilà : vous dormirez ici. Demain matin, tout le monde doit avoir quitté les lieux à 9 heures.

– Pas de souci : je serai depuis longtemps en chemin.

– À demain, alors.

Dans la chambre de huit lits, je constate avec soulagement que plusieurs places restent inoccupées : je me serais senti très mal si j'avais eu, en plus, l'impression de prendre la place d'un nécessiteux durant cette nuit où il gèlera sûrement. Pour l'instant, nous ne sommes que deux. Un Noir, enfoui sous ses couvertures, l'oreille collée à un transistor, et qui répond à peine à mon *Ciaò* du soir, et un homme un peu plus âgé que moi, au teint basané, qui a installé son matelas sur le sol.

– J'ai la jambe cassée, se justifie-t-il.

Khaled est plus bavard que l'autre. Il est marocain et nous discutons en italien car son français est trop lointain. Un italien mâtiné de napolitain que j'ai parfois du mal à comprendre.

– Cela fait quatorze ans que je suis en Italie, dit Khaled. Pas toujours de travail. Des petits boulots.

Il s'est marié au Maroc entre-temps et me parle de sa femme et de ses deux jeunes enfants restés au pays.

– Une fille de 4 ans et Abdelaziz, qui a eu 1 an le mois dernier. Ça signifie : "le serviteur du Tout-Puissant". Et toi, qu'est-ce que tu fais là ?

Je raconte, histoire de distraire Khaled. Au milieu de notre conversation, entre un deuxième Noir, âgé de 25 ans tout au plus, bonne bouille ronde et un accent à couper à la machette :

– Bonjour, je m'appelle Kofi Annan… Oui, comme l'autre ! Je viens du Ghana.

Et le gros Kofi éclate de rire. C'est un joyeux drille qui prend la vie avec optimisme. Tant mieux car, lui, cela fait deux ans qu'il vit en Italie et il n'a toujours pas de travail.

– De toute façon, intervient Khaled qui a suivi nos échanges en français, il y a trop d'immigrés en Italie. La vie devient de plus en plus dure pour des types comme moi qui vivent depuis longtemps dans le pays. Et pour les nouveaux aussi. Pas vrai, Kofi ?

L'échange, parfois aigre, se poursuit jusque tard dans la nuit. Au petit matin, je quitte Khaled et Kofi avant leur réveil. Le transistor du second Ghanéen grésille encore sous la couverture, entre l'oreiller et sa tempe. En bas, le petit homme au teint jaune me rend mon argent et mes papiers.

– Donnez-moi aussi votre adresse, dis-je. Je vous écrirai de Rome quand j'y serai arrivé.

À voir sa mine interloquée puis ravie, je comprends que le responsable de «La tente d'Abraham» ne reçoit pas souvent de remerciements de la part de ses pensionnaires.

Après avoir traversé Capoue où les ruines de l'amphithéâtre rappellent Spartacus et la révolte d'esclaves qui y débuta, je traverse à grands pas la plaine du Volturno qui fut longtemps maintenue à l'état sauvage, aux prises avec les marécages et le paludisme, encombrée de forêts où foisonnait le gibier pour le plaisir du roi et des nobles napolitains. Aujourd'hui asséchés, les marais ont laissé la place aux vignes et aux arbres fruitiers ; aux buffles aussi, élevés pour le lait et la confection de la mozzarella. À l'extrémité septentrionale de cette plaine, c'est une famille – quel bonheur ! – qui m'offre l'hospitalité au village insignifiant de Sparanise. Un vieux curé indiqué par le coiffeur a plaidé l'affaire au téléphone :

– *Si vede sul viso che è un uomo buono !* On lit sur son visage que c'est un homme bon, a insisté don Lorenzo.

La bonté se lit aussi dans la poignée de main chaleureuse de mon hôtesse d'un soir.

– Bonjour, je m'appelle Concetta, j'ai 51 ans, une fille et deux garçons dont le dernier est un grand adolescent, un mari militaire actuellement en opérations à Kaboul. Entrez, entrez…

Concetta m'a débité tout cela avant même d'avoir relâché ma main. Dans un coin de la salle de séjour, le feu de cheminée répand une chaleur douce et une odeur de maison de campagne. Après le dîner vient l'heure de la vacation quotidienne avec l'Afghanistan, *via* une *webcam.* Gianni insiste pour me parler. À l'écran, un quinquagénaire barbu et jovial. La liaison est mauvaise, l'image saccadée et le son difficilement audible, mais suffisant pour que nous fassions brièvement connaissance. Rien que du très ordinaire, comme le dîner familial et le désordre vivant qui règne dans les pièces. Et puis le lendemain matin apparaît Libero, le grand dadais maigre de 18 ans qui ne descend pas avant quatre appels de sa mère et apparaît enfin, l'air buté et endormi, traînant les pieds dans ses pantoufles marquées au «S» de Superman, et qui part pour l'école sans avoir touché au petit-déjeuner.

– Il ne mange rien, se plaint Concetta, sauf les brioches que je suis obligé de cacher pour qu'il ne les dévore pas toutes d'un coup.

L'ordinaire qui vaut tous les amphithéâtres de Capoue et que je savoure avec reconnaissance.

Mercredi 21 : étape de liaison. À 8 heures, le thermomètre indique 5 °C. S'y ajoute, ou plutôt s'y retranche un vent froid et contraire. J'ai de la chance car il ne pleut pas en cette étape qui me propulse à nouveau vers les hauteurs, à près de 1 000 mètres d'altitude sur le cône volcanique de Roccamonfina. Nuit dans un hôtel zéro-étoiles. Le lendemain, dès l'aube, je dévale le flanc du volcan à travers les châtaigneraies, traverse le Garigliano – souvenir ému pour le chevalier Bayard qui, en 1504, défendit un pont sur le fleuve, seul contre 1 500 Espagnols –, et parviens tout juste avant la nuit au Monte Cassino. L'abbaye bénédictine qui couronne le mont est connue à deux titres. Tout d'abord pour avoir été fondée en 529 par saint Benoît et être devenue au fil des siècles un centre majeur d'érudition et de foi. Ensuite pour avoir servi de théâtre à des combats sauvages en 1943 lorsque, les Allemands s'y étant retranchés, les Américains, après l'échec des attaques terrestres menées par les Alliés britanniques et polonais, ont pulvérisé la position à coups de bombes. Il faut dire que la place paraît vraiment inexpugnable, en haut d'un éperon rocheux qui domine de 400 mètres la plaine environnante. Même sans mitrailleuses et tireurs embusqués, j'éprouve toutes les peines du monde à me frayer un chemin sur les pentes abruptes et couvertes d'une végétation touffue.

À l'abbaye, reconstruite à l'identique durant l'après-guerre, on m'accueille, certes, mais d'une manière glaciale. Le père Germano, responsable de l'hôtellerie et âgé d'environ 85 ans, me conduit à travers un dédale d'escaliers et de couloirs immenses jusqu'à la chambre, ou plutôt la cellule, n° 26.

– Je viendrai vous chercher pour le dîner, dit-il sur un ton qui n'admet aucune réplique, avant de repartir avec son air de dogue furieux d'avoir été dérangé.

Accueilli et pas loin d'être prisonnier. Je n'ose pas quitter ma cellule. De toute façon, nous avons franchi plusieurs portes que le moine avait ouvertes grâce aux clés qui pendaient à sa ceinture. Sous les voûtes, le cliquetis en résonnait comme dans un sépulcre. Trois heures plus tard, le gardien toque à ma porte et me fait signe de le suivre. Sur le chemin du réfectoire, je tente d'engager la conversation. Tout en sachant que le mot que j'emploie n'est pas tout à fait correct, je demande, faute de mieux :

– Combien êtes-vous de frères au monastère ?

Malheur à moi ! Que n'avais-je pas dit…

– D'abord, on n'est pas des frères, on est des moines.

Et toc !

– Pour le nombre, poursuit-il, vous n'aurez qu'à compter au réfectoire.

J'avais oublié que le mot « frères » – *frati* en italien – est souvent utilisé comme synonyme de franciscains. À chacun sa boutique. Pendant le dîner, je compte à la dérobée, sans trop oser lever le nez de mon assiette : ils sont environ une dizaine de bénédictins de tous âges. Quant à la gastronomie, mes papilles se régalent : un *minestrone*, des paupiettes, des saucisses, des courgettes et des aubergines assaisonnées à l'huile d'olive, du jambon cru, du fromage, une nectarine, du raisin et un carafon de vin. Quelle pitié d'être contraint de tout avaler dans le temps d'un demi-psaume !

Sur le chemin du retour vers ma cellule, don Germano me pose quelques questions sur mon parcours et conclut :

– En somme, vous êtes un pèlerin-touriste ; c'est ça ?

Le qualificatif n'a pas l'air de sonner comme un compliment dans sa bouche. Oh non, pas du tout ! En tout cas, je connais désormais le comble du pèlerin-touriste : il consiste à se faire comprendre d'un bénédictin dur d'oreille de 85 ans dans un couloir de cellules sonore comme une cathédrale et en respectant le mot d'ordre de silence inscrit sur les linteaux ! À côté de cela, la quadrature du cercle ressemble à un jeu d'enfant.

Le lendemain matin, aucun signe de réchauffement climatique chez don Germano. Sac au dos, et pour la dernière fois, je reprends en sa compagnie le couloir des cellules que j'ai arpenté la veille tant il me semblait immense : 210 pas d'un bout à l'autre.

– Et votre carnet ? demande le moine, toujours aussi cassant.

– Quel carnet ?

– Pour le tampon… Vous ne voulez pas un tampon de l'abbaye ?

Non. C'est bien le cadet de mes soucis. Je ne les collectionne pas. D'ailleurs, je déteste les collections. Probablement parce qu'on en vient toujours à en dresser une liste finie. On fait le tour, on admire, on se souvient, on compte et puis l'on se dit, impuissant et un peu écœuré : « Ma vie se réduit-elle à cette poignée de clous ? »

– Les pèlerins-touristes, d'habitude…

J'ignore si c'est à cause de mon indifférence pour le prestigieux tampon de l'abbaye mais, tout à coup, don Germano se déride. Il devient plus aimable. Il comprend que je suis vraiment venu à pied de Roccamonfina hier, malgré la très longue distance à travers les châtaigneraies à flanc de montagne et me dit que, lui aussi, en 1945… Il me raconte que sa famille habitait un village voisin, un peu plus haut, à 1 000 mètres d'altitude.

– Là-bas, on ramasse les meilleures châtaignes du monde. Pas des grosses comme à Roccamonfina, mais des petites et savoureuses…

Il me conduit à la tombe de saint Carloman, un oncle de Charlemagne, se met à parler français sans effort et m'apprend qu'il l'a enseigné pendant trente ans au collège attaché à l'abbaye jusqu'en 1991. Au lieu de me laisser à la porte, il m'accompagne sur l'esplanade.

– Tenez : je vais vous montrer un raccourci pour descendre. Vous voyez le grand pin, là-bas ? Juste après, il y a un sentier sur la droite et…

Est-ce le même homme ? Au moment de le quitter, je lui tends une enveloppe avec une offrande pour le monastère. En voyant son regard surpris, presque incrédule, je pense qu'il avait ajouté par-devers lui un troisième qualificatif à sa définition d'hier : « En somme, vous êtes un pèlerin-touriste-profiteur » ; et il s'en était fait une raison, jusqu'à ce que je lui tende mon offrande. Nous nous serrons la main comme les plus vieux amis du monde et repartons chacun en silence dans la vie que nous avons choisie. Peut-être avec la même pensée.

Finalement, il y a deux hommes heureux ce matin, qui se disent : « Eh bien, il est meilleur bougre que je ne l'imaginais. »

J'ai quitté la Campanie pour le Latium, ultime région, berceau de Rome. Des plaines encombrées de circulation, un fouillis ennuyeux et sans caractère de monts qui sont plus que des collines et moins que des montagnes. Sous le soleil pâle de novembre, des paysans chaudement vêtus vaquent à leurs occupations de saison : l'un cueille des salades, l'autre herse un champ, d'autres encore taillent les arbres fruitiers. Je m'arrête un moment pour admirer un vieil homme qui arpente ses sillons en dispersant à chaque pas une large poignée de semences sur le sol retourné, avec ce geste immémorial qui fait jaillir l'espérance d'une besace pour l'offrir à la terre.

Un geste régulier, majestueux, précis comme l'exercice de pointes mille fois répété par une ballerine. Le semeur, partout ailleurs disparu et dernier témoin qui relie encore la campagne romaine à celle de Cincinnatus, ce consul du Ve siècle avant J.-C., modèle de simplicité et de dévouement, qui accepta de servir Rome en danger, puis abandonna le pouvoir et retourna à sa terre, comme le rappelle Aurelius Victor, un historien du IVe siècle de notre ère :

> *Les envoyés du Sénat le trouvèrent nu et labourant au-delà du Tibre : il prit aussitôt les insignes de sa dignité [...] et vainquit les ennemis, reçut la soumission de leur chef et le fit marcher devant son char, le jour de son triomphe. Il déposa la dictature seize jours après l'avoir acceptée et retourna cultiver son champ.*

En bordure du champ, je m'approche pour un brin de causette avec l'émule du consul antique au moment où il vient regarnir sa besace en puisant dans un sac de semences.

– Il y a très longtemps, j'ai travaillé en France pendant trois ans, me dit-il, près de Lyon.

– Alors, vous parlez le français ?

– Juste : "Bonjour", "Bonsoir" et "Merci, chérie !"

Je n'insiste pas pour connaître le nom de la chérie. À l'éclat qui s'est brusquement allumé dans les yeux délavés du vieil homme, je devine qu'il s'agit probablement de ces femmes qui n'ont pas même un prénom de passade et pour lesquelles « Chérie » tient lieu d'identité. Une solide paysanne qui vient d'achever un sillon s'approche à son tour.

– Ma femme, dit-il brièvement.

Le semeur m'adresse un clin d'œil entendu et repart de son pas lent sur la terre labourée. Bientôt son bras a repris le geste ample et magique sous le soleil pâle de novembre.

Vendredi 23. Ce soir, ce devrait être du gâteau car on m'a donné l'adresse de passionistes près de Falvaterra. Mais quand j'arrive, on m'informe que don Andrea, l'ami d'Isabelle, a quitté la communauté six mois auparavant et que, de toute façon, un groupe occupe toutes les chambres.

– Allez chez les carmes, à Ceprano. Ils offrent l'hospitalité.

C'est à 10 kilomètres, il fait déjà nuit et j'espérais en avoir fini aujourd'hui avec la marche. À Ceprano, après les vêpres, le supérieur refuse :

– Nous n'avons pas le droit de vous héberger. Il nous faut l'autorisation des carabiniers.

J'aurai vraiment entendu toutes les excuses ! et comme j'ai très peur des carabiniers d'opérette, j'entends déjà « le bruit des bottes, des bottes des carabiniers… oui, des carabiniers », un air des *Brigands* d'Offenbach, opérette dans laquelle j'ai joué il y a quelques années. Alors je m'en vais *presto*. De retour au centre-ville, je discute avec un policier en faction qui m'indique un monastère de sœurs non cloîtrées, à 3 kilomètres, et me voilà reparti. Cela fait près de trois heures que je cherche un gîte.

Chez les sœurs, la porte principale est close mais, derrière, une autre s'ouvre sur la cuisine. Je toque. Deux femmes sont occupées aux fourneaux : une religieuse de 75 ans environ et une laïque d'une cinquantaine d'années. Ici aussi, c'est complet, un groupe occupe toutes les chambres.

– Pourrais-je dormir par terre avec mon sac de couchage, dans un coin ?

– Hors de question ! Ici, c'est impossible.

La religieuse est irritée et désagréable. L'autre femme, Philomène, qui cuisine des frites dans une poêle énorme intervient :

– Vous n'avez qu'à venir chez moi, je vous invite.

Éberlué de cette proposition subite et généreuse à laquelle je n'ai guère été habitué en Italie, je m'empresse d'accepter. Alors la religieuse revêche commence à entreprendre sa voisine de fourneau et, tout en cuisant omelette sur omelette, s'emploie à faire revenir Philomène sur sa décision. Comme une fricassée aux oignons dans sa poêle, elle la cuisine et, au bout d'un quart d'heure, elle triomphe : Philomène se rétracte en s'excusant, invoquant le danger et l'insécurité d'aujourd'hui.

Il y avait mille façons de mettre en garde contre le risque d'héberger un inconnu, et ce risque, je le comprends, j'accepte la réticence des autres à m'accueillir. Toutefois, cela pouvait être exprimé posément, amicalement, tandis que la sœur s'y acharna avec virulence et des œillades hargneuses dans ma direction. Si j'avais tué ses père et mère, elle ne m'aurait pas traité de pire façon. Ce soir, le diable est habillé en bonne sœur. Non pas parce que l'on m'a refusé un hébergement – cela n'a aucune importance –, mais parce que la religieuse a fauché sauvagement l'élan de générosité de Philomène.

Le diable ajoute pourtant :

– On va te donner de l'argent et tu iras à l'hôtel.

Je refuse.

– Pourquoi refuses-tu l'argent ?

Parce que je vois qu'elle le propose sous la contrainte au lieu de l'offrir de bon cœur.

– On peut te donner à manger, si tu veux.

Ça oui, je veux bien. Alors la religieuse glisse une demi-omelette dans une assiette, ajoute une pelletée de frites et pose le tout dans un coin, à côté de la poubelle. Je remercie et mange debout car on ne me propose pas de siège. C'est de la cuisine de collectivité, médiocre, mais c'est chaud et j'apprécie. Je mange en prenant mon temps et en échangeant quelques phrases avec Philomène. J'ai de la peine pour elle qui a dû renoncer à l'élan de son bon cœur. Comme j'apprends qu'elle a vécu plusieurs années en France, je change de langue pour lui dire très vite :

– Ne vous inquiétez pas pour moi. Je comprends vos raisons. De toute façon, en venant, j'ai repéré un endroit pour dormir dehors. Même si j'aurais préféré votre maison, j'y serai à mon aise. Non, je ne veux pas vous forcer la main en disant cela. Ce n'est pas grave… Et surtout, ne répétez pas à la sœur que je vais dormir dehors. Il ne faut pas qu'elle croie m'avoir mis sur la paille. Non, ce n'est pas grave… Et votre générosité spontanée m'a fait tant de bien !

Puis je reviens à l'italien pour ne pas exclure la religieuse de notre discussion redevenue anodine.

Une heure plus tard, j'installe mon couchage à tâtons dans l'usine délabrée que j'ai repérée près de la rivière. Des ouvertures béantes par où s'engouffre un vent humide trouent le béton des murs, et j'ai dû balayer les gravats pour me ménager une surface à peu près plane dans ce qui pourrait avoir été une salle de contrôle. À 200 mètres clignote l'enseigne d'un hôtel trois-étoiles, mais j'estime ridicule de dépenser 80 euros pour une nuit. Plus que ridicule : impossible. Pas tant pour la somme que je peux bien débourser une fois ou l'autre, mais je ne peux demander l'hospitalité aussi souvent et me rabattre sur une solution luxueuse quand ça ne fonctionne pas.

Avant de me glisser dans le sac, j'ai suspendu mes provisions en hauteur, à tout hasard, pour ne pas tenter les rats s'il y en a, puis j'ai enfilé mes deux *tee-shirts* et mes deux polaires. Comme un souffle glacial me balaie encore le visage, j'ai enfoui la tête sous le duvet et je pense à la *Vénus de Médicis*, là-haut, à Florence. Seule, elle aussi, dans la vaste galerie des Offices déserte.

Un centre pour sans-abri, une famille, un hôtel médiocre, une cellule de moine et, pour finir, un squat humide et froid le 23 novembre : en cinq jours, une diversité à l'image du voyage.

Derrière moi, bientôt six mois de marche et, cependant, plus j'approche du terme du voyage, plus mon trajet diminue dans l'esprit de mes interlocuteurs.

– Tu viens de Paris ? D'ici, ça doit faire…

Beaucoup moins de kilomètres que je n'en ai parcouru, et j'ai beau expliquer ma boucle, rien n'y fait : mon voyage *paraît* de plus en plus petit. Alors que je suis d'un naturel timide, j'aime, il est vrai, sortir de la foule. Ce n'est pas que je veuille me vanter : j'aurais voulu que les autres comprennent. Il y a dans le voisinage de la vanité qui lui fait souvent ombrage un sentiment légitime de fierté qui aide à passer les moments difficiles. Eh bien, même à cela je dois renoncer. Car on ne peut pas être fier tout seul dans sa tour d'ivoire. Sans le regard des autres je ne suis rien, ou si peu de chose. Et sous le regard de Dieu, quelle fierté demeure ? On ne peut plus penser à soi. Un dépouillement ultime, une pauvreté qui fait bien plus mal que celle de l'argent.

Ferentino, Anagni, ville natale de Boniface VIII, le pape qui promulgua le premier jubilé en 1300, Segni, Rocca Mássima : des bourgs pittoresques couronnent les hauteurs qui m'environnent. ph. 111
J'atteins les Castelli Romani, cette région volcanique à 20 kilomètres au sud de Rome qui, de tout temps, a servi de retraite et de lieu de villégiature aux riches Romains. Il y a sept ans, je fus heureux d'arriver à Jérusalem. Demain, je crois que je serai content d'arriver à Rome. Cette dernière soirée a la saveur d'une veillée de Noël, mais une veillée très étrange que je passe dans une auberge de jeunesse déserte, coincée entre un cimetière qui ressemble à la galerie d'un cirque antique, une ville de banlieue sans caractère et l'aéroport de Ciampino dont les pistes commencent à 300 mètres. Dans le jardin est garé un Piaggio à moitié désossé, gris militaire, taggué et les pneus crevés. Modèle PD-808 : un avion biréacteur estampillé d'une cocarde de l'armée de l'air italienne.

« Rome-Ciampino » : c'est d'ici que j'avais pris l'avion pour Paris il y a deux mois. Je ne voulais y voir alors que « Ciampino », un aéroport qui n'avait rien de commun avec Rome, tout juste un moyen pour se téléporter vers la France. Dans le taxi fourni par l'assurance, j'avais fermé les yeux à l'approche de l'agglomération afin de ne pas risquer de découvrir la coupole de Saint-Pierre. Tandis qu'aujourd'hui Ciampino est venu naturellement sous mes sandales pour l'étape de l'avant-dernier soir.

– Allô, Bathilde ? C'est François-Xavier… Oui… Très bien… Je pense arriver chez toi dans trois jours : ça va ?

– Pas de problèmes. Quand tu veux, autant de temps que tu veux… Tu as l'adresse, n'est-ce pas ?… Oui, entre Sainte-Marie-Majeure et la gare de Termini. Où es-tu maintenant ?

– Plus très loin.

« Quelque part », en somme, et rien de plus car je ne veux pas qu'elle traduise aussitôt : « Tu es donc à quarante minutes d'autobus du Colisée. » Si l'on savait où je suis, j'aurais l'impression de ne plus être libre. Cette solitude qui m'a parfois tant pesé, j'en ai désormais besoin.

Au matin, les premiers rayons du soleil de fin d'automne
ph. 112 dorent la cime des pins parasols qui jalonnent la *Via Appia Antica.* La reine des voies de l'Empire. Celle qui reliait Rome à l'Adriatique et lui ouvrait les portes de l'Orient. Celle qui m'ouvre aujourd'hui les portes de la Ville éternelle. À la fin du XVIIIe siècle, une route parallèle – la *Via Appia Nuova*, désormais autoroute bourdonnante de circulation – fut construite à 300 mètres à l'est afin de préserver la voie historique. Protégée par un rideau d'arbres, la partie la plus éloignée du centre de Rome est demeurée très champêtre : au-delà des bas-côtés herbus, la voie, large d'environ 4 mètres et sur laquelle apparaissent de loin en loin des portions pavées, polies par les pas et usées par les charrois, est encadrée de deux murets bas qui la séparent des champs et des pâturages à moutons tandis que pins et cyprès l'ombragent. Je n'aurais pu rêver de plus belle entrée, plus évocatrice et sereine. Pendant 10 kilomètres, personne, hormis, de temps à autre, un promeneur ou un joggueur du mercredi matin.

De part et d'autre, des vestiges de brique aux formes étranges, des effigies, des inscriptions gravées sur des stèles de marbre rappellent que tombeaux et mausolées, interdits dans l'enceinte de la ville, rythmaient la *Via Appia* sur plusieurs dizaines de kilomètres. Le long de cette voie furent crucifiés Spartacus et les milliers d'esclaves vaincus de la révolte. Plus tard, des chrétiens aussi.

À partir de la tombe de Cecilia Metella et des catacombes de Saint-Sébastien, la voie devient asphaltée et je rencontre les premiers touristes, guide à la main. Un peu plus loin, l'église du *« Quo vadis ? »*.

– *Quo vadis, Domine ?* Où vas-tu, Seigneur ? aurait demandé saint Pierre au Christ qui lui serait apparu sur la *Via Appia* au moment où lui-même s'enfuyait pour échapper aux persécutions de Néron.

– Je vais à Rome pour me faire crucifier une seconde fois.

Et Pierre, confondu, fit demi-tour.

Cette route de saint Pierre, je l'ai tant de fois croisée, suivie, je m'en suis éloigné, j'y suis revenu et me voilà avec mes errements et mes faiblesses, apercevant désormais, surplombant la ville, le dôme, imaginé par Bramante et presque achevé par Michel-Ange, qui marque le tombeau de l'apôtre.

Je délaisse le Colisée, longe les thermes de Caracalla, rejoins les rives pestilentielles du Tibre puis le château Saint-Ange – Ah ! *Tosca* : l'exécution de Cavaradossi à l'aube sur la terrasse du fort, et Tosca éplorée, vaincue par l'infâme Scarpia ! –, emprunte la *Via della Conciliazione*, trop brève, et atteins enfin la place Saint-Pierre. ph. 116

Le soleil a disparu derrière les colonnades du Bernin. J'erre de-ci de-là sur l'ovale, m'approche des fontaines, lève les yeux vers le sommet de l'obélisque rapporté du cirque de Néron et qui vit périr tant de martyrs, laisse vagabonder mon regard sur les statues qui ponctuent la galerie, reviens à la façade sévère de la basilique. Là était le but, n'est-ce pas ?

Je suis arrivé, ou presque. Je n'entre pas, peut-être à cause de saint Jean, accouru le premier devant le tombeau vide au matin de la Résurrection et qui reste sur le seuil. Comme si je devais, moi aussi, attendre le premier des apôtres. Ce sera pour demain.

Tandis que les projecteurs s'allument tour à tour pour illuminer le monument, je vais poser mon sac au pied d'une des colonnes du Bernin et m'adosse à la pierre pour jouir du spectacle. En ce 28 novembre, voilà cinq mois et demi que je marche ; 4 000 kilomètres, peut-être 4 500 : cela n'a pas beaucoup d'importance. Je croyais être seulement content d'arriver et, à ma grande surprise, je suis beaucoup plus que content, comme si toutes les difficultés et toutes les interrogations avaient été balayées pour laisser la place à une allégresse pure et profonde.

16.

Vient le moment

SIX HEURES DU MATIN. Dans le dortoir vide et froid, la pluie tambourine sur le vasistas, carré noir sur fond noir. Il faut avoir longuement endurci sa volonté pour sortir du sac de couchage, se jeter sous une douche écossaise et enfiler des vêtements encore humides lavés la veille et qui n'ont pas eu le temps de sécher. Puis sortir dans la nuit. Oui, il faut vraiment le vouloir : surtout quand il s'agit d'aller se confesser !

La confession n'a pas bonne presse. Cela sent trop la rombière. Un rite poussiéreux, ou alors un moyen de se refaire une virginité à bon compte. « Vous y croyez encore ? De toute façon, moi je n'ai pas besoin d'un homme pour parler à Dieu. » En plus, c'est désagréable. Sur ce dernier point, je suis bien d'accord. Franchement, je ne trouve pas ça drôle du tout. Et humiliant de reconnaître ses faiblesses, difficile de demander pardon, déraisonnable de prendre la ferme et sincère résolution de ne pas retomber dans les vieilles ornières. Oui, vraiment, j'ai du mal. Mais là, je ne peux pas faire autrement, et je me rends à Saint-Pierre pour y rencontrer Dieu. Deux fois : d'abord en me présentant à Lui avec tout le poids de ma vie humaine et en implorant son pardon par la confession, puis par la messe et la communion dans la joie et l'espérance de la créature faite « à l'image de Dieu ». Sans cela, mon voyage ne serait pas achevé.

J'arrive à Saint-Pierre à 7 heures, au moment où les gardes suisses ouvrent les portes de bronze, quand les fidèles sont encore rares et les touristes inexistants. Bientôt les autels s'animent dans le murmure des premières messes. Je consacre d'abord trois heures à la visite de la basilique, parce que cela m'offre un répit et parce que je veux rassasier ma curiosité afin qu'elle ne m'obscurcisse pas le cœur. Puis vient le moment.

Deux manières d'approcher Dieu. Et, après six mois où les rencontres avec les hommes furent si brèves, deux manières de rencontrer la personne avec laquelle j'ai eu, en définitive, la conversation la plus longue : le Christ.

Tout empli de cette matinée dans Saint-Pierre, je me sens incapable de me précipiter au Colisée ou de visiter une galerie. Alors, malgré la pluie tenace et froide, j'arpente les rues de Rome. Place d'Espagne, la Trinité-des-Monts, la fontaine de Trevi, place Navone, l'église de San Agostino et sa *Vierge des pèlerins* du Caravage. Marie les regarde de si haut ! et pourtant sans condescendance, avec une infinie bonté. Et eux, le paysan et la vieille femme agenouillés, nullement blessés de cette distance, l'implorent avec ferveur. Ils ont l'humilité de demander, eux. Plus que le voyage ou le bâton, voilà, en somme, ce qui fait le pèlerin.

Et pensif, envieux peut-être, admiratif du moins, je reprends le chemin de l'*ostello* sous la pluie froide.

« Quartier tranquille, à vingt minutes à pied du Vatican – prix modiques –, idéal pour *backpackers* », indiquait l'annonce sur Internet. Quand j'y suis arrivé hier, plan de ville en main, je n'ai pas remarqué l'ironie de l'adresse : *Via Trionfale* ! Je suis toujours le seul client : à part moi, il n'y a que le propriétaire, là-haut, dans sa chambre, qui regarde un match de foot, et sa copine en bas qui réchauffe des plats préparés qui empestent l'ail. La lecture me manque. Et aussi un fauteuil confortable dans une pièce chaude, pour me plonger dans un roman.

– Vous resterez combien de temps ? s'est inquiété hier le gros Italien gominé.

– Deux jours, ou trois…

Le temps dont j'ai besoin pour m'approprier cette arrivée avant d'affronter les questions des autres. Elle est étrange, cette arrivée, car j'ai l'impression d'une grande libération. Je relis, incrédule, les pages noires et grises dans mon carnet de notes quotidiennes. Les doutes sur la pertinence du voyage ne me tourmentent plus et je ne suis pas encore assailli par les soucis du futur. Je flotte sur le présent. Combien de temps cette insouciance va-t-elle durer ?

Arriver auprès de Dieu après la mort : est-ce que cela y ressemblera ? Un temps où plus aucune des difficultés, des aigreurs et des déceptions de la vie terrestre n'aura d'importance, et où seule comptera la joie infinie du moment présent ?

– Alors, cette arrivée ? me demande Sylvie en souriant, avant même que j'aie pu m'asseoir.

Je savais bien que ça allait commencer par une question et ce n'est pas la dernière.

Bathilde et Sylvie partagent un appartement de trois pièces près de Sainte-Marie-Majeure. Quoique je connaisse à peine la première et pas du tout la seconde, elles m'offrent le canapé du salon « aussi longtemps que tu voudras ». Les deux colocataires forment une drôle de paire. Sylvie, qui n'a probablement pas 25 ans, est aussi exubérante et généreuse que Bathilde est fluette et réservée. Une dizaine d'années les séparent et une passion commune pour Rome les rapproche. L'aînée est professeur de latin, traductrice d'italien et guide patentée des fouilles du Vatican ; la cadette travaille à l'École française de Rome sur un projet de restauration de la place Navone. Séjourner en leur compagnie est un vrai plaisir ; discuter avec elles des merveilles artistiques qui nous enchantent, un bonheur.

– As-tu visité la galerie Doria-Pamphili ?

– Tu devrais aller voir les mosaïques de Sainte-Praxède. En plus, ce n'est pas loin. Et la basilique de Saint-Clément, sur trois niveaux : le temple de Mithra, l'église du IVe siècle au-dessus et…

– Il a besoin d'un bon guide, intervient Bathilde. Sinon, il ne comprendra rien… On va te trouver ça… je connais un vieux bénédictin qui travaille au Saint-Office et s'y ennuie. Il sera ravi.

Et moi aussi, de tisser d'humanité le « devoir de voir » qu'évoque Stendhal. J'ai récupéré chez Bathilde et Sylvie le volume des *Promenades dans Rome* que j'y avais envoyé de Suisse. Pratique, l'auteur y propose en annexe une « manière de voir Rome en dix jours » :

> *Première journée : Saint-Pierre, le Vatican, le Colisée, le Panthéon, le palais de Monte-Cavallo, le Corso, les musées du Capitole et du Vatican, les galeries Borghèse et Doria, Saint-Paul-hors-les-Murs, la pyramide de Cestius, faire le tour des murs, errer dans Rome au hasard. – Si l'on veut obtenir une réponse, il faut demander les monuments et les rues par les noms italiens.*

Dieu du ciel ! Je n'aurai pas assez de quinze jours pour remplir un tel programme ! Et neuf journées aussi denses lui succèdent.

La rue, les musées, le pape, les Romains, les ruines, les églises. J'ai divisé ces dernières en deux groupes. D'une part les « sept églises », basiliques traditionnelles du pèlerinage romain, où je me rends d'abord avec la foi, et les autres, où j'adopte surtout les yeux du visiteur même si j'y conserve mes convictions et mon respect de chrétien pour la maison de Dieu.

C'est au milieu du XVIe siècle que saint Philippe Néri, alors prêtre à Rome, introduisit le pèlerinage des sept églises. *Pippo buono*, « le bon p'tit Philippe », disaient les Romains. Cela commença comme la *passeggiata* d'un soir d'été, quand l'air s'adoucit et la lumière s'attendrit. Philippe retrouvait ses amis près du palais Farnèse et ils allaient, conversant et méditant, jusqu'à Saint-Pierre ou Sainte-Marie-Majeure. Le dimanche, on poussait jusqu'à des sanctuaires plus lointains, hors les murs. On se promenait. On prenait du bon temps. Philippe enseignait. On s'arrêtait. On riait. On mangeait. On se remettait en route. Tous priaient. Les cinq ou six compagnons du début devinrent des dizaines, des centaines. Il y en eut parfois entre cinq et six mille. Peu à peu, un parcours se dessina, reliant les quatre basiliques majeures – Saint-Pierre, Saint-Jean-de-Latran, Saint-Paul-hors-les-Murs sur la route d'Ostie et Sainte-Marie-Majeure –, auxquelles Philippe ajouta Saint-Sébastien sur la *Via Appia*, Sainte-Croix-de-Jérusalem et Saint-Laurent-hors-les-Murs. En tout, 25 kilomètres : un tour de ville et une partie de campagne pour les Romains du XVIe siècle, un parcours patiné par des siècles de prières et aujourd'hui encore emprunté par quelques pèlerins modernes.

Au lieu de l'expédier en une journée, je m'accorde deux semaines, à raison d'un sanctuaire tous les deux jours. Pendant ce temps, je revois plusieurs connaissances. Elsa, par exemple, la jeune avocate du lac de Trasimène. Nous déjeunons, un jour de soleil, sur une terrasse à deux pas de la place d'Espagne.

– *Allora, come stai ?* Comment ça va ? demande Elsa d'un ton enjoué.

– *Benissimo ! Sono arrivato otto giorni fa.* Il y a huit jours. *Si... Non sempre facile ma... sono qui !*

– *Hai visto tante cose...* Tu as vu tant de choses.

Et rencontré tant de monde.

– *Madamina, il catologo è questo...*

Peut-être pas les mêmes conquêtes que Don Giovanni, mais on peut bien jouer son Leporello.

Nous évoquons tous deux Castiglione del Lago avec la tendresse que l'on éprouve pour les souvenirs de vacances chaleureuses en famille. La conversation voltige avec la légèreté d'une crème de *cappuccino.* J'invite Elsa, naturellement. Cela fait tant de mois que je n'ai pas eu le plaisir d'inviter une jolie femme à déjeuner !

– Et toi, comment vas-tu ? Et ta mère ?

Elsa se rembrunit. Tante Josefina va mal, très mal. Le pancréas. Trois jours plus tard, je vais déjeuner chez la mère et la fille. L'état de la vieille dame pétillante d'il y a trois mois serre le cœur. Entre larmes, abattement et quelques lueurs d'intérêt passager, tante Josefina se résout à venir à table.

– Encore un peu de ces gnocchis à la romaine, *Mamma.* Je les ai mitonnés à ta manière…

– Non, ça ne me dit rien… Excusez-moi, gémit tante Josefina en se tournant vers moi, les yeux humides, je n'ai plus le goût de…

Et elle s'éclipse rapidement. Une sœur de tante Josefina est là aussi, qui tente de sauver le repas :

– Votre visite l'a ragaillardie, me dit-elle. Si, si, je vous assure. Ah ! voici le dessert. Que disent tes amis, Elsa ?

– Que mon *tiramisu* est le meilleur de Rome. D'habitude, c'est vrai.

Mais aujourd'hui, Elsa se lamente car la boîte de poudre de cacao était vide.

La vie, et la mort qui passe, que voulez-vous ?

Je revois avec plaisir Lucca et Cristian, les deux jeunes géologues rencontrés dans un refuge des Abruzzes. Nous prenons un café en face de la gare de Termini. Ils ont repris leurs cours à l'université et n'ont pas changé : Lucca toujours aussi volubile et boute-en-train ; Cristian plus réservé.

– Alors, s'enquiert Lucca, tu as tout fait à pied ? Jamais une voiture ? Pas de *passagio* ?

Voilà bien une préoccupation d'homme !

Oui. Tout à pied, sauf… Sauf quelques centaines de mètres par-ci par-là. Lorsque, après que j'ai sollicité de l'aide pour un hébergement, une personne qui s'est mise en quatre pour moi – et que j'ai dérangée – me dit « Je t'y conduis en voiture », je ne peux décemment pas refuser. C'est arrivé quatre ou cinq fois. D'ailleurs, par un entêtement stupide, je m'appliquais généralement à refaire le trajet à pied le lendemain. Et puis il y a eu cette ville près de Pompéi, où des clarisses débordantes de gentillesse et qui n'avaient pas de chambre pour les visiteurs m'annoncèrent :

– On t'a trouvé un lit chez les franciscains d'à côté. On t'y conduit.

Pour nous rendre « à côté », nous prîmes l'autoroute ! C'était exactement la direction d'où je venais le matin. Et moi, accablé, je comptais les bornes en pensant aux kilomètres que je devrais refaire le lendemain : dix minutes par kilomètre en avançant d'un bon pas, et les bornes se succédaient. Que pouvais-je dire ? Que pouvais-je faire ? Dire aux bonnes sœurs au moment de monter en voiture : « *Grazie mille*, mais je préfère refuser l'aide que je vous ai demandée » ? Il me fallait bien accepter… Et ces sœurs persuadées de bien faire… Sept ou huit d'entre elles étaient venues voir « le pèlerin de Rome » au parloir. Jeunes pour la plupart, et il y en avait de jolies. Sur la route, j'avais l'impression d'avoir lancé un mauvais coup de dés au jeu de l'oie : « Retournez dix cases en arrière. » Le détour pour aller chercher mon courrier chez les clarisses de Nocera me coûta 50 kilomètres supplémentaires. Même si j'aurais pu revenir en bus le lendemain – après tout, si j'avais couché chez les clarisses, quelle différence ? –, je sentis que je devais revenir à pied.

– Pourquoi, Lucca ? Je ne sais pas. C'était comme ça.

De toute façon, ça n'a guère d'importance.

À force de visites et de chocs artistiques dans les musées, mon carnet se noircit à nouveau.

Depuis plusieurs jours, l'insouciance et la légèreté de l'arrivée se sont dissoutes dans le réel. Je ne saurais pas dire quand, et l'art m'aide à reposer les pieds sur terre tout en gardant l'âme accrochée à l'idéal.

– Alors, qu'as-tu vu aujourd'hui ? demande Sylvie en saupoudrant la *pasta* de parmesan.

– Les catacombes de Priscille, le musée national, l'église Saint-
ph. 120 Ignace et sa voûte peinte par Pozzo : époustouflant !

Chaque soir, au dîner, je fais mon rapport, et mes hôtesses le savourent comme une friandise.

– C'est merveilleux : grâce à toi, nous revisitons Rome.

J'évoque aussi mon voyage. Jour après jour, sans craindre d'évoquer l'essentiel, et je crois qu'elles y sont sensibles.

– Demain, quel programme ?

– S'il fait beau, le Forum. ph. 113

Puis Sainte-Marie-des-Anges aménagée par Michel-Ange dans les thermes de Dioclétien : l'immensité de l'espace intérieur est à couper le souffle !

Ce n'est pas « le devoir de voir », c'est « le bonheur de voir ». Inépuisable, à condition de garder la mesure. Quand pointe la satiété, je retourne au hasard des rues et me promène malgré la température de décembre qui vide les placettes de leur lot habituel de flâneurs, et l'obscurité qui tombe sur la ville dès la fin de l'après-midi. On est loin de la légèreté joyeuse et douce d'un soir de mai. Même durant la journée, les clients des restaurants délaissent la plupart du temps les terrasses pour se réfugier à l'intérieur. Le soleil se fait rare ; l'approche de l'hiver tempère l'exubérance des Romains, mais celle de Noël apporte à la ville une note de gaieté et d'impatience. Je me promène et puis bientôt je n'y tiens plus, pousse la porte d'une église et, là-bas, dans le fond du chœur ou dans une chapelle latérale, un tableau du Caravage, une statue du Bernin.

Si je ne devais retenir que deux artistes de mon séjour romain, ce seraient ces deux-là, qui m'ont subjugué par la puissance et la virtuosité de leurs œuvres. Et si je devais ne retenir qu'une œuvre pour chacun, ce serait *La Vocation de saint Matthieu* pour le premier, à l'église Saint-Louis-des-Français, et *L'Enlèvement de Proserpine* pour le second, à la galerie Borghèse. Ou peut-être pour le Bernin *Apollon et Daphné*, également à la galerie Borghèse, qui saisit l'instant de la métamorphose de la nymphe en laurier au moment où le jeune dieu la rattrape. Voilà ce qui me séduit tant : la capacité de fixer un instant crucial, de lui conférer un mouvement et de lui donner une durée. On est emporté par le vent, soulevé par les racines. On voit encore le corps gracieux qui va disparaître dans un instant, déjà à moitié dissous dans le tronc et les feuilles de marbre, et cependant encore parfaitement humain ; et l'on voit déjà l'arbre entier sur lequel va déraper la main d'Apollon. Celui-ci, à un souffle d'elle, encore sûr de sa victoire il y a un instant, a posé une main sur la hanche gagnée par le bois ; dans son regard se lit déjà la stupéfaction et le dépit exacerbé par le désir.

Moins de grâce et plus de puissance dans *L'Enlèvement de Proserpine*. Mais là aussi, il y a ce mouvement et cette présence charnelle, cette vie qui force à tourner autour de l'œuvre car aucun plan ne permet de la saisir dans sa totalité ni de la réduire à un angle de vue idéal. Et toujours cette virtuosité technique ébouriffante par laquelle naît l'instant.

Kairos: le moment favorable des Grecs, réinventé par le baroque. Le moment saisi par le Caravage pour illustrer la vocation de saint Matthieu. À gauche, cinq personnages en costume du XVIIe siècle, attablés dans un estaminet ou un octroi. Deux sont absorbés par l'argent répandu devant eux; les trois autres, surpris, tournent la tête vers le Christ et Pierre qui viennent d'entrer dans la pièce, vêtus de manière intemporelle, fondus dans le clair-obscur. Un rayon de lumière oblique, venu de la droite par la porte que l'on devine entrouverte, éclaire la scène. Il précède, suit et accompagne le bras tendu par le Christ vers Matthieu, qui rappelle celui de Dieu le Père vers Adam au plafond de la Sixtine, mais avec plus de douceur et un regard infiniment aimant qui dit:

– C'est toi que j'ai choisi.

Au milieu du groupe, Matthieu, un homme dans la force de l'âge vêtu d'un riche habit cramoisi, pointe un index sur sa poitrine. Son regard interroge :

– Moi ? demande-t-il.

Et il a déjà compris. Il est le seul à avoir compris et les autres demeurent étonnés tandis que lui, Matthieu, sait. Car le mystère ne s'impose pas. Il n'est visible qu'à celui qui s'y ouvre. Le Christ n'est pas arrivé en fanfare : il est entré dans un quotidien et une réalité qui ont continué. Ce jour-là, il est entré pour Matthieu seul, et pour nous. Et le Caravage, dont on a affirmé qu'il était l'homme le plus débauché de son siècle, exprime avec une densité et une profondeur extraordinaires le dialogue entre Dieu et l'homme, donné et consenti parfois.

Cependant, la richesse de la représentation n'est pas épuisée car la main pointée par l'homme que l'on prend pour Matthieu adopte un geste ambigu. Dans le plan de la toile, l'index, comme celui du Christ, pourrait aussi bien indiquer le jeune homme en pourpoint et au visage glabre, accoudé en bout de table, la tête baissée, les épaules voûtées, la main occupée à tirer vers lui les piles de pièces qui jonchent la table. Ce serait une autre histoire :

– L'homme qui a pour nom Matthieu ?... C'est lui.

Celui dont l'Évangile dit qu'il était collecteur d'impôt n'a pas encore renoncé à ses occupations terrestres. Il ne sait pas que dans un instant sa vie va changer pour toujours. En fait, quoiqu'il l'ignore encore, elle a déjà changé car le Christ a semé en lui la capacité de dire « oui », mais le jeune homme ne l'a pas encore fait. Dans un instant, il va se décider. On sait qu'il consentira et l'on *voit* la Grâce à l'œuvre, l'instant où elle va opérer.

Alors en somme, qui est ce Matthieu que le Seigneur appelle ?

Et le tableau dit :

– Ce pourrait être moi, ce pourrait être vous.

L'instant, la durée, la multiplicité des possibles. Quand le Bernin use des trois dimensions pour faire jaillir la vie, il en suffit de deux au Caravage pour illustrer le mystère.

Les Caravage sont devenus mon pain quotidien. Si tous ne m'enthousiasment pas également, il suffit que ma journée n'en compte aucun pour que Bathilde et Sylvie me trouvent le soir un air de déception.

– As-tu vu la *Crucifixion de saint Pierre* à Santa Maria del Popolo ?

– Celui-là, pas encore. J'irai jeudi.

– Et à propos de saint Pierre, reprend Bathilde, je peux te faire visiter les fouilles du Vatican demain matin.

Sous la basilique s'étend une nécropole païenne que des archéologues ont fouillée à partir des années 1940 à la recherche de la tombe du premier apôtre. On y pénètre par des escaliers étroits et sombres barrés de portes codées. L'air y est si confiné que les visites y sont restreintes à une poignée de personnes. Bathilde fait partie des rares guides accrédités pour y mener des groupes. Le jour où nous nous y rendons, seul un couple de retraités s'est joint à nous.

À quelques mètres sous le marbre et les ors de l'église envahie par les touristes et les pèlerins, la première vision de la nécropole surprend : cela ressemble à la rue d'une ville antique, avec une enfilade de bâtiments de pierre ou de brique, surmontés de frontons : ce sont les mausolées qui abritent les tombeaux. L'ambiance est calme, bien sûr. On a l'impression de descendre très loin, ou plutôt de remonter très haut dans le temps. Bathilde explique le déroulement des fouilles et des analyses qui ont duré vingt-cinq ans, exposant les arguments des uns et des autres, sans *a priori* piétiste ni rationaliste. Car, évidemment, la véracité de la sépulture de Pierre a soulevé des polémiques passionnées. Peu à peu, nous avançons au milieu des tombeaux.

– Un faisceau d'arguments milite en faveur d'une sépulture du premier des apôtres au Vatican. Par exemple, les chrétiens répugnaient à se faire enterrer dans les cimetières païens. Or, on a identifié ici des tombes chrétiennes, y compris dans des mausolées d'origine païenne. Comme si certains chrétiens avaient absolument tenu à être inhumés à cet endroit. Par ailleurs, la construction de la première basilique par l'empereur Constantin au début du IVe siècle a exigé des travaux de terrassement colossaux qui ont dévasté une partie de la nécropole : il a fallu édifier d'énormes murs de soutènement pour compenser un dénivelé de 10 mètres sur la colline rongée par les infiltrations d'eau. Pourquoi s'acharner à construire un édifice gigantesque en un lieu aussi défavorable ? De plus…

Bathilde cite les catacombes, les persécutions, le transfert probable des reliques près de la *Via Appia* puis leur retour, une lettre d'un certain Gaïus de la fin du IIe siècle, cité par Eusèbe de Césarée :

– À un chrétien d'Orient qui prétendait que les églises d'Asie étaient supérieures à celles de Rome à cause des reliques qu'elles possédaient, Gaïus répondit : "Viens donc voir au Vatican et sur la route d'Ostie les trophées des apôtres [vraisemblablement Pierre et Paul] qui ont fondé l'Église de Rome !"

En raison de cette lettre, les archéologues modernes appelèrent l'édifice qui abritait les restes de l'apôtre « le trophée de Gaïus », et c'est ce trophée qu'ils cherchaient sous la basilique.

– Alors ?

– J'y viens, ou plutôt nous y arrivons. Les archéologues creusèrent profondément, en vain, et finalement… vous voyez ce mur ? on l'appelle le mur rouge à cause de traces de peinture. Eh bien, derrière…

Derrière se trouve une tombe : le trophée de Gaïus.

– Il a fallu des bataillons d'experts et des mètres linéaires d'études pour en acquérir la certitude, mais la chose est désormais sûre : ici fut enterré Pierre.

– A-t-on découvert des reliques ?

– Dissimulée dans l'épaisseur d'un mur, une cachette renfermait des ossements. Le pape les fit expertiser : ces fragments appartenaient à un seul homme, âgé de 60 à 70 ans, de constitution robuste. De plus, il y avait des os de toutes les parties du corps, excepté les pieds : ce qui semblait indiquer que l'on avait coupé ceux du défunt, ce qui était habituel pour les suppliciés qui mouraient crucifiés la tête en bas, c'est-à-dire de la façon dont la tradition rapporte le martyre de saint Pierre.

Si les présomptions étaient fortes, aucune certitude scientifique ne pouvait cependant être établie sur l'identité de l'homme dont les ossements étaient conservés dans la cachette. Au-delà des nombreux éléments concordants reste une part qui relève de la foi. En 1968, près de trente ans après le début des fouilles, Paul VI adopta une position claire et reconnut publiquement qu'il s'agissait des ossements du premier pape.

« Tu es Pierre, dit le Christ à Simon, le pêcheur de Tibériade, et sur cette pierre je bâtirai mon Église. » Voilà près d'une heure et demie que nous déambulons dans la nécropole qui commence à peu près à l'aplomb du milieu de la nef de la basilique. Nous contournons le mur rouge, montons quelques marches, franchissons une dernière porte et nous débouchons… dans une petite chapelle de la crypte de la basilique, à 3 mètres à peine sous le grand autel du chœur !

– Les archéologues ont longtemps cherché plus bas, reprend Bathilde. En fait, la tombe de saint Pierre était là, toute proche, exactement sous la coupole, le baldaquin du Bernin et la table du saint sacrifice !

À cette heure, les touristes affluent dans Saint-Pierre. En émergeant de la crypte, je reconnais à peine le calme du premier matin. Devant la célèbre statue de l'apôtre par Arnolfo di Cambio installée à la croisée du transept, des files de Chinoises et de Japonaises se font photographier en baisant le pied de la statue qui a été tellement usé depuis le XIIIe siècle par les millions de pèlerins de jadis qu'on n'y distingue plus les orteils. Que peut bien signifier un tel geste pour ces Asiatiques au sourire figé sinon une case cochée dans la liste des *musts* d'un tour d'Europe ?

À côté de saint Pierre qui tient fermement deux clés dans son poing gauche, un Suisse a installé une échelle de bois qui monte jusqu'à… jusqu'à la porte du paradis ? « Rome est l'endroit où la porte de la vie éternelle est toujours ouverte », affirme Bède le Vénérable. Et que celui qui prétend qu'il faut changer une ampoule soit anathème ! ph. 119

Des abbés en col romain, des prêtres en soutane, des religieuses arpentent les travées. Des cornettes, on en voit de toutes les formes et presque de toutes les couleurs. Une jeune religieuse au visage fin déambule avec nonchalance devant les tombeaux de marbre, l'air bien sage, mais sa main… Sur le strict vêtement noir qui la corsète, une cordelière grenat lui sert de ceinture, terminée par deux pompons de passementerie. Et de sa main, la religieuse joue négligemment avec la cordelière, sans y prendre garde. Elle qui, un jour, fit vœu de renoncer à tous les hommes pour l'Époux céleste, la voilà trahie par ce mouvement badin où se concentrent, à son insu, toute la féminité et la séduction qu'elle n'a pas réussi à étouffer.

Derrière moi, un Américain à l'accent texan demande :

– *Is it possible to see the pope ?*

Rome ne serait pas elle-même sans le pape. Le voir et l'entendre frappe moins depuis qu'il voyage aux quatre coins de la terre et que les médias véhiculent son image et ses messages. Cependant, je me rends à une audience du mercredi dans l'immense salle Paul VI qui peut contenir plus de 7 000 pèlerins. Le petit homme en blanc est bien loin, la catéchèse est ardue, et Benoît XVI n'aime guère les bains de foule. Une matinée un peu décevante. Trois jours plus tard, en revanche, après deux heures d'attente dans la ferveur italienne ph. 117 le long des barrières disposées place d'Espagne, je le vois passer à deux pas lors de la cérémonie traditionnelle du 8 décembre où il vient fleurir la colonne de l'Immaculée-Conception. Certes, ce n'est qu'un homme, mais le pape, tout de même…

Il y a la Rome religieuse, et puis aussi la Rome ecclésiastique. Un séjour au centre de la chrétienté serait incomplet sans une incursion dans le monde des prélats qui gravitent autour du pape et de la Curie. Avant mon départ de France, je m'y étais déjà frotté à l'occasion d'un échange avec un *Monsignore* que j'avais côtoyé un temps à Paris et qui est désormais en fonctions à Rome. Nous nous connaissions suffisamment pour qu'il me tutoie et pas assez pour qu'il accepte d'écrire la lettre de recommandation en italien que je lui demandais :

– Tu comprends, pontifia-t-il dans son courriel de réponse, avec les responsabilités qui sont les miennes aujourd'hui à la Curie, je ne peux pas me permettre de m'engager pour quelqu'un que je ne connais en définitive pas très bien. Je suis sûr que tu comprendras.

Oui, je compris, et me passai de ses services.

Des multiples séminaires suivis durant ma vie de banquier, je me souviens d'un en particulier, au cours duquel un consultant en ressources humaines exhortait les *top managers* à simplifier la structure de l'entreprise :

– Considérez l'Église catholique, disait-il : en tant qu'organisation humaine, c'est la multinationale la plus ancienne et la plus accomplie.

La brièveté de sa ligne hiérarchique ne compte sûrement pas pour rien dans son exceptionnelle longévité. Seulement trois niveaux : laïc, prêtre, évêque.

– Et le pape ?

– Évêque de Rome, il n'est que le *primus inter pares*, le premier parmi ses pairs.

– Et les cardinaux ?

– Il s'agit d'une dignité et non d'un niveau hiérarchique supplémentaire. Un ensemble de structures collégiales – conclaves, conciles, synodes, consistoires, conférences régionales, etc. – permet en outre de tempérer les excès d'une approche unilatéralement *top-down*. Il en résulte une extraordinaire souplesse et une capacité d'adaptation qui permettent à cette entreprise de fédérer aujourd'hui plus d'un milliard d'êtres humains. Quoi que vous pensiez des buts qu'elle poursuit, son modèle d'organisation force le respect.

L'intervention du consultant n'avait pas manqué de faire sensation dans l'assemblée de banquiers en costume sombre.

– Je ne rate jamais mon effet, confiait-il ensuite en souriant lors du cocktail de fin de séminaire, un verre de whisky à la main.

Si le consultant avait raison dans les grandes lignes – quoiqu'on pût contester le rapport hiérarchique du laïc au prêtre –, il passait sous silence la myriade de titres, dignités et fonctions annexes dont se délectent tant les hommes que les structures. Dans la Rome ecclésiastique, on rencontre des abbés, des vicaires, des chapelains, des conseillers, des chanoines émérites, des supérieurs et des *Monsignore*, des archiprêtres, des préfets, des révérendissimes et des excellences, des prieurs et des provinciaux, des camériers, des aumôniers, des pères gardiens, des recteurs et des éminences grises, noires, pourpres ou violettes qui se croisent, se saluent ou s'épient à chaque coin de rue, qui fréquentent des cercles mouvants où l'influence se conjugue à travers une Babel de nationalités et dont le but revendiqué par chacun est d'œuvrer *ad majorem Dei gloriam*.

Un jour, Bathilde me dit :

– Je vais dîner demain soir chez le conseiller ecclésiastique de l'ambassadeur de France auprès du Saint-Siège. Veux-tu venir ? C'est un personnage...

– Il tient table ouverte ?

– Je le connais assez bien. Je vais lui téléphoner ; il sera sûrement d'accord.

Le lendemain soir, nous nous rendons chez le père S. qui occupe un appartement au deuxième étage d'un *palazzo* historique dans une rue proche de la place d'Espagne.

Bathilde me présente.

– Oui, oui, susurre le jeune ecclésiastique en souriant avec une affectation un peu molle. Bathilde m'a parlé de vous… Entrez, je vous en prie… Ce sera sans façon…

La plupart des invités sont arrivés. Babillage de cocktail sous 4 mètres de hauteur de plafond. Dans le salon aux fauteuils profonds, mes yeux errent sur les murs couverts de tableaux et de gravures anciennes, sur les bibelots précieux qui traînent avec une désinvolture étudiée sur les commodes et les consoles.

– Que puis-je vous servir ?… Oui, j'aime à m'entourer de belles choses…

Il s'excuserait presque d'être contraint par ses fonctions diplomatiques à disposer d'un logement de représentation. Âgé de 35 ans environ, déjà un peu gras, le prêtre en habit noir et col romain papillonne de l'un à l'autre avec aisance, un sourire satisfait aux lèvres, et des manières à la fois polies, obséquieuses et un brin condescendantes.

– Vous vous interrogez sans doute sur le rôle d'un conseiller comme moi auprès de l'ambassadeur ? Eh bien… Ah ! c'est prêt ?… Alors passons à table. Nous continuerons à côté… Mesdemoiselles, je vous en prie, après vous…

Nous sommes onze dans la salle à manger, autour d'une immense table ovale sur laquelle est dressé un couvert de fête. Argenterie ? c'est sûr. Cristal ? je ne me souviens plus. De part et d'autre du dessus de table, deux chandeliers d'argent à cinq branches et aux arabesques délicates, hauts de 80 centimètres au moins. Et sur le grand côté, le père S. qui trône au milieu de sa cour À quelques exceptions près, il s'agit ce soir de jeunes entre 20 et 30 ans. Des hommes et des femmes. Je dirais presque : « Des garçons et des filles. » Je reconnais Emma, une amie de Bathilde qui effectue un stage à l'ambassade et prépare des dossiers pour notre hôte. Elle doit avoir à peine 20 ans, et son visage doux, ses cheveux qui ondulent sur les tempes, rassemblés d'un mouvement vers la nuque, me rappellent la tête d'Amazone que j'ai revue l'après-midi même au musée du Capitole : un marbre antique d'une pureté absolue, mélancolique et éternelle. Emma, cependant, déborde de vie et, apparemment, ne s'en laisse pas conter.

En ce moment, ses yeux, comme ceux de tous les autres, sont fixés sur l'hôte qui nous reçoit.

– Mon rôle est multiple, explique le père S. Pour simplifier, je dirais qu'il est double : il consiste d'une part à refléter auprès du Saint-Siège l'image et les positions de la France, à faire comprendre, *via* l'ambassade, aux services de la Curie les intérêts et les décisions souveraines de la République française, et, d'autre part, à informer mon pays de ce qui se passe non seulement au Vatican, mais aussi dans l'Église universelle où les préoccupations pastorales recoupent souvent des intérêts auxquels la France n'est pas insensible.

– Vous êtes d'abord homme d'Église ou d'abord diplomate ? demande Nicolas, un étudiant dégingandé de 26 ans qui part dans un mois en Bolivie pour réaliser un documentaire de télévision sur une communauté catholique en Amazonie.

– Je suis fonctionnaire de l'État. J'émarge au budget du ministère des Affaires étrangères… Et en même temps, je suis prêtre.

Le prêtre diplomate sourit et savoure son prestige en se délectant des ambiguïtés de sa position.

– Il est important, ou du moins souhaitable, que les responsables de l'État prennent conscience de ce que l'Église n'est pas un organisme supranational, un corps administratif et de pouvoir. Elle n'est pas non plus une agence sociale, quoiqu'elle fasse un travail social et supranational, mais un corps spirituel. L'Église n'est pas une grande structure, une organisation internationale. L'Église est le corps du Christ et donc une réalité spirituelle.

Il se tourne vers sa voisine :

– Servez-vous, c'est un excellent potage au potiron… Vous comprenez, n'est-ce pas, que ma position est complexe. Ce travail, cette mission, devrais-je plutôt dire, je l'accomplis naturellement à la lumière de mon engagement sacerdotal.

Entre les tagliatelles et le poisson, il raconte son poste à Vienne, aux Nations unies, avant son entrée dans les ordres, puis son séminaire à Washington et son service à l'aumônerie du Sénat.

– J'ai toujours eu envie de faire de la politique. Un jour, un vieux curé français m'a mis en garde : "Entre le sacerdoce et la politique, tu devras choisir." Et je crois que j'ai trouvé un moyen de concilier les deux. Pour moi, ces deux mondes apparemment distincts sont orientés par une même recherche, une quête commune du Bien. On ne peut être un pont entre eux – et c'est mon rôle ici – que si l'on a fait entièrement l'expérience de l'un et de l'autre.

De « pont » à « pontife », on sent qu'il s'emploie activement à combler l'espace qui sépare les deux mots. Il faudra que je me souvienne de cet homme le jour où je voudrai décrire un jeune ambitieux qui n'a pas perdu toutes ses illusions, un peu fat et cependant extrêmement brillant.

Impeccable de civilité, le père S. s'enquiert de mon voyage. Je reste le plus bref possible car je m'amuse bien davantage à l'écouter et à le voir évoluer devant ses admirateurs. Comment se comporte-t-il lorsque, au lieu de ce public en chocolat, il affronte de vieux limiers rompus aux manœuvres florentines et byzantines ? Il doit se passer dans les salons discrets, les antichambres et les bureaux sombres des duels passionnants, à fleurets pas toujours mouchetés.

– Eh bien, Emma, nous n'allons pas parler boutique, mais as-tu achevé la proposition de programme pour notre visiteur de la semaine prochaine ?

Quel visiteur ?

Des noms circulent.

– Il s'agit du président, n'est-ce pas, mon Père ? demande le voisin de Nicolas.

– Nous ne pouvons rien révéler, naturellement, se délecte le père S.

Et il lance un petit rire entendu. Sur son menton brille une goutte de vinaigrette qu'il n'a pas senti couler. Il raconte avec une candeur surprenante ses trois années de prêtre lambda dans une paroisse toulousaine après ses années américaines ; il évoque l'accident qui l'a paralysé – « Être obligé de réapprendre à parler et à marcher, cela donne une stabilité peu commune. » – et parle de ses femmes :

– Maman et mes sept sœurs : huit principes d'éducation différents ! Chacune voulait redresser les torts ou les difficultés causés par les autres…

La soirée avance sans qu'on y prenne garde car le père S. possède un charme indéniable et sait mêler adroitement son expérience la plus personnelle aux défis du monde.

– Au Sénat, je me suis frotté avec passion aux problèmes de la mondialisation. Cependant, le souvenir le plus marquant de mon séjour à Washington, c'est à l'évêque qui a acquiescé à mon désir d'ordination que je le dois. Comme vous le savez, on ne "décide" pas de devenir prêtre, on y est appelé par l'Église. Concrètement, l'évêque demande au directeur du séminaire : "Celui-ci, qu'en pensez-vous ?" Trop souvent, le directeur se contente de banalités :

“Toutes les vieilles dames veulent prendre le thé avec lui, il joue au foot avec les jeunes, il reste des heures le regard scotché au plafond de la chapelle, etc.” Parfait… Pour moi, l’évêque balaya ces fadaises d’un revers de main et me regarda droit dans les yeux : “Ce qui m’intéresse, ce n’est pas de savoir si vous vous sentez assez fort pour accomplir ce service tout au long de votre vie, mais si vous vous reconnaissez assez faible pour avoir besoin de la Grâce.”

Autour de la table, le cliquetis des couverts s’est tu. Et le prêtre de poursuivre devant le parterre de jeunes professionnels à l’époque des choix cruciaux de la vie :

– Aux fiancés, je dis désormais : “Il ne s’agit pas de se croire assez forts pour affronter la vie de couple, mais de s’accepter assez faibles et de savoir qu’un jour vous aurez besoin de l’autre.”

Puis il tend la main vers le sorbet à la poire et le propose à la ronde en souriant.

Noël approche. Place Saint-Pierre, des ouvriers installent une crèche au pied de l’obélisque. Les foules se pressent dans les rues commerçantes aux vitrines étincelantes et au ciel constellé par les illuminations. Voilà bientôt trois semaines que j’arpente le but. J’ai eu le temps de retourner dans les lieux que j’ai aimés, de revoir les œuvres qui m’ont touché. Noël approche, que je n’ai pas de raisons de passer à Rome alors que ma famille m’attend en France. Je viens d’achever le courrier promis à ceux qui m’ont ouvert leur ph. 115
logis et à quelques autres :

– Comptez sur moi : je vous écrirai de Rome !

Soixante-seize cartes… Pour cent soixante-six jours de voyage. Pour le marchand de bois et pour les parents de *Putti* Matthäus, pour Mirella au visage lumineux et bon, qui m’a offert un dîner dans un refuge des Alpes italiennes, pour les émigrés italiens de Maisons-Alfort, pour Madre Maria-Livia et pour Fra Alessandro ph. 61
aux yeux de braise et à la barbe d’anachorète, tendu, survolté et qui discourait avec l’exubérance et la volubilité d’un Roberto Benigni, pour le service d’orthopédie de l’hôpital de L’Aquila, pour le maréchal, pour sa fille qui s’est mariée il y a deux semaines et pour le vieux don Germano, à Monte Cassino, qui apprécie tellement les petites châtaignes savoureuses de son village « un peu plus haut, vers 1 000 mètres d’altitude ».

Un matin de pluie, j’ai glissé les enveloppes dans une boîte de la poste vaticane, pour le timbre et le tampon.

On n'arpente pas un but : on le poursuit, on y tend, on l'atteint et puis…

Je boucle une dernière fois mon sac, je jette derrière moi le regard circulaire qui est devenu un réflexe pour m'assurer que je n'ai oublié ni le couteau, ni la casquette, ni le carnet, ni la brosse à dents, ni… Qu'importe, aujourd'hui ? Je prends congé de Bathilde et Sylvie.

– Tu reviendras, n'est-ce pas ? À Rome, on revient toujours.

Dans l'épais volume de Stendhal qui pèse à nouveau sur mes épaules et que je feuilletais hier au hasard, deux lignes accrochèrent mon regard :

On s'ennuie quelquefois à Rome le second mois du séjour, mais jamais le sixième, et, si on y reste le douzième, on est saisi de l'idée de s'y fixer.

La gare n'est qu'à dix minutes à pied.

Épilogue

La nave va...

LE TRAIN de 18 heures 36 est parti presque à l'heure. Il y a vingt minutes, le contrôleur est entré dans le compartiment pour collecter les billets et les passeports.

– C'est nécessaire pour le passage de la frontière suisse. Je vous les rendrai demain matin. Paris ?... Mon collègue m'a assuré que le soleil y brillait hier. *Buona notte!*

Si le train ne prend pas trop de retard, nous arriverons à la gare d'Austerlitz peu après 9 heures. C'est étrange, cette destination qui sonne comme une victoire. Hors sujet, même. Il ne s'agissait pas de gagner ou de perdre un pari. Tout à l'heure, au moment où je me suis hissé jusqu'à la couchette supérieure, mon bras droit a trouvé moyen d'esquiver l'appui. Depuis Naples, j'ai presque arrêté les séances de rééducation car elles me font mal et je ne constate plus de progrès. Le coude reste faible.

– J'ai un problème avec le Saint-Esprit, mon Père ! avais-je lancé à don Germano après qu'il fut devenu aimable.

« Dans quelle discussion théologique veut-il m'embarquer ? » avais-je lu, amusé, dans les yeux du bénédictin.

– Rien à voir avec le *Filioque*, rassurez-vous. C'est seulement que je n'arrive pas à achever correctement un signe de croix : ma main n'atteint pas mon épaule droite.

Que dira le chirurgien ? Faudra-t-il opérer ?

À mon talon, la crevasse ouverte il y a près de trois mois dans les Abruzzes ne s'est jamais refermée, quoique je l'aie soignée. Mes genoux se ressentent encore des folles descentes des Alpes. Mon corps a trinqué, c'est sûr. Il faudra du temps.

À plat dos, chahuté par le brinquebalement du wagon sur les aiguillages, les yeux ouverts sur le plafond faiblement éclairé par la veilleuse bleutée, je songe à ces mois de pérégrinations qui s'achèvent. Aux multiples strates qui s'empilent comme les ponts d'un paquebot où l'on s'embarque pour un voyage de rêve.

J'ai enfilé des kilomètres de coursives, grimpé des échelles raides et dévalé des escaliers sans fin, j'ai frayé avec la classe touristes, arpenté au pas de course le pont-promenade et me suis même, le
ph. 53 temps d'une photo, laissé aller dans un hamac. Chez tante Joséphine, j'ai grappillé quelques heures au salon des premières classes et, au Monte Sant'Angelo, j'ai prié comme les pèlerins de jadis qui confiaient à l'archange leur traversée jusqu'à la terre du Salut.

Je me suis guidé aux étoiles de Dante, j'ai dominé la mer de nuages depuis la passerelle du *Cervino* et me suis approché du phare qui marque l'extrémité des terres habitées. J'ai été grillé par le soleil, trempé par les embruns, j'ai senti la chaleur moite des tropiques et la chute brusque de température au voisinage des glaces. J'ai espéré que le Grand Océan me laverait le regard et j'ignore ce qu'on y lit. Je me suis réfugié sous des abris qui ressemblaient à des canots de sauvetage, j'ai toqué à la porte des cuisines, j'ai été rabroué par les stewards et j'ai trouvé du réconfort auprès des passagers clandestins. Je me suis souvent cru capitaine, seul maître à bord après Dieu, et je fus la plupart du temps soutier, à fond de cale, m'éreintant à enfourner des pelletées de combustible dans la chaudière.

E la nave va…, se moquait Fellini. Vogue le navire.

Quand je suis parti, l'Italie des divas me faisait rêver. Celle que je rencontrai ne m'épargna pas les désillusions.

– Laquelle ?

Cela m'amuse de livrer en deux phrases la multiplicité des possibles. Une leçon du Caravage.

– Et l'autre voyage ? Était-il plus pur ?

L'autre voyage, j'ai la conviction qu'on en reparlera là-haut, tandis que celui-ci, je ne suis même pas sûr d'en toucher un mot à saint Pierre sur le seuil, pas plus ni moins que du reste de la vie terrestre.

Le retour d'il y a sept ans fut redoutable car il ne s'agissait pas de comparer un instant de la vie redevenue ordinaire à un autre plus intense vécu en chemin. Ces deux instants n'étaient pas de même nature : le premier restait collé à la terre et à l'existence périssable, tandis que n'importe quel instant du périple vers Jérusalem contenait entièrement ce que j'étais et ce que je serais, représentait à lui seul l'ensemble d'une expérience dont je savais qu'elle dépassait la frontière de la mort. Après avoir cheminé sur une voie qui s'inscrivait dans la perspective de l'éternité, j'ai dû redescendre dans une vie à l'échelle de la journée, du mois et des années.

Le retour, cette fois-ci, sera-t-il plus facile ? Je ne me berce pas d'illusions. D'une manière ou d'une autre, ce sera dur. Heureusement, du travail m'attend. Des livres à écrire. Et puis, je ne dois pas oublier ma résolution : « Dresser une liste de ce que le voyage m'a apporté. S'y tenir… Vraiment… »

Pas uniquement les glaciers et les Titien. Un changement de perspective. Comme celui que je fixai à Santa Maria di Leuca. Sur la place qui s'étend devant la basilique, une colonne coiffée d'un chapiteau corinthien et d'une statue de la Vierge marque le lieu ph. 121
traditionnel de la première prédication de saint Pierre après son débarquement. Derrière, le phare construit par les hommes. Pas besoin d'un théodolite pour constater que la lanterne tourne bien au-dessus du voile de la Vierge. Il existe cependant un angle de vue qui renverse les apparences. La foi éclaire plus loin, pour peu que l'on y consente.

Le train qui s'était arrêté dans une gare inconnue vient de s'ébranler à nouveau dans la nuit. Au moment où j'agrippais le bord de la couchette, le coude s'est rappelé à mon bon souvenir. La chute dans les Abruzzes m'a ouvert les yeux sur l'adolescence aventureuse qui s'éloigne peu à peu de moi. J'ai passé trop vite sur une phrase griffonnée à la hâte dans mes carnets : « Ne pas avancer *malgré* le coude cassé, mais *avec* le coude cassé. » Finalement, quand tout le reste sera oublié, ce sera peut-être la dernière chose qui subsistera du voyage : accepter enfin la condition humaine. L'humilité, ce n'est pas un concept, une qualité, une vertu, c'est un os que je peux sentir sous mes doigts, bosselé d'un fragment brisé qui ne s'est pas recollé tout à fait à sa place et que d'autres distingueront encore dans des siècles sur mon squelette blanchi.

– Tu repartiras ?

– Où ?

– Je ne sais pas, moi... répond la fillette dont les cheveux sont déjà un peu moins blonds qu'il y a six mois.

Pourquoi pas Compostelle ? et compléter ainsi le trio des pèlerinages majeurs. Peut-être. Je ne sais pas. Ce que j'aimerais, c'est... Une idée, comme ça...

– Tu vois, Princesse, j'aime bien rêver la vie. Peut-être un peu trop... Le voyage de Jérusalem a bouleversé mon âme, celui de Rome a marqué mon corps pour toujours. Si je pars un jour vers Compostelle, j'aimerais... Oui, j'aimerais bien que ce soit le voyage du cœur.

Annexe

Le voyage à Rome

ALORS QUE des pèlerins commencèrent à se rendre sur les lieux saints de Palestine dès le IIe siècle après J.-C. (on a gardé la trace, par exemple, de Méliton de Sardes qui se rendit en Palestine vers 160 et dont le voyage avait pour but spécifique la recherche du canon des Écritures saintes), le pèlerinage romain ne se fixa que tardivement, notamment à partir du moment où cessèrent les persécutions contre les chrétiens dans l'Empire romain (édit de Milan par l'empereur Constantin en 313). En dépit du prestige de Rome, la ville ne comptait alors que des lieux saints assez humbles et quelques cénacles de traducteurs et de copistes. Pendant de nombreux siècles, Constantinople la dépassa sans mesure en richesse et en magnificence. D'un point de vue spirituel également, Rome était distancée : les conciles convoqués pour traiter des grands problèmes de théologie se tenaient dans l'Église orientale et en langue grecque. Les évêques occidentaux y faisaient pâle figure bien que certains fussent des saints ou de grands confesseurs, car ils étaient peu rompus à l'exercice de la langue et de la philosophie grecques.

Toutefois, les pèlerins qui se rendirent en Terre sainte dès le IVe siècle choisirent comme terme du voyage de retour Rome, la capitale désormais reconnue du christianisme. Tandis que Byzance conservait la prééminence politique et militaire, Rome conquit progressivement une suprématie spirituelle. À la fin du Ve siècle, les pèlerins de tout l'Occident commencèrent à venir à Rome, fidèles ou païens nostalgiques qui venaient admirer et piller les ruines de la grandeur passée de l'Empire. Peu à peu, la foi l'emporta dans les motivations des voyageurs. Le but des pèlerins était double : visiter la tombe des apôtres Pierre et Paul et rendre hommage au pape, ou du moins le voir. Le voyage de Rome était parfois aussi imposé comme sentence d'un tribunal à l'issue d'un procès, ce qui contribua à jeter sur les routes des troupes de condamnés et de criminels.

Tout d'abord de Gaule, puis du monde irlandais et anglo-saxon, puis plus tard des pays scandinaves, y compris l'Islande et la Finlande, et des territoires d'Europe centrale et orientale au fur et à mesure des conversions, de nombreux chrétiens s'engagèrent sur la route de Rome. Le développement du pèlerinage contribua également à une fusion des cultures, car chaque nation et chaque groupe venait avec ses traditions et ses objets de culte. L'Orient apporta l'icône, la mangeoire de l'enfant Jésus et la tête du martyr perse Anastase. C'est de cette époque que date l'habitude de transporter les reliques d'un endroit à un autre. Les longues vagues de pèlerins et les conversions incessantes sur toutes les frontières de l'Occident autorisèrent le pape Étienne II à prendre une initiative inouïe pour l'époque : il choisit le protecteur de l'Empire et il le sacra. Et avant même la constitution des États féodaux, les papes inventèrent, grâce à la donation de Constantin, un territoire dénommé le patrimoine de Saint-Pierre.

Après un déclin relatif aux XIIe et XIIIe siècles, dû notamment à la situation précaire de la papauté, au renouveau du voyage aux lieux saints de Palestine et à Saint-Jacques-de-Compostelle grâce aux croisades et au début de la Reconquista espagnole, le pèlerinage romain connut un grand essor à partir de l'année 1300 et de l'institution du premier jubilé par le pape Boniface VIII.

ROUTES DE PÈLERINAGE

L'existence de voies « officielles » de pèlerinage (par exemple, la *Via Francigena*) relève plus de la fiction que de l'exactitude historique car, en fait, chaque pèlerin part de chez lui, va à Rome et en revient par l'itinéraire le plus commode. Ainsi se définissent des voies très fréquentées et une myriade de parcours secondaires motivés par la curiosité ou le désir de ne pas négliger la visite de telle ou telle relique insigne en marge du parcours. Il existe des *vie Romee* dans toutes les régions et, dans chaque région, il y en a plusieurs.

Les pèlerins se déplaçaient le long de voies déjà tracées et n'en ont pas ouvert de nouvelles. Ils empruntaient les axes hérités de l'Empire romain (ou ce qu'il en restait), les routes secondaires et les chemins. Au Moyen Âge, cependant, les voies romaines manquaient d'entretien, les pavés étaient enfouis ou arrachés, les ponts écroulés. Les fleuves devinrent des obstacles dangereux et infranchissables pour des gens qui, le plus souvent, ne savaient pas nager. Ils imposaient de longs détours pour trouver des gués. C'est pourquoi, par exemple, passer par Pavie, où se trouvait un pont de barques, était presque inévitable. D'autres obstacles naturels contribuèrent à donner aux routes de pèlerinage des tracés qui nous paraissent aujourd'hui étranges. Ainsi, dans une Europe beaucoup plus boisée qu'aujourd'hui et où l'on comptait de nombreux marécages, les pèlerins suivaient les lignes de crête, pour descendre ensuite rapidement dans les villages de la vallée. Le souci de la sécurité et les possibilités d'hébergement dictaient également les étapes.

En dépit des réserves indiquées sur l'unicité supposée des chemins vers Rome, de grands itinéraires se détachent, drainant les pèlerins en fonction de leur lieu de départ et de la commodité des voies utilisées. L'axe idéal Saint-Jacques/Rome, avec ses nombreuses variantes, fut l'épine dorsale de l'Europe médiévale, à laquelle se sont ajoutées les principales routes de l'Europe du Nord et des pays slaves. Ainsi, on peut isoler de grands itinéraires :

- La *Via Francigena* ;
- Les chemins entre Compostelle et Rome ;
- Les routes de l'Europe du Nord ;
- La route des Slaves.

En Italie, les grands itinéraires étaient ceux des Romains : la *Via Appia* (Rome/Naples), la *Via Appia Traiana* (Naples/Foggia/Brindisi), la *Via Flaminia* (Rimini/Rome), la *Via Cassia* (Rome/Cesena), la *Via Aurelia* vers la mer Tyrrhénienne, la *Via Emilia* (Plaisance/Rimini).

La *Via Francigena*

Paradoxalement, c'est à un Anglais que la *Via Francigena*, la « voie des Français », doit aujourd'hui une partie de sa renommée. La liste des étapes d'un prélat du IXe siècle nouvellement nommé dans un diocèse du sud de l'Angleterre nous est parvenue : à peine élu archevêque de Cantorbéry, Sigéric se rendit en 990 à Rome pour y recevoir le *pallium* – l'insigne de sa charge – des mains du pape Jean XV. Il partit de Cantorbéry au printemps et arriva à Rome en juillet. Le journal que Sigéric fit tenir par un scribe de sa suite concerne le voyage de retour, où sont énumérées quatre-vingt-une étapes. Au départ de Rome, l'itinéraire emprunte une route consulaire romaine, la *Via Cassia*, puis la route du mont Bardone et, les Alpes franchies, un trajet jusqu'à la Manche, Douvres et enfin Cantorbéry. On en déduit que le voyage d'aller est parti de là, pour passer ensuite par Reims, Châlons-sur-Marne, Besançon, Lausanne, entrer en Italie par le Grand Saint-Bernard vers Aoste, puis Ivrea, Santhià, Vercelli, Pavie, point obligé de la traversée du Pô. Après cette traversée, on poursuivait par Fidenza, et l'on franchissait les Apennins par la route tracée par les Lombards, laquelle, les Apennins franchis au col actuel de la Cisa, arrivait à Rome par Luni, Lucques, Sienne et Viterbe.

Quoiqu'elle soit commodément incarnée dans la personnalité de Sigéric, la *Via Francigena* recouvre en réalité un faisceau de routes en provenance de France vers l'Italie et Rome.

La route de Compostelle

Dans une Europe marquée par les itinéraires vers Compostelle, la route du Somport à travers les Pyrénées fut appelée *Camino italiano*. Les Portugais et les Espagnols qui souhaitaient se rendre à Rome et qui avaient franchi les Pyrénées au col du Somport parcouraient ensuite la *Via Tolosana*, aussi appelée « chemin d'Arles », avant de passer par les cols du sud des Alpes. Cette route était aussi la plus naturelle pour les habitants de la France méridionale.

Les routes de l'Europe du Nord

Un document des années 1250, les *Annales Stadenses*, fournit une description précieuse des routes du pèlerinage romain au XIIIe siècle. Sous la forme d'un dialogue entre deux jeunes gens, il évoque les itinéraires que pouvaient parcourir les pèlerins de l'Europe du Nord au départ de la ville de Stade, sur l'estuaire de l'Elbe, pour se rendre en pèlerinage à Rome et, de là, à Jérusalem. Trois axes principaux se dégagent. Le plus occidental partait de Brême, traversait le Rhin près de Duisburg pour rejoindre Reims. De là, il suivait un tracé à l'ouest de celui de Sigéric, et descendait au sud jusqu'à Lyon, pour se diriger vers l'Italie, où il pénétrait au col du Mont-Cenis. Puis il suivait le val de Suse jusqu'à Turin, Mortara et Plaisance, pour prendre ensuite l'itinéraire classique du mont Bardone jusqu'à Rome. Le deuxième axe coïncidait avec le premier jusqu'à Duisburg, où il suivait pratiquement le cours du Rhin jusqu'à Baie. Après avoir traversé la Suisse de Baie à Lausanne, il entrait en Italie par le Grand Saint-Bernard, suivant jusqu'à Rome l'itinéraire de Sigéric. Le troisième axe, le plus oriental, allait de Stade au Brenner par Gotha, Augsburg, Innsbrück. Cet itinéraire qui permettait de ne franchir qu'un seul col, le Brenner, était pratiqué depuis la préhistoire pour rejoindre la péninsule italienne à partir des contrées du nord de l'Europe. Le Brenner franchi, il se séparait en deux directions. La branche occidentale traversait Bolzano, Trente, Padoue et Bologne, pour rejoindre ensuite, à la hauteur de Florence, l'itinéraire principal vers Rome. La branche orientale atteignait Venise par Trévise, pour rejoindre la *Romea* des Slaves, à savoir Venise, Rovigo, Ravenne, Forli, Arezzo, Orvieto, Bolsena et Rome.

La route des Slaves

Cet itinéraire partait de Varsovie où confluaient les pèlerins du nord de la Pologne et rejoignait l'Italie par le col du Tarvisio. Sur ce tracé, qui passait par Czestochowa, Velehrad, Vienne, Graz, Klagenfurt, Villach et aboutissait au Tarvisio presque en ligne droite, convergeaient des groupes importants partis des lieux fondateurs du christianisme dans les diverses nations traversées, Cracovie pour les Polonais, Prague pour les Bohémiens, Levoca pour les Slovaques, Budapest-Mariaremete et Pannonhalma pour les Hongrois. Après le Tarvisio, on ralliait Venise par Udine, puis, par Rovigo et Ravenne, on rejoignait à Forli la route de Rome par le passage, ouvert dès le début du XIIIe siècle, de l'Alpe di Serra. Les Apennins ainsi franchis, on poursuivait vers Arezzo, Orvieto et Bolsena, ancienne étape lombarde.

Des vagues inégales de pèlerins

Le nombre des pèlerins qui se rendaient à Rome durant les années jubilaires dépendait souvent des circonstances extérieures. Par exemple, la guerre entre la France et l'Espagne réduisit les départs en 1500. L'année sainte suivante fut affectée par une épidémie de peste et par la Réforme. En 1550, le nombre de visiteurs étrangers qui reçurent la bénédiction pascale ne s'éleva qu'à 50 000. L'intérêt pour le pèlerinage romain ne revint pas avant le concile de Trente. À partir de 1575, le nombre de pèlerins à Rome commença à croître : plus de 400 000 en 1575 (alors que la ville de Rome ne comptait que 100 000 habitants), 536 000 en 1600 et autant l'année sainte suivante. En 1650, malgré la guerre franco-espagnole, 700 000 pèlerins se rendirent à Rome. Ces chiffres sont confirmés par les livres de comptes de la Trinité-des-Monts, hospice de pèlerins fondé en 1549 par Philippe Néri.

À partir de la fin du XVIIe et au XVIIIe siècle, les attaques répétées contre la pratique du pèlerinage sont suivies d'un déclin certain. Rome attire moins de monde. En 1688, le Français François-Maximilien Misson, de passage à Rome, remarque dans son *Nouveau voyage d'Italie* une certaine désaffection pour le pèlerinage :

> *Le nombre des pèlerins n'a pas été des plus grands cette année. [Alors que] j'ai lu ici dans une description de l'hôpital de la Trinité que l'an 1600, le dernier an du grand jubilé, cet hôpital reçut ou eut soin de pourvoir selon l'ordinaire 440 500 hommes et à 25 500 femmes. Les pèlerins qui ne viennent pas de plus loin que de quelque endroit d'Italie sont couchés et traités pendant trois jours, et les Transmarins ou les Ultra-Montains ont un jour de plus. Les princes, les princesses, les cardinaux et le pape même leur lavent les pieds et les servent à table.*

Pour une étude plus détaillée du pèlerinage de Rome, on peut se reporter utilement au livre *Les Pèlerinages romains* de Fernando et Gioia Lanzi (Bayard, 1999), qui fut d'un secours précieux pour la rédaction de cette annexe.

***

Parmi la multitude de pèlerins, humbles ou puissants, qui, au cours des siècles, se rendirent à Rome, certains ont laissé un souvenir marquant ou simplement un document aujourd'hui utile aux historiens. Voici quelques-uns de leurs témoignages.

774-800 • Charlemagne, pèlerin impérial

Comme il établissait le siège de Pavie en 774, Charlemagne décida de célébrer les fêtes de Pâques à Rome où il arriva le samedi saint (2 avril), après plusieurs jours de marche forcée. Des messagers le précédaient pour avertir le pape Adrien Ier de son arrivée et, ainsi, tous les commandants de la garde civile de Rome l'attendaient au lac de Bracciano pour l'escorter avec leurs bannières.

Au monastère de Monte Mario, il fut accueilli par les troupes de la garde civile et par les enfants des écoles qui portaient tous des palmes et des branches d'olivier, et qui acclamaient le roi des Francs et le Défenseur de l'Église. Charles ne venait pas en conquérant, mais fut accueilli en patricius *: on portait la croix au-devant de lui, comme c'était la coutume pour les visiteurs les plus renommés. Quand Charles vit la croix à Monte Mario, il descendit de cheval et fut accompagné par les représentants de l'Église romaine dans une grande humilité – pieds-nus, selon la* Kaiserchronik *–, jusqu'à la basilique Saint-Pierre où l'attendait le pape. Le roi s'agenouilla sur la première marche puis monta l'escalier à genoux en embrassant chaque marche tour à tour. Quand il atteignit le haut de l'escalier, le pape et le souverain se donnèrent l'accolade, puis ils entrèrent dans l'église main dans la main, au son d'un chœur entonnant l'hymne* Benedictus qui venit in nomine domini. *Puis le roi et son entourage se recueillirent sur la tombe de l'Apôtre et firent savoir qu'ils souhaitaient visiter également d'autres lieux saints.*

Charles et son escorte entrèrent ensuite dans la ville en franchissant le pont Saint-Ange pour se rendre au Latran où ils assistèrent, la nuit de Pâques, à la cérémonie baptismale habituelle, après laquelle ils retournèrent à Saint-Pierre. Le dimanche de Pâques, Charles fut escorté par la noblesse de la ville et la scholæ *à Sainte-Marie-Majeure où il assista à la messe célébrée par le pape. Le lundi, il se rendit à la messe à Saint-Pierre, puis le mardi à Saint-Paul-hors-les-Murs, comme c'était la coutume durant la semaine pascale.*

Malgré d'évidents motifs politiques, la visite à Rome fut d'abord un acte de dévotion personnelle. De même que les deux visites suivantes en 781 puis 786-787. La dernière visite, à l'occasion du Noël de l'an 800, fut l'occasion du couronnement en tant qu'empereur d'Occident.

(J. van Herwaarden et Wendie Shaffer,
Between Saint James and Erasmus, Brill, 2003)

Dans sa *Vie de Charlemagne*, le chroniqueur Éginhard rappelle l'attachement de Charles à Rome et décrit brièvement le sacre de l'empereur dans la nuit de Noël 800 par le pape Léon III.

Entre tous les lieux saints et respectables, il vénérait spécialement l'église de l'apôtre saint Pierre à Rome ; aussi lui fit-il des dons en or, en argent et même en pierreries et envoya-t-il aux papes des présents d'une immense valeur. Aussi encore, dans tout son règne, ne se glorifiait-il de rien tant que d'avoir rendu, par ses travaux et ses soins, à la ville de Rome son antique pouvoir, d'avoir protégé, défendu et comblé même de plus de richesses et de dons précieux qu'aucune autre église la basilique de Saint-Pierre ; et cependant, malgré toute la dévotion qu'il professait pour elle, il ne put y aller faire ses prières et acquitter ses vœux que quatre fois au cours des quarante-sept ans qu'il occupa le trône.

Le désir de remplir ce pieux devoir ne fut pas le seul motif du dernier voyage que Charles fit à Rome. Le pape Léon, que les Romains accablèrent de mauvais traitements, et auquel ils arrachèrent les yeux et coupèrent la langue, se vit contraint de recourir à la protection du roi. Ce prince vint donc pour faire cesser le trouble, et remettre l'ordre dans l'État de l'Église. Dans ce but, il passa l'hiver à Rome, et y reçut à cette époque le nom d'Empereur et d'Auguste. Il était d'abord si loin de désirer cette dignité, qu'il assurait que, quoique le jour où on la lui conféra fût une des principales fêtes de l'année, il ne serait pas entré dans l'église s'il eût pu soupçonner le projet du souverain pontife. Les empereurs grecs virent avec indignation que Charles eût accepté un tel titre ; lui n'opposa qu'une admirable patience à leur mécontentement, leur envoya de fréquentes ambassades, les appela ses frères dans ses lettres, et triompha de leurs humeurs par cette grandeur d'âme qui l'élevait sans contredit de beaucoup au-dessus d'eux.

(Éginhard, *Vie de Charlemagne*, collection des « Mémoires relatifs à l'histoire de France », F. Guizot, 1824)

À la suite du couronnement de Charlemagne, le *Römerzug* – voyage vers Rome – prit le sens particulier du voyage à Rome des rois teutoniques qui venaient se faire sacrer empereurs par le pape. Il y eut vingt-huit sacres d'empereurs germaniques à Rome au cours du Moyen Âge, la plupart du temps à la basilique Saint-Pierre, et par le pape.

813 • Dénonciation de l'abus des pèlerinages

La vogue des pèlerinages a conduit de tout temps à des excès. Dès le IVe siècle, Grégoire de Nysse, évêque de Cappadoce qui s'était rendu à Jérusalem, mettait en garde contre un certain fétichisme des lieux saints de Palestine. Vers 800, Théodulphe d'Orléans reprend en substance le même discours : « Il vaut mieux vivre honnêtement chez soi que d'aller à Rome. On ne gagne pas le Ciel par les pieds mais par les bonnes mœurs ! » Quelques années plus tard, le concile de Châlons-sur-Saône réitère ces mises en garde.

Ils se trompent grandement les hommes qui, sans réflexion et alléguant des raisons de piété, se rendent à Rome, à Tours ou ailleurs. Il est des prêtres, des diacres et d'autres membres du clergé qui vivent dans le désordre et croient se purifier de leurs fautes et s'acquitter de leurs devoirs s'ils visitent les lieux de sainteté ; il est encore des laïcs qui, en allant y prier, espèrent trouver l'impunité de leurs péchés. Il est des hommes puissants qui, prétextant un voyage à Rome ou à Tours, lèvent des tributs, amassent des richesses, oppriment les pauvres, et ce qu'ils font dans un but unique de cupidité, ils le colorent d'un motif pieux. Il est jusqu'à des pauvres qui donnent les mêmes raisons, afin de trouver plus de facilité à mendier… Il faut demander au Seigneur Empereur le moyen de remédier à ces abus.

855 • Un pèlerinage d'érudits

Né en 805, Loup de Ferrières joua un rôle prépondérant comme théologien et organisateur de l'Église de France. Abbé de Saint-Pierre de Ferrières (dans le Gâtinais), il envoya deux moines à Rome en 855, pour lesquels il écrivit, conjointement avec l'évêque de Sens, une lettre de recommandation. Ce courrier est assez représentatif des documents dont se munissaient les pèlerins.

Aux très révérends prélats d'Italie et de Gaule, et à tous les autres fidèles de Dieu, moi, Guenilo, évêque métropolitain de Sens, j'adresse mon salut dans le Seigneur. Toutes les fois que pour une juste cause nous adressons la parole à votre bonté, la charité, diffusée dans nos cœurs par l'Esprit-Saint qui nous est donné, nous accorde la confiance pour agir ainsi : c'est précisément lorsqu'on agit gratuitement que la piété augmente.

Des moines de la province et de notre diocèse, du monastère appelé Bethléem, ou Ferrières, nommés Adulfe et Acaric, honorés de la dignité de prêtre, divine comme nous le croyons, se sont spontanément décidés à venir à Rome, pour l'étude de la prière, et, ayant reçu la permission de leur abbé, Loup, qui nous est extrêmement cher, et la nôtre exécutent leur projet. Nous les recommandons à votre sollicitude, selon l'usage : implorant que, parce qu'ils ont enduré la peine du pèlerinage pour leur récompense éternelle, ils trouvent cette consolation à l'aller et au retour, en étant, eux dévots, protégés par les hommes religieux. Vous prendrez en effet part à leurs récompenses, si vous êtes pour leur entreprise des aides bienveillants.

Nous vous souhaitons de vous porter heureusement.

Au pape Benoît III, Loup de Ferrières s'adressa pour faciliter leur séjour romain et réclamer des livres qu'il n'avait pas réussi à se procurer en Gaule.

Nos frères et collègues en prêtrise, Adulfe et Acaric, ayant entrepris pour la gloire de Dieu un pèlerinage volontaire et étant, non sans beaucoup de peine, parvenus enfin au tombeau des très saints apôtres et des autres saints, nous les recommandons spécialement à votre mansuétude. Daignez leur témoigner une bonté légitime et les instruire avec soin des coutumes ecclésiastiques qui sont diversement observées selon les lieux afin que, par leur intermédiaire, les règles suivies à Rome nous parviennent. […]

Puisque les parents doivent amasser des trésors pour leurs enfants [Paul, 2nde épître aux Corinthiens, 12, 14], comme le déclare le docteur des Nations, et que nous désirons être vos fils très obéissants, nous demandons l'envoi par l'entremise desdits frères, en un manuscrit de vénérable antiquité, des commentaires de saint Jérôme depuis le sixième livre exclusivement jusqu'à la fin dudit prophète. Si nous les obtenons, nous ne manquerons pas, après les avoir fait rapidement transcrire, de les renvoyer à Votre Sainteté. Car, dans notre pays, il a été impossible de trouver nulle part un manuscrit qui dépasse le sixième livre, et nous souhaitons recouvrer chez vous ce qui nous paraît faire défaut à notre petitesse. Nous demandons encore le traité De l'orateur *de Cicéron et les douze livres de l'*Institution oratoire *de Quintilien, qui tiennent en un petit volume. De ces deux derniers auteurs, nous avons des parties mais nous désirons en obtenir de vous la totalité. Dans la même intention, nous demandons le commentaire de Donat sur Térence. De ces auteurs, nous aurons soin de vous restituer fidèlement les œuvres, en même temps que le manuscrit de saint Jérôme, si, avec la permission de Dieu, votre libéralité nous les accorde.*

(*Correspondance de Loup de Ferrières*, trad. et éd. par L. Levillain, 1927, t. II, lettre n° 100)

1027 • Knut le Grand

À la suite de la conquête de l'Angleterre par son père, le roi danois Knut le Grand établit en 1028 un royaume réunissant le Danemark, l'Angleterre et la Norvège. Fils d'un païen, il instaura « un impôt uniforme et perpétuel qui devait être levé chaque année à la louange et à la gloire du Dieu-Roi, le jour de la saint Pierre ». En 1027, il résolut d'aller en personne à Rome et partit en grand cortège, avec besace sur l'épaule et bâton à la main. À la fin de son pèlerinage, il adressa la lettre suivante à la nation anglaise.

Knut, roi d'Angleterre et de Danemark, à tous les évêques et primats, et à tout le peuple anglais, salut. Je vous fais savoir que je suis allé à Rome pour la rédemption de mes fautes et pour le salut de mes royaumes. J'avais fait vœu depuis longtemps de réaliser ce pèlerinage, mais j'en avais été empêché jusqu'ici par les affaires de l'État et d'autres obstacles. Aussi, je remercie très humblement le Dieu tout-puissant de ce qu'il m'a octroyé une fois en ma vie la grâce de visiter en personne ses très saints apôtres Pierre et Paul, et tous les saints qui ont leur habitation, soit au-dedans des murs, soit au-dehors de la cité romaine. Je me suis déterminé à ce voyage parce que j'ai appris, de la bouche des sages, que l'apôtre Pierre possède une grande puissance de lier et de délier, et qu'il est le porte-clés du royaume céleste ; c'est pourquoi j'ai jugé utile de solliciter spécialement sa faveur et son patronage.

Il s'est tenu ici, dans la solennité pascale, une grande assemblée d'illustres personnes, savoir : le pape Jean, l'empereur Kunrad et tous les premiers des nations depuis le mont Gargan jusqu'à la mer qui nous avoisine. Tous m'ont accueilli avec distinction et m'ont honoré de riches présents : j'ai reçu des vases d'or et d'argent, des étoffes et des vêtements de grand prix. Je me suis entretenu avec l'empereur, le seigneur pape et les autres princes sur les besoins de tout le peuple de mes royaumes, tant anglais que danois. J'ai tâché d'obtenir pour mes peuples, justice et sûreté dans leurs voyages à Rome, et surtout qu'ils ne soient plus dorénavant retardés dans leur route par les clôtures des monts, ni vexés par d'énormes péages. J'ai fait aussi mes plaintes au seigneur pape sur l'énormité des sommes d'argent exigées jusqu'à ce jour de mes archevêques quand ils se rendaient, suivant l'usage, auprès du siège apostolique, afin d'obtenir le pallium. *Il a été décidé que cela n'aurait plus lieu à l'avenir.*

(Augustin Thierry, *Histoire de la conquête de l'Angleterre par les Normands*, Éd. Furne et Cie, 1851)

Vers 1080 • Grégoire VII exige des évêques le pèlerinage

Pape de 1073 à 1085, Grégoire VII engagea une réforme profonde de l'Église (la réforme dite grégorienne) qui avait pour but de purifier les mœurs du clergé et de lutter contre le trafic des bénéfices et notamment des évêchés. Il s'efforça, non sans peine, d'obliger les évêques du monde au pèlerinage de Rome. Dans une lettre à Lanfranc, évêque de Cantorbéry, il rappelle à l'ordre le prélat qui n'est pas encore venu lui rendre visite :

Souvent nous avons invité Votre Fraternité de venir à Rome, même pour les intérêts de la foi et de la religion chrétienne. Abusant de notre patience, vous avez différé jusqu'à présent, à ce qui paraît, par orgueil ou par négligence, puisque vous n'avez pas même prétexté aucune excuse canonique. La longueur du voyage et la fatigue du chemin ne peuvent point vous servir d'excuse. Un grand nombre de pèlerins âgés, malades, pouvant à peine sortir de leurs lits, et obligés de se faire porter, viennent de pays plus éloignés que l'Angleterre, pour visiter les trophées du Vatican et de la voie d'Ostie [les tombeaux de saint Pierre et saint Paul]. L'amour et la dévotion leur donnent les forces nécessaires pour accomplir leurs pieux desseins.

(Lanfranc, *Epist.* 20, cit. par R. F. Rohrbacher, *Histoire universelle de l'Église catholique*, Gaume Frères, 1858)

En conséquence, par l'autorité apostolique, le pape lui ordonne, sous peine de suspense, de venir à Rome sous quatre mois, pour la fête de la Toussaint. Lanfranc avait répondu ainsi à la première lettre du pape :

La lettre de Votre Excellence, que m'a remise Hubert, sous-diacre de votre sacré palais, je l'ai reçue avec l'humilité qui convient. Dans presque tout son contexte, vous avez soin de me réprimander avec une douceur paternelle, de ce que, élevé à l'honneur épiscopal, j'aime moins la Sainte Église romaine et vous pour elle, que je n'avais coutume de faire avant d'être parvenu à cet honneur, d'autant plus que je ne doute pas et que personne ne doute, je pense, que c'est l'autorité du Siège apostolique qui m'y a fait parvenir.

Je ne veux ni ne dois, Vénérable Père, calomnier vos paroles. Toutefois, ma conscience m'en est témoin, je ne puis comprendre que l'absence corporelle, la distance de lieux ou une dignité quelconque puisse faire en ceci quelque chose et m'empêcher d'être soumis et tout et partout à vos ordres, suivant les canons. Et si, Dieu aidant, je pouvais un jour vous parler en personne, je vous prouverais, non par des paroles, mais par des choses, que j'ai augmenté en amour, et que c'est vous, permettez-moi de le dire, qui avez diminué de votre ancienne affection. Les paroles de votre légation, je les ai, de concert avec votre légat, suggérées au roi, et tâché de les lui persuader, mais je n'en suis point venu à bout. Pourquoi il n'a point acquiescé complètement à votre volonté, lui-même vous le fait connaître, tant de vive voix que par ses lettres.

(Lanfranc, *Epist.* 8, *op. cit.*)

L'influence de la *peregrinatio* irlandaise

Le développement du pèlerinage chrétien fut influencé par le concept irlandais de peregrinatio *qui mariait à la fois des aspects de dévotion – la notion d'errance en tant qu'expérience ascétique –, et juridiques – une période d'errance vécue comme pénitence temporaire, occasionnelle ou pour la vie entière. Le concept irlandais de* peregrinatio *inspira de nombreux chrétiens qui se mirent en route de leur propre chef en guise de pénitence ; il encouragea également le processus par lequel les pèlerinages furent incorporés à la pratique du droit canon. Ces sortes de* peregrinationes *pouvaient en outre être incluses dans la résolution des différends et des conflits armés, ce que l'on voit clairement dans les nombreux livres de pénitence* (penitentialia) *qui nous sont parvenus.*

La peregrinatio *irlandaise a exercé une grande influence sur le continent, d'abord par l'intermédiaire des missionnaires irlandais puis plus tard par les missionnaires anglo-saxons.*

(J. van Herwaarden et Wendie Shaffer, *op. cit.*)

XI-XIIe siècles • Pèlerins scandinaves

Les sources tant historiques que littéraires montrent qu'aux XIe et XIIe siècles, un nombre considérable de Scandinaves, hommes et femmes, se rendirent en pèlerinage à Rome. Dans la *Heimskringla*, chronique qui rassemble l'histoire des rois de Norvège, ces voyages sont assez fréquents. Le roi norvégien Olav – mort en 1030 et plus tard canonisé – envisagea de se rendre à Rome pour parfaire la christianisation de son royaume, mais ses conseillers l'en dissuadèrent en raison de la situation précaire du pays. Le scalde d'Olav, qui se rendit à Rome, fut accusé, au retour, d'avoir abandonné son roi dans un moment d'épreuve.

D'Islande aussi, on s'embarquait pour Rome, comme en témoigne la saga de Njáll, cette épopée islandaise du XIIIe siècle qui décrit le déroulement d'une série de querelles sanglantes entre 930 et 1020, période qui couvre la christianisation de l'île. Les *Romfari* qui se rendaient à Rome pour obtenir l'absolution étaient aussi connus sous le nom de *pafafundr*, c'est-à-dire « trouveurs de pape ». Après un meurtre, l'un des protagonistes de la saga part en pèlerinage à Rome.

> *Alors Flosi et Hal s'en retournèrent chez eux, dans l'est. "Garde bien cette paix, dit Hal à Flosi, et remplis-en les conditions : ton départ pour l'étranger, ton pèlerinage à Rome, et les amendes à payer. Et on dira que tu es un vaillant homme, si grand que soit le méfait que tu as commis, quand tu auras accompli de point en point tout ce que tu as promis de faire." Flosi dit qu'il agirait ainsi. Et Hal s'en retourna chez lui, dans l'est. Mais Flosi rentra à Svinafell, et il resta chez lui quelque temps. [...] Flosi vint prendre le cadavre et le fit mettre en terre, et il donna beaucoup d'argent pour qu'on lui élevât un tombeau. Flosi n'avait jamais de parole injurieuse contre Kari. De là, Flosi partit pour les pays du sud. Il passa la mer, après quoi il commença son pèlerinage, et vint à pied, sans s'arrêter, jusqu'à Rome. Là il fut traité avec tant d'honneurs qu'il reçut l'absolution du pape lui-même, et il donna beaucoup d'argent pour cela. Il revint par la route de l'est, s'arrêtant dans les villes, et fut reçu avec de grands honneurs par de puissantes gens. L'hiver suivant, il arriva en Norvège, où le* jarl *Eirik lui donna un vaisseau pour s'embarquer. Le* jarl *lui fit présent aussi d'une grande quantité de farine. Beaucoup d'autres encore le traitaient avec de grands égards. Il fit voile enfin pour l'Islande, et débarqua dans le Hornafjord. De là, il vint chez lui, à Svinafell. Il avait accompli toutes les conditions de la paix qu'il avait jurée ; son voyage à l'étranger était terminé, et les amendes payées.*
>
> *Il faut maintenant parler de Kari. L'été suivant, il revint à son vaisseau, et fit voile vers le sud, traversant la mer. Il partit de Normandie pour commencer son pèlerinage, vint à Rome, et y reçut l'absolution ; après quoi il revint par la route de l'ouest.*
>
> (*La Saga de Njáll*, trad. par R. Dareste, E. Leroux, 1896)

1300 • Bulle d'indiction *Antiquorum habet*

En 1300, influencé notamment par la chute de Saint-Jean-d'Acre en 1291, ainsi que par un élan populaire et spontané, le pape

Boniface VIII décida d'accorder l'indulgence plénière – auparavant accordée aux seuls croisés et pèlerins de Terre sainte – à ceux qui se rendraient à Rome durant l'année jubilaire.

Pour la certitude des vivants et le souvenir des générations futures.

Un rapport sûr des anciens dit qu'à ceux qui arrivent à l'honorable basilique du Prince des Apôtres de la Ville, sont accordées de grandes indulgences et rémissions des péchés. Nous donc, qui, conformément au devoir de notre office, souhaitons et travaillons avec beaucoup d'empressement pour le salut de chaque âme – accordant pour cela des rémissions et des indulgences, chacune ayant été fixée et accueillie avec reconnaissance –, nous approuvons et confirmons celles-ci, par autorité apostolique, et même nous les renouvelons et les renforçons par le présent écrit.

Afin donc que les bienheureux apôtres Pierre et Paul soient honorés plus largement, par le fait que les basiliques de ces mêmes apôtres soient plus pieusement fréquentées par les fidèles, et que les fidèles eux-mêmes sentent davantage que leurs forces ont été restaurées de cette façon par la largesse de dons spéciaux, Nous, par la miséricorde du Dieu tout-puissant et confiants en l'autorité et en les mérites de ces mêmes apôtres, en vertu du conseil de nos frères et de la plénitude du pouvoir apostolique, en l'année présente, la mille trois centième à peine commencée à partir de la nativité de Notre-Seigneur Jésus-Christ qui vient de passer, et pour toute centième année future, à tous ceux qui se rendent avec révérence dans ces basiliques, se repentant sincèrement et s'étant confessés, ainsi qu'à ceux qui se repentiront sincèrement et qui se seront confessés, cette année ou toute centième année future, Nous accordons la remise non seulement pleine et plus large mais même totale de tous leurs péchés.

Décidant que ceux qui voudront participer de cette façon à l'indulgence accordée par nous, s'ils sont romains, doivent venir dans ces basiliques pendant au moins trente jours continus ou discontinus, une fois par jour suffit, et si au contraire ils viennent de l'extérieur, pendant quinze jours dans les mêmes conditions. Chacun cependant méritera plus, et obtiendra donc plus efficacement l'indulgence, s'il fréquente ces basiliques plus largement et avec une plus grande dévotion.

Donné à Rome, à Saint-Pierre, le VIIIe jour des calendes de mars, sixième année de notre pontificat. [22 février 1300]

1300 • Chronique de Giovanni Villani

C'est à Rome où il est venu à l'occasion du premier jubilé que le Florentin Giovanni Villani décide d'écrire une histoire de sa ville qui représente pour l'historien d'aujourd'hui une mine d'informations en tout genre sur la vie politique, économique et culturelle du XIVe siècle. Dans l'introduction des *Istorie fiorentine*, il revient sur l'événement marquant du début du siècle.

En l'an 1300 après J.-C., la tradition voulait que le pape qui régnait chaque siècle après la naissance du Christ accordât une grande indulgence. Boniface VIII, qui était alors pape cette année-là, accorda une très grande indulgence : à tout Romain qui, au cours de toute cette année, fréquenterait pendant trente jours consécutifs les églises des saints apôtres Pierre et Paul, et à tous les autres peuples non romains qui les fréquenteraient pendant quinze jours, à tous il accordait une indulgence plénière et générale s'ils s'étaient confessés ou s'ils se confessaient. Et pour encourager les pèlerins chrétiens, chaque vendredi ou chaque jour de fête solennelle, on montrait le saint suaire du Christ à Saint-Pierre. C'est pourquoi beaucoup de chrétiens qui vivaient en ces temps-là firent ce pèlerinage : il y avait des hommes comme des femmes, venus de pays lointains et divers, de près comme de loin. Ce fut le spectacle le plus admirable que l'on vît jamais : tout au long de l'année, il y eut en permanence à Rome, en plus du peuple romain, deux cent mille pèlerins, sans compter ceux qui étaient en chemin, pour venir ou pour rentrer chez eux ; et tous, aussi bien les chevaux que les personnes, étaient équitablement et suffisamment ravitaillés, dans le plus grand calme et sans bruit ni mêlées. Et je peux en témoigner, car j'étais présent et je le vis.

Ainsi, de par les offrandes des pèlerins, le trésor de l'Église s'accrut considérablement, et les Romains s'enrichirent grâce à la vente de leurs denrées. Et puisque je me trouvais dans ce saint pèlerinage en la sainte ville de Rome, je vis ses grandes et antiques œuvres et je lus les récits des grands exploits des Romains écrits par Virgile et Salluste, Lucain, Tite-Live, Valerius et Paul Orose et autres maîtres de l'histoire qui rapportèrent les petits comme les grands événements jusqu'aux confins du monde entier. Aussi, pour donner mémoire et exemple à ceux qui viendront, je décidai d'adopter le style et la forme de ces auteurs, bien que je ne sois pas un disciple digne de réaliser une œuvre telle que la leur. Mais étant donné que notre ville de Florence, fille et protégée de Rome, était en pleine ascension et était prête à suivre de grands exemples et vu que Rome connaissait son déclin, il me sembla opportun de rapporter dans ce volume et cette nouvelle chronique tous les faits et les origines de cette ville ; je rapporterais les faits des Florentins des temps passés, des temps présents et à venir dans la mesure où il me serait possible de les chercher, de les retrouver et de les suivre jusqu'où Dieu le voudrait, ainsi que d'autres événements remarquables du monde entier, dans la mesure où il me serait possible d'en avoir connaissance par la grâce de Dieu : c'est avec l'espoir de cette grâce que j'entrepris cette chronique, considérant ma pauvre science en laquelle seule je n'aurais pas confiance. Et ainsi, en l'an 1300 après la naissance du Christ, inspiré par sa grâce, je commençai à rédiger ce livre à mon retour de Rome pour honorer Dieu et saint Jean et pour la gloire de notre ville de Florence.

(Giovanni Villani, *Istorie fiorentine*, cit. par J.-C. Polet dans *Patrimoine littéraire européen : anthologie en langue française*, De Boeck Université, 1993)

1300 • Une aventure galante lors du premier jubilé

Pétrarque rapporte une aventure galante qui survint lors du premier jubilé. Agapet Colonne avait épousé une des nièces de Boniface VIII. Banni de Rome avec le reste de sa famille, il y revint déguisé en pèlerin à la faveur du jubilé et n'y resta pas oisif. Au bout de quelque temps, on rapporta au pape que sa nièce était enceinte. Plein de colère, il la convoqua aussitôt. Elle parut tremblante, honteuse et cherchant à cacher sa grossesse. Mais, dit l'historien, Boniface qui était violent lui dit avec vivacité :

"Qui vous a rnise dans l'état où je vous vois ?" Sa nièce répondit : "Saint Père, vous m'avez arraché mon mari ; qu'aurais-je fait ? J'ai pris conseil de ma jeunesse et de ma beauté. Frappée à l'aspect d'un pèlerin, qui, sur une multitude immense a attiré tous mes regards, je lui ai trouvé des traits si ressemblants à ceux de mon époux que je n'ai pu me défendre de l'aimer. Il m'a plu, je l'ai reçu, il a passé une nuit avec moi, et en se retirant le matin il m'a laissée en l'état que vous me reprochez." À ces mots Boniface sourit et, apaisé par ce trait d'amour conjugal, il permit aux deux époux d'aller vivre dans un lieu sûr, qu'il leur assigna en Italie, pendant que le reste des Colonne demeura proscrit.

Il n'y a pas d'apparence que toutes les aventures galantes des pèlerins qui accoururent à Rome au premier jubilé aient eu une issue si heureuse. Et il n'est pas non plus fort croyable qu'elles aient été aussi innocentes que celle que je viens de vous rapporter. Je pourrais dans la suite vous donner d'autres échantillons de ce qui s'est quelquefois passé dans ces grandes solennités religieuses et vous verrez, Monsieur, si Grégoire de Nysse avait tort d'élever sa voix contre les pieux pèlerinages aux lieux saints. Rien de plus judicieux que ce qu'il en dit, et point de témoignage plus respectable que le sien sur cette matière.

(Charles-Pierre Chais, *Lettres historiques et dogmatiques sur les jubilés et les indulgences*, Swart, 1751)

1300 • Dante au jubilé romain

Dante a probablement pris part à l'une des deux ambassades envoyées par les guelfes de Florence au souverain pontife, au début de l'an 1300, et sa présence à Rome transparaît dans *La Divine Comédie* où il mentionne «les Barbares [qui], en voyant Rome et ses hautes fabriques, s'émerveillaient, du temps que le Latran surpassait en splendeurs toutes choses mortelles» («Le Paradis» – Chant XXXI), ou, plus prosaïquement, le sens de circulation établi sur le pont Saint-Ange pour canaliser les foules:

C'est ainsi que dans Rome, en raison de la foule,
L'année du jubilé, un ordre est établi,
À l'usage des gens qui passent le pont,
Si bien que, d'un côté, tous portent le visage
Vers le château et s'en vont vers Saint-Pierre,
Et que de l'autre vont ceux qui gagnent le mont.

(Dante, *La Divine Comédie*, «L'Enfer» – Chant XVIII, trad. par H. Longnon, Garnier, 1966)

On venait se recueillir sur le tombeau des apôtres, en espérant voir le pape, et aussi vénérer la Véronique, voile sur lequel aurait été recueillie l'empreinte du visage du Christ lors de sa montée au Golgotha.

Comme un homme, venu, qui sait? de Croatie
Jusque chez nous, pour voir la Véronique,
Ne peut en assouvir sa faim invétérée
Mais en pensée dit, tant qu'on la lui montre:
"Ô mon Seigneur Jésus, ô Dieu de vérité,
Votre semblance était donc ainsi faite?"

(«Le Paradis» – Chant XXXI, *op. cit.*)

Au chant IX du « Purgatoire » s'établit un parallèle entre le pèlerinage romain et l'arrivée au Ciel, souligné par Frédéric Ozanam dans les *Sources poétiques de La Divine Comédie* : la scène se déroule le 7 avril au matin, qui est précisément le jeudi saint de l'année 1300, jour de l'absolution générale des pécheurs qui faisaient pénitence publique. Dans le poème, Dante arrive à une porte mystérieuse qui rappelle la porte sainte du jubilé. Trois degrés y conduisent : l'un, de marbre blanc et poli ; l'autre, d'une pierre sombre, rude et calcinée ; le troisième, d'un porphyre d'une couleur sanglante. Ce sont les trois conditions de la pénitence : la confession sincère, la contrition et la satisfaction. L'ange, image du prêtre, est assis en haut. Il tient à la main l'épée dont il touche le front des pécheurs, comme le pénitencier frappe de sa baguette la tête des pèlerins agenouillés devant lui. Dans sa main sont les deux clés : l'une d'or, symbole de l'autorité ; l'autre d'argent, de la science sacerdotale. Mais toutes deux, il les a reçues de saint Pierre – *Da Pier le tengo* : il s'agit de l'exercice d'une prérogative papale. Le poète se jette à ses pieds et frappe trois fois sa poitrine, comme dans le sacrement de la confession.

Puis l'ange poussa l'huis de la porte sacrée,
En nous disant : "Entrez ; mais je vous avertis
Que doit sortir celui qui regarde en arrière."
Et sur leurs gonds, alors, retentissants, roulèrent
Les durs pivots de ce portail béni,
Forgé dans un métal résistant et sonore.

(« Le Purgatoire » – Chant IX, *op. cit.*)

1350 • Institution par Clément VI d'un jubilé

Clément VI décréta que le jubilé ou indulgence plénière, fondé séculairement par Boniface VIII, aurait lieu à l'avenir de cinquante en cinquante ans, « pour ce que la vie des hommes décroît et se précipite, et que la malice surabonde et grandit sur cette terre ». Le nouveau jubilé fut fêté à Rome de Noël 1349 à Noël 1350 ; il y eut une énorme affluence de pèlerins : il semblait que tout ce qui avait échappé à la peste noire se précipitât en masse vers Rome.

1350 • Philippe de Valois interdit le voyage à Rome

La France, où résidait le pape Clément VI, n'aurait pas manqué de partager la dévotion commune pour le jubilé institué par ce pape en 1350 sans le danger de la reprise de la guerre contre les Anglais. Il y avait une trêve entre les deux nations, mais elle s'observait mal, et le roi Philippe de Valois, pour ne pas dégarnir ses frontières défendit à tous ses sujets d'aller en pèlerinage à Rome durant le cours de l'année sainte. Il y eut cependant plusieurs personnes de marque qui firent le voyage. On nomme entre autres la comtesse de Boulogne et d'Auvergne, Marie de Flandre, mère du cardinal de Boulogne, évêque de Porto.

(Antoine-Eugène de Genoude, *Histoire de France*, Perrodil, 1846)

1350 • Barthélemy Bonis, marchand de Montauban

À la suite de la mort de deux de ses enfants emportés par la peste noire qui ravageait alors l'Europe, Barthélemy Bonis, un riche marchand et banquier de Montauban, entreprit, avec plusieurs autres Montalbanais, le pèlerinage de Rome à l'occasion du jubilé de 1350. Dans une feuille volante trouvée parmi les feuillets de son livre de comptes, Bonis indique l'itinéraire de son voyage, jour après jour à partir d'Avignon, et donne ainsi de précieuses indications sur les étapes et la route suivie par les pèlerins qui, au Moyen Âge, se rendaient du siège avignonnais de la papauté jusqu'à Rome.

Le parcours décrit le passage des Alpes par Montgenèvre, la descente par le Piémont, puis la traversée de la Toscane en passant par l'Émilie et le col de la Cisa, un arrêt à Pise (au lieu de l'étape habituelle à Lucques où de nombreux pèlerins venaient vénérer le *Volto Santo*, le crucifix de la Sainte-Face) puis Sienne et enfin l'arrivée à Rome par la *Via Cassia*. Rome est à environ 1 000 kilomètres d'Avignon et Barthélemy mit vingt-trois jours pour couvrir la distance, soit une moyenne relativement élevée de 40 kilomètres par jour.

Le voyage eut lieu pendant l'été de 1350. Les voyageurs firent la route, les uns à cheval, quelques autres à pied. Le livre mentionne plusieurs incidents en route : le domestique de Bonis, Arnaud Guilhem, prêta à son maître 3 écus d'or au retour ; le bourgeois Bertrand de la Pouzaque, se trouvant aussi à court d'argent, emprunta à Bonis 5 florins d'or, « quand ils retournaient de Rome la vieille » ; Pierre de Verdun, un riche bourgeois descendant de l'un des constructeurs du pont de Montauban, se trouva dans le même cas ; enfin, la compagnie de pèlerins se vit forcée d'acheter un cheval pour porter Pierre Picas, le maréchal, qui était du voyage « par le chemin quand nous retournions, de Rome la vieille, du pardon de l'an 1350, et pour ma part du roussin qui porta Maître Picas le maréchal, qui était de la compagnie ».

Le 23e jour après le départ d'Avignon, « dîner avec grande joie dans Rome la vieille, où fut le pardon à peine et à coulpe en l'an 1350, que donna notre seigneur le pape Clément VI, qui se nommait Pierre Rogier, à tous ceux et à celles qui y allaient, confessés et repentants, et leur remit leurs fautes, lequel notre seigneur le pape était natif de [l'Auvergne] ».

1399 • Ordonnance de Charles VI

En 1399, le roi Charles VI édicte une ordonnance visant à interdire à ses sujets de se rendre en pèlerinage à Rome afin d'éviter toute fuite de capitaux.

Ordonnance portant défense aux sujets du Roi d'aller en pèlerinage à Rome. Paris, le 27 février 1399. Publiée au Châtelet le 28, et criée dans les carrefours.

Au prévôt de Paris ou à son lieutenant, salut. Par grand avis et délibération eue en notre conseil, auquel ont été nos très chers très aimés oncles et frère les ducs de Berry, de Bourgogne, d'Orléans et de Bourbon, plusieurs autres de notre sang et de notredit conseil, nous avons ordonné et ordonnons pour certaines grandes causes justes et raisonnables touchant le grand bien et utilité publiques de notre royaume et de nos sujets d'icelui, et aussi le grand bien et avancement de l'union de notre mère sainte église, qu'aucun de nosdits sujets de quelque état ou condition qu'il soit, ne se parte de notredit royaume pour aller en pèlerinage à Rome ; et pour ce défendons à tous nos sujets quels qu'ils soient, sur peine d'encourir notre indignation, qu'ils n'aillent audit voyage ; mais ceux qui sont mus et en chemin s'en retournent incontinent, sur notredite ordonnance.

(Jourdan, Isambert et Decrusy, *Recueil général des anciennes lois françaises, depuis l'an 420 jusqu'à la révolution de 1789*, Belin/Le Prieur, 1827)

1450 • Désastre sur le pont Saint-Ange

Lors du jubilé de 1450, les routes qui conduisaient à Rome ressemblaient, dit un contemporain, à de longues fourmilières qui s'étendaient à perte de vue ; et telle était la foule qui encombrait les rues et les églises qu'il fallut réduire la durée des stations à cinq jours et même à trois au lieu de quinze. À la dévotion immémoriale pour les tombeaux des saints apôtres se joignait le vif intérêt qu'on prenait partout à la question orientale et à la délivrance de Constantinople, tous les jours plus menacée ; mais ce qui attirait surtout les pèlerins d'Italie, c'était la canonisation de Bernardin de Sienne, le saint le plus populaire qui eût paru dans la péninsule depuis des siècles. [...]

Pendant la tenue de ces grands jours, Rome connut cependant une catastrophe affreuse qui fit saigner pour longtemps le cœur paternel de Nicolas V. Le jour où l'on devait montrer le saint suaire dans la basilique du Vatican, le pont Saint-Ange s'étant trouvé trop étroit pour la foule énorme qui s'y pressait, il en résulta un choc irrémédiable entre les deux courants de pèlerins, dont les uns furent foulés aux pieds, les autres noyés dans le Tibre. Le nombre des victimes s'élevait à plus de deux cents, et quand, après les lamentations de ce jour néfaste, vinrent les lamentations des funérailles, Rome sembla déposer sa couronne de fête pour se couvrir d'un voile funèbre.

(M. Rio, *Le Correspondant, recueil périodique*,
Charles Douniol, 1861)

1474 • Voyage du roi de Danemark

En 1474, le roi du Danemark Christian Ier fit vœu d'aller en pèlerinage à Rome et de visiter les tombeaux des apôtres. Il se mit en voyage au mois de janvier 1474 et mena avec lui les ducs de Saxe et de Lawenbourg, d'autres princes voisins, quelques évêques et environ cent cinquante personnes de première qualité, tous vêtus en pèlerins. Il salua en passant l'empereur Frédéric III et arriva à Rome vers le commencement d'avril.

Le pape Sixte IV le reçut avec grand honneur et envoya au-devant de lui le Sacré Collège. Le pape le reçut à la porte de la ville, lui offrit un logement dans son palais, le régala de la rose d'or, qu'il a coutume de bénir le dimanche de Carême, nommé Lætare *; enfin il lui accorda une bulle pour l'établissement d'une académie en Danemark et lui donna dispense du vœu qu'il avait fait d'aller visiter le Saint-Sépulcre de Jérusalem. Ce prince édifia beaucoup la cour de Rome par sa piété. Il tint le bassin à la messe du pape, lorsque Sa Sainteté lavait ses mains. Le jour du vendredi saint, il ne voulut adorer la croix qu'après tout le clergé ; il ne voulut ni se couvrir ni s'asseoir qu'après les cardinaux. Après un séjour de vingt et un jours à Rome, Christian reprit la route de ses États.*

(Augustin Calmet, *Histoire universelle, sacrée et profane*,
Jean-Renauld Doulssecker, 1767)

1489 • Voyage de Martyr, évêque arménien

À la fin du XVe siècle, Martyr, évêque d'Arzendjan en Arménie (l'actuelle Erzincan à l'est de la Turquie moderne), entreprit un voyage qui dura sept années en Europe occidentale. Son dessein était de visiter le tombeau des saints apôtres à Rome ; de faire un pèlerinage à Saint-Jacques-de-Compostelle en Galice et d'aller adorer les plus célèbres reliques conservées dans les principales villes de l'Europe.

Moi, Martyr, mais seulement de nom, né à Arzendjan, et évêque, résidant dans l'ermitage de Saint-Cyriaque, à Norkiegh, je désirais depuis longtemps aller visiter le tombeau du saint prince des apôtres. Quand le temps fut venu, pour moi indigne, de mériter cet honneur que je ne cessais de désirer, sans avoir pu cependant faire connaître à personne le dessein de mon cœur, je sortis de mon monastère le 29 octobre de l'an 938 de l'ère arménienne [soit en 1489]. Voyageant à petites journées, j'arrivai à Sdambol [Constantinople]. J'y trouvai, par la grâce de Dieu, un vaisseau dans lequel j'entrai avec le diacre Verthanès. Nous partîmes de Sdambol, le 11 juillet 939 [en 1490] ; nous montâmes ensuite sur un vaisseau franc et nous arrivâmes dans la ville de Venise.

Martyr passe près d'un mois à Venise puis rallie Ancône par la mer avant de rejoindre Rome.

Là sont les saints et tous glorieux corps des princes des apôtres, saint Pierre et saint Paul. Nous allâmes les adorer et leur demander la rémission de nos péchés, ceux de nos père et mère et de nos bienfaiteurs. Nous restâmes à Rome durant cinq mois, et nous visitâmes tous les lieux saints. Les reliques des saints apôtres sont hors de la ville, du côté du nord. À l'occident est une petite ville, toute voisine de la ville ; le fleuve passe entre elles deux ; on l'appelle Saint-Ange. Le portique de l'église des saints apôtres est tourné vers l'Orient ; il contient cinq portes, grandes et superbes. Celle du milieu est en métal massif ; sur l'un des battants est saint Paul, et sur l'autre saint Pierre. À l'occident de Rome, en face du palais de Néron, est le lieu du crucifiement de saint Pierre. Au milieu de la ville est la prison des apôtres. Bien loin, au-dehors de Rome, est le lieu où saint Paul fut décapité. Du côté du midi, tout près de la ville, est l'endroit où Jésus-Christ vint à la rencontre de saint Pierre. Auprès de la ville, on trouve encore l'église de Saint-Jean, où sont les têtes des deux saints

Jean avec leurs corps entiers. Dans la ville, mais du côté du midi, est la prison de saint Grégoire d'Agrigente sur l'emplacement de laquelle on a fondé une église. Plus avant, toujours dans le centre de la ville, est l'église de Sainte-Hélène, où se trouvent les corps de cent martyrs. Il y a encore dans cette ville beaucoup d'autres choses magnifiques.

Rome contient deux mille sept cent soixante-quatorze églises, et huit mille tombeaux de saints se trouvent dans son enceinte, et quatre cents au-dehors. Tous les jours, je visitais dix ou vingt églises, grandes et belles, et tous les jours j'allais prier le prince des apôtres de m'accorder la rémission de mes péchés. Qui pourrait décrire la magnificence de ces saintes églises ? On m'introduisit trois fois auprès du pape [Innocent VIII] qui me reçut avec bonté et avec une grâce toute particulière ; il me donna une lettre de recommandation, et tout le monde fut étonné de la faveur singulière qu'il me témoignait.

(*Relation d'un voyage fait en Europe et dans l'océan Atlantique, à la fin du XV*^e^ *siècle, sous le règne de Charles VIII, par Martyr, évêque d'Arzendjan*, trad. par A. J. Saint-Martin, Librairie orientale de Dondey-Dupré père et fils, 1827)

1503 • Christophe Colomb désire se rendre à Rome

À l'issue de son quatrième voyage d'exploration pour essayer de trouver à l'ouest des Caraïbes le passage permettant d'atteindre les riches royaumes de l'Inde, Christophe Colomb dut échouer ses navires en mauvais état sur la côte de la Jamaïque. De là, il envoya une missive au roi d'Espagne pour raconter son voyage et ses épreuves. À la fin de sa lettre, il manifeste son découragement devant les attaques dont il fait l'objet et son désir de se rendre en pèlerinage à Rome.

C'est ainsi que j'ai traîné ma malheureuse existence, toujours condamné aux pleurs par la méchanceté de mes ennemis ; cependant, que Vos Majestés aient pitié d'eux ! Que le ciel maintenant pleure pour moi, que la terre pleure aussi, que l'être sensible, juste et charitable, pleure sur mon sort. Abandonné des miens, malade, entouré de sauvages cruels, ayant toujours la mort devant mes yeux, je languis dans ces îles éloignées de ma patrie, sans recevoir les consolations et les sacrements de la Sainte Église, qui abandonnera mon âme si elle vient à quitter sa dépouille.

Je n'ai point entrepris ce voyage dans l'intention de m'enrichir, ni pour obtenir des honneurs ; cet espoir était déjà éteint pour moi ; je suis venu dans ces contrées pour servir Vos Majestés et pour le triomphe de notre religion. Je vous supplie donc, dans le cas où, à l'aide de Dieu, je sortirais de ce pays, de me permettre de faire le pèlerinage de Rome et d'autres lieux saints.

(Lettre de Christophe Colomb
au roi d'Espagne, 7 juillet 1503)

Il mourut le 20 mai 1506 à Valladolid, sans avoir vu Rome.

1536 • L'entrée de Charles-Quint à Rome

Élu en 1519 à la tête du Saint-Empire romain germanique, Charles-Quint dut attendre dix-sept ans avant que les circonstances politiques ne lui permettent d'envisager le *Römerzug*, cette « chevauchée romaine » qui apporte le sceau papal à sa souveraineté. Auréolé de sa victoire à Tunis contre les Ottomans à l'été 1535, c'est donc en 1536 que Charles-Quint se rendit à Rome. Cette année-là, François Rabelais y séjournait, en tant que médecin de Jean du Bellay, évêque de Paris envoyé en ambassade par François Ier auprès du pape et oncle du poète. Rabelais décrit dans ses lettres les préparatifs de la venue du souverain.

La ville est pleine d'Espagnols. [L'empereur, qui séjourne encore à Naples,] a envoyé par devers le pape un ambassadeur exprès outre le sien ordinaire, pour l'avertir de sa venue. Le pape lui cède la moitié du palais et tout le bourg de Saint-Pierre pour ses gens, et fait apprêter trois mille lits à la mode romaine, c'est-à-dire des matelas. Car la ville en est dépourvue depuis le sac des lansquenets [en 1527]. Et il a fait provision de foin, de paille, d'avoine, spelte et orge, tant qu'il en a pu recouvrir, et de vin, tout ce qu'en est arrivé en Ripe. Je pense qu'il lui coûtera bon ; ce dont il se passerait bien en la pauvreté où il est, qui est grande et apparente, plus qu'en aucun pape qui fut depuis trois cents ans. […]

On attend [l'empereur] pour la fin de ce mois. Et fait un gros apprêt pour sa venue, et force arcs triomphaux. Les quatre maréchaux de ses logis sont déjà arrivés : deux Espagnols, un Bourguignon et un Flamand. C'est pitié de voir les ruines des églises, palais et maisons que le pape a fait démolir et abattre pour lui dresser et complaner le chemin. Et pour les frais du reste, il a taxé pour leur argent, outre le collège de Messieurs les cardinaux, des officiers courtisans, les artisans de la ville et jusques aux aquarolz. *Toute la ville est déjà pleine d'étrangers. Le cinquième de ce mois arriva ici par le mandement de l'empereur le cardinal de Trente en Allemagne, en gros train, et plus somptueux que n'est celui du pape. En sa compagnie étaient plus de cent Allemands vêtus d'une parure de robes rouges avec une bande jaune, et avaient dans la manche droite, en broderie, figuré une gerbe de blé liée, à l'entour de laquelle était écrit* Unitas.

(François Rabelais, *Épîtres*,
Éd. C. de Sercy, 1651)

1580 • Michel de Montaigne

En juin 1580, Montaigne, qui affirme «J'ai eu connaissance des affaires de Rome longtemps avant que je l'ai eue de celles de ma maison… J'ai su le Capitole avant le Louvre et le Tibre avant la Seine», entreprit un voyage jusqu'à Rome, en passant par l'est de la France, la Suisse, la Bavière et le nord de l'Italie. Il dut interrompre son voyage en novembre 1581 après que les jurats de Bordeaux l'eurent élu maire de la ville, charge dont il s'acquitta durant deux mandats, entre 1581 et 1585. Montaigne est le premier voyageur qui ait écrit sur Rome. Son *Journal de voyage*, rédigé en partie par son secrétaire, est, comme ses *Essais*, «un livre de bonne foi», ainsi que le qualifie Jean-Jacques Ampère, un voyageur et écrivain de la première moitié du XIXe siècle.

Montaigne n'embouche point sans cesse la trompette de l'admiration, comme se sont cru obligés de le faire tant d'autres voyageurs; il parle froidement des choses qui ne l'émeuvent point. Ainsi il ne dit pas un mot de Raphaël, ni de Michel-Ange; il ne sent point la campagne de Rome avec son grand caractère de sublime solitude, avec la splendeur de ses teintes, la tristesse de ses ruines, la beauté de ses horizons, telle qu'elle s'est révélée au pinceau du Poussin, et mieux encore au pinceau de Chateaubriand. La campagne romaine n'a inspiré à Montaigne que cette description plus exacte que poétique: "Nous avions, loin sur notre main gauche, l'Apennin, le prospect du pays, mal plaisant, bossé, plein de profondes fandasses, *incapable d'y recevoir nuls gens de guerre en ordonnance; le terroir nu, sans arbre, une bonne partie stérile; le pays fort ouvert tout autour, plus de 10 milles à la ronde, et quasi tout de cette sorte, fort peu peuplé de maisons."*

Dans tout ce qu'il dit de Rome, il conserve en général ce ton tranquille ; il paraît plus curieux que transporté ; mais ses impressions sont justes, et l'expression, pour être simple, ne manque pas d'énergie, quand il dit, par exemple, du quartier montueux qui était le siège de la vieille ville, et où il faisait tous les jours mille promenades et visites, qu'il est "coupé de quelques églises et anciennes maisons rares, et jardins des cardinaux", quand il dit "qu'on marche sur la tête des vieux murs que la pluie découvre, etc."

(Jean-Jacques Ampère, « Portraits de Rome à différents âges », *Revue des Deux Mondes*, tome II, 1835)

[Arrivée à la porte del Popolo et choix d'un logement]
Par là nous arrivâmes sur les 20 heures, le dernier jour de novembre, fête de saint André, à la porte del Popolo, à Rome, [après une étape de] 30 milles. On nous y fit des difficultés, comme ailleurs, pour la peste de Gênes. Nous vînmes loger à l'Ours, où nous nous arrêtâmes encore le lendemain ; et le deuxième jour de décembre, prîmes des chambres de louage chez un Espagnol, vis-à-vis de Santa Lucia della Tinta. Nous y étions bien accommodés de trois belles chambres, salle, garde-manger, écurie, cuisine, à 20 écus par mois : sur quoi l'hôte fournit le cuisinier et le feu à la cuisine. Les logis y sont communément meublés, un peu mieux qu'à Paris, d'autant qu'ils ont grand-foison de cuir doré, de quoi les logis qui sont de quelque prix sont tapissés. Nous en pûmes avoir un à même prix que du nôtre, au Vase d'Or, assez près de là, meublé de drap d'or et de soie, comme celui des rois ; mais outre ce que les chambres y étaient sujettes, M. de Montaigne estima que cette magnificence était non seulement inutile, mais encore pénible pour la conservation de ces meubles, chaque lit étant du prix de 400 ou 500 écus. Au nôtre, nous avions fait marché d'être servis de linge, à peu près comme en France ; de quoi, selon la coutume du pays, ils sont un peu plus épargneux.

(Michel de Montaigne, *Journal de voyage*, Gallimard, 1983)

1687 • Misson, un huguenot en Italie

Après s'être exilé en Angleterre en 1685 à la suite de la révocation de l'édit de Nantes qui l'avait privé de sa charge au parlement de Paris, Maximilien Misson entreprend le Grand Tour en 1687 et 1688, périple qui le conduit à travers la Hollande, l'Allemagne et l'Italie. En 1691, il publie un *Nouveau voyage d'Italie*, traduit en anglais, allemand et hollandais, et constamment réédité au siècle suivant. L'ouvrage se démarque des publications convenues du XVIIe siècle : l'aperçu est plus critique et l'Italie n'est pas toujours admirable. Il instaure et défend le récit par lettres pour rendre compte de son voyage, genre qui va connaître une longue postérité. Conscient de l'abondante littérature déjà disponible sur le voyage d'Italie, Misson annonce dès l'ouverture de ses chapitres romains : «Je vous donnerai seulement une idée générale de cette fameuse ville, et ensuite je ne vous entretiendrai que de choses nouvelles ou peu connues.» Son regard de protestant du Nord sur l'exubérance des prédicateurs romains apporte une note rafraîchissante en contrepoint à la complaisance habituelle des voyageurs catholiques.

Vous avez raison de croire que j'ai eu la curiosité d'entendre ici quelques prédicateurs, mais vous ne devinez pas moins bien, quand vous soupçonnez que j'aime peu leur manière de prêcher ; et vous en auriez pu dire autant de leurs prédications. À parler généralement, les prédicateurs de ce pays sont des grimaciers. Ils ont bien quelques talents naturels qui tendent à quelque partie de l'éloquence, mais ils ignorent absolument l'éloquence sublime. Leurs gestes sont des gesticulations outrées, leur variation de voix les jette du fausset à la basse vingt fois en un quart d'heure, et leurs discours n'ont ni force ni gravité. Ils crient, ils se tourmentent ; la plupart de leurs chaires sont comme des balcons où ils se promènent avec chaleur et avec bruit ; mais tout cela ne prouve rien, ni ne signifie rien. Ils n'ont pas le secret de cette énonciation tantôt douce et tantôt véhémente qui charme, qui émeut et qui enlève l'auditeur ; et d'ailleurs ils ne débitent que des contes et des sornettes. J'entendis l'autre jour un carme qui prêchait sur la Madeleine aux repenties de Sainte-Croix et qui donnait carrière à son imagination. Pour exalter davantage le sacrifice que sa pénitente fit des plaisirs du monde, il insista pendant un quart d'heure à la dépeindre comme la plus charmante créature qui fût sous le ciel. Il n'y a point de trait de beauté sur le corps le plus accompli qu'il ne représentât. Il parlait en peintre savant plutôt qu'en prédicateur et je ne sais s'il ne ressemblait point à Perrin del Vague, qui faisait presque toujours le portrait de sa maîtresse quand il y avait quelque belle femme à peindre dans une histoire.

(Maximilien Misson, *Voyage d'Italie*,
Éd. H. van Bulderen, 1702)

1697 • Un boyard à Rome

Le pèlerinage à Rome déclina à partir du XVIIe siècle. On peut citer toutefois l'étonnant pèlerinage que fit en 1697 Boris Petrovitch Cheremetyev, boyard, chef militaire et diplomate qui fut l'un des proches de Pierre le Grand et le compagnon du tsar dans les réformes. Après des années de campagnes, notamment en Crimée, il décida de se rendre en pèlerinage à Rome. Dans l'espoir de voir le puissant boyard, bien disposé à l'égard de l'Église romaine, devenir un apôtre du catholicisme en Russie orthodoxe, le clergé le reçut avec de grands égards. Fait rare, un évêque lui remit au nom du pape une relique de la Vraie Croix.

> *Considérant qu'il n'avait rien dans son trésor de plus précieux, notre très saint Père et Pasteur universel, Innocent XII, m'a ordonné, à moi qui ai la garde et la direction de son trésor, d'extraire une parcelle de ce très saint bois, de la déposer soigneusement scellée dans cette croix nouvellement fabriquée et de vous l'apporter avec sa bénédiction paternelle en récompense de vos vertus guerrières et de vos étonnants exploits, illustre boyard de sa très sérénissime et très puissante Majesté le Tsar, Boris Petrovitch Cheremetyev, commandant de Viatka, vaillant guerrier, habile général, courageux hetman et excellent vainqueur des arrogants Mahométans ! Sa Sainteté espère que, semblable à Constantin, armé par cet invincible signe divin, vous ne cesserez pas de combattre bravement et de vaincre glorieusement les ennemis de la Sainte Croix, aussi bien pour la gloire du nom déjà fameux dans tout le monde de votre grand souverain que pour l'avantage de toute la chrétienté, et elle ne doute pas que Dieu tout-puissant et votre magnanime monarque ne reconnaissent au centuple vos chevaleresques entreprises.*
>
> (*Journal du voyage du boyard Boris Petrovitch Cheremetyev à Cracovie, Venise, Rome et Malte*, traduit par A. P. Golitsyn, publié par A. Franck, 1859)

1740 • Le récit épistolaire du président de Brosses

Charles de Brosses, né en 1709, fut magistrat, historien et linguiste. Avant de devenir « président à mortier » au parlement de Bourgogne – l'une des charges les plus importantes de la justice française de l'Ancien Régime –, celui qu'on ne connut plus désormais que sous le nom de « Président de Brosses » effectua un long périple en Italie en 1739 et 1740. Dix ans après son retour, il publia ses *Lettres d'Italie*, qui constituent l'archétype d'une forme particulière de relation de voyage : le recueil de lettres envoyées par l'auteur à ses amis ou à sa famille pendant son séjour. Ni vraies lettres ni vrais journaux, il s'agit le plus souvent de récits factices, écrits *a posteriori* et fondés sur des souvenirs travaillés et enjolivés.

[Précautions oratoires]

J'aimerais mieux, je crois, vous faire quatre fois la description de tout le reste de l'Italie qu'une seule fois celle de Rome. Elle est belle cette Rome, et si belle que, ma foi, tout le reste me paraît peu de chose en comparaison. [...] Après tout, que pourrais-je vous dire sur cette matière qui ne fût un rabâchage perpétuel ? Cette ville a été tant vue, tant décrite ; il y a tant de plans, tant de figures ; qu'il ne tient qu'à vous de faire, comme madame Houdart, un voyage sédentaire dans votre cabinet.[...]

[Impressions de la basilique Saint-Pierre de Rome]

Quelle impression croyez-vous que vous fera le premier coup d'œil de Saint-Pierre ? Aucune. Rien ne m'a tant surpris à la vue de la plus belle chose qu'il y ait dans l'univers que de n'avoir aucune surprise ; on entre dans ce bâtiment dont on s'est fait une si vaste idée, cela est tout simple. Il ne paraît ni grand, ni petit, ni haut, ni bas, ni large, ni étroit. On ne s'aperçoit de son énorme étendue que par relation, lorsqu'en considérant une chapelle, on la trouve grande comme une cathédrale ; lorsqu'en mesurant un marmouset qui est là au pied d'une colonne, on lui trouve le pouce gros comme le poignet. Tout cet édifice, par l'admirable justesse de ses proportions, a la propriété de réduire les choses démesurées à leur juste valeur. Si ce bâtiment ne fait aucun fracas dans l'esprit à la première inspection, c'est qu'il a cette excellente singularité de ne se faire distinguer par aucune. Tout y est simple, naturel, auguste, et par conséquent sublime. Le dôme, qui est à mon avis la plus belle partie, est le Panthéon tout entier, que Michel-Ange a posé là, en l'air, tout brandi de pied en cap. La partie supérieure du temple, je veux dire les toits, est ce qui étonne le plus, parce qu'on ne s'attend pas à trouver là-haut une quantité d'ateliers, de halles, de coupoles, de logements habités, de campaniles, de colonnades, etc., qui forment, en vérité, une espèce de petite ville fort plaisante. La moindre partie de l'église, à ce que je trouve, est le portail ; ni celui-là, ni celui qu'on vient de faire à Saint-Jean-de-Latran, quoique assez beau l'un et l'autre, ne répondent à la majesté des bâtiments. Comment ceci a-t-il pu être construit par des gens qui avaient devant leurs yeux la façade de la Curia Antoniana et celle du Panthéon ?

[Piazza del Popolo]
Regardez toujours vis-à-vis de vous, sans vous aviser de jeter les yeux sur les côtés du triangle ; vous ne verriez à droite que de grands vilains magasins à foin ; à gauche, que l'église Sainte-Marie, assez médiocre bâtiment, suivi de plusieurs maisons particulières très piètres ; de sorte que la place del Popolo, quoiqu'elle contienne plusieurs belles choses, n'est nullement une belle place. C'est un défaut assez général ici qu'une telle disparité ; tout est de palais ou de cabanes ; un bâtiment superbe est entouré de cent mauvaises maisonnettes ; quelques grandes rues principales, d'une longueur sans fin, alignées à merveille, presque toujours terminées par de beaux points de vue, servent heureusement à se retrouver, au milieu d'une foule de culs-de-sac, de ruelles tortueuses ou de mauvais petits carrefours. Il n'y a rien de plus aisé que de savoir la ville en gros, et rien de si difficile que de s'en démêler en détail. Je croirais volontiers que Rome se ressent encore d'avoir été brûlée par les Gaulois et de ce que, en la rebâtissant, chaque habitant édifia sans ordre et sans suite, dans la première place qu'il avait trouvée vacante.

(*Le Président de Brosses en Italie, Lettres familières écrites d'Italie en 1739 et 1740*, Éd. Didier, 1858)

1785 • Jean-Baptiste Dupaty

Né en 1746 et magistrat au parlement de Bordeaux, Jean-Baptiste Dupaty se fit aussi un nom comme homme de lettres. Ses *Lettres sur l'Italie* qui connurent un certain succès en France furent mises à l'Index par Rome. Se démarquant de la prose conventionnelle et terne de nombreux récits de voyage, Dupaty décrit ce qui l'entoure avec une grande vivacité, du relief et un sens pictural que ne renieraient pas les peintres dont il illustre les œuvres. Ainsi, l'incendie de Rome :

Le feu prit hier, pendant la nuit, dans la place de Saint-Pierre, à côté du Vatican. Il prit à l'heure où les vieillards et les enfants dorment déjà, mais où les malheureux et les mères veillent encore. Jamais incendie n'a été plus furieux : il a menacé de consumer Rome. Irrité par un vent impétueux, il s'enflamma tout à coup. La nuit la plus sombre semblait éclairer de ses ténèbres cet incendie. Quels tableaux ont brillé affreusement à sa clarté. Je vois tout, j'entends tout. Les cris des mères déchirent encore mes entrailles.

J'avais passé la soirée dans les environs du Vatican [et] je m'en revenais chez moi, à la place d'Espagne. En entrant dans celle de Saint-Pierre, j'aperçois des flammes qui, s'élançant des toits du pauvre, qu'elles avaient déjà dévorés, montaient le long de vingt colonnes de marbre au sommet du Vatican. J'étais seul. Je l'avoue ; me croyant à un magnifique spectacle, je jouissais. Mais dans le moment il passa, à vingt pas de moi, un jeune homme qui portait un vieillard sur ses épaules. À la manière dont ce jeune homme regardait autour de lui, sondait sous ses pas la route, prenait garde de secouer le vieillard en marchant, je vis bien qu'il portait son père. Ce vieillard, arraché inopinément au sommeil et à la flamme, ne sachant où il est, d'où il vient, où il va, ce qui se passait s'abandonnait : cependant un jeune enfant les précède, qui, tout troublé, de temps en temps les regarde ; une femme, vieille, presque nue, l'air indifférent, emportant les vêtements du vieillard, marchait derrière. Je les suivais d'un œil attendri lorsque je vis, à peu de distance, un autre jeune homme qui, tout nu, pressé de la flamme qui le suivait, les mains attachées en dehors à une fenêtre embrasée, et pendant de tout son corps le long de la muraille, choisissait de l'œil, sur le pavé, l'endroit le moins périlleux pour y tomber. Le vrai jour pour voir tout le cœur d'une mère, c'est bien la clarté d'un incendie ! Comme du haut d'une terrasse cette femme tendait à son mari qui était en bas le cher gage de leur union ! Elle s'avançait, elle se penchait, elle se penchait encore : l'enfant tenait toujours dans ses bras ou à son sein ou à ses lèvres ; mais enfin, entre les bras étendus de cette mère et les bras étendus de ce père, l'enfant endormi dans son berceau… J'ai détourné les yeux, et j'ai fui.

J'avais déjà traversé la place. Je rencontre, se sauvant d'un palais embrasé, toute parée encore et en larmes, vêtue d'habits magnifiques, et tenant par la main devant elle deux enfants nus, une femme grande, d'une beauté et d'une taille majestueuses. Le plus petit de ces enfants, en regardant crier et pleurer sa mère criait et pleurait aussi. La sœur, d'une figure charmante, transie de froid, tâchait de vêtir et même de voiler son jeune et tendre corps de ses bras et de ses mains pudiques. Malheureuse mère ! Il lui manquait sûrement un enfant ; elle en tenait deux par la main et elle pleurait. Cependant vieillards, enfants, soldats, prêtres, riches, pauvres, la foule incessamment s'amoncelle ; elle roulait d'un bout de la place à l'autre comme une mer agitée par la tempête. On entre dans l'église de Saint-Pierre, on en sort, on y rentre, on se précipite, on tombe. J'ai vu passer à côté de moi, emportée par quatre soldats, sur des sabres croisés, une jeune fille évanouie. Elle était belle ! La clarté de l'incendie flottait sur son front pâle ; elle brillait dans des larmes échappées de sa paupière et arrêtées sur ses joues. Mais dans toute cette scène effroyable, ce qui me causait le plus d'horreur, c'était, dans les intervalles où le vent se taisait, le silence. Alors il en sortait de toutes parts des soupirs étouffés, des gémissements profonds, le bruissement de la flamme qui dévore, le fracas des édifices qui, de moment en moment, croulent ; les cris des mères. Je sortis enfin de la place.

Soudain, à une fenêtre du Vatican, à côté même de la flamme, voilà une croix, voilà des prêtres, voilà, en habits pontificaux, le souverain pontife ! La foule à l'instant pousse un cri, à l'instant est à genoux ; à l'instant le pontife est environné dans les airs de cent mille regards en larmes, et de vingt mille bras en prières. Le pontife lève les yeux au ciel et il prie : le peuple baisse les yeux à terre, et il prie… Figurez-vous, murmurant comme de concert dans ce profond et religieux silence, l'ouragan, l'incendie et la prière ! Comment rendre le tableau qui s'est offert en ce moment à mes regards ? Sur une des marches de l'église, seule, isolée, une mère pressait de ses mains les petites mains de son enfant à genoux à côté d'elle, les joignait avec complaisance, et les mettait en prière. Derrière eux une jeune fille, les cheveux épars, éplorée, debout, tendait vers le pontife, de toute sa douleur et sans doute de tout son amour, les mains les plus pathétiques ; tandis qu'aux pieds de cette jeune fille, au contraire, assise le dos tourné au Vatican et au pontife, ne pleurant point, ne priant point, une femme, d'un air étonné, la regardait… Son enfant, en effet, jouait dans son sein.

Cependant le pontife a prié : il se lève. Le peuple, dans une attente inexprimable, le regardait. Alors d'une voix pleine d'espérance et le front calme, le pontife répand sur la foule prosternée les paroles religieuses qui la bénissent. Soudain, soit miracle, soit comme par miracle, les derniers mots de la bénédiction étaient encore dans les airs ; les vents n'étaient plus dans les airs ; la flamme retombe sur la flamme ; la fumée en noir tourbillon s'élève, enveloppe l'incendie, l'étouffe, et rend à la nuit toutes ses ténèbres.

Ah ! que ce tableau de Raphaël que l'on voit au Vatican, est admirable !

(Jean-Baptiste Mercier Dupaty,
Lettres sur l'Italie en 1785, Éd. Froment, 1827)

1811 • Alphonse de Lamartine

Envoyé en Italie à 20 ans pour couper court à une relation amoureuse qui déplaisait à sa famille, Lamartine visite Florence, séjourne à Rome et arrive à Naples où il noue une idylle avec une fille de pêcheur. À son retour en France, Lamartine publie le très romantique *Graziella* qui raconte cette aventure et où il s'attache à décrire l'Italie des petites gens qui, aux rives d'Ischia et de Procida, vivent parmi leurs jardins et leurs vignes aussi simplement qu'aux plus beaux jours du monde antique. Le récit évoque aussi la Rome éternelle que le jeune Lamartine découvre en compagnie d'un guide singulier.

La jeune fille était une cantatrice, élève et favorite de David. Le vieux chanteur la conduisait partout avec lui, il l'habillait en homme pour éviter les commentaires sur la route. Il la traitait en père plus qu'en protecteur, et n'était nullement jaloux des douces et innocentes familiarités qu'il avait laissé lui-même s'établir entre nous. David et son élève passèrent quelques semaines à Rome. Le lendemain de notre arrivée, elle reprit ses habits d'homme et me conduisit d'abord à Saint-Pierre, puis au Colisée, à Frascati, à Tivoli, à Albano ; j'évitai ainsi les fatigantes redites de ces démonstrateurs gagés qui dissèquent aux voyageurs le cadavre de Rome, et qui, en jetant leur monotone litanie de noms propres et de dates à travers vos impressions, obsèdent la pensée et déroutent le sentiment des belles choses.

La Camilla n'était pas savante, mais, née à Rome, elle savait d'instinct les beaux sites et les grands aspects dont elle avait été frappée dans son enfance. Elle me conduisait sans y penser aux meilleures places et aux meilleures heures, pour contempler les restes de la ville antique : le matin, sous les pins aux larges dômes du Monte Pincio ; le soir, sous les grandes ombres des colonnades de Saint-Pierre ; au clair de lune, dans l'enceinte muette du Colisée ; par de belles journées d'automne, à Albano, à Frascati et au temple de la Sibylle tout retentissant et tout ruisselant de la fumée des cascades de Tivoli. Elle était gaie et folâtre comme une statue de l'éternelle jeunesse au milieu de ces vestiges du temps et de la mort. Elle dansait sur la tombe de Cecilia Metella, et, pendant que je rêvais assis sur une pierre, elle faisait résonner des éclats de sa voix de théâtre les voûtes sinistres du palais de Dioclétien.

Le soir nous revenions à la ville, notre voiture remplie de fleurs et de débris de statues, rejoindre le vieux David, que ses affaires retenaient à Rome et qui nous menait finir la journée dans sa loge au théâtre. La cantatrice, plus âgée que moi de quelques années, ne me témoignait pas d'autres sentiments que ceux d'une amitié un peu tendre. J'étais trop timide pour en témoigner d'autres moi-même ; je ne les ressentais même pas, malgré ma jeunesse et sa beauté. Son costume d'homme, sa familiarité toute virile, le son mâle de sa voix de contralto et la liberté de ses manières me faisaient une telle impression, que je ne voyais en elle qu'un beau jeune homme, un camarade et un ami.

(Lamartine, *Graziella*, Hachette, 1910)

***

Se confondant au début avec le pèlerinage puis s'en dégageant progressivement, le voyage d'Italie occupe une place particulière dans l'imaginaire européen. L'efflorescence artistique de la Renaissance italienne a drainé au-delà des Alpes et singulièrement à Rome un grand nombre de curieux et d'amateurs d'art, des lettrés nourris de culture latine qui vivaient leur voyage comme des retrouvailles et un retour aux sources culturelles dont ils se sentaient issus. Dans le Grand Tour, ce périple destiné à parfaire l'éducation des jeunes élites européennes du XIXe siècle, l'Italie occupa une place prépondérante. De ce voyage d'Italie entrepris mille fois est issue une littérature pléthorique où les comptes-rendus les plus laborieux voisinent avec les écrits de Goethe et de Chateaubriand.

***

La Bibliothèque nationale de France a réalisé un remarquable dossier sur le voyage d'Italie, consultable sur son site :

http ://gallica.bnf.fr/

Le Lieu saint, je ne le cherche pas sur terre,
mais dans le cœur, le Lieu saint,
c'est l'âme pure.

Origène

Achevé d'imprimer sur les presses
de la Nouvelle Imprimerie Laballery
à Clamecy (58)
Décembre 2008
Numéro d'impression : 811155